이슬람 경제와 금융

이슬람 경제와 금융— 이자사상과 이슬람 은행

홍성민 지음

초판 1쇄 발행 | 2009년 11월 9일

편집 | 김유미
디자인 | 이은주
일러스트 | 유가은
펴낸곳 | 한반도국제대학원대학교 출판부

등록 | 1992년 8월 1일 제 03-01034호
주소 | 서울특별시 용산구 효창동 5-136 2층
전화 | 02-718-5273
팩스 | 02-2077-8894

총판처 | 두란노서원(전화 02-2078-3333, 팩스 02-794-3705)

ISBN 978-89-958345-9-6 93320

가격은 뒤표지에 있습니다.
파본은 바꾸어 드립니다.

이슬람 경제와 금융

이자사상과 이슬람 은행

홍성민 지음

KUISPress

추천사

저자 홍성민 교수는 평생을 중동 연구에 시간과 열정을 바쳐온 분으로서 국내에서 보기 드문 중동 및 중앙아시아 지역경제 전문가이다.

특히 국내 다른 중동 지역 연구자 및 이슬람 연구 학자들에게서 쉽게 볼 수 있는 모종의 편향성을 홍성민 교수에게서는 찾기 어렵다. 객관적이고 가치중립적으로, 있는 그대로의 이슬람 지역과 세계를 연구해온 분으로 학자적 전문성뿐 아니라 양심을 겸비하신 분이다.

한국에서 이슬람 금융에 대한 전문서적이 발간되기는 이번이 처음이다. 이 책은 이슬람 금융과 경제에 관한 책이다. 이슬람 금융은 서구 금융체계에서는 볼 수없는 독특한 철학과 체계를 가지고 있다. 이 책이 국내 이슬람 금융과 경제에 관심 있는 분들에게 크게 도움이 될 것이다.

또한 이 책이 이슬람 금융체계를 다루고 있지만, 이 책을 통해 이슬람 금융체계를 통해 이슬람 세계의 경제관을 이해할 수 있고 또한 그 세계관도 이해할 수 있다. 이 책은 이슬람 경제뿐만 아니라 이슬람 세계관 및 종교관에 관심이 있는 분들에게도 크게 도움이 될 것이다.

한반도국제대학원대학교 총장 최한우

저자 서문

'이자가 없다'는 이슬람 은행(interest-free bank)을 이해하는 길은 마치 "씨없는 수박에서 씨를 찾는 일"처럼 매우 어렵다. 씨없는 수박도 다시 생산하기 위해서는 씨앗이 필요하며, 씨있는 수박도 씨앗이 필요하다. 씨없는 수박이 변종임에는 틀림없지만 수박인 점은 확실하다. 그렇다면 씨없는 수박과 씨있는 수박의 씨앗 간의 차이가 무엇이며, 어느 것이 나은 것인지 구별해야하는 게 우리의 의무이다. 그러기 위해서는 씨없는 수박의 생산과정을 살펴보아야 하며, 그 씨앗이 가져올 수박의 결과도 예측해야 한다.

여기서 씨없는 수박의 생산과정이 이슬람 경제학(Islamic Economics)이라면 수박은 이슬람 은행인 셈이다. 이슬람 학자들이 변종이긴 하지만 더 나은 수박생산을 위해 부단히 노력하고 있다는 점은 우리가 인정해야 한다.

어렵사리 찾아낸 씨앗이, 우리가 흔히 이자(利子)라고 일컫는 리바(Riba)라는 것이다. 이 책을 마치는 순간까지 뇌리를 혼미하게 만든 말이 리바이며, 'interest-free'라는 단어이다. 과거 무이자(無利子)라고 단순하게 소개하고, 지금보아도 틀린 말은 아닌데 어휘상의 혼돈을 고려해 다시 원문으로 돌아가 그저 '리바'라고 옮기려니 답답하기 그지없다. 왜냐하면 리바란 "이자가 있을 수 도 혹은 없을 수 도 있다."라는 해석이 가능하고, 때에 따라서는 고리대금(高利貸金)이라는 해석도 나온다.

지난해 일본학자—요시다 에츠아키와 미야자키 데츠야—에 의한 두 권의 저서는 전세계적인 금융위기(financial crisis) 가운데서 분명히 한국에 '이슬람 금융'에 관한 관심을 고조시키기에는 충분하였고, 역서이기는 했지만 우리 금융계에 이슬람 금융에 관한 이해에 큰 도움을 주었다고 생각한다.

하지만 금융실무적인 내용에 치우친 면이 없지 않았고, 리바를 단순히 '금리나 이자'로 언급했기에 "이자없는 은행은 허용할 수 없다."라는 논지를 들어 금융계에서는 은행법의 개정도 요구하였다. 더욱이 이슬람 경제에 관한 내용이 많이 언급되지 않았기에 본질적인 이해에 한계가 있음을 보아왔다. '리바를 이자로 해석하지 않으면 법개정의 필요가 없다'는 생각을 해오던 차에 대학원 학생들의 (교재의 필요)요구는 감히 책자로 펴낼 수 있는 계기가 되었다.

사실 한국에서 이슬람 경제에 관한 연구는 비교적 이른 시기에 이루어졌다. 필자가 한국중동학회 논총에 1984년 '이슬람의 자카트와 이자에 관한 연구'라는 논문을 발표하였다. 그리고 곧이어

1985년에 카라치에서 발행된 이슬람 경제학의 석학(碩學) 마우두디 (S. Abul A'La Maududi)의 「인간의 경제문제와 이슬람적 해결 (Economic Problem of Man and Its Islamic Solution), 1947」과 현대 이슬람 경제학의 권위자인 몬저 카프(Mozer Kafh)가 저술한 내용을 북미 이슬람 학생회가 1978년 발행한 「이슬람 경제(Islamic Economy), 1978」를 번안(飜案)하여 필자와 심의섭 교수가 「이슬람 경제학」으로 소개한 것이 한국에서는 이슬람 경제학에 관한 최초의 시도가 될 것이다.

그 후 쿠르시드 아흐마드(Ahmad, Kurshid)의 「이슬람 경제학의 연구(Studies in Islamic Economics), 1980」내용을 추가·보완하여 「현대이슬람 경제론, 1988」이라는 제목으로 다시 소개하였다. 아울러 홍성민의 「중동 경제론, 1991」에서도 이슬람 경제학에 관한 내용이 요약 되어 소개된 바 있다. 1980년대 소개된 이슬람 경제학은 무관심속에 방치돼 있다가 최근에 이슬람 금융이 발전을 거듭함에 따라 다시 필요성을 절감하게 된 것이다. 먼지 묻은 책자를 정리하면서도 즐거웠던 이유는 다시 소개할 수 있는 기쁨이 함께 했기 때문이다.

이슬람 금융을 유치하기 위해서는 우선 이슬람 경제에 대한 이해가 필요하다. 이슬람 경제는 자본주의 경제와도 다르고 더 더욱 사회주의경제와는 다른 '제3의 경제체제'라 할 수 있다. 샤리아에 의해 규제되는 종교공동체의 경제이기는 하지만, 막대한 석유자원과 약 15억의 인구가 형성하는 경제권은 우리의 큰 관심사가 아닐 수 없다. 이제 그들은 자신들의 경제학, 즉 이슬람 경제학(Islamic

Economics)에서 새로운 경제모형을 만들고 있으며, 그 실천적 단계로 이슬람 은행(interest-free bank)을 출범시켜 큰 성공을 거두고 있다. 1998년 아시아의 금융위기는 말레이시아를 선두로 새로운 상품을 개발하는 계기가 되었고, 2008년 전세계 금융위기는 이에 덧붙여 오일머니로 무장한 중동의 국부펀드(SWF)는 전세계의 이목을 집중시키고 있다.

따라서 본서는 이슬람 경제학과 금융에 많은 내용을 할애하면서, 이슬람 경제에 접근을 돕고자 세세한 주석을 덧붙이면서 이슬람경제의 이해에 내용의 초점을 맞추었다. 본서는 6장으로 구성돼 있으며, 제1장은 중동의 신경제질서와 이슬람 경제권, 제2장은 이슬람 경제체제의 의의, 제3장은 샤리아(Shari'ah)와 이슬람 경제 율법, 제4장은 이슬람의 경제사상과 이슬람 경제학, 제5장은 중동의 금융시장과 이슬람 은행, 제6장은 중동의 오일머니와 국부펀드(SWF)를 다룬다.

해가 뜨고 달이 지는 게 아니라 우리가 지구와 함께 돌고 있는데도 인간은 마치 태양이 돌고 있는 것으로 착각을 하고 산다. 중세 이후 서구 자본주의는 기독교의 이자논쟁을 거쳐 성숙된 자본주의를 발전시켰다. 갈릴레오가 "그래도 지구는 돈다."라고 항변하고 또 그 사실이 확인된 지금도 인간은 착각속에 살고 있다. 이유야 어쨌든 이슬람은 이제 그 논쟁을 다시 수면위로 끌어올리고 있다. 그러면서 신이 창조한 우주질서속에서 내가 돌고 있는 게 아니라 우리(공동체)가 돌고 있다는 점을 강조한다. 그래서 애타주의(愛他主

義)와 공동체를 강조하는 활라흐, 즉 인간의 복지(福祉)가 이슬람경제의 핵심이다.
　물질만능주의(物質萬能主義)는 "인간(人間)의 가치 자체를 아예 부(富)에 의한 척도"로 만들고 있다. 예를 들면 아파트, 자동차, 핸드백, 의복 등에서 고가품이나 명품을 소유한 사람이 마치 성공한 사람으로 인식되는 듯한 일종의 물질만능주의 현상도 우리 현실에 나타나고 있다. 그렇기에 사회의 저소득층과 노인문제는 그저 사회적인 구호에 그칠 뿐만 아니라 오히려 그들을 경쟁적인 사회로 내몰고 있다. 그 결과 저소득층 사람들은 소규모 상업적 대출이나 주택담보 대출이자에 시달리며 고리대금업자의 피해에 희생양이 되기도 한다. 이러한 상황으로 인간생활의 본질인 '행복한 삶'을 외면하게 되고 수많은 사람들이 길거리를 헤매게 된다. 그 결과 사기와 도박, 음란과 마약이 만연하게 되고 종극에 이르러 이혼과 자살이라는 파멸을 초래하는 경우도 허다하다.
　이 시점에서 필요한 것은 우리의 정체성(正體性)을 확보하는 것이다. 분명 우리는 한국의 민족정신을 계발(啓發)하는 것이 필요하며, 그 정신을 한국의 자본주의 정신에 도입함으로써 인간적인 삶을 유지하기 위한 주체성이 확립될 것이다.
　이슬람의 정체성을 샤리아에 둔 것이 이슬람 경제학이다. 사회주의의 경우와는 다르긴 하지만, 서구의 자본주의 내면에는 기독교 정신이 있으며, 그렇지 못한 경우에는 민족정신이나 토속적인 민족적 신앙심이 내재하고 있다. 이런 관점에서 본다면 이슬람 경제학이 우리 사회에 시사(示唆)하는 바는 크다고 볼 수 있다.

이 책자가 한국에 이슬람 경제학과 금융을 소개하는 작은 기회가 되었으면 하는 바램이다. 아직 우리는 할일이 많다. 이 책자는 그저 단순한 개념 정도를 소개한 것뿐이기에 세부적인 분야, 특히 금융의 실무분야에서는 이제부터 시작이라는 생각으로 이슬람 금융을 연구해야 할 것이다. 이 조그만 책자가 세상에 빛을 보도록 은혜를 베풀어준 한반도대학원의 최한우 총장님, 김형식 교수님께 사의를 표하며, 바쁜 와중에도 꼼꼼히 읽어주시며 비평을 해주신 이성욱 교수님, 서동찬 교수님께도 진정한 감사를 드린다. 무더위 속에서도 세밀한 교정과 실랄한 비판을 가해준 고려대 홍영의 양과 힘겨운 탈고의 순간까지 격려를 아끼지 않고 토론과 검토에 힘써준 김영숙 선생님께도 감사드린다. 아울러 출판의 전과정에 불철주야 힘써준 KUIS의 이주미 간사와 출판일정에 쫓기면서도 예쁜 책자를 만들어준 김유미 간사에게 고마운 마음을 전한다.

낯선 이슬람 경제를 한국에 소개하기에는
아직 부족함이 너무 크다는 생각을 마음속 깊이 새기면서 —
2009년 10월
冠岳山下 鏡巖軒에서 홍성민

추천사 6
작가 서문 8

제1장 중동의 신경제질서와 이슬람 경제권 21

1. 중동의 신경제질서 21
2. 이슬람 국가의 경제영역 30
   1) 중동 국가 32
   2) 아랍 국가 34
   3) 이슬람 국가 35
3. 중동의 경제협력과 이슬람 경제권의 부상 37
   1) 중동 경제협력기구의 구상 38
   2) 걸프산유국 경제의 국제화와 WTO 40
      (1) GCC 경제의 국제화
      (2) GCC의 WTO 가입과 FTA
      (3) GCC 주변국의 잠재력과 부상 : 이란, 이라크, 예멘
   3) 비아랍·이슬람 경제협력과 D-8의 출범 48
      (1) ECO   (2) D-8의 출범
   4) 뉴 실크로드의 부상과 이슬람 경제권 56
      (1) 아시아-유럽의 교역로, 뉴 실크로드
      (2) CHIM 경제권의 출현
      (3) 이슬람 경제권

제2장 이슬람 경제체제의 의의 67

1. 제3세계 경제론과 이슬람경제 67
   1) 제3세계 경제발전론 67
   2) 제3세계 경제이론으로서의 이슬람경제 71

2. 이슬람 일반이론과 종교의 역할 74
      1) 이슬람 일반이론의 필요성 74
      2) 종교와 이슬람경제 76
   3. 경제의 근본문제와 이슬람적 해결 81
      1) 인간의 경제문제 81
      2) 경제체제의 근본적인 문제 84
         (1) 탐욕스러운 부자들의 경제행위
         (2) 해악(害惡)적인 경제투쟁
         (3) 현대 경제체제의 문제
      3) 이슬람적 해결 91

제3장 샤리아(Shari'ah)와 이슬람 경제 율법 94
   1. 이슬람 법의 배경 94
   2. 이슬람 법의 연구와 특성 98
   3. 이슬람 법, 샤리아(Shari'ah) 101
      1) 샤리아 101
      2) 샤리아의 내용과 특성 102
      3) 법원(法源) 103
      4) 소송절차와 증언 105
   4. 이슬람 법학파 107
   5. 이슬람의 형법(ḥudūd) 108
   6. 이슬람에서의 범죄 유형 110
      1) 하드 죄(Had Crimes) 111

2) 타지르 죄(Tazir Crimes) 113
   3) 끼사스 죄(Qiṣāṣ Crimes)와 디야(Diya) 115
7. 샤리아의 발전과 현대법 119
   1) 샤리아의 발전 119
   2) 샤리아, 법의 개혁 122
   3) 현대 이슬람 법 127
8. 이슬람 율법에서의 소유문제 130
   1) 소유의 개념 130
   2) 소유권의 신성 133
9. 경제와 관련된 샤리아 134
   1) 거래법(law of transactions) 134
       (1) 계약   (2) 채무
       (3) 고리대금   (4) 중량 및 척도
       (5) 수뢰(bribery)
   2) 합법적인 부 145
   3) 경제적 정의 148

제4장 이슬람의 경제사상과 이슬람 경제학 151
   1. 이슬람 경제학의 배경과 도덕경제 151
      1) 이슬람 경제학의 배경 151
      2) 이슬람의 도덕경제 157
   2. 이슬람의 경제관과 이자사상 159
      1) 경전에 나타난 경제관 159
      2) 이슬람 경제사상의 변천 166

3. 이슬람의 이자사상과 리바(Riba) 169
   1) 이자에 관한 전통사상의 변천 169
   2) 이슬람의 리바금지와 이자논쟁 178
4. 이슬람 경제의 핵심, 자카트(Zakhat) 184
   1) 자카트의 정의 184
   2) 자카트의 목적 185
   3) 자카트의 특성 186
5. 이슬람 경제학의 시도와 접근 188
   1) 이슬람 경제학의 정의 188
   2) 이슬람 경제학의 방법론 194
   3) 이슬람 경제학의 범위 197
   4) 이슬람 경제학의 내용 200
      (1) 소비이론
      (2) 생산이론
      (3) 시장구조 : 자유기업
      (4) 거시통화이론
   5) 이슬람 경제학의 접근방법 224
   6) 전통 경제학의 편견과 접목 232

제5장 중동의 금융시장과 이슬람 은행 240

1. 중동의 금융시장 240
2. 이슬람 금융의 정의와 구조 252
   1) 이슬람 금융의 정의와 리바 252
      (1) 이슬람 금융의 정의

            (2) 이슬람 금융에서 리바(Riba)의 해석
        2) 이슬람의 신용과 금융구조 257
    3. 이슬람 은행(interest-free bank)의 출현 260
    4. 이슬람 은행의 특징과 금융형태 262
        1) 이슬람 은행의 특징 262
            (1) 라바의 금지
            (2) 가라르(Gharar)의 규제
            (3) 제휴의 원칙(principles of partnership)
        2) 이슬람 은행의 금융형태 269
            (1) 무라바하(Murabaha)
            (2) 무다라바(Mudaraba)
            (3) 무샤라카(Musharaka)
            (4) 이자라(Ijara)
            (5) 수쿠크(Sukūk)
            (6) 타카풀(Takaful)
            (7) 기타
        3) 국가마다 다른 이슬람 금융의 발전 276
            (1) 완전한 이슬람화의 선구자: 파키스탄, 이란 수단
            (2) 말레이시아와 싱가포르의 특수한 경우
            (3) 역외(offshore) 이슬람 금융센터: 바레인
    5. 이슬람 은행의 성장요인과 잠재력 287
        1) 이슬람 은행의 성장요인 287
        2) 이슬람 은행의 성장 289
        3) 이슬람 금융의 규모와 잠재력 293

6. 이슬람 은행의 실증연구와 투자성향 298
    1) 이슬람 은행의 실증연구 298
    2) 투자성향 301

제6장 중동의 오일머니와 국부펀드 304

1. 중동의 오일머니와 GCC 금융 304
    1) 오일머니와 GCC 금융의 발전 304
        (1) GCC의 오일머니
        (2) GCC 금융의 발전
2. 걸프산유국의 오일머니 현황 311
3. 걸프산유국의 오일머니 활용과 투자 316
4. 국부펀드(Sovereign Wealth Fund)의 특성과 규모 324
    1) 국부펀드의 기원과 개념 324
        (1) 국부펀드의 기원
        (2) 국부펀드의 개념
    2) 국부펀드의 성장배경과 특성 327
    3) 국부펀드의 규모와 현황 332
5. 걸프산유국 국부펀드의 성장과 활용 336
    1) 걸프산유국 국부펀드의 성장 336
    2) 걸프산유국 국부펀드의 활용 341
6. 이슬람 금융에 대한 한국의 접근 345

참고 문헌 349
찾아 보기 364

제1장
중동의 신경제질서와 이슬람 경제권

1. 중동의 신경제질서

　제2차 세계대전 이후 서유럽에서 대두되기 시작한 지역주의 경향은 1980년대 이후 더욱 심화되었고, 1990년대 이후 '3극 체제(tripolar system)'의 버팀목으로 작용하고 있었다. 이러한 배경에는 첫째로 국제경제의 역학관계 변화, 둘째로 다자간 무역체제의 약화를 직접적인 원인를 들 수 있다. 1970년대 일본경제의 부상과 1980년대 아시아 신흥공업국의 등장은 EU와 미국의 상대적인 지위저하, 산업 및 기업의 경쟁력 약화를 초래하였다. 이와 함께 1970년대 이후 나타난 무역경쟁의 심화, 자원민족주의의 대두, 남북문제의 첨예화 및 미국 경제의 상대적 우위 상실 등은 보호무역의 재연과 함께 자유·무차별원칙을 근간으로 하는 GATT 체제를 약화시켰다. 이 같은 추세에 따라 일부 국가들은 자국의 무역문제에 대해 이해관계를 같이하는 국가들 간에 협정을 통하여 해결하려는 움직임을 강화하였고, 그 구체적인 형태가 지역주의로 표현된다.
　범세계주의의 대응수단으로 출현한 지역주의는 점차 파급효과가 커짐으로써 현재의 WTO 체제하에서 세계경제를 몇 개의 배타적인 경제권으로 분할할 수 있는 여건을 갖고 있다. EU가 그 대표적인 예이며, 미국 주도로 이루어지고 있는 NAFTA, APEC도 커다란 잠재력이 있다. 따라서 미국과 EU의 경제통합 강화는 일본을 자극하여 중국을 포함한 아시아에서의 새로운 경제협력기구를 잉태시킬 수 있으며, 이러한 경향이 심화되면 러시아를 중심으로 한 사회주의 경제권의 새로운 지역주의 모색도 배제할 수 없다. 이 과정에 소블록 형태를 취하는 각 지역의 인접 국가 간 지역주의는 WTO 체제의 대응수단으로 보호무역 성격을 띠는 지역경제 통합의 형태로 경제협력을 추진할 가능성이 크다.

1990년대 들어오면서 세계경제질서는 양극화의 틀이 깨졌으며, 이러한 현상은 특히 걸프전을 계기로 가속화되었다. 이 과정에서 이스라엘과 PLO는 1993년 오슬로 협정으로 화해의 손을 잡고 평화 정착을 모색하고 있지만, 이 또한 안개 속이다.[1]

한편, 이라크 전쟁의 배경은 1991년 걸프전(The Gulf War)으로 거슬러 올라간다. 1980년대까지만 해도 이라크는 미국에 매우 우호적인 국가였다. 이라크가 1979년 이슬람혁명으로 실권을 잡은 서구의 공적(公敵), 이란의 호메이니와 싸워주었기 때문이다. 미국을 비롯한 선진국들은 지금까지만 해도 이라크를 지원하였다. 미국의 지원 하에 1988년 이란과의 전쟁이 끝날 무렵 이라크는 세계 4위의 군사대국으로 성장했다.

---

1) 2000년 9월 28일 당시 아리엘 샤론 리쿠르당 당수의 동예루살렘 방문으로 이스라엘과 팔레스타인 간의 충돌로 시작된 '인티파다'가 계속 진행 중에 있다. 더욱이 미국과 유엔, 러시아, 유럽연합(EU) 등 이른바 '쿼텟(Quartet: 4개 중동평화 중재당국)'이 작성한 중동평화계획을 담은 로드맵이 2003년 4월 30일 제시되기는 했지만 그 성사여부는 아직 오리무중 상태이다.

8년간의 이란-이라크 전쟁에서 이라크를 측면 지원하던 미국정부가 이라크의 전후복구 사업에도 관심을 보여줄 것이라는 기대 하에, 1989년 6월 사담 후세인 이라크대통령은 미국의 경제사절단을 초청하였다. 미국은 선결조건으로 이라크의 대외채무 해결을 요구했고, 그 방법으로 국영석유산업의 민영화를 제시하였다. 그러나 사담 후세인은 석유주권을 포기할 수 없었고, 결국 투자협상은 결렬되었다. 이에 따라 이라크는 전비반환을 요구하는 쿠웨이트를 1990년 8월 무력침공하게 되었고, 그 결과 미국은 걸프만에 군사적으로 개입하게 되었다. 그 후 부시(Bush) 미국대통령은 1990년 9월 11일 '신세계질서(New World Order)'를 선언하고 "신세계질서는 우리가 알고 있는 세계와는 전혀 다른 세계"라는 점을 천명하였다.

그러면 "왜? 하필이면 중동의 이라크 아니 사담 후세인이 부시의 집요한 목표가 되었는가?"라는 의문이 제기된다. 미행정부의 이라크 공격의도를 크게 나누면, 첫째는 중동에서의 미국의 석유 이권 장악이요, 둘째는 불황에 빠진 미군수산업의 보호이다. 이러한 의도는 지난 수년간 진행된 과정을 보면 쉽게 이해할 수 있다. 미국의 이라크 공격에 독일이 반대하고 프랑스가 주춤거리며 영국이 앞장서고 일본이 뒤따라가는 모습을 보면 그 이유는 더욱 자명해진다.

1901년 영국 주도로 페르시아에서 시작된 중동의 석유산업은 1930년대 미국의 자본참여가 시작되면서, 제2차 세계대전 이후 미국의 영향력 증대로 미국의 석유자본이 중동의 석유를 지배하게 되었다. 1960년 OPEC의 창설과 1973년 '석유무기화(oil weapon)'로 힘을 얻은 중동 산유국들은 자국의 이권을 확보해 나갈 수 있었다. 그 가운데 최대 산유국인 사우디아라비아는 미국에 우호적이다. 이란도 팔레비 정권시절까지는 미국에 우호적이었다. 그러나 유독 이라크만이 미국의 석유자원 지배에 걸림돌이 되어 왔던 것이다. 이라크의 원유매장량은 1,120억 배럴로 2,650억 배럴의 사우디아라비아에 이어 세계 2위의 석유 매장국가다. 아울러 미국의 이권개입이 가장 어려운 중동 산유국은 '악의 축(axis of evil)'이나 'UN의 제재조치'에 묶여 있었던 이라크, 이란, 리비아 등 OPEC 내 강경파 국가이다. 따라서 이라크의 후세인이 제거된다면, 그 불씨는 이란이나 리비아로 옮겨 붙을 것이다.

문제는 이라크의 후세인 정권을 붕괴시키고 나서, 과연 어떻게 미국이 이라크에 '새로운 민주국가?' 혹은 '친미적인 이라크 정권'을 수립하느냐가 더 큰 과제이다. 미국의 침공이 성공하고 사담 후세인을 무리 없이 제거한다손 치더라도 민주주의를 제대로 경험하지 못한 이라크를 누구에게 맡겨 정권을 유지할 수 있는지가 관건이다.

아무튼, 2001년 9·11 이후 아프간으로부터 시작된 '테러와의 전쟁(war on terror)'이 정점(頂點)을 향해 치닫고 있다. 아시아와 중동의 광범위한 지역에 걸쳐 진행된 '테러와의 전쟁'이 홍해와 북아프리카, 소말리아, 수단 및 예멘 지역으로 확산 되는 가운데, 미국은 이라크 전쟁의 종결과 이스라엘-팔레스타인 간 평화정착이라는 두 가지 난제에 직면하고 있다.

아울러 '악의 축'으로 분류된 리비아, 이란, 북한의 핵 문제 또한 신경제질서의 해결에 큰 걸림돌이 되고 있다. 다행히 리비아는 2003년 '핵 포기선언'[2]을 한 상태이며, 이란도 미국 신 행정부의

---

2) 리비아 핵 포기 선언의 특징은 '선 폐기, 후 보상'으로, 리비아는 미국으로부터 경제제재 해제와 체제보장 등의 구체적인 상응조치를 약속받지 않은 상태에서 핵 계획을 일방적으로 포기했다. 그 후 미국 정부는 2004년, 리비아에 대한 경제제재를 대폭 완화하였고, 외교관계를 회복하였다. 2006년 5월, 미국 정부는 리비아와 국교를 정상화하고 대사관을 설치함과 동시에 리비아를 테러지원국 명단에서 삭제하였다.

화해 제스처에 미온적이긴 하지만 화답하는 상태이다. 반면 북한은 2009년 4월 5일에 미사일을 발사하여 강경자세를 취함으로써 국제 사회에서 다시 한 번 주목받았다.

국제경제질서 재편[3]을 위해서 중동의 경제질서 재편은 필수적 선행요건이다. 이 과정에 핵심역할을 하는 중동 국가가 이라크다. 그 첫째 이유는 석유자원이며, 둘째 이유는 세계화에 부응하는 경제협력이다. 이라크의 안정 다음에는 이란과의 관계개선 또는 화해인데 이 또한 에너지자원과 관련이 깊다. 중동질서 재편을 위해서 미-EU 간 협력 또한 필수불가결한 요소이다. 이라크전쟁 이전 이 국가들은 이미 이라크 및 중앙아시아의 가스와 유전에 많은 투자를 해 놓은 상태이다.

아울러 미국이 중동에서 평화 로드맵을 실천하기 위해서는 EU는 물론 일본, 소련 및 중국과의 협력도 불가피하다. 이스라엘 또한 아랍국가들과의 평화정착을 위한 핵심 추(錘) 역할을 할 것이다. 중동에서 평화로드맵의 실천은 궁극적으로 1994년 출범한 WTO 체제를 완성하는 쪽으로 귀결될 것이며, 그 구체적인 형태는 '자유무역협정(FTA)'이 될 것이다.

2003년 5월 9일 발표된 미국-중동 자유무역지대 창설안은 2013년까지 광범위한 정치·경제개혁을 추진하는 역내 국가들과 미국의 무역장벽을 철폐하겠다는 내용이다. [그림 1-1]에서 보는 바와 같이 중동평화 로드맵이 완성되어야 중동의 경제질서는 안정을 찾을 것이다(홍성민, 「주간 석유뉴스」, 2006, 9-10).

---

[3] '신 국제경제질서(The New International Economic Order: NIEO)'라는 용어는 1974년 제6회 유엔특별총회에서 채택되었다. NIEO의 구체적 요구항목은 자원의 항구주권, 개발도상국 상품의 가격연동제에 의한 가격보장, 생산국 카르텔 촉진 등이다.

따라서 중동에서 미국의 자유무역지대 실현은 WTO 실천을 위한 일종의 포석이며, 이라크의 안정화는 중동질서 재편의 진원지임과 동시에 귀결점이 된다.

[그림 1-1] 중동 평화 로드맵의 완성

↑	→	이란, 리비아	←	↑
	시리아, 터키	↓	구소련(중앙아시아)	
미국, 영국 (일본) →	이라크 →	중동평화 로드맵	←	소련, 중국 (북한)
		↑		
↓ →	이스라엘 ↔	(팔레스타인) 아랍국가	←	↓

＊출처: 2008, "중동 경제질서와 이라크", 중동 경제연구소, 서울: KIME.

  미국은 중동질서재편을 위한 로드맵의 성공을 뒷받침하기 위해 자유무역지대 구상을 경제적 장치로 마련했다고 볼 수 있다. 다른 한편으로 자유무역지대 구상의 목적은 이라크전쟁으로 촉발된 반미감정을 누그러뜨리고 이라크전쟁 승리 이후 중동 내 미국의 입지를 강화하려는 의도가 있다고 볼 수 있다. 하지만 자유무역지대의 성공과제는 우선 이라크 전쟁의 원만한 해결이 선결과제이고, 그다음에 이스라엘과 팔레스타인 간 평화문제 해결이라는 이중고(二重苦)의 해결에 달렸다. 우리는 이라크전쟁 전후처리과정을 예의주시해야 하며, 이 과정에서 아랍권의 결속과 미국-EU 관계의 상황전개는 미국의 대중동정책에 중요한 변수가 될 것이다(위의 책, 10).
  이러한 변화에 발맞추어 범아랍, 범이슬람이라는 형태로 응집되는 중동의 경제질서는 '경제협력'이라는 '실리'를 바탕으로 재편되고 있다. 그 대표적인 예는 '아랍공동시장'의 창설과 범이슬람 경제협력기구인 〈D-8〉이다. 아랍 대 이스라엘, 선진국 대 이슬람이라는 경제협력의 형태로 전개되는 변화 가운데 가장 큰 특징 중 하나는 실리를 바탕으로 한 아랍과 이스라엘 간 경제협력 움직임, 즉 중동 아프리카국가들(MENA) 간의 경제협력이다.

자유무역협정의 체결도 점차 가시화되고 있다. 조지 부시 미국 대통령이 중동 국가들과의 FTA 체결구상을 발표한 2003년까지 미국과 FTA를 체결한 국가는 이스라엘과 요르단 등 단 2개국에 불과했으나, 그 이후 바레인과 모로코가 미국과의 개별적인 합의에 도달했다. 바레인은 미국과 체결한 자유무역협정을 위해 2005년 9월 이스라엘에 대한 금수조치를 해제하였다. UAE, 오만도 바레인의 뒤를 따를 것으로 예상한다. 이집트와 터키도 2005년 12월 27일 자유무역협정을 체결했다. 이집트-터키 양국은 이에 따라 연간 교역 규모도 30억 달러 규모로 확대될 것으로 예상한다.

걸프전 이후, 중동의 경제질서는 이스라엘-PLO 간 협상속도와 궤(軌)를 같이하면서 WTO 체제의 경제질서와 공동보조를 맞추며 재편되고 있다. 당분간은 미국을 위주로 하는 일방주의나 단일체제가 우세할지 모르지만, 시간이 흐를수록 세계경제질서는 다시 (일본을 포함하는) 미·유럽 및 (중국을 포함하는) 러시아·아시아의 '2극 체제'나 미·일, 유럽 및 아시아의 '3극 체제'로 재편될 가능성이 있다. 그 가운데 있는 중동, 그리고 더 나가 아프리카의 역할은 매우 중요한 변수이다. 크게 볼 때 앞으로 이들의 경제질서는 WTO의 향방과 EU의 대응속도에 따라 재편의 윤곽이 나타날 것이다. 이러한 과정에서 미국의 독주에 대한 EU 국가들의 견제 또는 협력은 중동의 새로운 경제질서 재편에 결정적인 변수로 작용할 것이다(위의 책, 10-11).

버락 오바마 미국 대통령도 중동평화 정착을 위해 새로운 접근으로 문제해결을 서두르고 있다. 오바마 대통령은 2009년 6월 1일 중동방문을 앞둔 시점에 미국 공영라디오 방송 NPR과의 인터뷰에서 "이스라엘과 미국이 긴밀한 관계를 유지할 것"이라고 다짐하면서도 "이스라엘의 안보와 관련된 중동의 현재의 상태(status quo)가 계속 유지될 수는 없다(unsustainable)."라고 말함으로써 향후 중동평화에 대한 새로운 정책을 암시하였다.

오바마 대통령은 1953년 이란에서 일어난 군부 쿠데타에 미국이 개입한 사실도 시인했다. 「알라 외에 다른 신은 없다」의 저자인 베스트셀러 작가 레자 아슬란도 오바마가 이라크 전쟁을 '미국이 선택한 전쟁(war of choice)'이라 표현하고, 이스라엘-팔레스타인 분쟁을 거론할 때는 '점령'이라는 단어를 쓴 것을 언급하며 "그는 미국 대통령 중 누구도 사용하지 않은 표현을 썼다."라고 칭찬했다.

이와 함께 폭스뉴스도 오바마 대통령이 2009년 6월 4일 이집트 카이로 대학에서 가진 연설은 미국 외교정책의 '새로운 독트린'의 시작을 의미할 수 있다고 분석했다. 오바마 대통령은 이 연설에서 중동 민주주의의 확산과 팔레스타인 국가 건설의 불가피성에 대해 조지 부시 전임 대통령과는 명확히 다른 관점을 보여줬으며 '테러리스트'나 '테러리즘'이라는 말도 사용하지 않았다. 특히 "어떤 정치체제도 한 나라가 다른 나라에 부여할 수 없으며 부여해서도 안 된다."라는 오바마 대통령의 발언은 중동의 비 민주적 국가들이 미국이 강요하는 민주주의 체제를 받아들이기보다는 내부적으로 개혁해야 한다는 주장으로, 괄목할 만한 변화로 평가된다.

이란과 이란 핵 문제에 대해서도 오바마 대통령은 부시 전 대통령과 분명한 차이를 보였다. 이란을 '악의 축'으로 지목하고 이란에 대한 유엔 제재 강화를 촉구했던 부시 전 대통령과는 달리 오바마 대통령은 이란과 함께 미국을 포함한 모든 국가가 핵무기를 포기해야 한다고 강조한 것이다.

이스라엘에 대해서도 오바마 대통령은 "미국과 이스라엘의 유대는 깨뜨릴 수 없다."라면서도 "이스라엘은 자국의 존재 권리가 부정될 수 없듯이 팔레스타인의 존재도 부정할 수 없다는 것을 인정해야 한다."라고 말해 부시 전 대통령보다 더 강경한 태도를 드러냈다. 이스라엘의 하레츠 신문 또한 이슬람에 '새로운 시작'을 제안한 오바마 대통령의 카이로 연설은 세계사적 견지에서 '9·11 시대'가 막을 내렸음을 선언한 것이라고 평가했다.

오바마 대통령은 연설에서 문명 간 충돌 대신에 대화를 설파했고, 이스라엘-팔레스타인 분쟁 대신에 팔레스타인 국가 수립을 통한 평화를, 이스라엘과 아랍권 간의 관계정상화(팔레스타인 국가 수립을 골자로 한 '두 국가 해법'과 팔레스타인 지역 내 유대인 정착촌 건설 동결)를 요구했다는 것이다(연합뉴스, 09/06/05). 9·11 미 테러 사태로 아프가니스탄으로부터 시작된 테러와의 전쟁이 중동에서 매듭지어질 때 중동의 새로운 경제질서는 정착될 것이다.

중동에서 신경제질서를 매듭짓기 위해서는 이라크전쟁의 마무리가 아직도 '태풍의 눈'이며, 그 해결의 실마리를 쥐고 있는 주변국은 이란과 이스라엘이다. 비아랍국가들의 역할 또한 매우 중요하며, 중재자 역할이 기대되는 나라는 터키이다. 중동에서 질서재편을 마무리하기 위해서는 아프가니스탄에서 시작된 테러와의 전쟁 또한 아프가니스탄에서부터 매듭지어져야 하기에 이슬람 국가들의 역할은 더욱더 부상하리라 기대된다.

특히 터키는 중재자로서 중요한 역할을 할 것이다. 막대한 수자원(水資源)을 확보하고 있는 터키는 비아랍 이슬람 국가로서 이스라엘과도 친교관계를 맺고 있으며, 특히 중앙아시아 이슬람 국가는 물론 이란과도 경제협력의 측면에서 중요한 위치에 있다.[4] 앞으로 이 지역에 대두할 수자원이용에 있어서 우위를 점하고 있는 터키는 이라크 안정을 위한 쿠르드족 문제해결에 대해서도 시리아에 실마리를 제공할 수 있다. 이제 이슬람 국가는 아랍-비아랍의 차원을 넘어 세계 경제무대에서 새로운 경제권으로 도약하고 있다.

2. 이슬람 국가의 경제영역

WTO로 대변되는 세계화(Globalization)는 그 역작용으로 지역주의(Regionalism)를 부추겼으며, 경제협력의 형태로 '이슬람 경제권'이라는 용어를 새롭게 탄생시키고 있다. 특히 9·11 미테러사태 이후 아프가니스탄으로부터 시작된 '테러와의 전쟁'은 중앙아시아에서 '에너지 실크로드'의 중요성을 인식시키면서 이제 중동의 차원을 넘어 아시아-중동-아프리카를 연결하는 이슬람 국가들의 위상을 북돋우고 있다. 이 때문에 무슬림을 테러리스트로 인식하면서도 '아랍과 석유'를 떠올리며 중동에 대한 매력을 잊지 못하는 게 한국인이다. 또한, 오일머니가 이슬람 금융의 형태로 세계 자본시

---

4) 일련의 변화는 터키, 아르메니아, 아제르바이잔 등 3국 관계의 변화에서도 엿볼 수 있다. 터키는 아제르바이잔과 동맹 관계를 유지해 온 반면, 이웃 아르메니아와는 오랫동안 국교를 단절하고 국경을 열지 않았다. 터키는 동맹국인 아제르바이잔의 나고르노-카라바흐 지역을 아르메니아가 1993년 점령한데 항의하는 뜻에서 외교관계를 단절하고 양국 간 국경을 봉쇄했다. 월스트리트저널(04/02/09)에 따르면, 터키와 아르메니아가 국교 정상화를 위한 공식 협의에 나서기로 합의했다고 보도했다.

장에서 위력을 발휘하면서 한국은 중동 국가들의 행보에 주목하고 있지만, 그 관심에 비해 중동 지역에 관한 연구는 아직 미흡한 실정이다.

이 지역의 이해에 반드시 필요한 〈아랍〉, 〈중동〉, 〈이슬람〉의 구별도 제대로 이뤄지지 않아 이러한 개념들이 모호하게 뒤섞여 사용되는 상황에서 중동 국가, 아랍국가 및 이슬람 국가에 대한 개념규정을 명확히 함은 향후 중동-이슬람 연구에 있어 필수불가결한 것이라 할 수 있다.

이슬람(Islam)[5]은 7세기 초 유일신, 알라(Allah)[6]의 예언자로서 무함마드가 아라비아반도의 메카(Mecca)에서 일으킨 종교이다. 이슬람은 성지 메카를 중심으로 아시아 · 아프리카 · 유럽 등지에 널리 분포되어 있으며, 오늘날 세계 무슬림의 총 수는 약 15만 명 정도로 추정된다. 아랍어로 '평화'라는 의미가 있는 '이슬람(Islam)'이란 단어는 알라(Allah)라는 유일신을 섬기는 종교로 일컬어질 때는 '신에 대한 복종'으로 이해되며, 여기에서 파생되는 '무슬림(Muslim)'은 '신에게 복종하는 사람'으로 이슬람 신자를 뜻한다.

예언자는 아담에서 모세, 예수를 거쳐 무함마드에 이른다. 유일신 신앙은 신, 아들, 성령의 일치라는 삼위일체와 예수의 신격화를

---

[5] 이슬람은 한국에서 이슬람교, 회교(回敎), 마호메트교 등으로 불리고 있으나, 본서에서는 원의(原義)를 그대로 전달하기 위해 '이슬람'이라는 용어를 사용하였다. 이슬람에 관해서는, 한국이슬람교중앙회, 2009, 「이슬람?」, (서울: 한국이슬람교중앙회), 참조.

[6] 알라(Allah)라는 이름은 이슬람등장 이전 메카지역에 주신(主神)으로 알려졌던 유일하신 하나님, 즉 절대신으로서 전지전능하고 절대공평한 분으로 알려졌다. 이슬람등장 이전에 아랍 족들 모두가 숭앙하는 신들이 있었는데 그 가운데 가장 유명한 세 신은 마나트(Manât), 우즈자(Uzza) 및 알라트(Allât)였으며, 이 세 신은 최상의 신인 알라에 예속돼 있었다. 본서에서 이슬람의 신(伸)은 '알라'로 번역하였다. 한국이슬람교중앙회는 알라(Allah)를 하나님으로 번역하고 있다. 한국이슬람교중앙회, 2009, 「하나님의 속성은 무엇인가?」, (서울: 한국이슬람교중앙회), 참조.

부인한다. 이슬람에서 (알라) 신과 신자는 수직적인 관계로 연결되며, 신 앞에서 신자들은 수평적으로 평등하다.

한편, 이슬람은 순니(Sunni, 85%)파와 쉬아(Shia, 15%)파 두 종파로 크게 나뉘는데, 순니파는 무함마드의 행적, 즉 순나(Sunna)를 따르는 종파로 오늘날 이슬람의 대종을 이룬다. 반면 쉬아파는 무함마드의 직계후손, 즉 이맘(Immam)을 믿으며, 오늘날 이란의 국교이다. 이에는 12인 파(Twelveres), 자이디파(Zaidis), 이스마일파(Ismailis) 등이 있다(홍성민, 1991, 435).

1) 중동 국가

물론 중동 국가에 대한 명확한 개념은 아랍권은 물론 전세계적으로 통일된 명확한 개념으로 사용되지 않고 있으며, 국가, 기관 및 연구단체들에 따라 정치, 경제적 편의상 광범위하게 사용되는 경우가 많다. 왜냐하면 이 지역에는 아랍국가와 비아랍국가, 아시아국가와 아프리카국가, 이슬람 국가와 비 이슬람 국가 그리고 유럽국가와 밀접한 배경이 있는 국가가 공존하기에 무분별한 용어의 사용은 커다란 분쟁을 불러올 수도 있기 때문이다.

이 같은 상황을 고려하여 본서에서는 중동연구에 대한 분석의 기준을 마련하고 단순화된 모형을 설정하기 위하여 19개 아랍국가와 3개 비아랍국가로 구분하여 22개 국가를 중동 국가로 설정하였다. 여기서 19개 아랍국가라 함은 레바논, 리비아, 모로코, 바레인, 사우디아라비아, 수단, 시리아, 아랍 에미리트연합(UAE), 알제리, 예멘, 오만, 요르단, 이라크, 이집트, 지부티, 카타르, 쿠웨이트, 튀니지 및 팔레스타인을 말한다. 한편, 비아랍국가는 이란, 이스라엘 및 터키 등 3개국이다(중동 경제연구소, 2009).

[지도 1-1] 중동지역

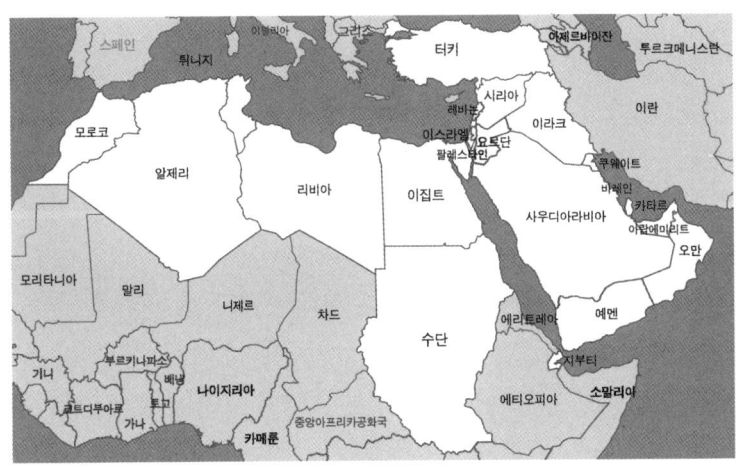

*출처:중동 경제연구소, 2009.

중동(中東) 지역은 일반적으로 모로코로부터 아라비아 반도, 이란 및 때때로 그 이외의 지역으로 펼쳐지는 지중해 남부 및 동부 해안주변의 국가들을 일컫는다. 이 지역의 중심부는 과거 19세기에 오리엔트(Orient)를 세 지역으로 구분하려 했던 서구의 지리학자와 역사학자들에 의해 근동(近東)으로 불렸다.

이러한 용어의 변화는 제2차 세계대전 이전에 나타나기 시작했으며, 이집트에 영국군 사령부(Middle East Command)가 설치되었을 때인 전쟁기간에 중동(The Middle East)이라는 용어가 일반화되기 시작하였다.

따라서 오늘날 중동지역은 동(東)으로 이란의 서아시아 대륙에서 남(南)으로 아라비아 반도를 거쳐 수단, 이집트를 지나 서(西)로는 모로코에 이르는 북아프리카의 사하라사막 이북의 지역에서 지중해 연안을 따라 북(北)으로 터키에 이르는 약 20여 개의 국가로 이루어진, 과거 중근동(中近東)과 북아프리카 지역을 포함하는 매우 광범위한 지역이라 말할 수 있다.

중동은 나일(Nile) 문명과 유프라테스-티그리스 문명을 이어온 문명의 발상지에 자리 잡고 있으며, 비잔틴, 페르시아, 오스만제국의 영향권 아래 있었기 때문에 역사적으로도 유서 깊은 지역이다. 특히 대종을 이루는 이슬람교를 비롯해 유대교, 조로아스터교 및 소수기타 종교들의 발원지로서 문화적·종교적으로 중요한 지역이다.

2) 아랍 국가

일반적으로 아랍국가는 아랍어를 공용어로 사용하며, 아랍 민족주의에 기반을 둔 아랍연맹(The Arab League)의 22개 회원국을 말한다.

〈표 1-1〉 아랍연맹 회원국의 PPP 기준 GDP 및 1인당 GDP

국 명	GDP US 백만$	1인당 GDP US$	국 명	GDP US 백만$	1인당 GDP US$
UAE	167,296	37,293	예멘	52,050	2,335
레바논	48,896	12,704	오만	61,607	23,967
리비아	74,752	12,277	요르단	27,986	4,886
모로코	138,250	4,433	이라크	102,300	3,600
모리타니아	5,818	1,800	이집트	403,961	5,491
바레인	24,499	32,064	지부티	1,738	2,271
사우디	564,561	23,243	카타르	75,224	80,870
소말리아	5,575	600	코모로스	719	1,125
수단	80,706	2,172	쿠웨이트	130,113	39,306
시리아	87,091	4,488	튀니지	76,999	7,473
알제리	224,748	6,533	팔레스타인	5,034	1,100

＊출처：Wikipedia, 2009.

아랍국가는 2007년 기준 총면적 1,395만 3,041 km2에 거주하는 약 3억4천만 명의 인구를 갖는 국가들로 구성돼 있다. 아랍국가들의 총 GDP는 구매력가격(PPP) 기준 약 2조 3,648억 달러이며, 1인당 평균 GDP는 1만 1,013 달러이다(Wikipedia, 2009). 아랍연맹 22개 회원국들과 GDP 및 1인당 GDP는 위 〈표 1-1〉과 같다.

3) 이슬람 국가

이슬람 세계는 몇 가지 뜻이 있다. 문화적 의미에서 이슬람 세계는 이슬람을 신봉하는 전세계적인 무슬림공동체를 말한다. 무슬림 공동체는 수많은 국가들에 산재(散在)하고 있으며, 단지 종교에 의해 연결된 인종집단이다. 역사적, 지정학적 의미에서 이슬람 세계는 종종 무슬림이 다수인 국가를 흔히 언급하며 정치적으로 무슬림이 지배적인 국가를 의미한다. 전세계적인 무슬림 공동체는 움마(Ummah)로 대변되는 집단적인 개념으로 인식된다. 예를 들면 비록 이슬람은 순니 혹은 쉬아 같은 수많은 분파가 있기는 하지만, 동료 무슬림의 통합(統合)과 수호(守護)를 강조한다.

이슬람은 전세계 인구의 20~25%를 차지하는 약 15억의 인구로 구성되어 있고, 기독교 다음으로 세계에서 두 번째로 큰 종교이다. 이슬람은 중동과 아프리카 및 아시아의 일부지역에 널리 퍼진 종교이다.

대규모 이슬람 공동체는 중국, 동유럽의 발칸반도 및 러시아에도 존재한다. 이슬람이 기독교 다음으로 큰 종교인 서유럽처럼 세계의 다른 지역에도 대규모 이슬람 이민 공동체가 있다. 무슬림의 20%는 아랍국가에 살며, 인도 아(亞)대륙에 30%, 인구수에서 최대 무슬림 국가인 인도네시아에 세계 무슬림의 15.6%가 살고 있다.

[그림 1-2] 전세계 무슬림 분포도

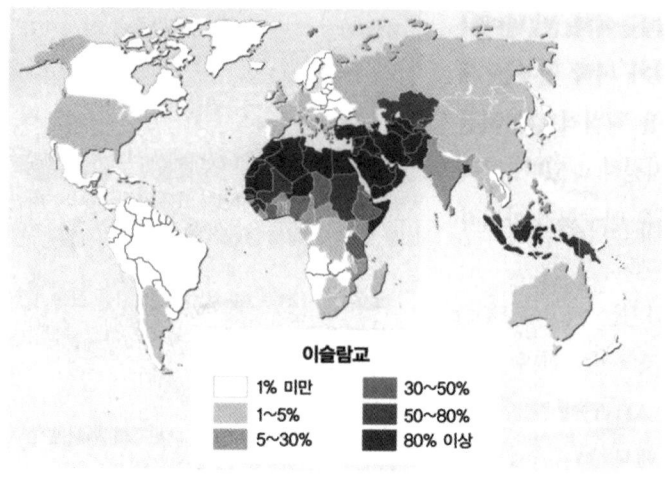

＊자료：Wikipedia, 2009.

세계에서 대략 30-40개 국가들은 무슬림 다수 국이다. 남아시아 및 동남아시아는 1억 이상의 무슬림이 있는 인도네시아, 파키스탄 및 방글라데시와 함께 무슬림 대종(大宗)을 이루는 국가들이 있다. 중국은 2006년 기준 2,000만 명의 무슬림이 있으며, 중동에서 비아랍 터키 및 이란도 무슬림 다수 국가이다. 아프리카의 이집트와 나이지리아에는 무슬림 공동체가 적지 않다(Wikipedia, 2009).

이슬람 회의기구(Organization of the Islamic Conference: OIC)[7]는 4대륙에 걸친 57개국의 회원국이 있는, UN 다음으로 세계에서 두 번째로 큰 정부 간 기구이다. OIC 가맹국이외의 회원국까지 합치면 전세계적으로 약 60개 국가가 이슬람 국가의 범주로 분류된다.

3. 중동의 경제협력과 이슬람 경제권의 부상

2003년 3월 미국의 이라크 침공으로 시작된 '이라크 전쟁(Iraqi war)'은 명분 없는 전쟁이었다는 회의론이 확산되고 있다. 애초 미국의 전략이었던 이라크에서 "대량살상무기(WMD) 제거 → 테러와의 전쟁 종식 → 이라크 민주화의 달성"이라는 목표는 아직까지 실증적 결론을 보여주지 못한 채, 정치적으로 이라크전은 잘못된 전쟁이었다는 여론이 미국은 물론 전세계에 압도적이다.

한편, 미국의 오바마 행정부는 반전여론을 등에 업고 '변화(change)'를 내세우며, '즉각 철군'이 아닌 '집권 16개월 내 철군론'을 주장하고 있다. 분명한 점은 1991년 걸프전(The Gulf War) 이후 전개된 중동 경제질서 재편이 이라크 전쟁으로 중동 경제질서에 큰 변화를 가져왔다는 사실이다.

이 같은 사실은 경제협력 차원에서 극명하게 나타나며, 아랍-이슬람 경제의 부상이 좋은 예라 할 수 있다. 그 이유는 첫째로 2008년까지 치솟았던 고유가의 영향이고, 둘째로 그로 인한 걸프지역, 특히 두바이, UAE에서의 부동산 투기 열풍이었다. 셋째로 막대한 오일머니와 국부펀드(SWF)에서 전세계적인 '금융위기'의 해법을

---

7) 이슬람 회의기구는 점령지 예루살렘에 있는 '알-악사 사원(Al-Aqsa Mosque)의 범죄적인 방화사건을 계기로, 1969년 9월 25일(이슬람력 1389년 라잡(Rajab) 12일) 모로코의 수도 라바트(Rabat)에서 개최된 역사적인 정상회담의 결정에 따라 창설되었다. 현재의 OIC 헌장은 2008년 3월 13-14일 다카(Dakar)에서 개최된 제11차 이슬람 정상회담에서 채택되었다 (http://www.oic-oci.org).

찾으려는 노력 또한 걸프산유국 경제의 부상이라 할 수 있다.

1) 중동 경제협력기구의 구상

중동의 경제협력기구는 1964년 터키, 이란, 파키스탄 간에 발족된 비아랍국 간 경제협력기구인 '지역개발협력기구(RCD: Regional Cooperation for Development)'가 발족됨으로써 전세계 지역경제협력기구의 효시(嚆矢)가 된 반면, 아랍국가들 간의 경제협력기구는 그보다 뒤진 1981년 '걸프협력위원회', 즉 걸프협력위원회(GCC : Gulf Cooperation Council)의 형태로 구체화된 것으로 알려졌다. 이전 아랍국가들 간의 경제협력의 구상은 그보다 앞선 1950년대로 거슬러 올라간다.

제2차 세계대전 기간 중동지역은 대규모의 지역적 경제협력을 경험하였다. 카이로에 본부를 둔 영국의 '중동 보급센타 (MESC: The Middle East Supply Center)'가 모든 농업생산, 산업활동, 무역 및 중동에 기반을 둔 상업활동을 관리하였지만, 그 효과는 부정적이었다. 이 지역 사람들의 눈에는 단지 외세에 의한 필요성으로 인식되었기에, 이 기간은 단지 '외형상 지역주의'라 볼 수 있다.

1950년대 초에도 아랍국가들은 일련의 우호적 협정을 통한 그들 상호간의 무역 관계를 개선하고, 규제하기 위한 시도가 있었다. 이전 이집트의 높은 관세와 요르단, 시리아 등 국가에서의 수량제한 조치로 경제협력의 달성은 어려웠다(홍성민, 1991,370).

아랍경제협력의 본격적인 구상은 1950년 '아랍경제위원회(Arab Economic Council)'를 설치한 아랍연맹의 '공동방위 및 경제협력조약'에서 구체화되었다. 또한, 아랍의 경제적 이익을 위협하고 있었던 유럽경제공동체(EEC: European Economic Community)의 로마조약(Rome Treaty)에 대한 대응조치로 아랍연맹의 동 위원회는 1957년 '아랍공동시장(ACM: Arab Common Market)'의 설립을 결정하였다(홍성민, 1989,27-28).

한편, 이 기간에 선진지역의 경제통합에 자극되어 후진지역에서도 문제해결을 위한 그들 나름의 경제통합 운동이 일어났다. 1960년 엘살바도르, 온두라스 및 과테말라 간에 중미공동시장(CACM)을 필두로 1961년 중남미자유무역연합(LAFTA), 1964년 이라크, 요르단, 시리아 및 UAE 간에 아랍공동시장, 1966년 적도 관세동맹과 카메룬과의 동맹인 중앙아프리카 경제 및 관세동맹, 기아나, 발바도스 및 안테이구아 간의 카리브자유무역협정 등이 성립되었다.

부분적인 지역협력기구로는 1961년 필리핀, 태국 및 말레이시아 간에 동남아연합(ASA : Association of South East Asia), 1964년 터키, 이란, 파키스탄 간의 지역개발협력기구(RCD) 등이 발족됐다. 그 후 ASA는 1967년 동남아국가연합, 즉 ASEAN(Association of South East Asia Nation)으로 발전하였다(홍성민, 1990a, 60).

이러한 물결 속에 1964년 설립된 아랍경제통합위원회(CAEU: Council on Arab Economic Unity)는 '아랍공동시장(ACM)'의 원칙적인 추진 모체가 되었으며, ACM은 1965년 1월 쿠웨이트의 반대 속에 업무를 시작하였다. CAEU는 관세 인하, 자유무역지대의 개발, 역내 아랍 투자의 고취, 노동의 자유로운 이동 추진 및 산업의 합리적인 배분 등을 통한 회원국의 경제통합을 추진하는 책임을 지고 있었다. 이에 힘입어 아랍의 역내 무역은 다른 개도국보다 급속히 증대되었다.

한편, CAEU의 활동은 더욱 확대되어 1973년 이후에는 거의 모든 아랍연맹 회원국이 참여하여 아랍 역내의 경제협력을 주도하고 있다. CAEU는 '아랍공동시장'의 산파역과 더불어 현재도 ACM의 실제 업무를 담당하고 있다. 이와 더불어 CAEU는 경제사회개발기금(AFESD: Arab Fund for Economic and Social Development)과 아랍통화기금(AMF: Arab Monetary Fund) 설립의 주 업무를 담당하여 아랍의 경제통합 운동에 주도적 역할을 하였다(홍성민, 1991, 371-372).

오랜 역사를 가진 아랍의 경제협력이 커다란 성과를 발휘하지 못하자, 1980년대 초 석유의 주도권을 쥐고 있는 걸프만을 중심으로 아랍경제통합의 일환으로 집단적 안보기구 성격이 강한 걸프협력위원회(GCC)라는 경제협력기구가 탄생하였다. 이에 자극받은 다른 아랍국가들도 1989년 아랍협력위원회(ACC) 및 아랍마그레브연합(AMU)을 각각 탄생시켰다.

또한, 비아랍 경제협력기구인 지역개발협력기구(RCD)도 구소련의 붕괴로 독립한 중앙아시아의 이슬람 국가들을 포함한 새로운 경제협력기구로 탈바꿈을 모색하여 1985년 경제협력기구(ECO)를 새롭게 탄생시켰다. 따라서 중동에는 커다란 의미에서 현재 1개의 비아랍 이슬람 경제협력기구와 3개의 아랍 경제협력기구가 있다.[8]

2) 걸프산유국 경제의 국제화와 WTO

(1) GCC 경제의 국제화
1981년 5월 25-26일, UAE의 수도 아부다비에서 개최된 사우디아

---

8) 중동경제협력기구, GCC, ACC, AMU 및 ECO의 기능과 역할에 관해서는 홍성민, 1997. "중동평화 질서와 경제협력," 「중동연구」, 제16권, 제1호, (서울: 중동연구소, 한국외국어대학교), pp.326-332 참조.

라비아, 쿠웨이트, UAE, 카타르, 바레인, 오만 등 6개국 정상회의에서 결성된 걸프협력위원회(GCC)가 공식화 되었다. 다른 국제기구보다 단순한 특징을 가진 이 기구는 이제 지역적 차원을 넘어 국제적 차원의 경제협력기구로 발돋움하고 있다. 이들 6개국은 면적 247만 5,672km2에 인구 약 4,116만 명 정도인 소규모 경제블럭[9]이기는 하지만, 막대한 석유자원의 혜택으로 건설시장, 국제금융시장은 물론 상품시장에서도 눈부신 성장을 발휘하여 WTO 가입은 물론 EU와 FTA 가입을 염두에 두면서 협력을 강화해 나가고 있다. GCC 6개국의 주요 경제지표는 〈표 1-2〉와 같다.

〈표 1-2〉 GCC 6개국의 주요 경제지표

국 명	수도	인구 (만 명)	면 적 (km²)	GDP (억US$)	1인당GDP (US$)	통 화
UAE	아부 다비	480	83,600	1,850	40,000	UAE 디르함
바레인	마나마	73	665	267	37,200	바레인 디나
사우디	리야드	2,869	2,149,690	5,828	20,700	사우디 리얄
오만	무스카트	342	212,460	670	20,200	오만 리얄
카타르	도하	83	11,437	854	103,500	카타르 리얄
쿠웨이트	쿠웨이트시	269	17,820	1,491	57,400	쿠웨이트 디나
총 계	-	4,116	2,475,672	10,960	(평균) 46,500	-

*자료:World Fact Book, 2009, 4월 기준.

'중동판 유로'로 불리는 GCC 단일통화는 2010년 도입을 목표로 2001년부터 협의가 진행돼 왔지만 UAE와 오만은 불참을 선언했다. UAE는 2009년 GCC 중앙은행 유치경쟁에서 사우디 수도 리야드에

---

9) GCC 6개국의 총면적은 남한의 약 25배에 달하며, 인구는 남한인구보다 약간 적은 4,100만 명 정도이지만, 막대한 석유자원의 혜택으로 총GDP는 한국과 비슷한 1조 달러에 달하며, 1인당 GDP 평균은 4만 6,500달러이다.

패하자 단일통화 도입 불참을 선언했고, 오만은 지난 2007년 불참을 선언했다. UAE는 중동 금융허브인 두바이를 내세워 사우디와 막판까지 치열한 경합을 벌였으나 세계 최대 산유국이자 GCC 경제에서 차지하는 비중이 가장 높은 사우디에 밀려 중앙은행 유치에 실패했다.

이전 단일 통화 도입방안을 논의해온 GCC의 4개 회원국이 2009년 6월 7일 사우디아라비아의 수도 리야드에서 통화동맹 창설협정에 서명했다고 GCC 대변인이 발표했다. 이 대변인은 GCC의 6개 회원국 중 바레인, 쿠웨이트, 카타르, 사우디아라비아 등 4개국이 단일통화 창설이라는 궁극적인 목표의 전 단계로써 올해 리야드에 통화위원회를 설치한다는 데 합의했다고 말했다(연합뉴스:09/06/08). 이제 GCC의 중앙은행 설립은 목전(目前)의 현실이고, 단일통화의 창출도 가시권에 들어와 있다.

2007년 이후 GCC는 괄목할 만한 성장을 기록하고 있다. 10년 이내에 6개국으로 구성된 GCC는 세계 10대 경제대국으로 성장할 것이라는 게 지배적인 전망이다. 국제금융기관(IIF: Institute of International Finance)의 추계에 다르면, GCC 경제는 2001-2006년 사이에 명목달러 기준으로 약 7,230억 달러로 GDP 규모면에 있어서 두 배로 성장 하였다. 이는 러시아의 GDP 규모 7,630억 달러를 약간 밑도는 수준으로 세계 17대 경제대국으로 발돋움하였다. 석유 및 가스가격 인상으로 국가수입이 증대되었을 뿐만 아니라 경제도 호황국면을 맞이하고 있다.

GCC 지역은 1970년대와 1980년대 초의 지출과는 다른, 씨족에 신중한 잉여 오일달러의 사용을 고려하고 있다. 무디스(Moody's) 신용평가 기관은 석유수입(石油收入) 가운데 많은 자본이 경상지출

보다 임시지출로 사용되었던 과거와는 다르게 적립되고 있다고 밝히고 있다. 대부분의 국가들은 민간부문의 개방에 주목적을 두고 구조적인 개혁을 진벌 기회조차 있다.

IMF에 따르면, 연평균 실질 경제성장률은 2000-2005년 동안 거의 6%를 기록하였고, 그 결과로 GCC 국가들의 1인당 GDP 2002년 평균 1만 2,000달러에서 2005년1만 7,000 달러로 상승하였다(The Middle East, 2006/10, 41-42).

풍부한 오일머니 유입과 투자활성화로 프로젝트의 동시다발적 발주가 급격히 증대하고 있다. 2008년 6월 기준 걸프지역 진행 또는 발표된 프로젝트 규모는 1조 9,355만 달러로 전년 동기대비 37.2%가 증가하였다. 프로젝트가 급격히 증가하면서 기자재 품귀 현상이 발생하였기에 사우디아라비아는 2008년 6월 철강재 및 시멘트 수출 중단 조치를 내린 바 있다(KOTRA, 두바이 무역관). 2007-08년 GCC의 국가 별 프로젝트 규모는 〈표 1-3〉과 같다.

〈표 1-3〉 GCC 국별 프로젝트 규모 변화

(단위 : 백만 달러)

구분	2007. 6	2008. 6	증가율(%)
사우디아라비아	341,636	472,859	38.4
UAE	606,127	876,309	44.6
카타르	136,797	194,464	42.2
쿠웨이트	245,965	262,801	6.8
오만	46,686	92,114	97.3
바레인	33,815	36,927	9.2
GCC 평균	1,411,026	1,935,474	37.2

* 자료 : MEED, KOTRA 2008. 무역관에서 재인용.

(2) GCC의 WTO 가입과 FTA

지역무역협정(RTA) 체결은 1950년대 유럽에서 출발하여 1990년대 초반 세계적인 추세로 자리 잡았으며, 최근에는 WTO DDA 협상지연과 거대경제권의 본격적인 자유무역협정(FTA)[10] 추진으로 지역주의가 급격히 확산되는 추세이다. 2007년 7월 기준, 유효한 지역무역협정은 205건으로 시기별로는 1948-95년 50년 간 체결된 건수가 53건이었던데 비해 2001년 이후 체결된 건수가 113건으로 전체 체결건수의 55%를 차지한다.

WTO는 지역무역협정을 경제통합협정, 관세동맹, 자유무역협정, 부분특혜협정 등 4가지 형태로 분류하고 있으며, 이중 FTA가 가장 많은 61.4%를 차지하고 있다. 이처럼 FTA가 지역무역협정(RTA)의 대명사로 불리며, 가장 많은 비중을 차지하는 이유는 FTA가 경제통합 단계 중 가장 낮은 단계의 통합 형태로써 추진이 용이하기 때문이다.

WTO는 최혜국 대우에 기초한 다자간 자유무역체제였던데 반해, FTA는 체결국간에만 적용되는 특혜무역협정이라는 점에서 세계교역질서에서 새로운 축을 형성하고 있다(KOTRA, 2007, 5-11).

1995년 1월 바레인은 GCC 국가 가운데 최초로 WTO에 가입하였으며, 2005년 사우디아라비아가 마지막으로 가입함으로써 GCC 6개국 모두가 WTO가입[11]을 마친 상태다. 이 지역 대부분 국가들은

---

10) 각국은 FTA와 동일 단계의 지역무역협정을 추진하면서 FTA이외에 다양한 명칭, SECA, EPA, CEPA 등을 사용하는데, 이는 해당국의 정치, 경제적 이유로 해당 명칭을 선호하기 때문에 협정의 내용면에서는 FTA와 차이가 거의 없으며, WTO는 이들 모두를 FTA로 분류하고 있다. 예를 들면 일본은 FTA 체결 시 EPA라는 명칭을 사용한다.

11) 1995년 1월 바레인, 쿠웨이트를 선두로 1996년 1월 카타르, 4월 UAE, 2000년 11월 오만, 2005년 사우디아라비아가 WTO에 가입하였다.

WTO 가입 이후, 자유무역을 추구하고 있으며, 개방경제체제를 가속화하고 있다. 국내경제에서 석유산업이 차지하는 비중이 절대적이어서 보호해야할 산업이 거의 없는 점도 개방정책에 매우 유리하게 작용하고 있다.

또한 안전보장과 경제협력을 중요시하여 FTA 체결도 추진하고 있으며, 외국인투자를 유치하기 위해 자유무역지대를 확대·설치하는 추세이다. 특히 EU-GCC간 FTA 협정이 체결되면 그 속도는 빨라지리라 기대된다.

EU는 세계 최대의 에너지수출국이자 EU의 6위 교역상대인 GCC로부터 석유 및 천연가스를 안정적으로 공급받기 위해 FTA체결을 추진하고 있다. 아울러 GCC는 유가상승에 따른 호황을 비석유분야로 확산시키는데 EU의 기술과 서비스가 도움을 줄 것으로 기대한다. 20년에 걸친 EU-GCC간 FTA는 1990년 협상을 다시 시작했으나 1999년 관세동맹 구축합의 외에 별다른 진전이 없는 실정이다. 2008년 12월 GCC는 EU와 FTA 협상을 일시 중단키로 결의했다(연합뉴스: 2008/12/24).

EU는 1988년 '협력협정'을 통해 GCC 국가들과 쌍무적인 관계를 수립하였다. 동 협정은 EU-GCC 외상간 뿐만 아니라 공동협력위원회의 고급 각료연례 공동위원회 및 각료회담 설립을 제안하였다. 1988년 '협력협정'은 양측 모두가 FTA 협상에 들어갈 것임을 천명하였다. 협상은 1990년 시작되었지만, 곧바로 결렬되어 정체상태가 되었다(European Commission, 2008).

EU 국가들의 대 UAE 2005-07년도 주요 수출액 및 성장은 다음의 〈표 1-4〉와 같다.

〈표 1-4〉 유럽 국가들의 대 UAE 주요 수출액 및 성장(2005-07년)

품 목	총 수출액 (백만 유로) (2005-07)	비 율(%)	연간 성장률(%)		
			2006	2007	평균
전기 · 전자제품 및 부품	17,874	26.4	-38.7	-22.8	-30.7
기계, 기계설비 및 부품	14,731	21.7	29.3	12.0	20.7
교통수단 및 부품	5,082	7.5	11.9	20.7	16.3
진주, 귀석 · 반귀석, 귀금속	4,386	6.5	-1.2	26.6	12.7
항공기 및 관련 부품	3,975	5.9	3.8	0.8	2.3
총 주요 품목	46,048	67.9	-11.7	0.8	-5.5
기타 품목	21,731	32.1	-11.7	0.8	-5.5
전체 품목	67,779	100	-5.0	6.0	0.5

＊출처：Dubai World, EUROSTAT, KOTRA 두바이 무역관, 2008 재인용.

GCC는 2006년 중국과 자유무역에 관한 제3차 협상을 마무리지었으며, 2007년 뉴질랜드도 GCC-NZ FTA 조인을 위해 회담을 가진바 있다. 호주도 FTA 협상을 진행하고 있다. 경제전문가들은 GCC가 경제블럭으로 중국, 인도와 FTA를 마무리 지을 것이라고 전망한다(중동 경제연구소, 2008). 싱가포르와 GCC 6개 회원국은 2008년 12월 15일 최초로 자유무역협정을 체결했다. 싱가포르-GCC FTA 체결에 따라 싱가포르가 GCC 6개국에 수출하는 상품의 99%는 관세가 면제되며 GCC의 대 싱가포르 수출품은 모두 관세가 면제된다.

한국은 2007년 3월 대통령의 중동 방문 시 한-GCC FTA의 추진 필요성에 양측이 공감대를 형성하였고, 2008년 7월 제1차 협상을 개최하였다. GCC는 2008년 7월 한국과도 FTA 1차 협상을 가졌으나, "FTA 정책 전반을 재검토 하겠다."라며 협상을 중단하였고, 11

월 예정됐던 2차 협상도 무산된 상태다.[12]

(3) GCC 주변국의 잠재력과 부상 : 이란, 이라크, 예멘

걸프지역에서 또 다른 관심사는 GCC국가들 이외에 이란,[13]이라크, 예멘 등 3개 국가이다. 이란 경제의 재정은 대부분 석유생산을 통해 조달되며 세계 제4위의 원유 생산량을 기록하고 있다. 또한, 원유매장량이 1,120억 배럴로 사우디에 이어 세계 제2위 규모의 유전을 가진 이라크도 중요하다.

아울러 1991년 통일 이후 현재까지 커다란 경제적 성과를 올리지는 못하고 있지만 잠재력이 큰 국가는 예멘이다. 예멘은 1980년대 중반 이후 석유개발이 시작되어 현재는 오만에 약간 밑도는 수준의 원유를 생산하는 산유국으로 발돋움하고 있다. GCC 주변국인 이란, 이라크, 예멘의 주요 경제지표는 〈표 1-5〉와 같다.

〈표 1-5〉 GCC 주변국 이란, 이라크, 예멘의 주요 경제지표

국 명	수도	인구 (만 명)	면 적 (km²)	GDP (억US$)	1인당 GDP (US$)	통 화
이란	테헤란	6,643	16억4,800만	8,420	12,800	이란 리알
이라크	바그다드	2,895	437,072	1,128	4,000	이라크 디나
예멘	싸나	2,382	527,970	553	2,400	예멘 리알

*자료:World Fact Book, 2009, 4월 기준.

---

12) 대외경제정책연구원은 한-GCC FTA가 체결될 경우, 우리나라의 대 GCC 수출은 연간 2억 6000만 달러, 수입은 7억 달러 가량 증가할 것으로 추정하고 있다.

13) 이란은 UN의 경제제재에도 불구하고 EU와의 교역은 활발한 것으로 나타났다. Iran daily에 따르면, 2007년 기준 EU의 대 이란 수출액은 100억 달러, 이란의 EU 수출액은 138억 달러로, 교역규모는 240억 달러에 육박하는 것으로 알려졌다.

이들 산유국의 공통점은 정치적인 이유로 성장이 둔화된 상태이긴 하지만 인구가 많으며 지정학적으로 매우 중요한 국가라는 것이다. 정치적 불안정으로 현재 이들 3국의 평균 GDP 성장률이 3%대이며, 1인당 소득수준도 매우 낮은 편이다. 이라크가 정치적·사회적으로 안정될 경우를 대비해 GCC 국가들은 이라크를 회원국으로 받아들일 준비를 하고 있다. 예멘은 이미 옵서버 자격으로 GCC에 참가하고 있으며, 2007년 초 예멘 대통령은 UAE를 방문하여 GCC 참여의사를 밝힌바 있다.

UN의 제재조치에도 불구하고, 이란은 2000년대 들어와 고유가 덕택으로 6%대의 높은 성장률을 기록한다. 이라크 역시 전쟁 이전 수준은 아니지만 꾸준히 산유량이 증가하는 추세이다. 예멘은 산유량이 급속히 증가하지는 않지만 지속적으로 유전개발에 노력을 기울이고 있다. 약 1억 명 인구의 이들 3개국은 비록 GCC 국가는 아니지만, 지정학적, 인구학적, 자원적 측면에서 매우 중요하다. 이란과 이라크는 석유자원의 측면에서, 예멘은 지정학적 측면에서 향후 중동의 새로운 잠재적 성장국가의 반열에 올라 있다고 볼 수 있다.

3) 비아랍·이슬람 경제협력과 D-8의 출범

(1) ECO

1990년 이후 중동의 경제협력기구는 단순한 아랍, 비아랍의 차원을 넘어 이슬람이나 인접지역과의 동질성을 모색하면서, 아프리카나 아시아 지역으로 확대되는 추세이다. 때문에 ECO도 마찬가지 맥락에서 이해될 수 있다. 비록 비아랍 경제기구로 출발하고는 있지만, 이슬람이라는 동질성을 매개로 드넓은 중앙아시아로 그 범위를 확대하는 것이다. 인구 약 3억 7,000명에 막대한 자원 매장량을 가진 ECO는 지정학적으로도 아시아와 중동을 연결하는 매우 중요한 역할을 담당하고 있다.

[지도 1-2] ECO 회원국 분포

*출처: http://www.ecosecretariat.org/

경제협력기구, 즉 ECO(Economic Cooperation Organization)는 회원국 간 지속해온 사회-경제적 성장환경 창출과 지역경제협력을 증진하기 위한 목적으로 이란, 파키스탄 및 터키 등 3국에 의해 1985년 설립된 정부 간 기구이다. ECO는 또한 1964년부터 1979년까지 존속하였던 '지역개발협력기구 RCD(Regional Cooperation for Development)'의 계승기구이다. 1979년 해체된 RCD는 곧이어 현재의 ECO라는 명칭 하에 재구성되고 새로운 기구로 부활하였다. 활동에 있어서 ECO의 목적과 목표는 과거 전신이었던 RCD와 같다.

1990년 6월 이스탄불에서 개최된 각료회담은 1977년 조인되어

RCD의 법적인 토대를 마련한 '이즈미르 조약(Treaty of Izmir)'를 개정하였다. 동시에 ECO의 기초 헌장이 된 '이즈미르 조약'은 새로운 기구의 법적인 토대를 마련하면서 동 회담에서 개정되었다. 1992년 ECO는 아프가니스탄, 아제르바이잔, 카자흐스탄, 키르기스스탄, 타지키스탄, 투르크메니스탄, 우즈베키스탄 등 7개의 새로운 회원국을 받아들여 기구를 확대하였다(ECO, A Handbook, 1992-96, 3-11). ECO 회원국의 GDP 성장률 추이는 〈표 1-6〉과 같다.

〈표 1-6〉 ECO 회원국의 GDP 성장률 추이

국명\연도	2000	2001	2002	2003	2004	2005	2006	2007	2008	비고(인구*)
아제르바이잔	11.1	9.9	10.6	11.2	10.2	26.4	34.5	12.5	11.0	868
아프가니스탄	NA	-20	28.6	14.3	9.4	14.5	7.4	16.2	7.5	2,500
우즈베키스탄	3.8	4.2	4	4.2	7.7	7	7.3	9.5	9.4	2,737
이란	5.9	5.4	7.8	8	6.5	5.4	6.3	6.2	6.6	7,220
카자흐스탄	9.8	13.5	9.8	9.3	9.6	9.4	10.7	10.8	10.3	1,557
키르기스스탄	5.4	5.3	0	7	7	-0.2	3.1	8.2	7.5	532
타지키스탄	8.3	9.6	10.8	11	10.3	6.7	7	7.8	7.9	739
터키	7.4	-7.5	7.9	5.8	8.9	7.4	6.8	5.7	4.3	7,480
투르크메니스탄	18.6	20.4	15.8	17.1	14.7	9.6	11.4	11.0	10.5	497
파키스탄	3.91	2	3.1	4.7	7.5	8.6	6.6	6.8	5.8	1억7,280

* 주: 인구, 단위는 만 명.
* 자료: ECO, http://www.ecosecretariat.org/

1992년 초 세계는 커다란 변화를 목격하였다. 구소련의 붕괴는 중앙아시아의 이슬람 공화국과 코카서스의 독립을 인정하였다. 이슬람 공화국 가운데 아제르바이잔, 카자흐스탄, 키르기스스탄, 타지키스탄, 투르크메니스탄 및 우즈베키스탄 등 6개의 공화국은 아프가니스탄과 함께 외부 세계에 대한 개방을 표방하고 이란, 파키스탄 및 터키의 국민과 역사적인 혈연관계의 부활을 선언함과 동시에 ECO의 회원국이 될 것을 희망하였고, 이들 국가는 순조롭게 가입이 승인되었다. 이들 신규회원국의 ECO의 활동 및 참여는 1992년 11월 이슬라마바드에서 개최된 ECO 각료위원회의 임시회담에서 이즈미르 조약에 공식적인 가입이 비준되고 나서 개시되었다(위의 책, 11).

1992년 ECO의 확대에 따라 이 기구의 장기 전망 및 부문 간 우선순위는 퀘타 활동계획(Quetta Plan of Action) 및 이스탄불선언(Istanbul Declaration) 그리고 최근 채택된 ECO 지역을 위한 경제협력전략(Economic Cooperation Strategy)의 두 가지 행동계획의 형태로 규정되었다. ECO 전략의 최우선 협력분야는 운수 및 통신, 무역 및 투자 그리고 에너지 분야이다. 프로젝트 지향적인 알마티 개괄계획(Almaty Outline Plan)은 "ECO 회원국들은 각 회원국은 물론 외부세계와 연계되는 현대적인 운수 및 통신 인프라부문 개발에 관련되어 있다."라는 중요성을 강조하고 있다. 가스 및 원유 파이프라인의 네트워크를 계획하고 역내 회원국 간 발전소 격자를 상호 연계함으로써 에너지 분야에 있어서 지역협력강화가 필요한 단계로 채택되고 있다(위의 책, 3).

1995년 3월 이슬라마바드에서 개최된 제3차 ECO 정상회담(ECO Summit Meeting)은 6개 ECO 기관 및 2개 협정을 포함하는 문서에 조인하였다.[14] 그 중에서도 무엇보다도 의미 있는 것은 1996년 5월

---

14) 6개의 기관은 ECO 무역 및 개발은행, ECO 재보험회사, ECO 선박회사, ECO 항공, ECO 문화기구 및 ECO 과학재단 등이다. 두 가지의 협정은 ECO 통과무역협정과 ECO 회원국의 비즈니스맨을 위한 비자절차 간소화에 관한 협정이다.

아시가바트(Ashgabat)에서 개최된 제4차 ECO 정상회담에서 ECO의 재조직 및 기구의 재구성에 관한 기초 작업을 마무리했다는 점이다. ECO의 재구성과 재조직에 관한 양해각서는 ECO 정상회담 기간인 1996년 5월 14일 아시가바트에서 ECO 외상들에 의해 조인되었다. 1992년 11월 기구가 확대됨에 따라, ECO는 국제적인 위상을 강화해왔으며, UN-ESCAP, UNICEF, UNDP, UNDCP, UNESCO, UNFPA, UNIDO 및 IDB를 포함하는 국제기구들과 협력을 통하여 입지를 강화하고 있다. 또한, ECO는 UN 총회와 OIC에서 옵서버의 자격을 획득하였다(위의 책, 3-4).

구소련의 붕괴는 전세계의 모든 지역에 있어서 정치, 경제적 상황에 커다란 충격을 안겨주었다. 국제사회에서 독립된 주권국가의 일원으로 정당한 권리를 갖는 과거 중앙아시아 공화국들과 아제르바이잔은 지리적인 인접성뿐만 아니라 그들의 막대한 천연자원과 인간자원의 효과적 사용을 위한 필요성 때문에 이란, 터키 및 파키스탄과 이를 공유할 당연한 파트너로 간주하게 되었다. 이러한 인식을 토대로 중앙아시아의 공화국이 그들의 자유로운 의사에 따라 1992년 11월 ECO의 정식 회원국으로 참여하게 되었고, 확대된 ECO의 틀 내에서 지역협력 과정에 새로운 지평선을 제시하면서 ECO에서 능동적인 구실을 하기에 이른다. ECO의 입장에서는 그들이 국제적인 공동체와 자연스러운 통합을 쉽게 이루어냈을 뿐만 아니라 역내는 물론 외부 세계와 함께 강력한 수혜적인 상호 경제협력의 수단을 탐색하고 증진하기 위한 메커니즘을 중앙아시아의 새로운 회원국들에 제공하게 된 셈이다.

이란과 파키스탄, 아프가니스탄 등 3개국 정상은 2009년 5월 24일, 지역 내 평화 정착과 발전을 위해 협력을 다짐하는 '테헤란 선언'에 합의했다. 마무드 아마디네자드 이란 대통령과 하미드 카르자이 아프간 대통령, 아시프 알리 자르다리 파키스탄 대통령은 이 날, 이란 테헤란에서 지역 내 평화 정착과 발전 방안을 논의했다.

이들은 선언에서 지역 평화정착과 발전을 위해선 과격 극단주의 및 마약밀매와 맞서 싸우는 일이 필요하다며 3개국의 공동 노력을 결의하는 한편 안보와 경제 문제 등 폭넓은 분야에서 협력해 나갈 것을 다짐했다. 또 이란과 파키스탄은 양국 간에 2,100km 길이의 가스 수송관을 건설하여 파키스탄에 매일 6,000만m^3의 이란산 천연가스를 공급기로 하는 협약을 이날 아마디네자드 대통령과 자르다리 대통령의 참관 하에 체결했다.

일명 〈평화의 가스 수송관〉이라고 불리는 이 프로젝트는 애초 이란에서 파키스탄을 거쳐 인도까지를 연결하려는 것이었으나 인도가 안전상 이유로 참여를 꺼리면서 협상에 난항을 겪어왔다. 아마디네자드 대통령은 "테헤란 선언은 3개국 모두의 이익을 달성하기 위해 포괄적인 협력이 필요한 중요한 선언"이라고 밝히고 나서 과격 극단주의와 마약밀매 척결, 경제발전 등의 과제는 각국의 능력과 조직력 그리고 3국 간 협력을 통해 해결할 수 있다고 강조했다. 그동안 3개국 정상이 중동 등 다른 나라들 지도자들과 함께 자리한 적은 있으나 3개국만 별도로 회담한 것은 이번이 처음이다. 특히 이란으로서는 3개국 첫 회담을 주최함으로써 역내 영향력과 미국의 고립화 정책을 피해나갈 수 있음을 과시할 수 있게 되었다 (연합뉴스, 09/05/25).

한 층 높아진 국제적 위상으로 말미암아 ECO는 새로운 회원국들의 독립과 주권을 강화하는 데 중요한 역할을 하게 되었고, 이들에게 지역적, 더 나아가 궁극적으로 세계경제체제와 함께 자신들의 경제정책을 개발하고 조화를 이룰 수 있는 토대를 마련해 주게 되었다. 인종구성이 터키계와 이란계로 양분돼 있다는 점이 한계로 지적되긴 하지만, 중앙아시아 공화국들과 상호경제관계를 추구하게 된 ECO의 창설회원국 이란, 터키 및 파키스탄 3개국 또한 현재 진행 중인 경제패턴의 재구성과 개혁에 커다란 도움이 되고 있다.

(2) D-8의 출범

터키가 주축이 된 D-8이 1997년 6월 15일 이스탄불에서 공식출범하여 전세계의 이목을 끌고 있다. 이란, 인도네시아 등 이슬람 개도국 8개국 정상들은 1997년 6월 15일 터키의 이스탄불에서 이슬람 경제 및 무역 협력기구인 D-8 창설에 관한 '이스탄불선언'에 공식서명하였다. 이 선언문은 회원국 간 평화, 평등 및 민주주의 원칙에 따라 회원국 간 경제적 발전을 촉진하는 것을 창설목적으로 명시하고 있다. 이스탄불선언으로 D-8은 8억 인구와 연간 4,000억 달러의 교역량이 있는 거대한 시장으로 새롭게 출현하였다. 이 같은 이슬람 국가들의 경제공동체 구상은 그동안 국제사회에서 상대적으로 소외되어 왔던 이슬람 국가들이 자신들의 지위향상을 위한 조직체가 필요하다는 공통된 인식에서 비롯되었다. 따라서 D-8 회원국들은 산업개발과 금융 및 농업 분야에서 활발한 협력을 해 나갈 것으로 보인다.

D-8의 특징은 아랍, 비아랍, 중동 및 아시아를 포함하는 범이슬람 성격이 있는 경제협력기구라는데 그 특징이 있다. 비아랍권의 경제협력기구도 그 결속 움직임은 외부적 요인에 의해 크게 좌우될 것이다. 1948년 제1차 중동전쟁 이후 우리는 "대 이스라엘 관계에서, 대 이스라엘과의 관계가 악화되면 아랍국가의 결속, 대이스라

엘 관계가 호전되면 아랍국가가 분열되는 현상"을 경험하였다. 여기서 우리는 "아랍인은 대이스라엘 관계의 호불호(好不好)에 따라 통합하고 분열한다."라는 교훈을 얻을 수 있다. 이러한 등식은 비아랍권의 경제협력에서도 그대로 적용된다. 따라서 선진국 및 EU의 블록경제 움직임이 강화되면 D-8은 협력을 강화할 것이며, 반대로 그 움직임이 약화되면 D-8의 협력은 약화될 것이다.

아무튼 이스라엘-PLO 간 평화협상이 이루어진 후에 중동의 비아랍권에서 나타난 변화 가운데 가장 두드러진 점은, 비아랍권이 이슬람이라는 틀에서 아랍권과의 경제협력을 모색하고 있다는 점이다(홍성민, 1997, 39-41).

아랍경제협력체 구상을 탈피한 '범이슬람 경제협력'이 중동지역에서 새롭게 탄생했다는 것은 아랍이라는 지역적, 민족적 개념을 탈피하고 범 개도국을 연결하는 경제협력체를 창설함으로써 정치적 마찰도 줄이고, 지역적 범주도 확대하겠다는 의도로 이해될 수 있다. 특히 비아랍 간 경제협력에서 아랍과 이스라엘의 중재자 역할을 할 수 있는 터키가 주도국으로 나서고 있다는 사실은 상징적 의미를 지닌다.[15]

물론 D-8이 국제적 영향력을 행사하기 위해서는 아직도 선결되어야 할 과제가 많이 있다. 이슬람이라는 종교적 동질감을 제외하고는 회원국 상호간 정치, 경제적 상황이 다양하기에 아직은 유대감이 약하고, 선진국 및 이스라엘의 대응태도가 어떠한 방향으로

---

15) 중동지역에서 나타난 커다란 변화 가운데 하나는 이스라엘인들의 의식구조 전환이다. 이스라엘의 야훼전략연구센터가 1997년 3월 요르단 강 서안과 가자지구 정착촌 이외 지역의 이스라엘 성인 1,216명을 대상으로 실시한 여론조사 결과 응답자 가운데 51%가 양 지역에 팔레스타인 독립 국가가 창설되는 것을 지지한다고 밝혔다. 또한, 응답자의 71%가 10년 이내에 팔레스타인 국가가 창설될 것으로 생각하는 것으로 나타났다.

전개될 지 불투명하기 때문에 D-8의 성공여부는 미지수라 볼 수 있다. 이전 아시아, 특히 중앙아시아, 중동 및 아프리카를 연결하는 거대한 지역적 경제협력이라는 차원에서 앞으로 전개될 국제 경제 질서에서 커다란 압력단체로 작용하리라는 점은 확실하다.

4) 뉴 실크로드의 부상과 이슬람 경제권

(1) 아시아-유럽의 교역로, 뉴 실크로드
알렉산더(Alexander, BC 356-323) 대왕이 오늘날 아프가니스탄을 점령[16]함으로써 동서(중국-로마)의 교역로로서 '실크로드(Silk Road)'[17]가 명실공히 연결된다. 그 후 1000년 지나서 칭기즈칸 (Chinggis Khan, 1162-1227)이 더 넓은 영토를 점령함으로써 동서교 역로를 보다 동쪽으로 이동시켰다.
이제 다시 1000년이 지난 지금 새로운 동서교역로가 열릴 조짐을 보이고 있다. 여기에 어김없이 등장하는 나라가 아프가니스탄이고, 공교롭게도 9·11 미테러사태 이후 전개된 테러와의 전쟁도 아프가니스탄에서 시작되었다. 이 지역을 연결하는 것이 21세기의 '에너지 실크로드(Energy Silk Road)'이다. 동서연결에 있어 아프가니스탄은 지정학적으로 매우 중요한 위치에 있기에 칭기즈칸 이후 새로

---

16) 알렉산더는 BC 330년부터 겨울 오늘날의 카불이 있는 지점 너머의 산악지대를 넘어서 파로파미사다이 족의 땅으로 진입해 그곳에서 카프카스 산맥 옆에 또 다른 알렉산드리아를 건설했다.

17) 실크로드라는 용어는 독일의 지리학자 F. 리히트호펜(Ferdinand Paul Wilhelm Richthofen, Freiherr von)이 자이덴슈트라쎈(Seidenstrassen), 즉 견가도(絹街道)라는 말을 사용한 것이 시초이며, 이 길을 통해 고대 중국의 특산인 비단이 서쪽으로 운반되었기 때문에 붙여진 이름이다. 그 후 이 말은 확대 해석되어 서아시아에서 로마에 이르는 길과 스텝을 지나는 길(초원길), 해상교통로(바닷길)까지 확대 해석하여 불리고 있다.

운 밀레니엄을 이끌 새로운 국가도 이 지역을 관리하는 나라가 될 것이다. 경제적 의미에서 본다면 새로운 동서교역로의 출현이 임박했다는 점이며, 가칭 '뉴 실크로드(New Silk Road)'라는 이름으로 회자(膾炙)한다.

실크로드가 처음 열린 것은 전한(前漢 : BC 206-AD 25) 때로 전해지고 있다. 실크로드는 중앙아시아를 횡단하는 고대의 동서교역로를 말하며 무슬림(아랍-페르시아)의 대상(大商)이 낙타를 타고 이곳에서 무역했다는 것 누구나 잘 아는 사실이다. 이제까지 동서의 교역로(交易路)로써 중요한 역할을 해왔던 실크로드에 관한 관심이 새롭게 대두되고 있다.

인류의 교역로는 육로, 해로, 공로의 순으로 발전해왔지만, 물류이동의 효율성 측면에서 철도와 해저터널을 이용한 수송이 주목받기 시작하면서 다시금 육로무역의 장점이 부각되는 것이다. 중앙아시아에서 정치적 불안요인만 제거된다면, 〈에너지 실크로드〉의 출현은 눈앞에 와있는 현실이며 동서의 교역도 과거 실크로드의 연장선상에서 다시금 활기를 띨 전망이다.

에너지 수송로로서의 뉴 실크로드와 관련해 이것과 관련해 가장 신경을 곤두세우는 국가는 바로 중국이다. 에너지 문제는 중국의 외교정책에 있어서 최우선 순위 중 하나이다. 다시 말하면 석유 및 가스의 관점에서 외교적 목표는 국내 에너지안보를 최대화하는 방향에서 세계 에너지시스템으로 참여해야 한다는 필요성으로 인식된다.

중동에서 중국의 주요 목표국가는 오만, 예멘, 이란, UAE, 사우디아라비아, 앙골라 등이다. 상류부문에 대한 중국의 투자는 일부 국가가 승인하지 않음에도, 심한 경쟁 없이 진입할 수 있는 개방된 틈새를 이용하여 이라크, 이란 및 수단 같은 곳으로 투자는 계속 될 것이다. 일례로 1997년 3월 중국의 국영석유회사(CNPC)는 수단정부와 포괄적인 계약을 체결하였고 이듬해 8월 이라크와 생산 분배 계약을 체결한 바 있다.

[지도 1-3] 동서 철도 및 해상교통망

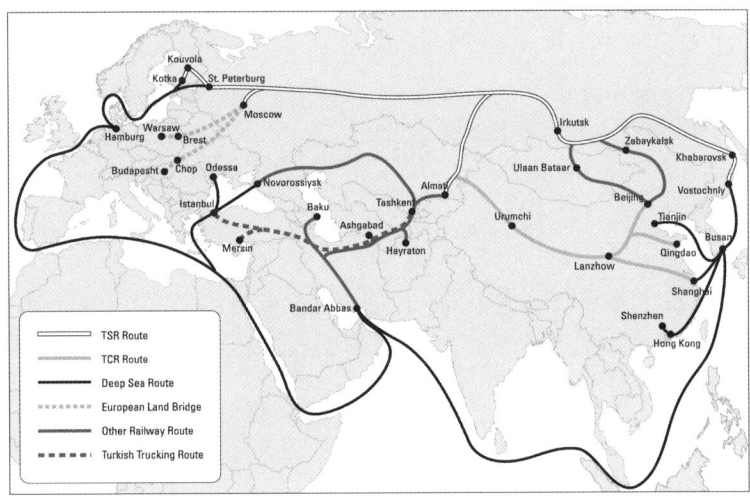

*출처 : 위키백과 More ▶위키백과 시베리아횡단철도(TSR),Trans-Asian Railway Network, History of 50 years.

중국이 직면한 가장 큰 문제는, 석유수요가 경제성장과 더불어 증대되는 것에 맞추어 에너지시스템을 신속하게 대규모로 전환해야 된다는 것과 해외석유에 대한 확실한 접근수단을 통해서 증가하는 수입 수요를 충당해야 한다는 것이다. 전자는 막대한 민간 외국인투자가 이루어져야 하며, 후자는 해외의 에너지자산에 대한 중국의 현명한 투자선택에 의해서 가능하다.

이 때문에 석유 안보적 차원에서 중국은 중앙아시아의 접경 국가들과 관계를 수립하는 데 외교 정책적 관심을 두고 있다. 카스피해 원유는 걸프만 원유에 대한 수요를 현저히 감소시킬 수 있으므로 중기(中期)에 있어서 중동의 시장점유율에 대한 강력한 위협이 될 수 있다. 중앙아시아에서 증대되는 생산량은 향후 10년간 200만(배럴/일)에 할 것으로 예상한다. 이란 또는 아프가니스탄을 통해 이러한 석유를 수출할 수 있는 파이프라인이 건설된다면 다량의 카스피해 원유가 아시아로 향하게 되는 결과를 낳을 것이다.

만일 CNPC가 러시아 극동지역 보다는 중앙아시아에서 시작되는 〈에너지 실크로드〉를 선호하게 된다면, 중앙아시아에서의 원유수송로 확보를 위한 분쟁은 새로운 국면을 맞게 될 것이다. 왜냐하면 〈에너지 실크로드〉의 중요한 장애는 다국적 성격이기 때문이다.

중국의 에너지 기본전략은 국내자원을 개발하고, 전략적인 비축을 달성하고, 외국의 기술과 투자를 유치하고, 확실한 석유교역 채널을 확보하고, 해외의 상류부문 생산시설에 대한 전략적인 투자를 하는 데 있다. 중국은 또한 중동에서 동아시아에 이르는 장거리 해상수송로가 안전한 상태로 유지돼야 한다는 생각을 하고 있다. 이와 관련하여 세계의 에너지시장은 중국의 세계시장 참여를 바라고 있고, WTO 가입으로 중국의 에너지정책은 새로운 변화를 시도하는 계기가 될 것이다.[18]

(2) 차임(CHIM) 경제권의 출현

중동의 중요성은 그 무엇보다도 에너지자원과 그로 파생된 오일머니의 위력에 있다. 과거중동이 그랬듯이 지금 그들은 막대한 오

---

18) 이 부분에 관해서는 홍성민, 2008, "이슬람 문명과 실크로드 무역", 「아프로아랍 연구」, 제10권, 통권 13호, (서울: 아랍아프리카센터, 종합경제사회연구원), 30-31 및 PP.38-40 참조.

일머니를 갖고 새로운 교역로에서 중심역할을 할 채비를 하고 있다. 석유에 덧붙여 주목할 만한 것은 막대한 천연가스의 매장량이다(〈표 1-7〉 참조).

〈표 1-7〉 세계 대륙별 원유, 천연가스 매장량 및 수급량

구 분		중 동	유럽 유라시아	아프리카	중남미	북 미	아시아 태평양
원 유	매장량 (억배럴)	7,553	1,437	1,175	1,112	693	408
	생산량 (천배럴/일)	25,176	17,835	10,318	6,633	13,732	7,907
	소비량 (천배럴/일)	6,203	20,100	2,955	5,493	25,024	25,444
천연가스	매장량 (조입방미터)	73.21	59.41	14.58	7.73	7.98	14.46
	생산량 (10억cm/연)	355.8	1,075.7	190.4	150.8	775.8	391.5
	소비량 (10억cm/연)	299.4	1155.7	83.5	134.5	801.0	447.8

＊자료: BP, Statistical Review of World Energy, June 2008.

전세계 매장량의 40%이상이 중동지역에 집중돼 있다. 아직은 생산량이 유럽 국가들에 비해 떨어지기는 하지만 본격적으로 생산에 착수한다면 에너지자원 측면에서 중동의 중요성은 계속 유지될 것이다. 가스자원 개발의 필요성이 대두하면서 2008년 12월 새롭게 탄생한 기구가 바로 '가스 OPEC'이다.

세르게이 슈마트코 러시아 에너지 장관은 2008년 12월 23일 모스크바에서 열린 가스수출국포럼(GECF)[19] 제7차 회의 직후 기자회

---

19) 2001년 7월 이란 테헤란에서 결성된 가스수출국포럼(GECF)은 전세계 가스 매장량의 73%, 생산량의 42%를 차지하고 있다. 2008년 12월 GECF 7차 회의에는 16개 회원국 중 러시아, 이란, 알제리, 볼리비아, 베네수엘라, 이집트, 카타르, 리비아, 트리니다드, 토바고, 적도기니, 나이지리아 등 12개 가스 수출국 장관이 참석했으며 노르웨이가 옵서버 자격으로, 카자흐스탄은 초청국 자격으로 각각 참가했다.

견에서 "오늘 새 기구가 탄생했다."라면서 포럼 가입회원국들이 새 강령에 동의했으며 본부는 카타르 도하에 두기로 합의했다."라며 '가스 OPEC'의 출범을 알렸다.

러시아 등 가스수출국의 정치·경제적 영향력을 견제해야 하는 서방은 가스 OPEC이 에너지안보에 위협이 될 뿐 아니라 시장을 왜곡하고 가격조작 등 집단 이기주의를 낳을 수 있다며 이 기구의 출범에 반대하고 있다. 그러나 이날 가스수출국포럼(GECF) 회원국들은 가스 OPEC은 시장 동향 분석과 공동 연구가 목적이라면서 OPEC과 같은 형태의 카르텔 조직이 될 것이라는 서방의 우려를 일축했다. 그동안 협의체 성격에 머물렀던 GECF는 일부 국가의 소극적 자세로 공식 기구로의 출범이 미루어져오다가 2008년 초, 유가급등과 함께 러시아를 중심으로 출범작업이 본격화됐다.

그런가 하면 블라디미르 푸틴 총리는 이날 기조연설에서 "세계 금융위기는 석유보다 천연가스 부분에 더 큰 영향을 미칠 것이며 이번 위기는 세계 에너지산업의 중대한 시험대가 될 것"이라고 강조했다(연합뉴스, 2008/12/24).

미국의 이라크 점령 이후 정치적 불안정이 존재하는 지역이 바로 걸프(The Gulf) 지역이다. 이란의 핵 문제는 미국과 전쟁불사라는 극한 상황으로 대치하고 있고, 시리아-레바논 문제는 아직도 중동 평화를 위협하고 있다. 그럼에도 불구하고 걸프지역의 산유국이 꿈틀대는 데는 이유가 있다. 세계 에너지자원 대부분이 이곳에 몰려 있고 이라크 전쟁 이후 고유가로 투자여력이 생겼기 때문이다.

산유국들의 잉여자금은 막대한 자금이 필요한 석유화학 같은 산업에 집중적으로 투자되고 있어 1970년대 호황 시와는 대조되는 모습을 보인다. 그 뿐만 아니라 산유국들은 이제 세계적인 부동산 투자자로 변신했고, 증권가에도 큰손으로 작용하고 있다. 중동 국가들의 이 같은 변화는 1980년대 중반 이후 저유가 경험과 그에 따른 자각(自覺)에서 시작되었다. 그 이후부터 석유의존도가 높은 산유국들은 항상 저유가시대의 경제를 걱정하면서 장기적인 경제개발계획을 착실히 수행해왔고, 이제 그들은 안정된 자산을 딛고서 고유가라는 호기(好氣)를 맞이하고 있다.

GCC가 높은 GDP 성장률, 경제성장, 인구증가 및 1인당 소득증가와 함께 다른 국가나 지역에 견줄만한 경제적 블록으로 용인된 것은 최근의 일이다. GCC는 그 자체의 높은 유동성[20]과 다른 아랍 국가나 아프리카 국가, 심지어 인도와 중국까지 연결하는 이상적인 문호(門戶) 역할을 할 수 있는 전략적 위치 때문에 매력있는 교역상대가 되고 있다.

2006년 11월 홍콩에서 열린 '2006 아시아 사모(Private Equity) 포럼'에서 우리에게는 다소 생소한 '차임(CHIME)'이라는 단어가 소개되었다. 여기서 차임이란 중국(China), 인도(India) 중동(Middle East)을 합친 경제권을 뜻하는 말이다.

한동안 신흥경제권의 상징이었던 브릭스(BRICs: 브라질, 러시아, 인도, 중국)를 제치고 중동과 아시아의 협력 시너지에 초점을 맞춘 신개념으로 등장한 것이 차임이다. 막대한 에너지 자원과 세계 인구의 약 40%를 차지하는 약 25억 명의 거대 인구가 차임경제권을 형성한다면, 중동은 다시 역사를 되돌려 동서의 교역에서 큰 역할을 하게 될 것이다.

---

20) 아랍 석유수출국기구(OAPEC)에 따르면, GCC의 총 원유 수출수입은 2007년 3,280억 달러에서 2008년 6,000억 달러로 증가했으며, 2008년의 수입은 2003년 1,370억 달러보다 4배 이상 증가했으며, 1998년 600억 달러보다는 10배나 증가한 수치임.

〈표 1-8〉 CHIME의 경제규모와 에너지 규모

구 분 \ 국 명	GCC 및 걸프지역	인 도	중 국
인구(2008년, 만 명)	1억6,036	11억 6,607	13억 3,861
GDP 성장률(2008년)	7.1%	6.6%	9.8%
GDP(달러)	2조 1,061억	3조 2,670억	7조8,000억
원유 확인매장량(bbl)	6,271.5억	56.25억	160억
천연가스 확인매장량(cu m)	41조4,230억	1조 750억	2조2,650억

* 주: GDP 성장률은 2008년 GCC 평균은 7.1%이며, 비 GCC(이란 6.5%, 이라크 9.8%, 예멘 3.2%) 평균은 6.5%임.
* 출처: CIA, 2009, The World Fact Book.

국제 정치무대에 '차이메리카(China+America)'나 'G2(미국+중국)' 개념이 등장한 지 오래다. G2 개념은 미국발 금융위기 이후 더욱 자리를 잡았다. 중국의 커진 힘은 2조 달러에 육박하는 달러보유액과 7,400억 달러를 매입한 미국 채권으로 상징된다. 오바마 미대통령은 금융위기 대책을 내놓는 과정에서 힐러리 클린턴 국무장관을 중국에 보내 "미국 국채를 팔지 말아 달라."라고 읍소하기까지 했다. 국제기구에서 중국의 목소리와 위상은 갈수록 커진다. (IMF) 쿼터 비율에서 아직 후발 주자에 머무르고 있지만, 미국에 이어 중국이 일본을 제치고 당당하게 2위로 올라설 전망이다.

'팍스시노카'가 '팍스아메리카나'에 정면으로 도전하는 사례는 곳곳에서 나타난다. 저우샤오촨(周小川) 중국 인민은행장이 달러를 대체하기 위한 '새로운 기축통화론'을 제기한 것은 대표적인 사례이다. IMF 등 국제금융기구 재편 요구도 비슷한 연장선이다. 중국의 새로운 기축 통화론은 브릭스 4개국 정상회담을 통해 한 걸음 진전될 가능성이 크다. 로이터통신에 따르면 브릭스 4개국은 2009년 6월 16일 러시아에서 열리는 첫 정상회담에서 달러를 대체하는 '슈퍼통화' 문제를 논의할 가능성이 있다고 한다(매일경제, 09/06/03 차임(CHIME)도 중요하지만, 무엇보다도 과거의 실크로드가 이제 〈에너지 실크로드〉로서 보다 큰 의미가 있다는데 집중할 필요가 있다. 실크로드는 이제 단순히 물류이동의 차원을 넘어서 새로운 교역로(交易路)로 발돋움하고 있으며 중동 국가들은 예전부터 이 길에 주목하고 있다. 눈여겨보아야 할 점은 동양의 시각에서 보면 실크로드가 동서의 교역로이지만, 중동의 처지에서 보면 동서교역의 본류(本流), 즉 근원(根源)이라는 사실이다. 21세기 중동 상인들은 유서 깊은 실크로드에서 새로운 길을 떠날 준비를 하고 있다. 느려빠진 낙타를 버리고 원유와 막대한 자금을 가지고 …….

이런 관점에서 본다면, 걸프지역에서 GCC 이외에 3국과의 협력관계가 돈독해진다면 GCC 경제블록은 세계의 다른 경제블록과 어깨를 나란히 하면서 더 큰 틀의 다른 시장, 즉 중앙아시아를 포함한 아시아, 북아프리카와 지중해를 경유하는 유럽과 연계하여 교역의 증대를 도모할 것이다. 중동은 이제 낙타대신 막대한 오일머니를 등에 업고 파이프라인을 통해 원유와 가스를 퍼 나르면서 〈뉴 실크로드〉에서 교역의 중심지 역할을 하게 될 것이다(홍성민, 2008, 27-30).

(3) 이슬람 경제권

이슬람 경제권이란 단순히 지정학적으로 중동국가나 아랍국가를 의미하는 것이 아니며, 이슬람을 신봉하는 전세계 60여개의 국가군을 연결하는 경제권을 의미한다. 따라서 이슬람 경제권은 지정학적 범위를 초월하여 세계 인구의 20-25%를 차지하는 약15억명의 전세계 60여개 이슬람국가를 연결하는 '종교경제권'이라 정의할 수 있다.

이슬람 경제(Islamic Economy)라는 용어는 우리에게 다소 생소하게 들릴지도 모른다. 이슬람 경제는 확실히 한국경제나 유럽경제라는 말과는 다르다. 한국경제는 분명히 한국이라고 하는 한 국가의 경제를 말하는 것이며, 유럽경제는 유럽공동체의 경제 또는 경제권을 의미한다. 하지만 이슬람 경제는 자본주의 경제도 아니고, 사회주의 경제도 아닌 제3의 경제를 말한다.

이슬람(Islam)은 꾸란[21]과 무함마드의 언행록인 하디스(Hadith)가 교리이며, 신앙의 기본은 종교이다. 이슬람은 무슬림들에게 자선행위에 해당하는 〈자카트〉를 의무화하고 투기를 금지하며, 이자(利子)를 금지하고 있다. 이러한 가르침에 대해 평범한 무슬림들은 그렇게 하면 "경제에 무엇이 일어나고, 또 어떠한 일이 일어나는가?"라는 의문을 가질 수 있다.

이에 대한 대답을 제시해주는 것이 이슬람 경제이고, 이것을 현대 경제학과 연계시켜 보려는 의도가 이슬람 경제학이다. 과거의 전통과 율법을 현대의 경제체제에 접목시키려는 의도는 비록 미완성이기는 하지만, 오늘날 전세계적으로 좋은 반향을 일으키고 있

---

21) 꾸란(Qur'an)은 아랍어로 쓰여진 이슬람 경전(經典)을 말한다. Qur'an은 원래 아랍어 qara'a (읽다)라는 동사에서 파생된 말로 독송(讀誦)을 의미한다. 이슬람경전은 국내에서 아랍어 원음을 따서 〈꾸란〉, 〈코란〉, 〈쿠란〉 등으로 사용된다. 본서에서는 원어의 의미를 살려서 〈꾸란〉이라는 용어를 사용하였으며, 꾸란의 번역은 국문, 영문 및 아랍문을 대조하여 본서의 내용에 맞게 번역하였다. 꾸란은 20년에 걸쳐 유일신 알라(Allah)가 천사 가브리엘을 통해 무함마드에게 하늘에 있는 '경전의 모체'로부터 들려주었다는 계시(啓示)를 사람들이 기억하여 훗날 모아서 기록한 경전이다. 꾸란은 114장(쑤라)으로 구성돼 있으며, 각 장의 길이는 긴 것은 286절(제2장), 짧은 것은 겨우 3절(제103장)로 이루어져 있다. 개경장(開經章; 제1장) 말고는 거의 긴 장부터 차례로 배열되어 있다. 대체로 초기의 장(章)일수록 짧으며, 구성은 연대와 거꾸로 되어 있다.

다. 그 구체적인 사례는 '이자가 배제된 은행업(interest-free banking)'을 발전시킨 이슬람금융(Islamic finance)이다.

제2장
이슬람 경제체제의 의의

1. 제3세계 경제론과 이슬람 경제[22]

1) 제3세계[23] 경제발전론

경제학이란 중상주의나 고전학파 그리고 역사학파의 어느 시대를 보든 간에 '부(富)의 성장과 분배에 관한 연구', 즉 경제의 발전과 그 영향력에 관한 분석을 주 내용으로 삼아왔다. 그러나 한계혁명(marginal revolution) 이후 경제학의 주요 관심은 단기적·정학적(靜學的) 균형분석에 옮겨졌고, 시장균형, 가격결정, 소비자 수요 및 소득분배 등에 관한 이론으로 정치화(精緻化) 되었다. 케인즈

---

22) 이 내용은 홍성민, 1991, "중동경제론의 발전: 이슬람 경제학," 「중동경제론」, 서울: 명지출판사, pp.423-438의 내용을 수정·보완한 것이다.

23) 제2차 세계대전 이후 미소 냉전시기에 세계는 미국과 서유럽을 중심으로 한 제1세계와 소련과 공산권을 중심으로 한 제2세계로 나누어져 있었다. 1960년대 미국과 소련의 냉전에 가담하지 않고 중립을 표명한 개발도상국가들을 총칭해서 제3세계라고 부른다. 1991년 소련이 붕괴함에 따라 제2세계가 몰락하자, 정치적인 의미보다는 경제적의미로 많이 사용되었으며, 지역적으로 라틴아메리카, 아시아, 아프리카, 중동 등에 편중되어 있고, 현재는 개발도상국과 동일한 의미로 사용된다(위키백과).

(Keynes, J.M.)에 의한 거시경제학의 확립도 따지고 보면 정태(靜態)의 틀 속에서 이뤄진 소득결정이론의 혁명, 즉 '케인즈 혁명(Keynesian Revolution)'이라 할 수 있다.

제2차 세계대전 이후 신케인즈학파는 거시경제학의 분석용구를 이용하여 장기적인 경제동학(經濟動學)을 전개하고 그 이론의 계보 상에서 경제성장의 이론을 제창하기에 이르렀다. 또한, 사회·경제 사적 측면에서 실증적 분석방법의 발달은 경제발전관에 커다란 변화를 가져왔다. 이는 저개발국경제를 단순한 경제지연의 시차적 입장에서 파악하는 것이 아니라 오히려 반작용으로 나타난 발전된 경제로 파악한다. 남북문제도 이러한 관점에서 분석하려는 경제학이 태동하였다. 결국, 경제발전론은 1950년대의 개발경제학으로부터 1960년대 남북문제로 이행되었다고 볼 수 있다(박동섭, 1987, 7-10).

남북문제(南北問題)란 선진자본국과 개발도상국 사이의 경제적·정치적 격차 때문에 발생하는 문제를 말한다. 대부분의 산업 선진국이 북반구에, 후진국이나 개발도상국이 적도 인근이나 남반구에 위치한다는 데서 나온 용어이다. 남북 간의 빈부의 격차는 산업혁명 이후 눈에 띄게 된 현상이다. 그러나 19세기부터 20세기 초에 걸치는 시기, 즉 영국을 비롯한 유럽의 열강이 세계를 지배했던 시기에는 유럽이 공업원료와 식량을 남에서 수입하고 공업제품을 남으로 수출했다. 그러므로 북쪽이 발전하면 남쪽도 공업원료와 식량이 수출증가를 통해서 어느 정도의 발전을 기대할 수 있었다.

그러나 두 차례의 세계대전을 거쳐 유럽 대신 미국이 세계경제의 중심에 등장하게 됨으로써 사정은 크게 달라졌다. 미국은 유럽과는 달리 공업제품뿐 아니라 제1차산 제품의 대수출국이기 때문에 미국의 발전이 저개발국의 수출신장으로 직결될 수는 없었기 때문이다.

유럽이나 일본이 전후에 부흥하던 시기에는 저개발국도 일시 그 혜택을 입었으나, 그 후로는 선진국이나 사회주의제국의 수출증가율이 저개발국의 수출증가율을 훨씬 웃돌고 있다. 다시 말해서 남북 간의 (수직)무역보다는 선진제국간의 (수평)무역의 신장률이 더 커서 남북 간의 빈부의 격차는 더 확대되는 상황에 있다는 것이다(위키백과).

이에 반해서 비주류 경제이론에 입각해서 서구모방의 근대화(modernization)를 자본이나 기술의 도입으로 손쉽게 이룩할 수 있다고 보는 것이 후진성 이익을 강조하는 이론이다. 그러나 외자도입에 의한 공업화(工業化)를 찬성하더라도 외자(外資)가 현지의 전근대적 사회구조와 유착하여 그것을 온존시키면서 이용되는 경우에 근대화 보다는 종속이 뒤따르게 될 것이다.

외국의 자본도입, 외국의 기업진출이 그 나라의 경제근대화와 부합하지 않는 방향에서 전근대적 체제와 결탁하여 기생하는 경우에는 이에 대한 국민의 저항운동이 경제적 민족주의로 나타나 그러한 근대화보다 주체성을 확립하려는 국가형성을 바랄 것이다.

주류경제학은 역사적, 구조적 요인을 여건으로 보고 투입·산출의 비율로서 효율성을 높인다는 관점에서 선진국이 개발능력이 부족한 개발도상국에 대해 자본·기술관리 등의 경제협력을 한다면 저개발국 경제는 발전할 수 있다는 것이다. 이러한 상태로 선진국이 번영하면 그 혜택이 제3세계에서도 이득으로 나타나며, 국내에서도 상류층이 부유해질수록 고용기회의 증대나 소득재분배 등의 영향으로 하류층을 이롭게 한다는 내용이다. 다시 말하면 부유선진국이나 상류층의 이득이나 번영이 제3세계나 하류층의 이득으로 확산한다는 확산이론(擴散理論)이다.

그러나 경제성장의 결과는 선진국이나 개발도상국 상류층과 하류층 사이의 바람직스러운 확산효과를 가져오지 않고 반대로 역류하여 선·후진국간 빈부의 격차가 오히려 확대되고 제3세계의 경제성장 자체가 벽에 부딪히게 되었다는 것이다. 이처럼 주류경제학과 그에 입각한 개발정책이 한계성을 드러내자 1960년대 말 라틴아메리카를 중심으로 종속이론(從屬理論)이 발달하였다.[24]

다시 말하면 제 3세계의 경제개발문제를 주로 제 3세계의 학자들에 의해 주체성의 시각에서 다룬 것이 종속이론(從屬理論)이다. 제 3세계 경제발전론은, ① 중심국-주변국 이론(center-periphery theory), ② 종속이론(dependency theory), 두 가지 형태가 있다.

중심국-주변국이론은 1960년대 유엔무역개발회의(UNCTAD)에 제출된 프레비시(Prebish, R.)의 보고서인 「발전을 위한 신무역정책의 모색(Towards a New Trade Policy for Development)」가 발표됨으로써 형성된 이론이다. 주변 자본주의 사회구성의 형성은 중심(中心)의 발전된 자본주의적 생산양식 고유의 확정력에 의하여 세계자본주의체제의 틀 속에서 '중심과 주변' 사이에 자본주의적 국제 분업을 창출하게 된다는 내용이다.

종속이론은 프레비시를 중심으로 한 중심국-주변국이론을 발전시킨 이론이다. 저개발과 개발을 하나의 세계체제의 국소적이며 상호의존적 구조로 파악하는 것으로, 이 가정을 제기한 프랭크(Frank, Andre Gunder)는 UN라틴아메리카경제위원회(ECLA)와 이 이론을 주창하였던 프레비시의 종속이론과 구별하기 위하여 스스로 '신종

---

24) 브라질의 프레비시, 푸루타도(Furtado, C.), 칠레의 도스 산토스(Dos Santos, T.) 등의 종속에 관한 논의는 그 후 아프리카, 아시아뿐만 아니라 선진국에서도 관심의 대상이 되었다. 이집트의 아민(Samir Amin), 독일의 프랭크(Frank, A.G.)를 위시하여 영국이나 미국에도 다수의 종속학파 학자가 있다.

속이론'이라 불렀다(홍성민, 1991, 8-9).

종속이란 제3세계의 경제가 선진국경제의 발전과 확산에 의해 제약받아 예속되는 상황이다. 주류경제학의 성장이론을 개발도상국에 적용할 때, 그 나라의 경제가 주체적 발전을 이룩하지 못하고 다른 나라 경제에 종속된다는 것이다. 주류경제학의 한계이론, 국제 분업론이나 혼합경제론만 가지고는 선진국에 대한 제3세계의 종속적 구조를 파헤칠 수도 없다는 것이다. 종속이론은 또한 경제발전을 양적으로 파악하지 않고 각 사회 시스템의 상향운동을 보며, ① 인권, ② 평등, ③ 정의, ④ 자유 등의 구현을 외면한 성장정책을 비판한다. 그래서 종속이론은 순수경제학의 범위를 벗어난 제3세계의 신정치경제학이라 할 수 있다(김성수, 1988, 108-109).

2) 제3세계 경제이론으로서의 이슬람 경제

종속이론은 아직 역사가 짧아 문제제기 단계에 있으며, 그 자체의 정밀한 이론체계를 갖추지 못하고 있다. 다시 말하면 어느 특정 지역을 대상으로 한 특수이론(特殊理論)으로서 일반이론(一般理論)으로 발전하지는 못하고 있다. 아울러 이론적 차원에서 뚜렷한 독자적인 방법론이 없어 치밀한 분석이 이뤄지지 못하고 있다. 그럼에도, 종속이론이 각광을 받는 이유는 저개발의 문제를 단순한 양적(量的) 측면에서가 아니라 역사적 관점에서 파악하고 유기적인 전체의 구조적 차원에서 분석함으로써 더욱 현실성 있는 비전을 제시해주고 있기 때문이다(김성수, 109).

중동의 경제발전론도 중동이라는 특수지역의 민족사적 관점에서 양적인 측면보다는 질적인 측면을 고려하여 파악되어야 한다. 넓게 보아서 아랍-중동 국가들은 '이슬람' 넓게 보아서 아랍-중동 국가들은 '이슬람이라는 변수를 매개로 해서 '이슬람 경제학(Islamic Economics)' 이라는 그들 나름의 경제이론을 정립하고 있다.[25]

이슬람 경제체제는 종종 인간과 사물과의 문제를 이해하기 위한 제3의 방안을 제시한다. 이슬람 경제체제의 옹호자들은 이슬람적 접근이 출발에서는 지극히 도덕적이지만, 그 적용에 있어서는 보다 실용적이라고 생각한다.

이슬람주의자들은 서로 다른 두 개의 경제체제, 즉 자본주의와 사회주의는 좌 혹은 우의 극단주의로 비난하지만, 이슬람의 해결책에 있어서는 편의성을 갖고 있다. 산업혁명에서 현재에 이르기까지 서유럽과 미국이 겪은 수많은 도덕적 희생을 바탕으로 한 발전의 역사적 경험은 그 사실을 잘 설명해준다.

이러한 실례들은 무제한적 자유가 종교적 구조에 포함되지 않을 때, 얼마나 파괴적이고 비도덕적일 수 있는가를 여실히 보여준다. 유사한 인간성 타락의 예는 소련의 역사적 경험에서도 찾아볼 수 있다. 이러한 두 체제의 극단적인 편향성 때문에 이슬람적 해결의 지지자들은 이들 두 체제가 서로 근접하여 그 중간점에서 해결될 것이며, 그 지점이 이슬람적 해결방법이라 한다(심의섭, 홍성민, 1987, 157).

경제발전의 저해요인은 자본주의와 사회주의에 있어 크게 두 가지로 나눠볼 수 있다. 그 하나는 국민의 질, 예를 들면 국민의 근면성, 경쟁하려는 의욕, 지식, 과학기술 등에 있어서 장애 조건이고,

---

25) 이슬람 경제학자들은 1976년 2월 킹 압둘아지즈대학(King Abdul Aziz University) 주체로 메카에서 이슬람 경제학에 관한 제1차 국제회의를 시작으로 Journal of Research in Islamic Economics(JRIE)라는 정기간행물 발간은 물론 관련 학자들의 연구와 저술활동이 활발히 진행되고 있다.

다른 하나는 사회제도나 체제의 질에서 나오는 장애 조건이다. 전자의 장애요인은 그리 크지 않으나 후자의 장애요인은 대단히 클 수 있다. 각국의 경제사를 살펴보면 우리는 이 점에서 많은 교훈을 얻을 수 있다. 경제발전이나 근대화(modernization)에 실패한 나라의 경험을 보면 그 실패 요인의 대부분은 후자에 있었다는 점을 잘 알 수 있다(조순, 1989, 748).

중동의 이슬람 경제학도 이러한 측면에서 고찰되어야 할 것이다. 경제발전에 큰 영향을 미칠 수 있는 사회제도나 체제의 질적 문제를 중심으로 분석되어야 한다.

이슬람 경제는 '과거와 현재', '전통과 개혁', '보수와 혁신'을 이슬람공동체라는 단위에서 함께 묶어서 사회제도로 다루고 있다. 여기에 과거의 전통과 이슬람 율법을 현대의 경제체제에 접목시키려고 노력하고 있다. 예를 들면, 이슬람 경제의 한 형태인 이슬람 은행(Islamic bank)이 설립초기에는 서구로부터 많은 비아냥거림을 받았지만, 현재는 이슬람 금융을 인정하며 서구사회도 이 제도를 유입하고 있다.

이러한 의미에서 본다면, 현대이론의 틀 속에서 그들 나름의 경제체제를 유지하기 위한 새로운 틀을 모색한다는 점이 이슬람체제의 포용성이다. 중동 경제는 이제 단순히 자본주의적 시장경제의 측면에서 파악할 것이 아니라 그들 나름의 이슬람체제를 인정해야 할 것이다. 그렇기에 중동 경제의 접근은 제3세계 경제이론 중 하나로 이슬람 경제[26]를 인식하는 방법으로 이뤄져야 할 것이다.

---

26) 예를 들면 "이슬람적 재화는 효용성뿐만 아니라 도덕적 가치가 있어야 한다." 그래서 이슬람율법에서 금지하는 돼지고기, 주류, 투기, 마약, 성매매 관련 제품 등은 이슬람 상거래에서는 거래에서 배제된다.

2. 이슬람 일반이론과 종교의 역할

1) 이슬람 일반이론의 필요성

이슬람(Islam)은 경전인 꾸란과 무함마드(Muhammad)의 언행록인 하디스(Hadith)가 교리이며 신앙의 기본인 종교이다. 이슬람의 교리 및 실천의 기본은 '6신(信)과 5주(柱)'[27]이다. 6신은, ① 신(Allah), ② 천사(Malaik), ③ 예언자(Nabi), ④ 성전(聖典: Al-Kitab), ⑤ 내세(來世, Akhira), ⑥ 예정(豫定, Khdar) 등을 말한다. 이슬람의 다섯 기둥이라 일컬어지는 5주(柱)는 ① 신앙고백(Shahada), ② 기도(Salat), ③ 자카트(Zakhat), ④ 단식(Saum: 이슬람력 9월, 라마단), ⑤ 성지순례(Hajji: 이슬람력 12월) 등이다.

이슬람에 관한 연구, 특히 이슬람 경제학에 관한 문헌은 다수가 있다. 그 가운데는 무슬림 독자들에게 이슬람 경제체제의 기본원리를 설명해주는 중요한 저서들도 있다. 이전 이슬람 경제체제가 운용되는 메커니즘에 대한 설명은 발견하기가 어렵다. 더욱이 이슬람 경제체제의 여러 가지 면을 서로 연결하며 내적으로 일관성 있고, 외적으로 타당성 있는 종합적인 이론체계를 세운 저서는 매우 부족하다. 그 시도는 카프 몬저(Kahf, Monzer)의 저서 「이슬람 경제(The Islamic Economy), 1978」에서 찾을 수 있으며, 아흐마드 쿠르시드

---

[27] 성전(聖戰: Holy War)으로 불리는 지하드(Jihad)는 무슬림의 종교적 의무이다. 아랍어로 지하드는 '투쟁'이라는 의미이며, 꾸란에서는 "알라에 대해 노력하는"의 의미이다. 지하드에 종사하는 사람을 무자히드(mujahid, 복수는 무자헤딘)이라 한다. 때때로 순니파에 속한 소수파들은 비록 공식적이지는 않지만, 이슬람의 6개 기둥(pillar)으로 언급한다. 그러나 12 이맘(쉬아)파에서는 지하드를 11가지 종교적 실천 중 하나로 보고 있다(Wikipedia). 꾸란(9:41) 참조. 참고로 성전이라는 말은 유대교와 기독교에서도 쓰인다.

(Ahmad, Khurshid)의 「이슬람 경제학 연구(Studies in Islamic Economics), 1980」에서도 찾을 수 있다. 그 후 이 저서들은 이슬람 경제학에 관한 방향을 제시하면서 이슬람 금융의 발전에 큰 역할을 하였다. 이슬람 금융에 관한 대표 저서로는 아리프 모함마드의 「이슬람 은행(Islamic Banking), 1988」과 이브라힘 와르드(Ibrahim Warde)의 「글로벌 경제에서 이슬람 금융(Islamic Finance in the Global Economy), 2000」등이 있다.

이슬람 교리는 무슬림에게 자카트를 내고 투기를 하지 말며, 이자를 없애라고 하는 데 평범한 무슬림은 그렇게 하면 경제에 무엇이, 어떻게 발생하는지 의문을 가질 수 있다. 이슬람 경제의 일반적인 현상은 논리 정연한 것이지만, 필요할 때에는 일반이론의 틀 안에서 국유화, 국가의 역할, 개발계획 등이 특수한 문제로 다뤄진다. 반면에 경제성장이나 경제정책과 같은 문제들은 바로 일반균형을 이루려는 체제 자체의 운용방법에서 발생하는 것이기에 이슬람 경제의 일반이론과 직접적으로 연결된다.[28]

현재 이슬람 경제학은 특수이론으로서 보편타당한 경제의 일반이론 정립이 필요한 지점에 놓여 있다. 현대경제이론에 대해 적절한 대안제시가 부족한 점은 앞으로 연구 과제라 할 수 있다. 특히 도덕적 측면을 강조하는 샤리아의 논거로 복잡한 현실경제를 설명하고 미래를 예측하는 데는 한계가 있다. 대부분 '법적인 테두리' 내에서 이슬람 신앙을 배경으로 한 규범경제학적인 성격이 강한 이슬람 경제학이 극복해야할 과제는 실증적 분석기법을 응용한 거시경제학에의 도전이라 할 수 있다. 이자를 금지하는 이슬람 경제권에

---

28) 이슬람 경제의 소비이론, 생산이론, 시장구조, 거시통화이론, 경제정책 등에 관해서는 심의섭, 홍성민, 1987, 「현대 이슬람 경제론」, 서울 : 집문당, pp.63-156 참조.

서 그들 나름의 독창적인 '이슬람 은행'을 창안하여 2008년 현재 약 70 여 개의 국가에서 270개의 이슬람 금융기관이 영업하고 있다. 이는 이슬람 경제이론이 현실경제에 적용될 수 있음을 시사하며 일반이론으로서의 가능성을 보여주는 구체적인 사례라 할 수 있다.

2) 종교와 이슬람 경제[29]

케인즈는 1930년 세계 전역을 휩쓸던 경제공황의 와중에서 우리들의 경제적 가능성을 다각도로 생각하고, 모든 사람이 부유하게 될 날도 그리 멀지만은 않았다는 결론을 내렸다. 그날이 오면, 우리는 또다시 수단보다 목적을 높이 평가하고 효용보다 선을 더욱 선호하게 될 것이다. 그러나 조심하라! 탐욕(貪慾)과 고리대금의 예방책은 아직도 당분간 우리의 신(神)이 되어야 한다. 그러한 선(善)은 경제적 빈곤의 긴 터널을 뚫고 밝은 빛으로 우리를 인도해 줄 수 있기 때문이다(김정우, 1987, 31). 이처럼 케인즈 자신은 미래의 경제발전에 관해서 낙관하고 있었지만, 인간의 행위에 대해서는 일정한 도덕적 규범을 강조하고 있다.

인간이란 사회적 문제에 부딪혀 그것을 해결하고 살아가는 일면이 있는가 하면 그보다 근본적인 문제, 다시 말하면 나(我)라는 한 인간의 삶과 우주 또는 존재와 전체와의 관계 속에서 생각해야하는 문제도 있다. 이러한 문제해결에 대한 인간의 열망이 종교의 형태로 나타난다.

---

[29] "종교와 경제에 관한 내용"은 필자의 학위논문(1988) "경제발전에 있어서 인간자원의 역할" 중 제 IV장의 내용 가운데 일부임을 밝혀둔다.

인간이 가진 인간조건, 즉 인간의 고통이나 현세에 대한 불만의 궁극적인 원인을 어디에서 찾느냐에 따라 종교는 서로 다른 두 가지로 나눌 수 있다. 그 하나는 초월적인 인격신을 믿는 종교이고, 다른 하나는 그러한 인격신을 전제하지 않는 종교이다.

전자는 기독교, 이슬람으로 대표되고 후자는 불교, 힌두교, 도교의 종교관에서 엿볼 수 있다. 인격신을 믿는 종교는 궁극적 존재를 초월적인 것, 즉 우리의 현실세계와는 다른 어떤 세계의 존재를 정립하고 있으며, 인격신을 인정하지 않는 종교는 궁극적인 존재가 우리가 사는 세계와 별개로 있다고 믿지 않기 때문에 우리가 사는 세계를 곧 궁극적인 세계로 생각한다(송석구, 1986, 107).

한편, '전통'과 '인습'은 구별되어야 한다. 인습이란 역사의 대사 기능에 있어서 부패한 것으로 버려질 운명에 있고 또 버려야 할 것이지만, 전통은 새로운 생명의 원천으로서 살려서 이어받아야 할 풍습이요, 방법이요, 눈이다. 전통이란 역사적으로 생성된 살아있는 과거이지만 그것은 과거를 위해서가 아니라 도리어 현실의 가치관과 미래의 전망을 위해서만 의미가 있는 것이다. 전통은 새로운 창조의 재료요 방법이며, 새로운 주체요 가치이다(조지훈, 1978, 152). 이처럼 전통을 인습과 구별하고 전통을 새로운 역사와 사상의 창조적 원천으로 볼 때 전통에 관한 오해는 해결될 이다.

전통은 문화적 개념이다. 서구적 전통도 희랍, 로마 이래의 장구한 역사로서 〈헬레니즘〉과 〈헤브라이즘〉의 이질적인 전통이 융합된 이다. 지금 우리의 현실에서 끊어졌다 이어졌다하는 고대이래의 전통도 〈유교〉에 〈실학사상〉을 통해서 〈기독교〉 전통까지 혼합된 것이고, 그것들 사이에는 유사한 것도 있었지만 상당히 이질적인 것이 접착하여 이루어진 전통이다. 그것은 어느 것이나 모두 '우리 화(化)' 시켜 받아들임으로써 '우리의 전통'이 되었던 것이다(송석구, 345).

일반종교와 경제학 간의 관계를 이해하기 위해서는 그들의 영역이나 상호관련성을 연구해야 하며, 서로 중복되는 부분의 유무와 중복부분을 검토해야 한다. 레빌(Reville)은 종교에 대해서 "인간의 영혼과 자신 및 자신이 인지하는 세계를 지배하고 스스로 그것과 연결되었다고 느끼는 신비로운 영령과의 결속에 따르는 인간생활의 결정"이라고 정의한다.

마이어는 그의 저서 「도덕과 종교의 가르침(Instructions Morales et Religieuses)」에서 "종교는 신과 타인과 자신에 대한 행동에서 우리를 인도하는 믿음과 교훈의 항목"이라고 정의한다, 한편, 드라즈(M. Abdullah Draz)는 "종교는 행위의 장전(章典)"이라고 간단히 정의하고 있다 (홍성민, 1991, 436).

이러한 정의들은 종교의 모든 측면과 분야에서 종교영역 일부분이 '인간의 행위(行爲)'임을 암시한다. 무엇보다도 종교는 인간의 행위를 결정하고 궁극적인 목적을 결정하는 믿음을 포함하고 있다.

경제학이란 흔히 상품과 서비스를 생산하기 위해 최소의 생산자원을 사용하고, 소비를 위해 그것을 분배하는 것과 관련된 인간의 행위에 관한 학문이다. 그렇기에 경제학의 분야는 생산, 교환, 분배 및 소비와 관련된 인간행위의 한 부분이다. 경제학과 종교에 대한 정의를 비교하면 경제학은 종교영역의 부분집합이라는 점이 명백해진다. 그러므로 우리는 어떠한 종교라도 인간의 경제활동과 관련되는 나름의 교리를 가져야 한다고 생각한다. 모든 종교는 고유한 '경제적 십계명(Economic Ten Commandments)'를 갖고 있다(홍성민, 1987, 29-30).

따알라는 (Allah Subhanahu wa Ta'ala)는 꾸란에서 경제적 행위는 종교가 관심을 두는 영역 가운데 하나라는 점을 강조하기 위해 초기 예언자[30]들의 가르침 중에서 경제적 문제와 관련된 몇 가지 좋은 예문을 들고 있다. 아브라함과 그 자손들의 예시적 임무를 생각하면서 알라가 말하기를:

"그리고 우리의 명령에 따라 우리는 그들을 지도자로 삼았고, 그리고 우리는 선행을 하고, 기도를 하고 자카트를 실행하도록 그들에게 영감을 주었다. 그리하여 그들은 늘 섬기었다"(꾸란 21:73).

메카에서의 이슬람 초창기나 메디나의 이슬람 사회형성 훨씬 이전부터 꾸란의 성구(聖句)는, 한편으로는 경제행위와 경제체제사이에서 이슬람의 위치를 계시하고 있다. 따알라가 언급하기를:

"사람들로부터 재어 받아야 할 때는 정확하게 재어 주지만, 사람들에게 재어 주거나 달아 줄때는 정량(定量)을 덜 주어 사기(詐欺)로 거래하는 자들에게 화가 있을 지어다. 그들은 모든 인류가 세상의 주 앞에 서야만 될 날인 위대한 날에 심판받기 위해 불리지 않을 것이라 생각하는가?"(꾸란 83:1-6).
"다른 사람의 재산을 이용하여 투자하는 것은 알라와 함께 어떠한 이익도 얻지 못할 것이다. 그러나 알라의 후원을 구하며 보시(報施)를 하는 것은 이익이 있을 것이다. 바로 이 사람은 몇 배로 많아진 보상을 얻을 것이다"(꾸란 30:39).

---

30) 서구에서는 무함마드를 예언자(Prophet)로 부른다. 아랍에서의 칭호는 '신의 사도(使徒)', 즉 Rasūl Allah(The Messenger of God) 혹은 신에 의해 보내진 사람(The One sent by God)이다. 꾸란에서는 이 두 가지용어가 모두 사용되며, 무함마드를 모든 예언자, 심지어 메신저 중의 한사람으로 부른다. 본서에서는 일반적으로 많이 쓰이는 '예언자'라는 명칭을 사용한다.

메카에서 계시가 된 이 성구는 당시 경제행위를 비난하고 이 종교와 일치가 예견되는 경제체제에 대한 최초의 암시를 하고 있다. 이 구절은 경제행위와 심판의 날에 알라 앞에서 고백의 가르침을 결부시키고 있는 점이 주목할 만한 대목이다.

비록 모든 종교가 경제문제를 다루기는 하지만, 경제활동과 관련된 입장은 서로 다르다. 어떤 종교는 인간의 경제적 실행을 단지 생존에 필요한 것으로만 간주하여, 경제활동은 단순히 생계유지를 하는 정도까지만 이루어져야 하며 그 한계를 벗어난다면 어떠한 경제활동이든 인간자원의 낭비나 일종의 악(惡)으로 간주한다. 이러한 종교들은 경제활동에 덜 개입된 사람들을 신에게 더욱 가까이 있는 것으로 생각한다.

한편 이슬람은 인간의 경제활동을 우주에서 인간의 책임완수의 한 측면으로 간주한다. 인간의 삶이 균형을 유지한다면, 인간이 경제활동에 더 많이 개입할수록 그만큼 더 훌륭해질 수 있다. 신앙심이 경제적인 측면에서 비생산적인 것만은 아니며, 신앙심이 깊어질수록 더욱 더 생산적이어야 한다는 점을 강조하고 있다.

"또 알라께서는 두 사람의 비유를 드신다. 한 사람은 벙어리로 아무것도 할 수 없으며 주인의 짐만 되고 어디에 보내도 좋은 일을 가져오지 못한다. 이런 남자가 공정하고 옳은 길을 가는 자와 같을 수 있겠는가" (꾸란 16:76).

이처럼 경제적으로 생산적인 작업은 그 자체가 하나의 '종교적 가치'이기 때문에 "부(富)는 그 자체가 선(善)이며, 부의 추구 역시 인간행위의 합법적인 목표이다"(위의 책, 436-438).

3. 경제의 근본문제와 이슬람적 해결[31]

1) 인간의 경제문제

경제문제의 핵심은 인간이 문명을 유지하고 발전시키기 위해서 모든 사람에게 생필품을 공급하고 각 개인의 개성을 계발(啓發)하기 위한 기회 및 개인의 능력발휘를 위한 기회를 제공하기 위해 어떻게 경제적 분배를 하느냐에 있다. 원시적인 경제문제는 동물세계처럼 인간에게도 매우 단순한 것이었다. 인간은 생명을 유지하기 위해 자연에서 필요한 모든 것을 충분히 얻을 수 있었다. 모든 인간은 자기의 몫을 찾으러 다녔고 또 그것을 찾을 수 있었다. 자기가 얻는 필수품에 대해 가격을 지급하지도 않았고, 타인의 몫을 가로채지도 않았다. 인간은 과일을 따거나 사냥을 해서 자연스럽게 식량을 구할 수 있었다.

인간은 자연물로 몸을 가렸고, 발견한 적당한 장소에서 휴식을 취하거나 생활을 하였다. 그러나 이슬람에 따르면, 신은 이러한 상태로 인간을 오래 내버려두지 않았다. 신은 고립된 개인의 생활대신 집단적인 사회생활을 추구하고 대체하려는 자극을 인간에게 부여했다. 그래서 인간은 자연이 제공하는 식량에 의존하는 삶보다는 자신의 힘으로 자신의 삶을 개척하는 더욱 나은 삶을 부여받게 되었다.

남녀관계에 있어서 지속적인 욕망, 부모에 대한 자녀의 의존, 후

---

[31] 이 장은 경제문제에 관한 이슬람 경제권의 시각을 필자가 요약한 뒤 다시 정리해 쓴 내용임을 앞서 밝혀 둔다.

손에 대한 깊은 관심, 혈연관계 등은 자연이 인간에게 사회생활을 하기 위한 노력을 자극하는 중요한 동기이다. 인간은 자연적인 생산물에 만족하지 않고 땅위에서 경작하여 스스로 곡물을 생산하였고, 잎사귀로 몸을 가리는데 만족하지 않고 산업을 일으켜 옷감을 만들어 냈고, 동굴에서 살지 않고 집을 짓게 되었다. 더 나아가 자연적인 도구로 욕구를 만족하기보다는 석기, 철기, 목기와 같은 다른 도구를 발명하였다.

이러한 모든 자극은 인간이 점차 문명화되어야 한다는 신의 배려이다. 인간이 사회화되고 문명화 된다면 인간은 어떠한 범죄도 범하지 말았어야 할 것이다. 그러나 인간이 문명화됨에 따라 아래와 같은 문제가 필연적으로 대두하였다.

첫째, 생산품이 다양화됨에 따라 어떤 특정 개인도 자신의 모든 생필품을 생산할 수 없게 되었다. 어떤 재화는 반드시 타인에게 의존하게 되었고, 자신은 타인의 생필품 중 일부를 생산해야만 하게 되었다.

둘째, 상품이 고도화되어 점차 중간재 생산이 증가하게 되었다.

셋째, 생산품에 대한 생산수단과 운송수단 그리고 의사전달이 다양화되었다.

넷째, 인간은 자신의 산업에서 사용하는 도구, 집을 지을 땅, 사업장 등에서 자신이 획득하는 재화에 대해 만족하고 또 확신을 해야만 했다.

이 모든 것들은 인간의 재산으로 그가 죽은 후, 그와 가깝고 다정한 사람들에게 남겨진다. 교역이 발달하고 직업이 다양화됨에 따라 시장을 형성하고 가격결정을 하며 표준가격과 교환의 매개체로서 화폐를 도입하게 되었고, 새로운 종류의 생산수단을 활용하여 국제

간 수출입이 가능해졌다. 아울러 인간에게는 재산과 유산승계에 관한 권리를 인정하는 방법이 매우 자연스럽게 발전하였다.

인간은 서로 다른 잠재력과 능력을 갖추고 태어났기에 어떤 사람은 필요이상의 돈을 벌거나 생산할 수 있게 되었고, 어떤 사람은 필요한 것조차 얻지 못하게 되었다. 또 어떤 사람은 유산으로 더욱 수월한 인생을 시작할 수 있게 되었고, 어떤 사람들은 유산이 없는 불리한 상황에서 삶의 투쟁을 해야만 했다. 또한, 어린이, 노인, 병자, 무능력자 등 사회생활에 부적합한 사람들이 생겨났고, 스스로 자영업에 종사하는 사람들도 생겨났고, 서비스를 바라는 사람들이 있기에 서비스업도 발전하였다. 따라서 교역, 산업조직, 노사관계 등이 사회적으로 중요한 문제로 대두하였다.

이 모든 것들은 나름대로 자연적인 결과 이거나 인간생활의 현상이며, 결코 제약이 필요한 사악한 것이 아니다. 서로 다른 사회적 요인에서 발생하는 죄악의 참된 근원을 추적할 수 없기에 많은 사람들은 자신의 분수를 잃어버리고 사적인 소유나 돈, 기계 혹은 인간의 천부적인 불평등이나 문명 자체 까지도 비난하게 되었다.

그러나 이러한 현상은 실제에 있어서 잘못된 관찰이고 대응이다. 사회 진화의 자연적 과정을 조사하거나 기본적인 인간의 본성인 사회생활 자체를 없애려는 시도는 의미가 없는 것이다.

따라서 인간의 실질적인 경제문제는 어떻게 하면 문명적 사회생활의 발전을 막거나 혹은 그 발전과정을 방해 또는 저해하느냐가 아니다. 실질적인 경제문제는 사회가 자연적인 진화를 유지하면서도 어떻게 하면 사회의 독재나 불의를 막느냐와 모든 인간이 정당한 몫을 받고자 하는 자연적인 욕구를 실현하며 다수의 능력과 힘이 낭비되는 요인이나 장애물을 어떻게 하면 제거할 수 있느냐 하는 것이다.

2) 경제체제의 근본적인 문제

(1) 탐욕스러운 부자들의 경제행위

경제체제에서 근본적인 경제문제는 인간이 타고난 이기심(利己心)의 자제영역을 넘어설 때 시작된다. 그것은 비도덕적 습관이나 결함 있는 정치제도와 함께 발전하는데, 정치제도에 도덕적인 기초가 결여된 경우에 더욱더 타락하게 된다. 모근 경제체제의 질서가 파괴되면 타락한 부분의 사회구조가 전체 사회생활에 해독을 끼치게 된다.

개인의 재산소유와 경제적 여건에 차이가 있는 현실은 자연스러운 현상이다. 도덕적 차원에서 정당한 주장을 할 기회나 정의(正義)를 유지하려는 정치제도가 존재하였다면 인간에게 어떤 해악도 발생하지 않았을 것이다. 그러나 경제적으로 여건이 좋은 사람들이 자신의 이기심이나 좁은 마음, 질투, 몰인정, 탐욕, 거짓 자존심 등으로 실질적인 해악으로 변형되었다.

인간이 필요보다 많이 획득하거나 독점적인 권리를 지닌 생활수단을 이용하여 첫째, 자신의 쾌락, 오락, 편리한 생활 및 장식을 위해서 소비가 정당하며, 둘째, 더 많은 재산을 갖기 위해서 혹은 타인의 재산보다 자신이 더 가질 수 있다고 이상적으로 생각할 때 해악이 발생한다. 이 같이 사악한 생각은 '부의 분배'에 있어 자신의 몫만큼만 할당받는 사회 구성원들이나 자신의 필요액보다 훨씬 적은 몫을 받는 사람들의 권리를 인정하지 않는 부자들에 의해 생겨났다. 부자들은 이러한 사람들이 기아와 빈곤에 빠져드는 것을 당연하게 생각했다. 부자들은 이에 만족하지 않고 자신들의 필요이상으로 재산을 중대시켰으며, 그들의 탐욕에 대한 인공적이고 자기

창조적인 욕구를 충족시키기 위하여 문명을 이용할 줄 아는 많은 사람을 등장시켰다.

사악하고 탐욕스러운 부자들을 위해서 간통, 매춘부, 뚜쟁이 혹은 불치(不恥)의 대행자들의 필요가 증가하게 되었다. 이들을 위해서 음악은 필수적인 것이 되었고, 이는 악사(樂士), 댄서 등 음악과 관련 있는 사람들의 생활을 만족시켜 주었다. 부자들은 위해서 만담가, 배우, 광대, 사진사, 화가 그리고 각양각색의 불건전한 오락도 필요해졌다. 또한, 부자들은 많은 사람이 좋은 일에 종사하는 동안 사냥의 즐거움을 맛보고, 마약중독과 환각의 쾌락을 즐기게 되었다. 그 결과 많은 일반 사람들도 술, 마약 그리고 다른 약과 독극물에 중독되었다.

마치 악마와도 같은 이러한 사람들은 사회 대부분을 도덕적, 육체적 정신적 타락에 빠지도록 했을 뿐만 아니라 고결한 인간성을 유용한 것처럼 타락시켜 쓸모없고 천하고 해로운 직업에 종사하도록 강요했다. 문제는 여기서 끝나지 않았다. 그들은 모든 인류의 자원을 탕진하고 소요하고 있던 물질을 낭비했다. 그들은 대규모 궁전, 별장, 정원, 운동장, 댄스홀 등의 필요성을 주장했으며, 심지어 사후에도 자신들의 휴양지와 넓은 무덤이 필요했다.

이러한 방법으로 토지와 건축자재와 다른 사람들에게 큰 도움이 될 수 있는 노동력을 일시적인 쾌락과 방탕한 일이나 개인의 영원한 거주지를 위해 사용하였다. 여기에 부자들은 보석, 장신구, 사치스러운 옷, 가구, 치장과 장식품 등 신기한 기구들이 필요하게 되었다. 그렇기에 값비싼 커튼이 쳐 있지 않으면 문(門)은 하찮은 것으로 여겼고, 궁전의 벽은 값비싼 그림들로 치장되었다. 또한, 복도는 값비싼 카펫으로 장식되었고, 심지어 자신들의 개도 금 장식품으로 치장하였다. 이런 방법으로 많은 자원과 인력이 특정 개인의 허욕(虛慾)을 채우는 데 사용되었다.

이슬람에 따르면, 이러한 행위는 악마의 가르침에서 비롯된 것이라 한다. 모든 사람이 사용할 수 있는 생산품을 특정 개인이 대량으로 독점(獨占)하는 것은 분명히 나쁜 행위이다. 신이 이 지상에 창조한 물품들은 인간의 진정한 욕구를 만족시켜 주기 위한 것이다. 그러므로 특정인이 필요이상의 재산을 소유한다는 것은 타인의 몫이 자신에게 돌아온 것을 의미한다. 가난한 사람들은 생활품을 얻을 수 없기에 부유한 사람들이 그것을 그들에게 나누어 주어야 한다. 그렇게 하지 않고 더 많은 자신의 이익을 추구하거나 필요 이상의 것을 추구한다면 잘못된 행동이다. 자신에게 필요한 만큼의 부를 추구하느라 소비한 시간, 노력 그리고 능력은 선(善)하고 진정한 의미로 사용된 것이다.

그러나 자신의 시간, 정력 및 정신적 육체적 능력을 보다 효과적으로 사용할 수 있었음에도 불구하고, 필요이상의 부를 추구하는데 그것을 사용한다는 것은 자기 자신을 스스로 '경제적 동물(economic animal)' 심지어 '부를 창조하는 기계'로 하락시키는 것이다. 결과적으로 진정한 이성의 견지에서 볼 때, 해악(害惡)이 인간에게 가르치는 것은 처음부터 나쁜 것이다. 더욱이 이러한 원리에 근거하는 실제적인 방법들은 매우 불행하며, 그 결과는 너무 두려운 것이기에 가난한 사람들은 올바로 비난하지도 못한다(홍성민, 위의 책, 425-427).

(2) 해악(害惡)적인 경제투쟁

잉여의 부를 이용하고 증식하는 방법에는 두 가지가 있다. 하나는 이자(利子)놀이를 하는 것이고, 다른 하나는 상업(商業)에 투자하는 것이다. 이 두 가지 방법이 서로 어느 정도 본질적인 차이는 있지만, 이 두 가지가 복합되었을 때의 필연적인 결과는 사회를 두 계층으로 분리시킨다. 하나는 필요이상의 부를 소유하는 소수집단이고, 다른 하나는 자신에게 필요한 만큼의 부를 소유하거나 아니면 필요한 만큼을 얻지 못하는 계층, 심지어 필요한 것조차도 전혀 얻지 못하는 계층이다. 이러한 두 계층의 이해관계는 서로 간에 불화를 조장할 뿐만 아니라 필연적으로 상호 투쟁으로 연결된다.

결국, 상호간의 협력과 교환에 기초를 두고 성립된 인간의 경제체제는 결국 내적인 투쟁에 의해 종말을 고하게 된다. 투쟁이 진행됨에 따라 점차 부유한 계층의 수는 감소하는 반면, 가난한 계층의 수는 증가하게 된다. 왜냐하면 상호투쟁은 본질적으로 부유한 사람들이 자신의 경제력으로 자기보다 가난한 사람들의 재산을 빼앗아 그들을 하층민으로 내몰기 때문이다.

이러한 방법으로 이 세상의 생활수단이 대중에게는 점차 줄어들고 대다수의 사람들은 서서히 부자들에게 의존하거나 아니면 심각한 극빈상태에 놓이게 된다. 처음에는 이 관계가 작은 투쟁으로 시작하지만 점차 국내문제 혹은 국제문제로 발전하며 그 정도가 심각해진다. 필요이상의 부를 소유한 사람들이 일용품의 생산이나 유용한 산업에 자기 재산을 투자하고 그 잉여물이 그 나라의 국민에 의해 구매된다면 투자는 충분한 이익을 낳게 된다. 그러나 실제에 있어서 그러한 일은 발생하지 않는다. 왜냐하면 자신의 필요액보다 적은 재산을 소유한 사람들은 점차 구매력이 저하되어 필요한 생산물을 살 수 없다.

반면에 필요이상의 부를 가진 부유한 사람들은 유용한 산업에 그것을 투자하기 위하여 그들 수입(收入)의 대부분을 저축한다. 즉,

부자들은 물건을 구매할 수 있는 자신의 모든 돈을 소비하는 것이 아니다. 이것이 공업제품이 팔리지 않고 남아 있는 이유이며, 부자들의 투자가 그들에게 되돌아오지 않는 이유이고, 국가의 산업이 빚더미에 올라앉는 주된 이유이다. 이러한 과정은 하나의 순환(循環)이 된다. 결국, 이 같은 자연적 순환 속에서 부유한 계층은 그들 수입 중 더 많은 부분을 투자하게 되고, 자신들에게 돌아오지 않는 투자액도 증가하게 된다.

그리하여 국가산업의 빚이 두 배, 세 배 심지어 수천 배에 이르러 국가가 갚을 수 없는 정도까지 증가한다. 따라서 다른 나라에서는 살 수 없는 물건을 수출하지 않고는 국가가 파산의 위험에서 벗어날 수 없게 된다. 이는 한 국가 파산의 불행을 다른 나라에 전가하는 결과가 된다. 이러한 방법으로 투쟁은 특정국가의 영역을 넘어 국제적인 영역으로 옮겨간다. 이처럼 좋지 않은 경제체제에 기초를 두고 경제활동을 하는 행위는 특정국가에만 국한되는 것이 아니며, 세계 대부분의 국가가 이러한 제도를 택하고 있다.

다시 말하면 자신들의 파산을 다른 국가에 전가하고 있다는 것이다. 이러한 행위는 아래와 같은 국제적인 분쟁을 야기한다.

첫째, 모든 국가는 국제시장에서 상품을 팔기위해 '최소의 비용으로 최대의 생산'을 하려고 노력하며, 노동임금의 최저비용이 필요하게 된다. 따라서 노동자의 몫으로 들어오는 국가의 부가 훨씬 감소하며 노동자의 수입은 최저 생활수준에도 못 미치는 수준으로 감소한다.

둘째, 모든 국가는 가능한 범위 내에서 수입 금지를 단행하고 생산을 하며, 국내 부존자원을 최대한 활용하려 한다. 다른 국가들은 그것을 구하거나 이용할 수 없게 되어 종종 전쟁으로 확대되고 국제간 분쟁요인이 되기도 한다.

셋째, 이러한 강탈행위는 타국에 의해 강요된 파산으로부터 자신들을 보호할 수 없는 국가들에 침투되어 (자국에서 남아도는) 생산품을 팔뿐만 아니라 (자국에 투자해 보아야 큰 이익이 없는) 잉여자본 투자를 시도한다.

이러한 방법으로 한 국가에서 발생했던 동일한 투자문제는 계속해서 다른 국가에서도 발생할 것이다. 즉 투자한 만큼의 충분한 대가가 발생하지 않으며, 투자수입 대부분이 특정 산업에 재투자되고, 빚은 국가를 팔아도 갚을 수 없을 만큼 증가하여 투자는 충분히 회수되지 못할 것이다. 생산과정이 이렇게 된다면, 모든 세계는 궁극적으로 지불능력을 상실하고 파산하게 된다. 결국, 인간은 할 수 없이 잉여 상품과 자본을 팔기위해 목성이나 화성 아니면 금성에서 시장을 찾아야만 할 것이다. 인간이 독자적으로 신의 세계에 존재하는 생활수단을 자력으로 얻기 위해서 그 자신의 육체적, 정신적 노동을 하기는 거의 불가능하다.

오늘날 중소기업가나 소농부들에게는 자유롭게 생계비를 벌 기회조차 없다. 많은 사람이 자본가나 고용주를 위한 하인이나 노동자로 역할을 하도록 강요받고 있다. 그들은 겨우 생계를 유지할 정도의 임금을 받고, 정신적, 육체적 노동 및 거의 모든 시간을 고용주들에게 바치고 있다. 이러한 현상은 모든 인간이 경제적 동물로 되어 가고 있는 것을 보여준다.

이같은 경제적 투쟁에서 인간이 자신의 도덕적, 지적, 정신적 발전을 위한 일을 하거나 생계수단에 급급하지 않고 숭고한 일에 주의를 기울이거나 더욱 나은 이상(理想)을 추구하도록 신이 부여한 타고난 재능을 발전시킬 기회를 가진 행운아들을 그리 많지 않다.

사실 경제적인 투쟁은 해로운 제도 때문에 매우 심각하고 격렬해지기 때문에 인간생활의 모든 부분이 경제적인 투쟁의 영향을 받고 있다.

(3) 현대 경제체제의 문제

철학이나 정치제도 및 법률제도는 사악한 경제체제에 오염돼 왔으며, 이는 인간에게 매우 불행한 결과를 가져왔다. 동서양 모든 곳에서 도덕적인 지도자들은 경제문제를 강조해 왔다. 번 돈을 모두 써 버리는 것을 어리석은 일로 간주하며, 수입 중 일부를 저축해야 한다고 했다. 그 저축액을 은행에 저금하거나 증권을 사거나 주식에 투자하여 주식회사의 주주(株主)가 돼야 한다고 한다.

이러한 행위가 현대적인 관점에서는 완성과 미덕의 기준이 되고 있지만, 결국에는 인간을 타락하게 하였다. 이는 정치권력에 있어서 인류를 독재로부터 구하는 대신에 독재의 도구가 되었다. 물질만능주의자들은 도처에서 권력과 밀접하게 연관돼 있다. 사회를 다스리는 법률들도 이와 유사한 상황으로 구성돼 있다. 이러한 법률들은 대개 사회정의(社會正義)에 역행하는 개인의 경제적 이익을 위해 투쟁할 수 있도록 충분한 자유를 부여하고 있다. 그래서 '선 과 악' 사이의 구별은 거의 존재하지 않는다.

인간이 다른 사람들의 재산을 빼앗거나 파괴하든지간에 자신을 부유하게 할 수 있는 모든 방법이 법의 견지 하에서는 허용될 수 있다. 술이 만들어져 팔리고, 비도덕적인 장소가 생기고, 도색영화가 만들어지고, 음란한 소설이 발간되고, 애욕을 자극하는 사진이 선전되고, 투기가 만연하며 새로운 도박이 생긴다. 즉, 인간이 원하는 것은 무엇이나 이루어지며 법에 의해 허용될 뿐만 아니라 소위 권리(權利)라는 명분으로 보호받는 것이다.

법은 이러한 방법으로 특정 개인에게 집중된 재산이 그 개인이 죽은 후에도 집중된 채로 남아 있도록 한다. 이러한 것이 신의 땅에 사는 모든 개인에게 어떻게 생필품을 분배할 수 있고, 어떻게 모든 사람에게 자신의 능력을 충분히 개발할 수 있도록 능력에 따른 균등한 기회를 주느냐 하는 인간의 근본적인 경제문제의 원인이 된다.

3) 이슬람적 해결

이슬람의 첫 번째 관점은, 모든 인생문제에서 자연법칙과 삶의 원칙은 변하지 않으며 자연의 순리에서 벗어나면 다시 자연의 순리로 되돌아가야 한다는 것이다. 이슬람의 두 번째 중요한 점은 모든 사회개혁이 아래와 같다는 점이다. 사회제도에 있어서 외부규칙의 도입은 그다지 고려되지 않아도 되지만, 도덕적 개혁이나 올바른 도덕적 태도의 창조에는 많은 주의가 있어야 한다. 그래서 인간의 마음속에 있는 악은 뿌리째 뽑혀야 한다. 이슬람의 세 번째 기본원리는 권위나 법에 의한 억압, 그리고 정부의 통치는 꼭 필요한 경우 외에는 사용되어서는 안 된다는 점이다(홍성민, 1991, 431).

이러한 세 가지 원칙을 준수하면서 이슬람은 항상 인간경제의 기초를 형성하는 인생의 경제적 측면에 대해서 자연법칙을 인식하고 있다. 아울러 정부의 힘에 의해서가 아니라, 외적인 힘이나 도덕적인 교훈의 극대화를 통해서 잘못된 원칙들을 제거한다.

인간은 생계를 위해 자유로운 경쟁을 할 있으며 자신의 노동에 의해 얻은 것을 소유할 권리가 있고, 각기 다양한 능력과 환경에 따라 서로 다른 사람들 간에는 불평등이 존재해야 한다는 원칙을 인정하면서도 사회의 약자들을 보호하기 위한 실천에는 일종의 제재가 가해진다.

이슬람은 자신의 능력과 천부적 재능으로 신의 땅에서 생활수단을 찾을 인간의 권리를 인정하고 있다. 그러나 이러한 권리를 추구하기 위해서 도덕적인 타락을 가져오거나 사회질서를 파괴하는 것은 인정하지 않는다. 이슬람은 생계수단의 문제에 관하여 합법적인 것과 불법적인 것을 구별하며, 도덕적으로 비합리적인 수단은 금지하고 있다.[32]

이슬람은 매춘, 음악, 춤, 그리고 이와 유사한 것들을 합법적인 생계수단으로서 인정하지 않는다. 또한, 사회나 타인에게 상처를 주고 얻은 것은 모두 불법적인 것으로 간주한다. 무역과 산업에 관한 이슬람의 율법을 세부적으로 연구해보면, 오늘날 백만장자가 된 사람들이 사용했던 방법은 이슬람 율법에서 금지하고 있었던 방법이 대부분이라는 것을 알게 된다.

만일 사업이 이슬람체제하에서 수행되었다면 무한한 부의 축적은 불가능 했을 것이다(홍성민, 431-432). 반면에 이슬람은 합법적인 수단에 의한 부(富)의 축적을 인정은 하지만, 합법적으로 축적된 부일지라도 전적으로 자유롭게 사용될 수 없다.[33]

이슬람을 편견에서 벗어나 객관적인 관점에서 본다면, 이슬람 경제체제는 윤리에 기대고 인간의 복지증진에 주력한다는 점에서 오늘날의 '자본-사회주의' 양대 체제의 대립구도를 벗어난 하나의

---

32) 이슬람 율법 아래서 악(惡)의 비도덕을 퍼지게 하는 술이나 다른 음료수들은 본질적으로 불법일 뿐만 아니라, 그것을 만들어 판 자, 구입한 자, 소유한 자들 모두가 불법인 것으로 판시된다.

33) 인간이 회득한 부는 세 가지 방법으로 사용할 수 있다. 그 방법은 소비, 보다 많은 부를 창출하는 사업에 투자, 또는 저축하는 것이다.

강력한 대안 경제 체제로서의 잠재력을 지닌다. 하지만 이것이 이슬람의 이념적·도덕적·문화적 제도를 벗어나 성공적으로 이행되리라고 생각하는 것은 상당히 위험한 발상이다. 그만큼 이슬람 경제체제는 이슬람의 정치, 문화, 법률, 사회제도와 밀접한 관련이 있다. 따라서 이슬람 문화에 대한 전반적인 이해가 선행되지 않는다면 이를 받아들이는데 있어 큰 오해를 낳게 된다.

특히 많은 부분이 이슬람 도덕체계에 기초를 두고 있으며, 이러한 도덕체계는 홀로 존립하는 것이 아니다. 전지전능한 신, 즉 알라(Allah)와 그에 대해 책임을 다하려는 태도, 아니면 모든 행동은 사후에 신에게 심판받으며 그 심판에 따라 처벌되거나 은총을 받는다는 믿음, 그리고 신의 사도(使徒)인 무함마드가 인류에게 전달한 법률과 도덕의 신조가 이와 같은 신성한 가르침에 따르고 있다는 사실에 의존하고 있다.

이러한 신조와 도덕체계 그리고 모든 생활에 있어서 가치체계를 받아들이지 않는다면, 이슬람 경제체제는 그 근원으로부터 분리되어 단 하루도 순수성을 유지할 수 없다. 또한, 이슬람 율법의 광범위한 내용을 왜곡하거나 자신의 생활에 유리하도록 변형한다면, 이슬람 경제체제로부터 어떠한 혜택도 얻지 못할 것이다.

제3장
샤리아(Shari'ah)와 이슬람 경제율법

1. 이슬람 법의 배경[34]

622년 메디나(Medina)에서 예언자의 지도 아래 최초의 무슬림 공동체가 수립되었다. 꾸란(Qur'an)의 계시는 인간의 기본적인 행위 기준을 제시하였으나 전적으로 법전(法典)의 의미는 없었다. 단지 80 구절만이 법적인 문제를 엄격히 다루었을 뿐이다. 대부분의 구절들은 많은 주제를 포함하고 다양한 통치술을 도입하는 한편 중요한 세목(細目)에 기존의 아라비아 관습법을 단순히 수정·보완하는 것이었다.

꾸란이 오늘날의 정본 형태를 보이게 된 것은 예언자 무함마드(Muhammad, 570-632)[35]가 죽은 뒤의 일이다. 전승에 의하면 꾸란

---

34) 이 내용은 홍성민, 1999, "이슬람 법(Shar'ah)에 관한 연구," 「아프로아랍 연구」, 창간호, (서울: 명지대학교, 아랍아프리카센터)의 내용을 수정한 것이다.

35) 622년 9월 무함마드는 박해를 피하여 약 70명의 신도들과 메카를 탈출하여 메디나에 입성하였다. 이 사건을 히즈라(hijrah), 즉 성천(聖遷)이라 부르며, 이 해를 이슬람력(曆)의 원년으로 삼는다. 이주자(muhanjirun)와 메디나 거주인(ansar) 약 80명은 이곳에서 무함마드를 예언자(Prophet)로 하는 이슬람 공동체, 즉 움마(umma)를 만들었다.

의 결집(結集)은 2번 이루어졌다고 한다. 첫 번째는 초대 칼리파 아브 바크르(Abu Bakr, 573-634)인데, 계속된 전쟁에서 꾸란을 기억하는 사람이 많이 전사해 꾸란의 소실을 염려하여 결집하였다고 한다. 두 번째는 3대 칼리파 오스만(Othman, ?-656)때인데, 꾸란의 본문 차이가 병사들 사이에 대립을 가져와 정본 확립을 위해 다시 결집작업을 하고 이본(異本)을 태워버렸다고 한다. 이들 전승에는 제각기 비판이 가해지고 있으나, 이러한 경로를 밟아 오늘날 전해오는 오스만본(本)이 성립되었다. 그러나 당시에는 아랍어 표기법이 매우 불완전하여 같은 텍스트에 대해서도 읽는 방법이 여러 가지로 다르게 나타났다.

그동안 아랍어 모음부호와 그 밖의 부호가 여러 가지로 고안되어 10세기 초부터 서서히 통일되어 7개 학파의 읽는 방법이 공인되었다. 그 가운데 1924년 이집트 정부에서 간행한 것을 정본으로 사용하여, 오늘날 이슬람 세계에 널리 쓰이고 있다(한메 파스칼, 1997).

꾸란은 '알라(Allah)의 영원한 말씀' 이라고 한다. 이슬람에서 가장 기본적인 것은 '신(神)에 대한 복종' 인데, 그것은 구체적으로 꾸란의 말씀에 따르는 일이다. 꾸란은 일상생활 모든 분야에 걸쳐 인간의 옳고 그름과 선악에 관한 판단의 궁극적 기준으로 무슬림의 사고나 행동을 규제한다. 꾸란의 내용은 크게 3가지로 나뉜다(위의 책).

첫째, 신조이다. 신에 대한 관념, 천지창조, 아담과 이브의 창조와 낙원 추방, 인류 역사와 신의 인도, 인간의 불복종과 신에 의한 벌, 종말, 죽은 자의 부활과 심판, 천국과 지옥 등에 관한 계시 등이다.

둘째, 윤리이다. 신에게 복종하는 구체적 형식을 법적 규범과 함께 밝힌 것이다. 예를 들면 고아, 가난한 사람, 여행자를 도와주고, 부모를 공경하고 선행에 힘쓰고 부정을 바로잡는 일과 그 밖에 예의범절 등도 이에 포함된다.

셋째, 법적 규범이다. 이에는 2가지 종류가 있다. 하나는 인간이 직접 신에게 바치는 의무를 뜻하는 의례적 규범이다. 예를 들면 목욕재계, 예배, 희사, 단식, 순례 등이다. 다른 하나는 사람이 서로 지켜야 할 법적 의무규범으로, 혼인, 이혼, 부양, 상속, 매매 및 형벌 등이 포함된다. 꾸란은 이들 한정된 규범을 기준으로 삼고 예언자의 전승에 의해 보충, 확대되었고, 결국 무슬림의 모든 생활을 규제하는 이슬람 법(shari'ah)이 성립되었다.

7세기 메디나(Medina)의 초기 이슬람 국가에서 무함마드는 예언자일 뿐만 아니라 이슬람 공동체 및 국가의 정치적 지도자로서 봉사하였다. 무함마드는 공동체의 최고 심판자로서 평생 꾸란의 일반적인 규정을 해석하고 확대할 때 일어나는 법적인 문제들을 결정하였으며, 동일한 내용이 무함마드 사후(死後) 메디나의 잠정적, 정신적 지도자인 칼리파(Khalipha)[36]에 의해 임시 변통적으로 수행되었다.

그러나 661년, 다마스커스를 중심으로 통치하는 거대한 군사제국이 수립되면서부터 법적인 진전을 가져왔다. 다양한 주(州)와 지역에 판사인 까디(qadi)를 임명하여 조직적인 법관(法官)이 탄생하였다. 까디는 움마이아 행정법 및 재정법의 집성(集成)을 책임지고 있었으며, 그 자신들을 본질적으로 국내법의 대변자로 간주하였기

---

36) 칼리파(Khalipha)는 무함마드 사후(死後) 이슬람 사회 최고지도자를 가리키는 말이다. 아랍어로 계승자, 대리인(Khalifa)을 의미한다. 실제로 최고지도자는 '신도의 우두머리'라는 의미인 '아미르 알-무민(Amir Al-Mumin)'으로 불린다. 초대부터 제4대까지의 칼리파는 '신에게 바르게 인도된 칼리파'라는 뜻으로 정통 칼리파라고 하며, 그 시대를 정통 칼리파시대(632-661)라고 한다. 이어 우마이아(Ummayyad) 가(家)가 칼리파 지위를 독점하는 움마이아조(661-750), 다시 압바시아(Abbassiad)가(家)가 칼리파 지위를 독점하는 압바시아조(750-258)로 이어졌다. 압바시아조가 멸망한 뒤 그 실질적 의미를 상실하였다. 19세기 말부터 제1차 세계대전 때 오스만제국의 황제가 칼리파로 나서 모든 이슬람 세력의 결집을 시도하였지만 실패로 끝났다.

에 로마-비잔틴 제도 및 법적 요소와 페르시아-사산조 법(Persian-Sasanian law)은 점령지에서 이슬람 법에 흡수되었다. 까디의 개인적인 재량에 의존함으로써 판결은 꾸란과 연관된 규정에 기반을 두게 되었다. 그러나 메디나 시대에 행해진 꾸란의 법에 있어서 정치(精緻)한 초점은 활동영역의 확대와 함께 사라지게 되었다(Encyclopaedia Britannica, 1994-1999).

무슬림의 신앙과 역사는 이슬람주의자들의 세계관에 대한 근원을 제공한다. 무슬림의 의무는 '신의 의지(will of God)에 대한 순종과 복종'이다. 그러나 무슬림에게 지워지는 복종은 단순히 수동적이거나 교리(敎理) 또는 종교적 의식의 틀을 받아들이는 것이 아니다. 오히려 역사에 있어서 능동적으로 신의 의지를 실현하기 위하여 노력하는 신성한 명령, 즉 성전(聖戰 : jihad)에 복종하는 것이다. 그러므로 꾸란은 무슬림을 현세에서 '신의 대리인 혹은 대리자'라고 천명하고 있다. 또한, 신은 신성한 위탁으로서 인간을 창조하였고 신의 의지의 실현은 영원한 보상과 심판으로 이끈다고 천명하고 있다(Esposito, 1994).

신의 의지를 실현하기 위한 무슬림의 의무는 개인적일 뿐만 아니라 공동체적이다. 이슬람 공동체는 현생의 다른 사람들에 대한 하나의 예시로서 사회에 있어서 신성한 통치를 실현하기 위한 다양한 수단으로서 봉사한다. 무슬림은 "종교란 모든 인생의 측면-기도, 단식, 정치, 법 및 사회-에 절대 필수적인 것"이라 믿는다. 이러한 믿음은 이슬람에서 신의 유일성(tawhid) 뿐만 아니라 이슬람 국가와 법의 전개를 반영한다.

이슬람 법, 즉 샤리아는 신성한 계시(啓示), 꾸란 및 예언자의 행적(Sunna)에 근원을 두고 있다. 이슬람 법은 기도, 자카트뿐만 아니라 가족, 범죄, 상업 및 국제거래를 통제하는 법을 포함한 인생의 광범위한 형태, 즉 무슬림 사회에 대한 모든 청사진을 제시한다(위의 책).

신성하게 규정된 공동체의 특성과 사명에 대한 믿음은 무슬림의 성공과 권력에 의해 합법화되었고 또 강화되었다. 이슬람공동체는 무함마드 사후 100년 이내에 팽창과 정복을 통해 다른 어떤 국가보다 광범위한 제국으로 확대되었다. 그 이후 이슬람 세계는 서 아라비아로부터 북아프리카, 스페인 및 인도네시아 동쪽으로 확장하였다.

2. 이슬람 법의 연구와 특성

샤리아의 정확한 용어를 확인하는 과학인 무슬림 법률체계는 휘끄(fiqh)[37]로 알려진다. '알라의 법'에 대한 역사적 발견과정은 각기 다른 법학자들에 의해 저술된 다수의 법 관련 안내서가 최종적으로 공식화되었을 때인 9세기 말에 완료된 것으로 추정된다. 중세 때 기본적인 교의(敎義)는 다수의 주석서에서 정교하게 다듬어지고 체계화되었으며, 여러 권의 문헌은 샤리아 법의 원문 출처를 제시하였다(Encyclopaedia Britannica, 1994-1999).

이슬람 법체계는 이슬람 법의 역사적 전개, 법체계론 및 실정법의 가장 중요한 부분을 포함하는데 이에 관한 일반적인 조사는 조셉 샤흐트(Joseph Schacht)의 저서 「이슬람 법 입문(An Introduction to Islamic Law), 1964」에 포함돼 있다: 1975년 재판(再版)된 앤더슨

---

37) 휘끄(fiqh)는 아랍어로 '이해'를 의미하며, 샤리아 혹은 이슬람 법의 정확한 용어를 확인하는 과학(科學), 즉 무슬림 법체계이다. 무슬림 법체계의 총괄적인 근원은 우술 알-휘끄(Usul al-fiqh)로 알려진다.

(James N.D. Anderson)의 「현대의 이슬람 법(Islamic Law in the Modern World), 1959」과 1971년 재판된 쿨손(Noel J. Coulson)의 「이슬람 법사(History of Islamic Law), 1964」 등이 그것이다. 특히 앤더슨이 저술한 이슬람 법의 발전에 관한 다수 논문이 이들 저서에 출전으로 언급되고 있다. 1967년 수정·보완된 조셉 샤흐트의 「무함마드 법학의 기원(Origins of Muhammadan Jurisprudence), 1950」은 이 주제에 관하여 선학들에 의해 저술된 초기 법이론 발전에 관련된 현대 연구의 중요한 저작이다.

전통적인 법이론의 완전한 분석은 1981년 재판된 압두르 라힘(Abdur Rahim)의 「무함마드 법학(Muhammadan Jurisprudence, 1911)」과 탁월한 무슬림 법학자 마흐마사니(Subhi Mahmassani)의 아랍어 원문을 지아데(Farmat J. Ziadeh)가 영어로 번역한 「이슬람 법철학(The Philosophy of Jurisprudence in Islam, 1961)」에서 나타난다. 하두리(Majid Khadduri)와 리에베스니(Herbert J. Liebesny)가 1955년 공동 편집한 「중동에서의 법(Law in the Middle East)」은 다양한 실증적, 전통적 및 현대 이슬람 법의 분야에 관한 무슬림 학자와 서구의 동양학자들에 의한 일련의 장(章)을 포함하고 있다.

휘지(Asaf A.A. Fyzee)가 편집하여 1974년 4판 인쇄된 「무함마드법개요(Outlines of Muhammadan Law)」는 인도와 파키스탄에서 적용되는 이슬람 법을 다루는 표준 텍스트가 되고 있다. 노만 엔더슨(Norman Anderson)의 「무슬림 세계에서의 법 개혁(Law Reform in the Muslim World), 1976」은 이슬람의 역사, 철학 및 법 개혁의 성공에 관한 복합적인 연구이다. 또한, 1913-42년판 및 1960 이후 새롭게 편집된 「이슬람 백과사전(The Encyclopaedia of Islam)」은 개인적인 법적 주제에 관한 다양한 논문을 포함하고 있다.

고전적인 형태에서 샤리아는 두 가지 주요한 측면에서 서구의 법체계와 다르다. 첫째로 샤리아의 범위는 대단히 광범위하다. 왜냐하면 대부분 다른 법률체계의 범위인 '국가와 주변국' 뿐만 아니라 신(神)과 인간 자신의 의식으로서 인간관계를 통제하기 때문이다. 일상적인 기도, 자카트, 단식 및 성지순례와 같은 종교적 의식의 실행은 샤리아 법의 필수 불가결한 요소이며, 항상 법적 교범(敎範)의 출발점이 된다.

샤리아는 또한 인간이 법에서 할 자격이 있는 것이나 혹은 하고자 하는 것뿐만 아니라 의식적으로 무엇을 해야만 하는가 혹은 하고자 하는 것이 무엇인가를 지시하는 법적인 종규(宗規)로서 윤리적 기준을 포함하고 있다. 동시에 어떤 법령은 무슬림의 실행이 신성한 은혜를 가져오며, 부작위(不作爲)한 태만은 신성한 냉대를 가져온다는 '칭송(mandub)'과 타인에 대한 '비난(makruh)'으로 분류돼 있다. 그러나 그 어느 경우에도 심판이나 보상, 무효나 타당성의 법적 제재는 없다. 샤리아는 단순한 법체계가 아니라 개인 및 공공 모두를 포함하는 복합적인 '행위의 장전(章典)'이다.

샤리아와 서구 법체계 간의 두 번째 특징적인 구별은 신성한 의지의 표현으로서 법의 이슬람적 개념이다. 632년 예언자 무함마드가 죽음으로써 그 이후 신성한 계시는 그쳤기 때문에 인간에 대한 신성한 의지의 전달은 중단되었다. 그래서 계시의 근원에 대한 해설과정과 확대가 중세의 법 안내서에서 교의(敎義)로 구체화되어 완성되었기에 샤리아 법은 경직적이고 정적인 제도가 되었다. 사회로부터 성장하고 사회환경의 변화와 함께 변화하는 세속적인 법제도와는 다르게 샤리아 법은 알라의 사회를 강요한다.

이슬람 법 체계에 있어서 사회가 법을 형성하고 만들어가는 것이 아니라, 법이 사회를 앞장서고 통제하는 것이다(Encyclopaedia Britannica, 1994-1999).

이와 같은 법철학은 분명히 현대 이슬람에 있어서 사회적 진보를 위한 기본적인 원칙문제를 내포하고 있다. 어떻게 전통적인 샤리아 법이 현대 무슬림 사회의 변화하는 환경을 충족시킬 수 있을 것인가? 이러한 질문이 현대 이슬람 법의 중심적인 현안 과제이다.

3. 이슬람 법, 샤리아(Shari'ah)

1) 샤리아(Shari'ah)

이슬람 법은 샤리아(Shari'ah)로 알려져 있으며, 샤리아는 '신의 법칙을 따르는 길' 을 의미한다. 아랍어로 길(道)이라는 의미가 있는 이슬람의 성법(聖法)을 샤리아라고 한다. 꾸란에는 '인간이 따라야 할 길(道)', 즉 샤리아가 있다고 하였으며, 이 말은 신이 계시(啓示)하고 정한 진리, 샤라아로 정의되고 있다. 인간은 다만 그것을 받아들이고 복종하는 일을 통해서 구원에 이른다고 한다.

샤리아는 '인간의 올바른 삶의 방법' 을 말하며, 이것은 특수한 사람에 한정되지 않고 무슬림 개개인의 종교적 생활뿐만 아니라 일반인의 현세 생활까지도 구체적으로 규제하여 공동체 성원 모두에게 균등하게 적용되는 규범이다. 샤리아란 다시 말하면, '인간의 올바른 생활방식' 의 구체적 표현이다. 다만, 이슬람에서는 그것을 인간의 이성(理性)이나 사혹(思惑)으로서가 아니라 신의 계시에 의해서만 알 수 있다고 한다.

샤리아는 대부분의 일상생활에서 각 개인을 인도함에 있어서 신성하며, 절충적인 접근방법을 취하고 있다. 그렇기에 샤리아는 모든 공공 및 개인의 행동을 판결하고 통제한다. 민법과 공법이 공공행위의 최우선이기는 하지만, 양자 모두는 개인의 문제를 해결한다. 샤리아는 국가에서 임명하는 법관인 까디에 의해 적용되는데, 이들은 자기 학파의 법규정에 따라 심리하고 판결한다(Wiechman and et al.: http://www.acsp.uic.edu/)

2) 샤리아의 내용과 특성

샤리아는 개개인 무슬림의 종교적 생활뿐만 아니라 현세적 생활을 구체적으로 규제하는 성법이다. 샤리아의 내용은 정결, 참회, 예배, 희사, 금식, 순례, 장례 등에 관한 '의례적 규범', 즉 이바다트(ibadat)에서부터 혼례, 이혼, 부모자식간의 관계, 상속, 노예, 자유인, 계약, 매매, 서언(誓言), 증언, 와끄프(waqf), 소송, 재판, 비무슬림의 권리 및 의무, 범죄, 형벌, 전쟁 등 공사(公私) 양법(兩法)에 걸친 '법적 규범'도 포함한다. 따라서 샤리아는 특수한 사람에게 한정되는 것이 아니라 미성년자 등을 제외한 공동체의 구성원 모두에게 똑같이 적용되는 규범이다.

이슬람공동체, 움마(umma)는 이와 같은 샤리아 이념의 지상적(地上的) 표현으로서의 의미가 있다. 샤리아는 본질적으로는 무슬림이 당연히 지켜야 하는 '도덕적 의무'이지만, 현세적(現世的)인 공동체의 질서유지를 위하여 실정법으로서 규제할 필요가 있었기에 실정법적인 내용이 포함되어 있다.

이슬람의 정치에 대한 지향은 이러한 샤리아의 실정법적 성격과 그 포괄성에서 유래한다. 샤리아의 기본이 되는 꾸란의 규범 가운데 의례나 개인생활에 관한 부분은 구체적으로 상세하게 해석할 필요는 없다. 하지만 그 이외의 분야에서는 일반적 원칙이나 기본원리를 말하는 데 그쳐서 구체성이 부족하다. 따라서 이 부분에 관한 샤리아의 실제적 적용은 환경이나 사회적 이익 변화에 따라 여러 가지로 해석되는 다양성을 지니고 있다. 다만, 현실적 의미가 있었던 것으로는 가족법적 측면이 주종을 이루고 있었다(위의 책).

3) 법원

샤리아는 꾸란에 나타난 신의 계시에 관한 구체적, 체계적 표현으로 절대 불변한 것이긴 하지만, 인간이 해석한 것이기에 역사적 측면도 고려되어야 한다. 샤리아가 고전적인 형태로 성립되고, 법해석의 고전이론이 샤피이에 의해 집대성될 때까지는 거의 2세기 가까운 세월이 흘렀다. 이 이론에 의하면, 샤리아는 더욱 광범위한 지식을 동원하기 위하여 한 개의 근원에 의지하지 않고, 원칙을 제시하기 위하여 4가지의 법원(法源)을 이용한다.(Wiechman and et al, http://www.acsp.uic.edu/) 이것은 신의 의지를 탐구하는 법해석의 절차를 4가지로 구분한 것이며, 모든 행위에 대한 선악을 판단할 때 꾸란이 첫 번째 근거가 됨을 의미한다.

샤리아의 첫 번째 가장 중요한 요소는 '꾸란'이다. 꾸란은 마지막 심판자이며, 이외에 상소(上訴)는 없다.

샤리아의 두 번째 요소는 꾸란에 명시되지 않은 예언자 무함마드 가르침인 '순나'이다. 순나는 예언자의 가르침과 그의 업적을 집대성한 것이다. 순나는 개념을 예증하기 위하여 하디스(hadith)라 불리는 구전(口傳)과 일화를 포함하고 있다. 꾸란은 인간의 행위와 인간관계에 관하여 상세한 모든 정보를 갖고 있지 않을 수도 있지만, 순나는 꾸란보다 더 상세한 정보를 제공한다.

　샤리아의 세 번째 요소는 '이즈마'이다. 이슬람은 종교학자로서 '울라마'(Ulama)라는 용어를 사용한다. 이들 울라마는 개인뿐만 아니라 정치적인 모든 문제까지 자문한다. 울라마가 어떤 문제에 합의했을 경우, 이를 이즈마로 해석한다. 이즈마에서 발견된 개념과 이념은 꾸란이나 무함마드의 가르침, 즉, 순나에 명백하게 나타나 있지 않은 것이다. 이슬람 판사는 현대의 기술적 사회에서 응용될 수 있는 가능한 많은 해결책을 찾기 위하여 이즈마를 검토할 수 있다. 그들은 이즈마에서 나타난 개념을 기초로 범죄와 사회문제를 해결하기 위하여 새롭고 혁신적인 방법을 도출해 낼 수 으며, 이들 판사들은 특별한 문제에 대해 이러한 개념을 적용하는 데 상당한 재량권을 갖고 있다.

　샤리아의 네 번째 요소는 '끼야스'이다. 끼야스 또한 꾸란, 순나, 혹은 이즈마에 명시적으로 표현돼 있지 않은 것으로서 상급법원에 의해 이미 결정된 새로운 판례나 판례법(case law)을 말한다. 샤리아 판결은 새로운 판례법을 결정하고 특별한 문제에 그것을 적용하기 위해서 법적인 판례를 이용할 수 있다. 판사는 매우 특별한 문제를 해결하기 위하여 광범위한 법적 토대를 마련할 수 있다. 예를 들면 컴퓨터 범죄는 꾸란이나 순나에 나타나있지 않다. 일반적인 용어로서 절도는 금지돼 있기에, 판사는 새로운 판례법이나 끼야스를 만들기 위하여 반드시 논리와 이성에 의존해야 한다.

　이밖에 샤리아의 다섯 번째 요소는 매우 광범위하며, 모든 것을 포함한다. 이와 같은 차선책은 기록된 다른 결과가 포함된 생각일 수 있다. 신약은 이 같은 분야의 한 예이며, 민법과 공법에 기초한 법적 담화 또는 설교는 또 다른 예가 될 수 있다. 모든 범죄 신고는 그것이 현재의 판례를 적용할 수 있다면 논리적, 이성적으로 검토될 수 있다. 또한, 선례(先例)를 적용함에 있어서 도움이 될 수 있는 판결은 지방 관습이나 규범이 될 수 있다. 판사는 판결을 내리는 경우에 "공동체에서 그것이 개인의 위치에 어떠한 영향을 미칠 것인가?"에 큰 비중을 둔다.

이처럼 샤리아 판결은 만일 꾸란에 명문 규정이 없는 경우, 또는 꾸란의 명문이 애매모호하거나 일반적일 경우에는 순나에 의거한다. 순나에서도 규범을 찾지 못할 경우에는 이즈마에 의거한다. 이즈마에서도 해당 규범을 찾지 못할 경우에는 끼야스에 의거한다. 이것이 샤리아 판결의 일반론이다.

4) 소송절차와 증언

법관인 까디는 서로 다른 법적인 문제에 관하여 전문적인 법률가나 법률고문(mufti)의 충고를 구하긴 하지만, 전통적으로 샤리아 법은 진상은 물론 법의 심판자인 단일 까디(single qadi)의 법정에 의해 관리된다. 샤리아 법에는 법정의 계급조직과 유기적인 상소제도가 없다. 까디는 정상적으로 그의 서기(katib)를 통하여 의식이나 궤변이 없는 법정 소송절차를 관리한다. 법적 진술이 알려지지 않은 것은 아니지만, 당사자들은 보통 자기 스스로 출정(出廷)하고 까디에게 구두로 그들의 변명을 청원한다(Encyclopaedia Britannica, 1994-1999).

까디의 첫 번째 과제는 어느 당사자가 입증책임을 져야하는지를 결정하는 것이다. 입증책임은 반드시 소송을 제기한 사람은 아니지만, 판례에 속하는 최초의 법적인 사실 추정(推定)과 상반되는 주장을 하는 사람이다. 예를 들어 증거 없는 형사범죄의 경우에 그 사실 추정은 피고인의 무죄이며, 채무의 소송에 있어서는 증거 없는 채무자는 채무를 면한다. 그러므로 입증책임은 첫 번째 경우 기소(起訴)에 의존하며, 두 번째 경우 고소하는 채권자에 의존한다. 물론 이와 같은 입증책임은 동일한 소송 과정에서도 당사자 간에 여러 번 뒤바뀔 수 있다. 예를 들면 증거 없는 채무자는 채권자에 대하여 응소(應訴)한다.

최초, 중간 혹은 마지막 판결에 대하여 요구되는 입증기준은 경직된 것이고, 기본적으로 형사 및 민사 모두의 경우에 동일한 것이다. 피고에 의한 자백이나 시인이 없을 경우, 원고나 기소자는 그들이 한편, 분쟁의 솔직한 진실에 대하여 구두로 증언하기 위한 2명의 증인을 제시할 것이 요구된다. 최악의 상황에서도 조차, 서면 증거와 정황증거는 정상적으로 승인되지 않는다. 더욱이 구두증언(Shahdah)은 보통 성실하거나 인격을 갖춘 성인 무슬림 남자 2명이 제시되어야한다.

그러나 특별한 경우에 한하여 (한 명의 남자 대신에 2명의 여성이 요구되는) 여성의 증언도 용인되며, 대부분 재산의 청구에 있어서 원고는 1명의 증인과 자신의 진실한 청구에 대하여 그 자신의 신성한 선서로 입증책임을 충족시킬 수 있다.

만일 원고나 기소자에게 요구된 입증정도(degree of proof)를 충족시켰다면, 판결은 그에게 유리하게 작용한다. 하지만 원고 측이 추가적인 증거를 전혀 제시하지 못했다면, 판결은 피고 측에게 유리하게 작용한다. 만일 원고측이 약간의 증거를 제시했지만, 그 증거가 '샤하다'의 엄격한 필요조건을 충족하지 못했다면, 피고는 거부

선서(oath of denial)를 할 수 있다. 이처럼 적절한 선서는 그에게 유리한 판결을 보증한다. 그러나 만일 그가 증언을 거부하고 피고 자신이 선서를 한 일부의 경우에 있어서 판결은 원고에게 내려진다.

결론적으로 말하면 전통적인 소송제도는 주로 자동 관리된다. 입증책임의 귀착에 대한 까디의 최초의 결정이 이루어진 후, 까디는 미리 결정된 법의 절차를 단순히 주재하는 데 불과하다: 증인의 제시여부, 선서와 증언의 운영, 그리고 평결은 자동으로 이루어진다 (위의 책).

4. 이슬람 법학파

이슬람 법은 4가지의 법원(法源)에서 연역된 인간생활의 전반에 걸친 행위규범을 말한다. 그러나 이들 4개의 법원 각각에 대하여도 여러 가지 해석의 여지가 남아 있다.

예를 들면 순나의 경우, 하디스를 어느 수준까지 채용하는가에 따라 결론은 달라진다. 마찬가지로 유추의 경우에도 무엇을 유추의 기본으로 생각하는가에 따라 결론이 달라질 수 있다. 더욱이 순나를 더 많이 이용하면, 그 만큼 유추의 기회는 적어진다. 기본적인 문제 보다는 세부적인 문제에 관한 의견 차이는 결과적으로 많은 법학파를 낳는 결과를 초래하였다.

오늘날 아브 하나피를 시조로 하는 하나피학파, 말리크 이븐 아나스를 시조로 하는 말리키학파, 샤피이를 시조로 하는 샤피이학파, 아흐마드 이븐 한발을 시조로 하는 한발리학파 등 4개 법학파가 모두 순니파의 공인학파(公認學派)로서 남아 있다. 쉬아파에도 순니파와는 별도로 법학파, 자팔리파를 갖고 있다(한메파스칼, 1997).

5. 이슬람의 형법(ḥudûd)

이슬람의 형법(刑法)은 하디스와 휘끄에서 후두드(ḥudûd)[38]라 불린다. 신의 후두드(ḥudûd)는 두 가지 종류가 있으며, 그 첫째는 먹을 수 있는 것, 마실 수 있는 것 그리고 결혼 등등 그것에 대하여 법적인 것은 무엇이며, 불법적인 것은 무엇인가에 대하여 인간에게 규정한 법령이다. 두 번째는 징계 혹은 금지된 행위를 행한 사람에게 규정되거나 제시된 형벌이다(Muhammad 'Ali, 743).

일반적으로 '신성한 제한'을 위반하는 경우에는 벌할 수 없다. 예를 들어 기도의 태만, 단식의 생략[39] 혹은 순례는 형벌의 대상이 아니며, 자카트(Zakhat)의 경우에는 차이가 있다.

자카트는 자선행위일 뿐만 아니라 세금이며 예언자는 국고(baital-mal)로 수령되는 자카트를 징수하기 위하여 공식적인 징수원을 임명하였으며, 자카트 징수는 무슬림 국가의 의무라는 사실을 보여주었다.

예언자 시대와 그의 사후, 일부 아랍 부족들은 자카트 징수를 거

---

38) 후두드(ḥudûd)는 예방, 방해, 억제, 금지를 의미하는 핫드(ḥadd)의 복수형이며, 여기서는 제한적인 법령(ordinance) 또는 법적, 비법적 실체에 관한 신의 법령(法令)을 의미한다. 휘끄에서 후두드(ḥudûd)라는 의미는 꾸란이나 순나에 언급된 범죄에 대한 형벌에 한정되며, 다른 형벌은 이맘(Imam)이나 징벌을 의미하는 '타지르(ta'zir)'라 일컬어지는 통치자의 재량에 속하게 된다. 형벌에 대한 일반적인 말은 처벌인 종교, 도덕적 죄를 따르기 때문에 '다른 사람을 따르는 사람 혹은 따르다'라는 의미가 있는 '아크브('aqb)'에서 파생된 '우크바('uqŭba)'이다.

39) 단식에 관해, 한국이슬람교중앙회, 「라마단과 단식」, (서울: 한국이슬람교중앙회), 2008.

부하였고, 아부 바크르(Abu Bakr)는 그들에게 군대를 파견하였고, 전체 부족에 대한 자카트의 원천과세(withholding)는 폭동과 같은 것이었기에 법적인 조치를 채택하게 되었다(위의 책, 743-744).

이슬람 법은 사회에 영향을 미치는 범죄를 처벌[40]할 수 있다고 말한다. 꾸란에 언급된 것으로서는 살인, 약탈 또는 노상강도, 절도, 간통이나 간음(zina) 및 간통고발 등[41]이다. 꾸란은 죄를 범하는 자에 대한 형벌에 대해 총체적인 법을 아래와 같이 언급하고 있다.

"죄악(sayyi'a)의 보상은 그에 상응하는 형벌이며, 그것을 용서하고 개정해주는 사람은 알라로부터 보상을 받을 것이다."

이 같은 황금률은 타인에게 행해진 개인적인 범죄뿐만 아니라 사회에 대해 저지른 특수한 성격의 범죄에도 적용되기에 매우 광범위한 적용력이 있다. 범죄자의 형벌에 대한 유사한 교시(敎示)는 꾸란의 여러 구절에 언급돼 있다.[42]

---

40) 꾸란은 형벌에 관하여, 형벌의 연기(3:178), 손이나 발의 절단(5:33), 보복(16:126), 현생과 내생의 형벌(68:33)을 언급하고 있다.

41) 꾸란에는 살인:살인의 종류, 4:92-93, 고의적 살인의 금지, 4:92, 6:151, 17:33, 25:68, 실수에 의한 살인, 4:92, 고의적 살인자에 대한 형벌, 4:93, 동등한 형벌의 처형, 2:178, 강도:강도에 대한 형벌, 5:41, 간음이나 간통:간음금지:17:32, 간음에 대한 형벌, 4:15, 24:2, 간음죄에 필요한 증거, 4:15, 24:4, 간음을 유도하는 눈의 시선금지, 24:39-31, 간음을 중상 모략하는 자의 형벌, 24:6-9, 간음한 남녀의 결혼, 24:3 등이 언급돼있다. 좀 더 자세한 살인, 약탈 또는 노상강도, 절도, 간통이나 간음(zina) 및 간통고발에 관한 꾸란 및 하디스의 언급은 Maulana Muhammad 'Ali, The Religion of Islam, UAR: National Publication & Printing House, PP. 745-760 참조.

42) "형벌을 가할 경우 너희가 당한 것과 같은 정도로 벌을 가할 것이며, 만일 네가 인내한다면, 그것은 참는 사람에게 형벌이 될 것이다"(16:126). "알라는 고통받고, 억압받은 만큼 죄악에 대해 벌하는 사람을 분명히 도우리라"(22:60). "너에게 공격적으로 상해(i'tada)를 입히는 자에게는 그에 상응하는 만큼의 상해의 고통을 주라"(2:194).

황금률은 개인적인 잘못, 즉 용서로서 개심(改心)한 범죄자를 우선 용서해야한다. 그 기반은 일반적으로 사회의 보호를 위한 형법의 규정이며, 이 같은 모든 구절에 따라 죄악의 형벌은 그것에 상응하는 것이 되어야한다. 모든 형법의 시민화 된 법전은 이러한 원칙에 기반을 두고 있으며, 이 같은 일반 규칙을 공포함으로써 모든 무슬림 시민과 국가에 대해 그들 자신의 형법을 공식화하기 위한 넓은 개념이 확립된다.

이러한 이유로 꾸란은 세부사항을 언급하지 않으며, 단지 개인과 재산에 대한 가장 눈에 띄는 범칙의 경우에 관해서만 언급한다. 그러므로 꾸란은 범죄에 대한 형벌에 대해서 일반적으로 똑같은 단어를 적용한다. 죄악과 그 형벌 모두에 관해서 꾸란은 42장 40절에서 '죄악(sayyi'a)'이라 부르며 16장 126절과 22장 60절에서는 '형벌('uqŭba)의 유도', 2장 194절에서는 '정당한 이유 없는 공격(i 'tida)'으로 언급된다. 범죄와 형벌에 대해 똑같은 단어, 즉 죄악(罪惡)의 채택은, 비록 상황에 의해 정당화되기는 하지만, 형벌 그 자체가 피할 수 없는 죄악이라는 사실을 나타내준다(위의 책, 744-745).

6. 이슬람에서의 범죄 유형

하드 죄(罪)는 이슬람 법에서 가장 중대한 범죄이며, 타지르 죄는 최소 경범죄에 해당한다. 서구의 학자들은 하드 죄에 대해서는 중죄(重罪) 유추, 타지르 죄에 대해서는 경범죄 수준을 적용한다. 유추(類推)는 부분적으로는 정확하지만, 전적으로 사실은 아니다. 공법(公法)에는 끼사스 죄와 유사한 형태의 범죄가 없다.[43] 이슬람 법

에서 범죄(crime)는 아래와 같이 크게 3가지 범주로 분류될 수 있다
(Wiechman, Dennis J. and et al, 4).

1) 하드 죄(Had Crimes)

하드 죄는 꾸란에 나타난 명문에 의해 처벌되는 것이다. 모든 범죄 가운데 가장 중대한 하드 죄는 그와 같은 행위에 대해 특별한 행위나 형벌에 관하여 꾸란에 명백하게 언급돼 있다. 하드 죄에 대해서는 형벌을 완화하고 교섭할 수 있는 청원권이 없다. 하드 죄는 그와 관련된 형벌에 있어서 최소한 또는 최대한의 형벌이 없다. 형벌 제도는 미국에서 일부 판사에 의해 확정된 유죄와 유사한 것이다. 다시 말하면, 이슬람 법의 하드 죄에 대한 형벌에는 유연성이 없다. 어떠한 판사도 이 같이 중대한 범죄에 대한 형벌을 변경 또는 완화할 수 없다. 하드 죄에는 아래와 같은 것이 있다.

① 살인(殺人)
② 이슬람으로부터 배교(背敎)
　- 알라(Allah)와 그의 사도에 대한 전쟁 중
　- 절도
　- 간통
　- 중상비방

---

43) 훼어차일드는 비교 정의(正義)에 관한 그의 탁월한 저서에서 이슬람 법과 형벌에 대하여 아래와 같이 기술하고 있다(Fairchild:41). "형벌(punishment)은 꾸란에 규정돼 있으며, 종종 신체적, 자본적 형벌을 강조하는 잔인한 것이다. 절도는 개입된 수(數)에 따라 투옥이나 손, 발의 절단에 의해 형벌된다."

③ 간통 또는 간음의 거짓 고소
　- 강탈(强奪)
④ 음주(飮酒)

앞의 4가지 하드 죄는 꾸란에 특별한 형벌 규정이 있다. 살인을 제외한 3가지 범죄는 언급은 돼 있지만, 특별한 형벌 규정은 없다(Schmalleger, 603). 일부의 자유주의적 경향의 이슬람 판사들은 이슬람으로부터의 배교(背敎)나 음주를 하드 죄로 간주하지 않는다. 더욱 자유주의적인 이슬람 국가에서는 이러한 것들을 타지르 죄나 혹은 더욱 완화된 경범죄로 다룬다.

하드 죄는 신에 의해 규정되고 꾸란에 명시된 것이기에 확정된 형벌을 한다. 하드 죄는 신의 법에 대한 범죄이며, 타지르 범죄는 사회에 대한 범죄이다. 꾸란에 언급되지 않은 수많은 하드 죄에 대해서는 보호조항이 있다. "만일 네가 도둑질을 하면 네 손은 잘린다."라는 사실만을 꾸란에는 일부 명시하고 있다.

이슬람 판사는 어떤 사람이 그 범죄에 관여했는지의 이유와 높은 수준의 증거를 살펴야 한다. 판사는 단지 어떤 사람이 그 범죄에 대해 자백하거나 충분한 목격자가 있을 때 하드 죄를 적용할 수 있다. 일반적인 목격자의 수는 2명이지만, 간통의 경우에는 4명의 증인이 요구된다. 일반 공법은 불충분한 증거나 제한된 증거물로 모든 것이 처벌된다는 인상을 주고 있다.

하지만 이슬람 법은 가장 중대한 범죄와 형벌에 대해서 매우 높은 수준의 증거를 가져야 한다. 하드 죄의 유죄에 대해 의문이 있을 때, 판사는 그 범죄를 보다 느슨한 타지르 범죄로 다뤄야 한다. 만일 범죄에 대한 자백이 없거나 충분한 목격자가 없을 때, 이슬람 법은 하드 죄를 타지르 죄로 형벌할 것을 요구한다(위의 책, 5-6).

2) 타지르 죄(Tazir Crimes)

현대 이슬람사회는 예언자 시대와는 크게 변모하였다. 현대 샤리아 법은 성문(成文)의 형태이며 법령(法令)의 특성이 있다. 정의에 관한 이슬람적 개념은, 어떤 사람의 범죄 유형은 어떠한 것이며, 그 형벌은 무엇인지를 알아야한다는 사실을 입증하는 것이다. 예를 들어 이집트는 이슬람 법 원칙에 기반을 두는 문서화된 정식적 형법전이 있는 의회법에 의한 소송절차를 갖고 있지만, 사우디아라비아는 판사에게 타지르 죄와 형벌을 판단하도록 허락한다.

현대 이슬람 법은 이들 두 국가들간에 커다란 차이를 인정한다. 현대 이슬람 법은 또한 범죄자를 어떻게 형벌 하느냐에 관해 많은 유연성을 허락한다. 이슬람 국가에서는 판사가 모든 범죄에 대해 확정 판결을 한다는 것이 많은 사람의 사회적 통념이다. 실제로 이슬람 국가의 판사는 공법(公法)체계하의 판사보다 많은 유연성이 있다.

타지르 죄는 꾸란에 있는 하드 죄보다 가벼운 범죄이다. 일부 공법학자들은 공법체계하의 범죄의 두 분류인 중죄와 경범죄 중 경범죄의 유추를 적용한다. 타지르 죄는 '미성년 경범죄'와 비슷한 특성이 있다. 이 같은 미성년 경범죄는 꾸란에서 발견되지 않기 때문에, 이슬람 판사는 대부분 범죄자를 처벌할 경우 자유로운 처지에 있다. 카이로 대학 이슬람 법학의 거두(巨頭)인 마드코어(Mohammed Salam Madkoar)는 타지르 죄 처벌에 관하여 아래와 같이 언급하고 있다(Ministry of Interior, 1976, 104).

"타지르 형벌은 상황에 따라 변화한다. 타지르 형벌은 시간과 장소에 따라 변한다. 그것들은 범죄의 경중(輕重)과 범죄자 자신의 범죄 성향의 정도에 따라 변한다."

타지르 죄는 범죄자가 신의 법칙과 말씀을 불복종하기 때문에 처벌받는 행위이다. 타지르 죄는 그들이 사회적 이익을 저해했을 경우 처벌할 수 있다. 샤리아 법은 사회 혹은 공공 이익을 강조한다. "만일 네가 지금 범죄자를 형벌한다면 미래에 더 큰 죄악(sayyi'a)을 방지할 수 있을 것이다."라는 것이 처벌의 가설이다.

역사적으로 타지르 죄는 기록되어 전승되지 않았거나 성문화되지 않았다. 타지르 죄는 각각의 통치자에게 판사가 과거에 적용하였던 처벌에 대해 커다란 유연성을 주고 있다. 이슬람 법체계하에서 판사는 공법체계 하에서와 같이 절차, 규칙 혹은 과거의 결정에 따라 제한되지 않는다. 판사는 개인적인 범죄자에게 도움이 되리라 생각되는 수많은 형벌의 종류 가운데서 형벌의 형태를 선택할 모든 권리를 갖는다. 샤리아 법 아래 유일한 지도적 원리는 판사가 알라와 무슬림의 거대한 공동체에 대해 맹세해야 한다는 것이다.

타지르 죄에 대한 보다 일반적인 형벌형태는 권고, 벌금, 공공 및 사적인 견책, 가문과 씨족의 압박 및 부양, 재산압류, 가택이나 유치장 감금 그리고 태형(笞刑) 등이다(위의 책, 6).

일부 이슬람 국가에서 타지르 죄는 합법적인 의회에서 제정된다. 각국이 그 자신의 법령을 제정하는 것은 자유이며, 이와 같은 범죄의 형벌에 있어서 커다란 불균형을 이루고 있다. 보다 일반적인 타지르 죄의 유형은 뇌물, 부패하거나 결함이 있는 제품의 판매, 반역죄, 고리대금행위 및 음란한 그림의 판매 등이다. 예를들어, 이집트는 주류

(酒類)의 소비에 관한 민법이 이란나 사우디와 매우 다른 구조여서 형벌에도 큰 차이가 있다. 이슬람 법은 서구 언론이 묘사하는 것보다 많은 유연성을 갖고 있다. 각각의 판사가 타인의 범죄예방과 범죄자의 재활을 도울 수 있는 형벌을 자유롭게 결정할 수 있다(위의 책, 7).

3) 끼사스 죄(Qiṣāṣ Crimes)[44]와 디야(Diya)

이슬람 법은 공법국가가 갖지 못한 추가적인 범죄의 유형이 있으며, 그것이 끼사스 죄이다. 끼사스 죄는 보복의 일환이다. 만일 당신이 끼사스 죄에 관련돼 있다면, 피해자는 징벌과 보복을 추구할 권리가 있다. 각각의 끼사스 죄에 대한 정확한 처벌은 꾸란에 명시돼 있다. 만일 당신이 살해된다면, 당신의 가족은 살인자로에게 끼사스 처벌을 요구할 권리를 갖는다. 처벌은 몇 가지 형태가 있을 수 있으며 '디야(Diya)'[45]가 포함될 수 있다. 디야는 형벌의 일부로서 희생자 가족에게 지급된다. 한편, 희생자 가족은 가해자를 용서할 수도 있다. 전통적인 끼사스 죄는 아래와 같은 것들을 포함한다.

- 살인(계획적, 비계획적)
- 살인에 못 미치는 인간 생명에 대한 계획적인 가해
- 실수에 의한 살해
- 살해에 못 미치는 인간에 대한 실수에 의한 가해

---

44) '끼사스'는 '자르다, 얼고자하여 그의 행적을 따르다'라는 의미가 있는 캇사(qaṣṣa)로부터 파생된 말로 보복(retaliation)으로 번역되며, '살해에는 살해, 부상에는 부상, 절단에는 절단'(slaying for slaying, wounding for wounding and mutilating for mutilating)에 의한 보복(報復)을 의미하게 되었다.

45) 디야(Diya)는 희생자나 그의 가족에 대한 고대의 손해배상(restitution) 형태이다.

언론에서 일부 보도자들은 야만적인 행위로서 '살인 사례금(blood money)' 사상을 비판한다. 그들은 이러한 관례를 비민주적, 비인간적이라 부른다. 끼사스 죄는 보복의 범죄학적 가정을 두고 있다. 보복의 개념은 함무라비 법전에서 최초의 법령으로 발견되며, 모세의 법에서 '눈에는 눈(an eye for an eye)'의 형태로 나타난다. 무슬림은 "그러나 용서하는 것이 최상이다"라는 말을 덧붙이고 있다.

오늘날 현대의 공법도 여전히 보복의 가정의 사용한다. 미연방법은 마약 거래에 대해 '강제적인 최저한도(mandatory minimum)' 문장을 포함하고 있으며, 여러 주에서 마약, 폭력 및 무기 사용에 대해 확정 판결을 한다. 미국의 사법제도는 각각의 범죄에 대해 확정 판결을 하는 보복 모형을 채택하고 있다. 보복 사상은 미국의 사법 제도에도 고정돼있다. 끼사스 죄는 단순한 보복이다. 만일 어떤 사람이 범죄에 개입된다면, 그는 어떠한 형태의 처벌이 있을지의 여부를 알아야한다(Wiechman, Dennis J. and et al, 7).

유대인의 끼사스 법은 모든 경우로 확대되었지만, 꾸란은 살인(fi+qatla)의 경우로 명백히 제한하였다. 끼사스는 모세 법의 법령(Mosaic law, 5:45)을 근거로 상해(傷害)에 대한 보복을 말하는 것이지만, 그것을 실제 준수할 것을 명시한 곳은 아무 데도 없다. 하디스는 이렇게 말하고 있다(Maulana Muhammad 'Ali, 746).

"예언자가 일부 상해의 경우 보복을 명하였지만, 그것은 십중팔구 그렇지 않다는 명백한 계명(誡命)을 받을 때까지 과거의 법을 따라야 한다는 사실에 기인한다."

살인의 경우, 자유인이 살해되었을 경우 자유인이 그 장소에서 살해되어야 한다는 의미로 때때로 왜곡되는 "자유인에게는 자유인, 노예에게는 노예 그리고 여인에게는 여인"이라는 구절로 표현된다. 이는 살인자는 살해될 것이 요구되고 유죄자를 의미하는 끼사스(qiṣāṣ) 단어에 의해 왜곡된 것이다.

끼사스 단어는 이슬람 이전 살해된 아랍인이 귀족출신이었을 때 살해자이외에 다른 사람들을 처형해야한다고 주장해왔던 오랜 아랍 전통을 파기하는 것을 의미한다. 따라서 자유인, 노예 혹은 여인이 되었든 간에 살인자 자신은 처형돼야한다는 사실을 명백히 하고 있다(위의 책, 747). 하지만 살해된 사람의 사망으로부터 고통받는 사람이 사면(赦免)할 경우 죄의 경감이 허락되며 디야(diya)나 '살인 사례금'으로 죄를 대속(代贖)한다. '살인 사례금'이 사형을 대신하는 또 다른 경우는 의도적이 아닌 살해이다. 꾸란(4:92)은 다음과 같이 언급하고 있다.

"믿는 자가 믿는 자를 살해하지 아니함이라. 실수는 불가항력이나 이때는 믿음이 강한 한 명의 노예를 해방시키고 피해자의 가족에게 보상하라. 그러나 피해자의 보호자가 그를 용서할 때는 그렇지 아니하니라. 교전상태에 있는 적군속의 믿는 자가 실수로 살해되었다면, 한 명의 노예해방으로 충분하며 그가 상호 동맹관계에 있는 부족의 일원이라면 마땅히 그의 가족에게 보상하고 한 명의 믿음이 강한 노예를 해방시켜라. 자기의 능력으로 그렇게 할 수 없을 때는 두달동안 단식을 하라. 이것이 하나님께 회개하는 길이니라."

디야는 이슬람 법에 근원을 갖고 있으며 수많은 지방의 가문, 부족 및 씨족이 있었던 예언자 무함마드 시대로 거슬러 올라간다. 그들은 유목민이었으며 광범위하게 여행을 하였다. 예언자는 배상금에 대해 씨족이나 부족에게 화폐지불을 하도록 몇몇 부족에게 납득시킬 수 있었다. 이 같은 실천이 발전하여 오늘날에는 일부 끼사스 죄에 대한 납득할만한 해결책이 되고 있다.

오늘날 디야는 가해자가 살아있다면 피해자에게 지불된다. 만일 피해자가 사망했다면, 살인 사례금은 피해자 가족이나 피해자의 부족이나 씨족에 지불된다. 피해자 손실을 보상받게 될 것이라는 사실이 그 가정이다. 공법 하에서 피해자나 가족은 범법행위에 대해 가해자에게 배상금을 요청해야 한다. 끼사스 법은 세계의 수많은 국가에서 적용되는 민법(civil law)과 같은 것으로서 행정적, 민사적 청문(聽聞)의 과정을 하나의 법체계로 묶고 있다. 끼사스 죄는 공법과 민법체계 하에서 손해배상의 개념으로 보상된다(위의 책, 7).

끼사스 죄는 관련된 각각의 범죄에 대해 보상을 요구한다. 각국은 보상액을 미리 규정하며 판사는 그 경우 적절한 디야를 정한다. 만일 가해자가 디야를 지불할 수 없을 정도로 가난하다면, 가해자 가족은 디야를 보상하기 위하여 우선 그들의 가족을 방문한다. 만일 그 가족이 지불할 수 없다면, 공동체, 씨족 혹은 부족에게 지불이 요구될 수 있다.

이러한 개념은 대부분 국가의 공법이나 민법에서는 발견되지 않는다. 이는 책임 있는 행위를 가르치기 위해 가문이나 공동체에 주는 커다란 교훈으로 작용한다. 만일 가해자가 사망하고 그것을 지불하지 않았다면 채무(債務)에 대해 어떤 일이 발생할까? 역사적으로 그것은 가해자의 상속인에게로 물렸다. 오늘날 대부분의 국가들은 가해자가 유산을 남기지 않았을 때 채무를 종결한다.

끼사스 죄의 또 다른 개념은 형벌 범위이다. 각각의 피해자는 보복을 청구할 권리를 가지며, 역사적으로 그 사람의 가족은 그러한 형벌을 수행했다. 현대의 이슬람 법은 정부가 끼사스 형벌을 그 후. 역사적으로 일부 상처입은 가족은 형벌과정에서 가해자에게 고문하기도 하였다. 고문과 연장된 고통은 이슬람의 가르침과 샤리아 법에 모순된다는 이유로 오늘날 정부는 형벌을 집행하는 독립적인 당사자이다(위의 책, 8).

7. 샤리아의 발전과 현대법

1) 샤리아의 발전

수피(Shafi'i) 이론은 10세기초에 구체화된 법률체계(usul al-fiqh)의 핵심으로 전통이론의 기초가 된다. 샤리아를 이해하기 위한 법률학자의 노력은 '이즈티하드(ijtihad)'로 알려지며, 법이론은 우선 이즈티하드가 따라야 할 과정을 규정한다. 이슬람 법에서 '이즈티하드'는 꾸란, 하디스 및 '이즈마'에 의해 정확히 적용되지 않는 문제의 독자적 혹은 독창적 해설을 말한다. 이슬람 초기시대에 모든 적법한 자격을 갖춘 법학자는 주로 '라이(ra'y : 개인적 판단)', '끼야스'와 같은 독창적 사고를 할 권리를 갖고 있었으며, 그러한 사람들을 '무즈타히드(mujtahid)'라 불렀다.

그러나 압바시아조(750-1258) 시대에 법학파(madhab)의 성립과 함께 순니는 이슬람력 3세기 말에 '이즈티하드의 문(gates of ijtihad)'을 폐쇄하였고, 어떠한 학자도 무즈타히드로서의 자격을 다시 얻지 못했다. 그 후 모든 법학자는 권위로서 선배들의 명백한 승인을 받는 '타끌리드(taqlid)'로 붕괴하고, 확립된 판례로부터 법적인 판단을 내리는 것이 고작이었다.[46] 이점에 있어서 쉬아는 순니를 결코 따르지 않았으며, 비록 샤리아 법의 실행에 있어서 순니보다 유연하지는 못하지만, 쉬아는 여전히 그들의 주된 법학자를 무즈타히드로 인정한다.

법적인 문제에 답을 구하기 위하여 법학자는 우선 꾸란과 순나를 참조해야 한다. 신성한 계시록에서 묘한 해결책을 찾지 못한다면, '유추(qiyas)'나 형평법상의 우선권(istihsan)이나 공공이익(istislah)과 같은 일종의 보조적인 이성원칙(理性原則)을 동원해야한다. 이 경우 법이론은 '합의(ijma)' 기준을 기초로 이즈티하드의 결과를 평가한다. 알라의 법을 정의하기 위한 시도로서 개인 학자들의 이즈티하드는 단지 '잔느(zann : 추측)'로 일컬어지는 잠정적인 결정을 얻을 수 있다. 그러나 그 결정이 자격있는 학자들에 의한 만장일치의 합의가 조건이 된다면, 알라의 법에 대한 절대적으로 확실한 (yaqin) 표현이 될 것이다(Encyclopaedia Britannica, pp. 1994-1999).

샤리아 법은 예언자의 언명(言命)에 따르는 서로 다른 학파의 동등한 권한을 인정하는 다원론적 제도이다. "내 공동체 가운데 서로 다른 의견은 알라의 하사품의 징후이다." 그러나 순니의 4개 학파나 정통파를 제외한 이슬람은 쉬아의 소수 분파와 샤리아에 대한 자신들의 해설이 순니파와 상당히 다르다고 주장하는 '이바디파

---

46) 이븐 타이미아(Ibn Taymiah, 1236-1328)와 잘랄 앗-수유티(Jalal ad-Din as-Suyuti, 1445-1505)같은 탁월한 순니 학자들은 자신들을 무즈타히드라고 선언하였다. 19세기와 20세기 개혁운동은 세기(世紀)를 통해 발생한 유해한 혁신(bid'ahs)으로부터 이슬람을 해방시키기 위한 수단으로서 그리고 현대세계에서 인생의 필요조건에 이슬람을 채택할 수 있는 개혁 도구로서 이즈티하드의 복원을 요구하였다.

(Ibadis)'를 형성한다. 쉬아법은 특히 지도자나 이맘(Imam)은 신성하게 영감(靈感)을 받았기에 입법자 자신의 대변인이 되는 근본적으로 다른 정치, 종교 제도로부터 성장하였다. 서로 다른 지역에서 카디 법정으로 공정하게 규정된 다양한 학파와 분파간의 지리적 분할은 하나의 특수한 학파의 교의와 결합하게 되었다. 그러므로 하나피 법(Hanafi law)은 중동과 인도 아대륙(亞大陸)에서 우세한 것이 되었다. 하나피 법은 아래와 같다.

① 말리키 법(Maliki law) : 북, 서 및 중앙아프리카
② 샤피법(Shafi'i law) : 동아프리카, 아라비아 반도의 남부지역, 말레이시아, 인도네시아
③ 한발리법(Hanbali law) : 사우디아라비아
④ 쉬아법(Shi'i law) : 이란과 인도 및 동아프리카 쉬아 공동체
⑤ 이바디법(Ibadi law) : 잔지바르, 우만('Uman) 및 알제리지역 등

샤리아 교의가 모든 것을 총괄하고는 있지만, 이슬람 법의 실행은 항상 까디보다는 사법권으로 인식돼왔다. 왜냐하면 까디 법정은 귀찮은 소송절차와 증언 제도 때문에 형식적인 것이었기에, 그들은 모든 면, 특히 형사, 토지 및 상법에 있어서 정의의 집행에 있어서 만족스러운 기관으로 입증되지 못했다. 그러므로 명백한 최고 통치자의 행정력(siyasah)하에서 이러한 범위의 권한은 '마잘림 법정(mazalim courts)'으로 알려진 다른 법정으로 이관되었으며, 까디의 권한은 일반적으로 개인적인 가족법과 민법에 한정되었다. 종교적 원리의 표현으로서 샤리아 교의는 항상 법적인 활동에 초점을 맞춰왔지만, 그것은 결코 실제로 무슬림의 삶을 통제하는 법의 완전하

고도 배타적인 권한을 표출하지 못했다(위의 책).

  2) 샤리아, 법의 개혁

  이슬람의 전통적인 가족법은 어느 정도 이슬람 초기의 아랍 부족사회의 족장적인 특성을 반영하고 있다. 샤리아 법의 자연스러운 제도와 기준은 20세기, 특히 부족의 연대(連帶)가 붕괴하고 여성해방운동이 발생한 도시지역에서는 무슬림 사회의 상황과 일치하지 않는 것으로 인식되고 있다. 초창기에 이러한 상황은 현대생활의 상황변화와 민사와 형사문제에 있어서 서구의 법전을 채택하는 계기가 되었던 전래된 영구불멸의 법간에 똑같이 명백한 난국을 보일 것처럼 보였다. 그러므로 1926년 터키에서 가능할 것처럼 보였던 해결책은 샤리아의 전체적인 포기와 그를 대신한 스위스 가족법의 채택이었다. 그러나 다른 어떤 무슬림 국가도 이러한 예를 따르지 않고 있다. 그 대신 전통적인 샤리아 법은 현재의 사회적 욕구를 충족시키기 위한 다양한 방법을 택하고 있다.
  의복을 통해 국가를 근대화하기 위한 시도는 1925년 터키에서 아타투르크(Ataturk)에 의해 이루어졌다. 터키모자 페즈모(fez)를 금하고 파나마 모자 착용을 허락하는 법을 통과시켰다. 일부 터키인들에게 있어서 전통적인 의상대신 서구의 복장을 착용하는 것은 이단(異端)과 같은 것이었지만, 무스타파 케말은 최소한 도시지역에서 의복을 바꾸는데는 성공하였다. 20세기말 원리주의자의 발흥과 함께 서구 스타일의 의상은 터키에서 또다시 논쟁의 주제가 되었다. 일부 터키인들은 여성은 머리를 가리고, 남성은 턱수염을 기를 것을 주장하였다. 정부는 무슬림의 행위로서 머리 스카프를 쓰는 여성에게 벌금을 부과하는 대응을 하였다.

다른 나라에서 의류 법안은 국가 주체성의 유지를 보증하고 외국 문화의 침식에 대항하여 전통의상을 그대로 입는 것으로 통과되었다. 그 한 예로 1970년대말 이슬람 혁명 이후 이란에서는 서구의 제도와 의상을 장려하였던 법이 의류 및 행동에 관하여 전통적으로 이슬람 법전을 집행하였던 법으로 대체되었다.

처음에 중동에서 지배적인 논점은 개혁의 법률학적인 기반, 즉 이슬람 법학이론의 틀에서 그들의 사회적 욕구와 정당성의 부여에 새로운 것으로서의 개혁이기는 하지만 샤리아의 각색(脚色)에 따른 합법성이 문제시되었다.

꾸란과 순나에 의거한 초기 법학자들의 해설이 전형이 되는 한, 중세의 법 안내서에 기록된 법은 여러 면에 있어서 이제는 최고 권위의 독점적인 권한을 갖는 것이 못되었다. 현대의 법체계는 그러한 해석을 파기하고 현대의 사회적 상황에 따라 독자적으로 그리고 새롭게 신성한 계시의 원문(原文) 그 자체를 해석할 수 있는 권리를 요구하고 있다: 한마디로 말하면 10세기 이후 이론적으로 폐쇄되었던 '이즈티하드'의 문을 재개하기 위한 권리의 요구이다.

법적인 개혁의 수단으로서 이즈티하드의 발전적인 사용은 일부다처와 의절에 의한 이혼(talaq)의 두 가지 주제와 관련한 1953년 시리아의 대인신분법(Law of Personal Status)과 1957년 튀니지의 대인신분법(Law of Personal Status)의 비교를 통하여 고찰될 수 있다.

일부다처제에 관하여 시리아 개혁가들은 남편이 재정적으로 부양과 양육을 위한 적절한 준비를 할 수 없다면 추가적인 부인을 얻을 수 없다고 꾸란 그 자체가 역설한다고 주장한다. 전통적인 법학자들은 단지 남편의 의식에 관하여 구속하는 하나의 도덕적 훈계로서 이 구절을 해석하였다. 그러나 시리아 개혁자들은 그것이 일부다처의 실행과 법정에 의한 그와 같은 집행에 앞선 적극적인 법적 규정으로 간주되어야 한다는 입장을 견지하였다.

이와 같은 새로운 해석은 결혼을 위한 법정의 허가가 얻어진 후 적절한 결혼 등록을 요구했던 전형적인 행정규제를 연상하게 된다. 동시에 시리아 법은 "까디는 이미 결혼한 사람이 그들 모두를 부양할 위치에 있지 않을 경우 사람이 두 번째 부인을 맞이하는 것을 허락하지 않을 수 있다."라고 규정한다.

보다 극단적인 경우는 튀니지 개혁가들의 접근방법이다. 그들은 여러 명의 부인에 대한 남편의 재정적인 능력에 부가하여, 꾸란은 공동 부인들이 완전히 공명정대하게 취급될 것을 요구한다고 주장한다. 부인들이 사실상 공명정대하게 취급될 수 있다는 명백한 증거가 없다면, 그리고 그렇게 될 때까지 두 번째 결혼을 허락해서는 안 된다는 의미에서, 이와 같은 꾸란의 훈계는 또한 단순한 도덕적 권고가 아닌 일부다처제도에 앞선 법적인 조건으로 해석되어야 한다. 그러나 그와 같은 공명정대한 대우는 현대의 사회, 경제적 조건 하에서는 실질적으로 불가능한 것이다. 일부다처를 위한 기본적인 조건은 충족될 수 없기에, 시리아 법은 "일부다처는 금지된다."라고 간략히 선언하고 있다.

탈라끄와 관련하여 시리아 법은 정당한 이유 없이 이혼당한 부인은 그녀의 전 남편으로부터 1년 생활비의 최대범위까지 법정에 의해 보상을 받을 수 있다고 규정하였다. 그와 같은 개혁은 또 다시 전통적인 법률체계에 의해 법적으로 강제적인 명령이라기 보다는 도덕적인 것으로 간주되었던 꾸란의 일부 구절, 즉 이혼한 부인을 위해 '공정한 (장래의) 준비를 할 것'과 '애정으로 부인들을 유지하거나, 아니면 대가(代價)를 주고 그들을 해방할 것'을 남편에게 명(命)한 구절에 실질적인 영향력을 제공하는 셈이 됐다. 그 경우 시리아 법의 효력은 의절에 대한 남편의 동기는 법정의 정밀조사가 있어야 하고, 제한된 범위에 한하여 남편의 권한 남용에 대해 벌하라고 요구한다.

그러나 이혼에 관한 튀니지의 이즈티하드는 훨씬 급진적이다. 튀니지의 개혁가들은 꾸란은 부부간 불화에 있어서 중재자의 임명을 명하고 있다. 확실히 남편에 의한 이혼 선언은 배우자간 불화 상태를 나타냈다. 동시에 분명히 공식적인 법정은 그 경우에 꾸란에 따라 필요한 중재 기능을 수행하는 최적의 기구였다. 이처럼 넓은 의미에서 튀니지 법은 사법수속에 의하지 않고 부인과 이혼할 권리를 파기하고 "법정 밖에서의 이혼은 법적 효력이 없다."라는 법률을 규정한다. 만일 남편이 그의 변절을 고집한다면 법정이 결혼을 취소해야 할지라도, 비록 그 실행이 거의 드문 편이기는 하지만, 튀니지 법은 부인에게 이혼으로 지속된 어떠한 손해에 대해서도 보상을 해야 하는 제한된 힘을 갖고 있다. 그러므로 일부다처제와 탈라끄에 관하여 튀니지는 꾸란의 재해석을 통하여 스위스 민법의 채택으로 약30년전 터키에서 달성했던 것에 못지않은 개혁을 달성하였다.

비록 일부다처제와 탈라끄에 관한 법령 준비가 상응하는 중동 국가의 개혁보다는 덜 급진적이기는 하지만 (두 번째 결혼은 중재위원회의 동의에 따라 성립되며, 남편의 이혼 효력은 화해를 위한 기회를 주기 위해 단순히 3개월 기간에 보류되기 때문에), 파키스탄에서는 꾸란과 순나의 새로운 재해석이 1961년, ㄹ 가족법령에 의해 도입된 개혁의 기반으로 선포되었다.

파키스탄에서 판결은 또한 꾸란의 독자적인 해설권을 명백히 보중한다. 예를 들면 최고법원은 무슬림 부인이 남편에게 적당한 보상금 지불을 함으로써 간단히 이혼할 권리를 가질 수 있다고 판결하였다(Khurshid Bibi v. Muhammad Amin, 1967).

이러한 결정은 관련된 꾸란 구절에 대한 법정의 해석에 기초하고 있다. 그러나 전통적인 샤리아 법에서는 부인이 해방의 대가를 지불하는 '쿨(khul)' 로서 알려진 이혼 형태는 배우자간의 계약이며, 그 경우 전적으로 남편의 자유로운 동의에 의존한다.

이러한 것들은 이슬람 가족법에 영향을 미쳐온 멀리까지 영향을 미치는 많은 변화 중 극소수 예에 불과하다. 그러나 이제까지 발전해왔던 것처럼 법적인 개혁의 전체적인 과정은 여전히 원리와 실행에 있어서 커다란 문제를 내포한다. 이는 바로 전통주의자들이 신성한 계시의 원문에 대한 재해석 과정의 합법성을 여전히 단호하게 거부한다는 것이다. 전통주의자들은 원문이 단지 개혁주의자들의 예견된 목적에 일치하는 의미를 가져오도록 교묘히 다뤄지고 있다고 주장하며, 따라서 원리주의자들과는 반대로 그것이 사회적으로 바람직하며, 법의 궁극적인 결정자인 알라의 의지와 다르다.

법적인 개혁의 실질적인 효과에 대하여 수많은 무슬림 국가들에 있어서 서구화되고 근대화된 소수와 보수적인 다수간에는 깊은 사회적 괴리(乖離)가 있다. 진보적인 도시사회의 기준을 만족시키려는 개혁은 농촌지역의 전통적인 공동체나 지리적, 사회적 분포가 모든 영역에 걸쳐있는 무슬림 원리주의자에 대해서는 거의 의미가 없다. 까디는 그들의 배경이나 훈련을 통하여 근대주의자들의 입법 목적, 즉 새로운 법전에 대한 해석을 반영하는 태도에 전적으로 동감하지 않는 경우가 종종 발생한다.

물론 이와 같은 문제는 이슬람 그 자체의 사회적 진보의 전환기적 단계에 있어서 피할 수 없는 것이다. 그러나 과거 수십년간 이슬람 법학이 달성한 최고의 성과 중 하나는 사회에 있어서 법의 역할 문제 대한 기능적인 접근방법의 출현이다. 이슬람 법학은 중세 초기 이후 타클리드의 교의(敎義)가 가지고 있었던 내성적이고 이상적인 태도를 버리고, 현재는 현대 사회의 문제해결이 되는 과제를 모색하고 있다.

이러한 발전은 신성한 의지의 구술(口述)을 그들 사회 환경에 관련시키는 것이 목적이었던 초기 무슬림 법학자들의 태도를 다시 채택하기 위한 오랜 정체기를 지나 출현하였다. 이와 같은 태도는 현대에 있어서 샤리아의 생존을 법의 실질적인 제도로서 보증하는 것이고, 그 자체가 미래를 위한 교시(敎示)를 제공하는 것이다.

3) 현대 이슬람 법

19세기에 무슬림 사회에 대한 서구문명의 영향은 민사, 상업 거래 및 형법의 분야에서 급격한 변화를 가져왔다. 이러한 문제에 있어서 샤리아 법정은 그들의 소송절차와 증언뿐만 아니라 그들이 적용해야하는 샤리아 교의의 실체 때문에 시대적 욕구에 뒤떨어져 있음을 깨달았다.

그 결과 샤리아의 형법과 일반 민법은 대부분 무슬림 국가에서 파기되었고, 그것을 적용하기 위하여 새로운 세속적인 재판제도를 갖는 유럽형 모형에 기초를 두는 새로운 법전으로 대체되었다. 따라서 샤리아가 여전히 완전하게 공식적으로 적용되는 아라비아 반도의 주목할 만한 예외를 제외하고, 20세기 초부터 이슬람에서 샤리아 법의 적용은 사망에 대한 상속법과 와끄프 기증의 특별한 제도를 포함하는 가족법에 광범위하게 한정됐다.

이처럼 제한된 범주에서조차도 샤리아 법은 오늘날 전통적인 방법으로 적용되지 않는다. 일반적으로 중동에서 샤리아 가족법은 오늘날 현대 법전의 형태를 띠고 있으며, 단지 법전에 관련되는 특별한 조항이 없을 경우 전통적인 법 안내서에 의지하게 된다. 인도와 파키스탄에서 가족법의 많은 부분이 법령으로 구체화되었고, 그 법이 판례법제도로 운용되기 때문에 법적인 판결의 권위는 법 안내서를 대신하고 있다.

대부분 국가에서도 재판제도는 상소권을 포함하는 것으로 인정돼 왔거나 인식되고 있다. 이집트와 튀니지에서 분리된 실체로서 샤리아 법정은 파기되었고, 현재는 국가의 단일 법정제도를 통하여 운용된다. 인도와 분리된 이후 파키스탄에서 샤리아 법은 일반 민법과 형법을 적용하는 동일한 법정에 의해 항상 적용된다.

대신 여러 국가는 현대에 샤리아 법을 적용하는 법정의 소송절차와 증언을 통제하기 위하여 특별한 법전을 제정하였다. 오늘날 중동에서 증거서류와 상황증거는 일반적으로 인정되며, 증인은 선서하며 반대신문을 할 수 있으며, 한쪽 당사자만의 증언과 적절한 상황에서 다른 당사자로부터 증언이 인정되는 전통적인 법령은 크게 변한 거부선서를 택한다.

결론적으로 법정은 증언의 정도를 판단함에 있어서 전통적인 증언제도가 가졌던 것보다 훨씬 많고 넓은 재량권을 갖는다. 인도와 파키스탄에서 법정은 일반적으로 민사적인 사례를 다룰 때와 마찬가지로 이슬람 법의 사례에 대해 동일한 증언 규칙을 적용한다. 이러한 제도는 근본적으로 1872년 '인도증언법(The Indian Evidence Act)'에서 성문화된 것으로 기본적으로는 영국법이다.

꾸란에 정통한 모리스 부카일(Maurice Bucaille) 박사는 그의 저서 「The Bible, The Our'an and Science(1987)」에서 "종교와 과학간의 관계는 어떤 한 장소나 시간에 있어서 반드시 동일한 것은 아니다"라고 한다. 이슬람 법의 판결은 까디에 의해 이루어지며, 법해석은 학파나 국가마다 다르다. 까디는 정부에 의해 임명되며, 자기 학파의 법 규정에 따라 심리·판결을 내린다. 해결하기 곤란한 큰 사건이나 새로운 문제에 직면했을 때에는 무프티(mufti)라는 법해석의 권위자에게 판단(fatwa)을 요구한다.

다시 말하면 재판과정은 천편일률적으로 이루어진다. 하지만 20세기 이후, 생활 패턴의 변화와 샤리아에 대한 법해석의 차이로 개혁의 목소리가 높아지는 가운데, 근대의 법 개혁으로 인하여 이슬람 여러 국가에서 새로운 법전이 도입되고 있으며, 샤리아 법원은 축소되고 까디의 활동도 매우 제한되는 추세다.

오늘날 이슬람 법의 적용, 특히 급진적인 무슬림들의 법 해석은 매우 다양한 특성이 있다. 일부의 서구 법학자들은 모든 범죄에 대해 동일하게 확정판결을 요구한다는 편견을 갖고 있다. 이슬람 법은 영국의 공법이나 유럽의 민법 전통과는 매우 다르다. 무슬림은 꾸란에 나타난 무함마드의 가르침에 제약받고 있다. 무슬림은 샤리아 법을 설명할 수 있는 것으로 지키지만, 비무슬림은 똑같은 기준으로 구속받지 않는다. 무슬림과 비무슬림 모두는 조세, 교통세, 비즈니스 범죄나 절도죄 같이 여러 정부에 의해 제정된 법에 의해 살 것이 요구된다.

이와 같은 법과 공법 범죄와 동일한 기타 범죄는 현대의 '마잘림 법정'에서 다루어진다. 마잘림 법정 또한 민법, 가족법 및 기타 사례를 심리한다. 이슬람 법은 '종교적인 범죄'에 대해 무슬림을 위한 분리된 법정과 기타 범죄나 민법 문제를 다루기 위한 비종교적 법정을 갖고 있다.

이처럼 오늘날 대부분의 이슬람 국가들은 서구법의 모형에 샤리아를 적용하려는 노력을 계속하고 있으며, 사우디를 제외한 대부분의 국가에서는 이미 상당한 변화가 나타나고 있다. 샤리아가 종교법이기 때문에 까디의 역할도 또한 종교적이어서 꾸란에 처벌규정이 있는 범죄, 사원에 기부된 재산의 관리, 혼인·상속과 같이 종교와 밀접한 문제로 제한되고 있다.

그밖에 샤리아가 적용되지 않는 행정소송이나 치안에 관한 소송 및 형벌은 까디의 재판에 맡기지 않고 행정재판소(마잘림법정), 경찰(슈류타), 시장감독관(무후타십) 등의 별개의 기관이 담당하고 있다.

8. 이슬람 율법에서의 소유문제[47]

1) 소유의 개념

재산(財産) 관계는 대부분 경제체제(economic system)의 테두리를 결정한다. 오늘날 두 개의 주된 경제체제―자본주의와 사회주의―는 주로 사유재산에 대한 사적(私的) 자유의 범위에 따라 서로 다른 형태를 취한다. 하지만 이슬람은 "우주의 모든 것은 전지전능한 신

---

47) 이 내용은 홍성민, 1999, "이슬람 은행(Islamic Banking)과 금융," [중동연구] 제18-1권, (서울:한국외국어대학교, 중동연구소) 및 홍성민, 2000, "샤리아와 이슬람 경제,"「중동정치-사회연구」, 창간호. (서울:명지대학교사회과학연구소)의 내용을 수정 보완한 것이다.

(神)에게 속한다(꾸란 2:284)."라는 세 번째 견해를 제시하고 있다. 전지전능한 신 알라는 모든 사물의 실질적인 소유자(꾸란 2:107, 3:26, 3:189, 5:17, 5:18, 5:40, 5:120, 67:1)이며, 모든 재산 형태[48]에 대한 이용 방법을 결정할 권리(꾸란 6:57, 12:40, 12:67, 28:70, 28:88)가 있다.

인간은 일종의 책임을 위탁받은 신의 대리인(꾸란 2:30), 즉 칼리파(Khalifa)이다. 인간은 이 책임을 실행하기 위해 필요한 편익시설을 신에게 받았다. 이러한 시설은 유일한 신의 신탁물(trust, 꾸란 33:72)이며, 양도된 목적을 위해 엄격하게 배치되어야 한다. 그 목적은 예언자에게 계시가 된 샤리아에 상세하게 규정되어 있다(Khan, 1992, 7).

다시 말하면 인간은 알라의 권한에 복종한다는 조건으로 자신의 재산권을 부여받았다. 인간이 재산권의 궁극적인 소유자가 아니기에 재산의 이용 형태는 그것의 실질적인 소유자, 즉 전지전능한 신에 의해 규정되어야 한다. 모든 인간은 현생(現生)에서 자신에게 제공된 자원을 현생의 종결과 함께 신에게 보고해야 하며, 알라의 대리인으로서 그의 처분에 맡겨야 한다(꾸란 8:28, 39:49, 64:15). 인간이 단지 이러한 자원을 이용할 수 있는 일종의 재량권을 갖는다면, 인간은 책임에 대한 시련을 겪어야 한다. 그러므로 자원이용의 필요한 형태가 비록 샤리아에 언급되어 있기는 하지만, 심판의 날(꾸란 7:18, 8:36)에 목숨을 걸고 선택하는 한, 인간은 다른 방법으로 행동할 자유를 누릴 수 있다. 이들 자원 이용에 대해 설명되지 않은 부분을 보증하기 위하여 샤리아는 합법적으로 정격(正格)의

---

48) 재산(property)에 관한 내용은 꾸란, 2:188, 3:186, 4:5, 7, 29, 51:19, 59:7-9, 및 70:25 등에 언급돼있다.

재산을 소유할 권리를 인정하고 있으며, 이 권리는 신의 모든 주권의 틀에서 고안된 것이란 입장을 취한다(Khan, 1992, 8).

예언자는 사유재산의 신성함을 선언하였지만, 이 신성은 '알라의 대리인으로서 인간의 지위'라 하였다. 이슬람은 또한 물, 목초, 불과 같은 특정한 사물에 대해 공동 소유권을 인정하고 있다. 이들은 공동의 재산이며 국가를 포함하여 어떠한 사람도 소유할 수 없다. 그 대신 어떠한 사람이라도 이들 자원으로부터 동등하게 수혜를 받을 자격이 있다.

이슬람에서 부의 축적에는 두 가지 방법이 있다: 부는 토지, 노동 및 자본을 통하거나 사회에 의해 제도화된 이전(移轉)을 통하여 얻어질 수 있다. 후자의 방법으로는 유산(wasiyya), 종교적 기부(waqf), 증여(hiba)와 같은 상속, 자유로운 의사에 기초한 타인과의 잉여금 분배, 상속자 없는 장물(臟物: luqata)과 기증자 사후(死後)의 부동산 기부(ruqba) 등과 같은 것이 있다. 상속법과 유산문제는 꾸란(4:11, 177, 2:18 및 5:106)에 언급돼 있다(Khan, 1992, 15-16).

이븐 압바스(Ibn 'Abbas)는 공공 재산에 대해 알라의 사도가 다음과 같이 말한 것으로 전하고 있다. "무슬림은 다음과 같은 3가지― 물, 목초 및 불―자원에 대해서는 동등하게 소유해야 한다. 이들에 대해 값을 매기는 것은 불법이다." 물의 경우, 아부 사이드(Abu Saeed)는 "그것은 흐르는 물을 의미한다."라고 설명한다(Khan, 13).

오늘날의 정황과 관련하여 일반 공공(公共)에 의해 요구될 수 있는 자원은 가능한 한 곤란한 사람들을 구제하기 위하여 사적으로 소유될 수 없다고 추론할 수 있다. 그렇다고 이러한 사실이 반드시 국가에 의해서 자원이 소유될 수 있다는 것을 의미하지는 않는다. 이 경우 소유권은 모든 움마에 있으며, 국가는 자원에 대한 수탁자 및 책임자로서 그 배후에서 자원을 관리할 수 있다.

2) 소유권의 신성

이런식으로 얻어진 재산의 소유권은 엄격하게 지켜진다. 이를테면, 아부 후라이라(Abu Huraira)는 다음과 같이 전하고 있다: 알라의 사도(使徒)에게 어떤 사람이 와서 "알라의 사도여! 어떤 사람이 내 소유물을 전유(專有)하기 위해 내게 온다면, 당신을 어떻게 하시겠습니까?"라고 말했다. 예언자는 "네 소유물을 그에게 양보하지 마라."라고 말했다. 질문자가 다시 "만일 그가 나와 싸운다면?"라고 묻자, 예언자는 "그때는 그와 싸워라."라고 말했다. 질문자가 다시 말했다: "만일 내가 살해된다면?" 예언자가 말했다: "너는 순교자가 될 것이다." 질문자가 말했다. "알라의 사도여! 만일 내가 그를 죽인다면, 당신은 그를 어떻게 생각하십니까?" 예언자는 답했다. "그는 불(火)에 떨어질 것이다." 술라이만 알-아흐왈(Sulaiman al-Ahwal)도 "자신의 재산을 보호하기 위해 죽는 것은 순교(殉敎)"라는 것을 알라의 언급을 통해 설명하고 있다(Khan, 1992:8-9).

또한 카디즈(Rafi 'b. Khadij)는 알라의 사도가 다음과 같이 말했다고 전하고 있다. "허가없이 다른 사람의 토지를 경작하는 사람은 비용을 제외하고는 생산할 권한이 없다." 준두브(Samara b. Jundub)도 예언자가 다음과 같이 말한 것으로 전하고 있다: "만일 어떤 사람이 우연히 동물을 발견했는데, 그때 그 동물의 주인이 있다면, (그 동물로부터 젖을 짜기 전에) 주인의 허가를 받아야한다. 그러나 주인이 없을 때 크게 세 번 외쳐야한다. (그러한 공표에 대해) 어떤 사람이 대답한다면, 그의 허가를 받아야한다. 그러나 아무도 그에게 답하지 않는다면, 그 가축의 젖을 짜서 마실 수 있지만, 그 가축을 (다른 곳으로) 옮겨서는 안 된다"(Khan, 12).

9. 경제와 관련된 샤리아

1) 거래법(law of transactions)

거래에 대한 법적 자격은 신체적으로 정상적이게 성숙했거나 사춘기에 이른 것으로 판단될 때, 즉 신중한 판별력(rashid)을 지닌 것으로 인정되는 사람에게 주어진다. 이슬람 법에는 반증할 수 없는 법의 추정이 있다. 첫째로 12세 미만의 남자와 9세 미만의 여자는 사춘기에 해당하지 않으며, 둘째로 사춘기는 남녀 모두 15세에 달성된다. 미성년이기에 판별력이 없는 사람, 정신적 결함, 무지 또는 방탕한 사람은 금치산선고(interdiction)가 내려진다: 그들의 일은 후견인에 의해 관리되며, 그들은 후견인의 동의없이 효과적으로 거래할 수 없다(Encyclopaedia Britannica CD-99).

이슬람 거래법의 기본원칙은, ① 판매(bay'), 소유권 이전이나 대가를 받기 위한 재산의 기본금, ② 사용료(ijarah), 대가를 받기 위한 재산 이용권의 양도, ③ 증여(hibah), 재산 기본금의 무상 양도 및 ④ 대부('ariyah), 재산 이용권의 유산 양도 등 네 가지 핵심적인 거래로 규정된다.

이들 기본적인 원칙은, 예를 들면 담보, 예금, 보증서, 중개, 양도증서, 토지임차, 공동경영(partnership) 및 '와끄프(waqf)' 기금 등 다양하고 특별한 거래에 응용된다. 와끄프는 창설자가 그의 실질적인 소유권을 양도하면 알라(Allah)에게 그 소유권이 귀속되는 독특한 이슬람제도이다. 와끄프는 또한 일종의 신앙심이나 자선을 목적으로 창설자 자신의 가족에게 증여가 이루어질 수 있는 영구적인 소유재산의 소득 또는 이용권을 헌납하는 것이다(Roberts, 99).

이슬람 거래법은 '리바(riba)'[49]의 교의(敎義)에 의해 지배된다. 리바는 기본적으로 고리대금(행위)을 금지한다. 하지만 리바의 개념은 보통 광의로 해석되며 여러 가지 사례에 적용되는데, 특히 자본 대부나 투자에 대한 각종 이자를 불가능하게 만드는데 기여한다. 이러한 교의는 리바를 도박거래와 같은 것으로 간주하기 때문에 이슬람 법은 일반적으로 그 결과를 정확하게 예측할 수 없는 각종의 투기거래를 허락하지 않는다.

이와 같은 이슬람의 상행위와 관련된, ① 계약, ② 채무, ③ 고리대금(usury), ④ 중량 및 척도, ⑤ 수뢰(收賄:bribery) 등에 관한 주제를 꾸란의 가르침을 통하여 살펴보고자 한다.

(1) 계약

"믿는 자들이여 의무[50]를 행하라"로 시작되는 꾸란 5장을 비롯하여 중반부(23:8)에서 "진실한 신자란 신용과 약속을 잘 지키는 사람들"이라고 말하고 있다. 또한, 꾸란 2장에서는 이 문제에 대해 아래와 같조화가 필요하다 자세하게 언급하고 있다.

"믿는 자들이여! 너희가 일정기간동안 채무를 계약할 때는 그것을 기록

---
[49] 리바의 원의(原義)와 이자금지에 관한 꾸란의 근거는 다음 제4장에 후술하였음.
[50] 여기서 의무는 알라와의 의무, 즉 약속 또는 계약 이행을 의미한다.

하여라. 대서인(代書人)은 양자 간이 공정하게 그것을 기록하라 … 채무가 있는 사람에게 받아쓰게 하고, 그는 알라를 두려워해야한다 … 너희들 중 특정장소에서 행하는 즉석거래인 경우, 기록을 하지 않아도 죄가 되지 않는다. 그러나 상업적 거래가 성사될 경우에는 증인을 세워라. 대서인이나 증인에게 어떠한 손해를 끼쳐도 안 된다 ……" (꾸란 2: 283).

"너희가 여행 중이고 대서인을 찾을 수 없다면, 담보를 설정하는 서약을 하라. 이 경우에 만일 너희 중 한 명이 다른 사람을 신임한다면, 신임 받은 사람은 그의 신용을 성실하게 이행하라 ……" (꾸란 2:283).

예언자는 그의 추종자들에게 약속을 엄격히 이행할 의무를 강조하였고, 서로 다른 상황에서의 해결방안에 대한 방향도 제시하였다 (Roberts, 100).

첫째, 계약이나 매매가 성립될 때, 관련 당사자들은 동일한 내용을 기록할 수도 있고, 하지 않을 수도 있다. 모든 거래는 증인의 면전에서 이루어진다. 비록 예언자가 그렇게 말하지 않았다손 치더라도, 채무의 경우에서처럼, 최소한 두 명의 증인이 필요하다는 사실을 받아들여야 한다.

둘째, 관련 당사자들이 여행중이고 이용할만한 대서인이 없다면, 일방(一方)은 다른 사람에게 서약(誓約)을 할 수도 있다. 그러나 당사자들이 서로 잘 알고, 각자의 정직에 대해 명백한 신념을 갖고 있을 경우에는 그와 같은 서약이 필요하지 않다.

(2) 채무

또한 꾸란 2장은 채무문제에 관해 언급하고 있다. 앞서 언급한 꾸란(2:282)에서 우리는 채무관계에 관한 언급을 보았으며, 꾸란 2장은 채무에 관하여 다음과 같이 언급하고 있다. 채무 계약이 성사된 경우에 다음과 같이 말한다.

"만일 채무자가 (돈이 없이) 어려운 시기라면, 상황이 호전될 때까지 그에게 시간을 주어라. 너희가 자선으로 그것을 연기한다면, 그러한 사실을 알고 그렇게 했다면, 그것은 더 좋은 일이다" (꾸란 2:280).

예언자는 채무자에 대해 매우 관대한 자세를 보이고 있다. 채무자의 형벌에 대해 꾸란에는 아무런 언급도 없다. 그러나 이슬람 법은 채무자가 채무를 지불하지 않을 경우 수감될 것이라는 사실을 규정하고 있다. 만일 파산상태를 입증한다면, 그로부터 해방된다. 더욱이 채무자가 건강이 좋은 상태라면, 채무 이행을 위해 일하도록 강요될 수 있다. 하지만 어떠한 무슬림도 노예의 지위로 신분이 격하될 수 없다는 사실을 알아야 한다. 그것은 이슬람에서 엄격히 금지되고 있다(Roberts, 101-102).

구약(舊約)에서 유대인의 지위는 결코 밝지 않다. 구약에서 유대인 채무자는 노예로 격하될 수 있다. 하지만 그는 일반 노예로 취급되지 않았고, 고용 머슴으로 취급됐으며, 희년(禧年:jubilee)의 해에 해방되었다. 그 후 채무자의 지위를 상승시키기 위한 시도가 이루어졌으며, 채무자는 그의 부채를 청산하기 위해 일정기간동안 노동을 해야 했다.

이와는 대조적으로 함무라비 법(§117)에서는:

"만일 빚을 진 사람이 잡힌다면, 부채의 대가로 그의 부인, 아들, 딸을 제공하거나, 아니면 그들을 매수하는 사람이나 이용자의 집에서 빚을 청산하기 위하여 3년 동안 일하도록 양도하였고, 4년째 되는 해에 채무자는 자유인이 된다."

채무문제에 관한 무함마드의 가르침은 헤브루 법과 함무라비 법이 일치함을 알 수 있다. 이들 모두가 말한 바로는, 인간은 그의 채무를 청산하기 위해 강제 노동을 해야한다. 더욱이 이미 살펴본 바와 같이, 무슬림 채무자는 투옥될 수 있다. 우리는 아래와 같은 신약의 구절에서 예수시대에 투옥이 형벌이었음을 알 수 있다.

"너를 송사하는 자와 함께 길에 있을 때에 급히 사화하라 그 송사하는 자가 너를 재판관에게 내어주고 재판관이 관예에게 내어주어 옥에 가둘까 염려하라"(마태복음 5:25).[51]

고대 이집트인에게 사람은 왕이나 국가의 재산이었기 때문에 단지 재화(財貨)만이 부채로서 압류될 수 있었다. 초기 시대에는 차입한 돈에 대한 서약이 요구되었다. 만일 채무가 상환되지 않는다면 채무자는 일상적인 의식이나 혹은 명예로운 장소에 매장될 수 없었기에, 모든 가능한 방법으로 상환될 수 있는 확실한 기탁물로서 아버지의 시체나 일부 가까운 친척들이 서약의 대상이 되었다.

결론적으로, 무함마드의 가르침과 꾸란의 법은 구약이나 함무라비 법과 비교할 때, 매우 관대하다고 말할 수 있다. 채무자가 사형에 처해질 수도 있었고, 수차례에 걸친 채권자의 잔인한 강제징수가 심각한 인권침해를 유발하였던, 로마법, 특히 채무에 관한 로마

---

51) 이 내용은 세계인터넷선교학회(http://bible.wisenet.co.kr/bible.htm)의 해석에 따른 것이며, 차후 인용되는 신약 및 구약의 해석 또한 마찬가지이다.

법과 비교할 때 매우 공정하고 관대하다는 사실을 알 수 있다 (Roberts, 102-103).

(3) 고리대금

과거부터 고리대금업자는 가장 비열한 인간중 하나로 취급된다. 벤 존슨(Ben Jonson)은 고리대금업자를 '고리(高利)를 받는 식인종'으로 표현했고, 비숍 할(Bishop Hall)은 "고리대금업을 하는 박해자가 있다면, 적으로서 호랑이나 늑대와 같이 보아라."라고 말했다. 무함마드 역시 이 문제에 대해 가장 강도 높게 비난하였다.

꾸란(2:276)에서는 "알라는 고리대금(riba)을 멸할 것이며, 제(sadaqât)에 대해 증식(增殖)을 줄 것이다."라고 하였고, 꾸란에서 고리대금의 해악[52]에 관해 꾸란 2장 275절 이하에서 여러 번 언급하고 있다.

الذين يأكلون الربا لا يقومون إلا كما يقوم الذي يتخبطه الشيطان من المس ذلك بأنهم قالوا إنما البيع مثل الربا وأحل الله البيع وحرم الربا فمن جاءه موعظة من ربه فانتهى فله ما سلف وأمره إلى الله ومن عاد فأولئك أصحاب النار هم فيها خالدون

"리바(riba)를 탐식(貪食)하는 사람은 정신이상으로 몰고 가는 사탄에 의해 혼미해진 사람의 경우를 제외하고는 (부활의 날에) 존속하지 않을

---

52) 히브리어에서 고리대금(usury)이라는 단어는 물어뜯다, 속이다의 의미가 있는 동사(bite)에서 파생된 명사로 '유혹에 넘어감, 속임수, 절림' 등의 의미가 있다. 웨일즈어(語)에서는 성서 레위기(Lev.) 25:36 등에서 ocraeth로 번역되며, 이 단어는 이득(lucre)이라는 뜻이 있는 프랑스어에서 'l' 이 오기(誤記)된 것으로 주장하는 학자도 있다. 그리스어에서도 토코스(tokos)라는 말로 탄생(a bring forth, birth)이라는 의미를 갖고 있다. 셰익스피어도 고리대금업자를 "새끼를 치지도 못하는 쇠부치에서조차 이자를 얻어내려는 사람(those who take a breed of barren metal)"으로 부르고 있다(Roberts, 1978, 103).

것이다. 그들은 "상업은 단지 리바와 같은 것"이라고 말한다. 하지만 알라는 상업을 허락하였지만 리바는 금지하였다. "알라로부터의 경고를 받아들이고 리바 탐식을 중지하는 사람들은 과거의 잘못에 대해 벌 받지 않으리라: 이 경우는 알라의 판단에 따르지만, (리바의 탐식으로) 되돌아가는 자들은 불(火)에 거주하는 사람과 같으니라. 그들은 그곳에서 머물게 될 것이다"(꾸란 2:275).

"알라는 리바를 괴멸(壞滅)하고 사다카트(sadaqât:자선행위)에 대해 (이익) 증식을 줄 것이다. 알라가 좋아하는 사람은 불신자와 죄인이 아니니라"(꾸란 2:276).

"진실로 믿는 사람들, 정직한 행위를 하는 사람들, 그리고 규칙적인 기도(as-salat)를 하고 자카트(Zakat)를 지불하는 사람들은 그들의 주로부터 보상을 받을 것이다. 그들은 공포도 없을 것이며, 슬픔도 없을 것이다"(꾸란 2:277).

"믿는 자들이여! 알라를 두려워하라 그리고 (지금부터라도) 리바로부터 나온 것을 포기하라. 네가 만일 그렇게 한다면, 믿는 자이니라"

(꾸란 2:278).

"만일 네가 그렇게 하지 않는다면, 알라와 그의 사도(使徒)로부터 적의(敵意)의 경고를 받을 것이다. 그러나 네가 회개한다면, 자본총액(capital sum)을 취하라. (네 자본총액 이상을 요구하며) 부정하게 거래하지 말고, (네 자본총액 이하를 받으면서) 불공정하게 거래하지 말아라"

(꾸란 2:279).

또한 탈무드(Baba Mzia. 5장)에서도 고리대금을 다음과 같이 설명한다(위의 책, 105).

"고리대금이 무엇을 의미하는가? 5디나로 4디나의 가치가 있는 셀라(sela)를 빌려주었을 때나, 3시흐(seah)의 가치로 2시흐의 밀을 빌려주었을 때, 그것은 금지된다. 왜냐하면 속인 것이기 때문이다. 고리대금은 재산, 화폐 또는 채무자 재산 일부분의 반환을 통하여 취득하는 기타 빌려준 재화이다."

꾸란에 인용된 문장을 통하여 우리는 고리대금의 악습에는 2중 형벌이 있게 될 것이라는 사실을 알 수 있다. 즉, 현세에서 신의 축복의 상실과 후세에 지옥의 고통이 그것이다. 다른 한편으로 무함마드는 그의 추종자들이 타종교의 사람들과 함께 고리대금을 실행하건 실행하지 않건 간에 전적으로 문제의 여지를 남기고 있다는 사실도 알 수 있다. 이는 헤브루 법전[53]에서도 허용되며, 잘 알려진 바와 같이 자주 인용된다.

그러나 유대인간의 고리대금 행위는 구약의 여러 구절에서 엄격히 비난한다.[54] 그리고 헤브루 및 이슬람 입법가 모두가 고리대금 악습을 비난할 뿐만 아니라 똑같이 신의 축복 유무와 관련시키고 있다. 그러므로 우리는 고리대금에 관하여 무함마드는 구약의 가르침과 밀접한 관계가 있음을 알 수 있다(홍성민, 1999, 283-285).

---

53) "타국인에게 네가 꾸이면 이식을 취하여도 가하거니와 너의 형제에게 꾸이거든 이식을 취하지 말라 그리하면 네 하나님 여호와께서 네가 들어가서 얻을 땅에서 네 손으로 하는 범사에 복을 내리시리라"(Deut, 23:20).

54) "네가 만일 너와 함께한 나의 백성 중 가난한 자에게 돈을 꾸이거든 너는 그에게 채주같이 하지 말며 변리를 받지 말 것이며"(Ex. 22:25), "중심에 계획하고 귀인과 민장을 꾸짖어 이르기를 '너희가 각기 형제에게 취리를 하는도다' 하고 대회를 열고 저희를 쳐서"(Neh. 5:7), "그 눈은 망령된 자를 멸시하며 여호와를 두려워하는 자를 존대하며 그 마음에 서원한 것은 해로울지라도 변치 아니하며"(Ps. 15:5), "중한 변리로 자기 재산을 많아지게 하는 것은 가난한 사람 불쌍히 여기는 자를 위하여 그 재산을 저축하는 것이니라"(Prov. 28: 8).

(4) 중량 및 척도

부정(不淨)한 거래에 관한 유죄는 꾸란 83장의 "중량과 척도보다 적게 주는 사람들(al-mutaffifûn)에 대한 재앙"과 함께 꾸란(6:153, 7:83, 55:6)에서 강도 높게 비난하고 있다.

이 부분과 관련하여 이슬람에서 사용하는 용어와 구약에서 발견되는 용어는 매우 유사한데 불공정거래는 모세 5경(Pentateuch)의 여러 곳에서 금지되고 있으며, 모든 국가의 역사에서 예언자들에 의해 강력하게 비난 받았다. 이를 통해 불공정 거래에 대한 아랍인과 유대인의 행위 사이에 유사한 점이 있던 것으로 추측해 볼 수 있다.

신명기(Deut) 25장 13절에서 "너는 주머니에 같지 않은 저울추 곧 큰 것과 작은 것을 넣지 말 것이며"라는 표현이 나오는데, 이 구절은 무게와 척도에 두 가지가 형태가 있음을 말하고, 즉 그것은 사기 위한 큰 것, 팔기 위한 작은 것이 각각 있었음을 의미한다.

또한, 이와 유사하게 꾸란 83장, 2-3절의 "… 그들이 다른 사람들로부터 받을 때는 가득 찬 척도로, 그러나 다른 사람에게 줄 때는 무게를 줄여서 주는 사람들 …"이란 묘사를 통해 양자의 유사성을 확인할 수 있다.

이점에 있어서 이슬람과 헤브루 법전은 일치한다. 예를 들어 일반적인 도둑질과 같이 이 같은 불공정 행위의 범죄에 어떠한 신체적인 형벌이나 벌금형이 부과되지 않는다. 잘 알려진 바와 같이 이슬람에서는 도둑질에 대해 손이 잘릴 수 있다. 이러한 형벌은 무게나 부피를 속이는 고대 이집트인에게 가해졌던 제도이다.

함무라비 법전(§108)에서도 이 문제는 매우 엄격한 법으로 다스리고 있다.

"만일 주류업자가 술의 가격으로 옥수수를 받지 않고, 화폐단위로 계산하여 대금을 받았을 경우, 술가격이 옥수수 가격보다 적다면, 주류업자는 대금 지급자에게 금전의 계산을 강요할 수 있으며, 그를 강물에 던져버릴 수 있다."

그러나 구약에서처럼, 꾸란에서도 인간에게 신의 축복을 빼앗기지 않기 위하여 부정직한 거래를 금지하도록 가르친다. 신명기 25장 15절에서 유사한 구절을 발견할 수 있다.

"오직 십분 공정한 저울추를 두며 십분 공정한 되를 둘 것이라 그리하면 네 하나님 여호와께서 네게 주시는 땅에서 네 날이 장구하리라."

바이다위(Baidawi)는 이미 언급한 꾸란 83장의 용어에 관한 주석에서 '오범오죄(five punishments for five crimes)'와 같이 복수를 뜻하는 무함마드가 '캄스 비캄신(five by five)'으로 불렀던 구전(口傳)을 언급한다. 무함마드는 이렇게 말했다.
"인간은 신이 적에게 힘을 주지 않으면 계약을 깨지 않으며, 그리고 그들은 신이 그들에게 가난이 퍼지도록 시현한 것과 반대의 심판을 하지 않으며, 그리고 그들 사이에 죽음이 퍼지지 않고는 사악함이 나타나지 않으며, 그들은 식물을 빼앗지 않고 황량한 땅을 만나지 않고는 부족하게 달아서 주지 않으며, 그들로부터 비를 걷어들이지 않고는 그들이 자선을 행하지 않는다" (Roberts, 107).
그러나 이러한 범죄는 오늘날 수많은 다른 범죄와 마찬가지로 이집트, 인도와 같은 나라에서는 일반 법정에서 다뤄진다.

(5) 수뢰(bribery)

수뢰에 관한 유일하고도 직접적인 언급이 꾸란 2장 184절에 나온다.

"타인의 재산을 (불법적인 방법, 예를 들어 훔치거나, 약탈하거나, 속여서) 공정하지 않게 탐식(貪食)하지 말고, 타인의 재산 중 일부를 죄지으며 고의적으로 먹어치우는 (네 사건을 입증하기 전 판사) 통치자에게 뇌물을 주지 마라."

이와 같은 용어에서 불공정한 거래에 대한 의무를 역설한 무함마드의 또 다른 예를 살펴볼 수 있다. 동시에 이 같이 중요한 문제에 대해 무함마드가 도둑질과 관련된 것보다 관심을 적게 표명한 것이 다소 이상하게 보일는지도 모른다. 꾸란의 당면과제는 수뢰를 금하는 것인데, 이것을 가르쳐야 하는 무함마드 추종자들도 수뢰의 죄악을 행하고 있었다는 면에서 모순적이었다. 한편, 유대인 법률가들에는 이문제가 무시 받지 않는다는 것을 알 수 있다. 왜냐하면 우리는 구약과 탈무드(Talmud) 모두에서 이 문제에 대해 맹렬히 비난하는 몇몇 구절을 발견할 수 있기 때문이다 (Roberts, 108). 유대인들은 뇌물을 주는 것을 결코 허락하지 않는다. 신명기 16장 19절에서 말하기를:

"너는 굽게 판단하지 말며 사람을 외모로 보지 말며 또 뇌물을 받지 말라 뇌물은 지혜자의 눈을 어둡게 하고 의인의 말을 굽게 하느니라."

또한 욥기(Job) 15장 34절에서 "사곡한 무리는 결실이 없고 뇌물을 받는 자의 장막은 불탈 것이라."라는 구절을 발견할 수 있다.

탈무드(Keth. 105)에서도 "뇌물 취득이 금지되는 것은 무슨 이유인가?"라는 질문에 답하고 있다. 판사가 어떤 당사자로부터 뇌물을 받아들이자마자, 그는 뇌물을 제공한 사람에게 동종의식을 느낀다. 그러나 무엇때문에 상황이 불리해질 지 아무도 예측할 수 없다. 판사의 의미를 묻게 된다. 판사는 고소인과 동심일체이다. 또한, "다른 편으로부터 어떤 것을 받는 판사는 공정한 결정을 내릴 자격이 없다"(Roberts, 109).

뇌물은 항상 서글픈 죄악으로 간주되었다. 뇌물이 개인과 국가 모두에 대해 가장 중대한 영향을 미칠 수 있기에 더욱 그렇다. 로마인들 사이에서 판사의 매수는 사형에 해당하는 죄악이었다. 그리고 무함마드가 꾸란에서 이 문제에 대해 보다 많은 경고를 했기 때문에 사람들은 이슬람 국가에서 많은 뇌물수수 사례를 발견하지 못하리라 생각한다. 예를 들면 이집트에서 뇌물수수는 상상할 수 없지만, 실제로 이집트에서 뇌물이 행해지는 범위는 거의 믿을 수 없을 정도이다. 오늘날 이집트에서는 일반적으로 대리인(Naib)과 법률고문(Mufti)은 뇌물을 받으며, 판사(Qadi)는 대리인으로부터 뇌물을 받는다. 일부의 경우, 특히 오랜 기간의 소송(litigation)에 있어서 뇌물은 각 당사자들에 의해 제공되며, 판결은 더 많은 뇌물을 준 사람에게 유리하게 이루어진다(Roberts, 109).

2) 합법적인 부

이슬람은 합법적인 수단에 의한 부(富)의 축적을 인정하지만, 합법적으로 축적된 부도 전적으로 자유롭게 사용될 수 없다.[55] 부의

---

55) 인간이 회득한 부의 사용에는 세 가지 방법이 있다. 그것은 소비와, 보다 많은 부를 창출하는 사업에 투자, 혹은 저축하는 것이다.

사용에 대해 이슬람이 금지하는 제약의 본질에 대해 살펴보면:
　도덕적 혹은 사회적으로 폐단이 되는 모든 소비 방법은 금지된다. 재산을 도박으로 탕진할 수도 없으며 술을 마실 수도 없고, 간통을 할 수도, 돈을 음악이나 춤 또는 다른 자기 쾌락의 수단으로 사용할 수도 없다. 비단으로 된 옷을 입을 수도 없고, 남자는 금으로 된 장식물을 사용하는 것이 금지되고, 그림이나 조각으로 집을 꾸밀 수도 없다.
　다시 말하면, 이슬람 율법은 부가 특정 개인의 쾌락이나 사치로 사용하는 것을 금하고 있다. 잉여(剩餘)의 부가 있으면 그것은 대중의 복지를 위해 사용해야만 된다는 것이 이슬람의 율법이다. 즉 인간은 번 돈을 합법적이고 유용하게 소비해야만 하는데, 잉여의 부가 생기면 빈곤한 자들을 위해서 사용해야 한다는 것이다. 이슬람에서는 이러한 행위를 가장 고귀한 도덕의 기준으로 삼고 있으며, 정당한 방법으로 돈을 벌고 이를 유용하게 쓰는 사람이 수전노처럼 자기 입장에서만 돈을 축적하는 사람보다 더 존경받는다.
　그러나 이렇게 도덕적으로 교육되고 개조된 사회에 의한 도덕적 실행의 노력에도 불구하고, 탐욕과 허영에 대한 인간의 욕망을 제거하기란 사실상 불가능하다. 대다수 사람들은 자신이 필요한 것보다 더 많은 돈을 벌기 위해서 잉여물을 다시 투자한다. 이러한 이유 때문에 이슬람 율법은 잉여재산의 사용에 일정한 제약을 가하고 있다. 바로 타인에게 돈을 빌려 주었을 경우, 그 돈이 타인의 사적(私的)인 필요에 의한 것이든, 사업상 필요한 것이든 간에 이자(利子)가 포함되지 않은 원금만을 받아야 한다는 것이다.
　이러한 방법으로 이슬람 율법은 호전적인 자본주의의 침투를 막으며, 자본가들이 자신의 부를 이용하여 사회의 경제자원을 독점하려는 것을 방지하고 있다. 이슬람 율법에서는 개인의 무역이나 산업 또는 타인에게 자본을 제공하는 것을 매우 합법적이고 적당한 것으로 간주하고 있지만, 부의 축적이 특정 소수사람들에게 집중되는 불행을 방지하려고 노력한다. 무엇보다도 이슬람 율법은 이러한 부의 축적을 인정하지 않고 있다.

또한 모든 공유 재산은 계속해서 사업에 투자하여 순환되어야 한다. 그렇게 하지 않고 부의 축적을 고집한다면 매년 그 잉여물의 2.5%를 희사해야 하고, 경제활동에 참여할 수 없으며, 참여했다고 하더라도 그 몫을 정당하게 받을 수 없다. 이것을 '자카트'라고 하는데, 자카트 징세(徵稅)를 위해서 이슬람 율법이 명한 행정기관은 이를 도와줄 필요가 있고 그럴만한 자격이 있는 사회 구성원들에게 재분배하여 사회의 재원(財源)이 되도록 한다. 이와 같은 제도는 사회보장제도의 일종으로서, 올바른 도움과 협조의 부재로 야기되는 모든 사회악을 막는 중요한 수단이 된다.

자본주의 제도 하에서 인간이 자신의 노후를 위해 저축하지 않는다면, 노후에 굶어 죽게 되는 운명에 처하게 된다. 후손에게 유산을 물려주지 않는다면, 후손들은 한 조각의 빵도 없어서 이 집 저 집에 구걸할 수밖에 없게 된다. 자본주의 제도 하에서 노동자들이 자본가들의 고용에 응하고 또 그들에게 예속되는 것은 바로 이러한 이유이다. 다시 말하면 노동자가 자본가에게 고용되어 자신의 땀과 노력의 대가로 보수(報酬)를 받지 않는다면, 노동자는 가난에 직면하게 되고 굶지 않고 살 수 없다(홍성민, 432).

이러한 문제가 발생하는 주된 이유는 가난과 기아(飢餓)에서 벗어날 수 있는 사회제도가 존재하지 않기 때문이다. 이슬람 율법은 자카트를 통해서 이러한 사회악을 근절시키고자 한다. 무슬림은 누구든지 이러한 공공기금을 이용할 수 있다. 언제든지 필요한 경우 공공기금에서 정당한 몫을 얻을 수 있다. 은행에 저축 하거나 보험에 가입할 필요가 없다. 만일 후손에게 유산을 남기지 못하고 죽었을 경우, 정부는 공공기금에서 후손을 돌보아 줄 것이다. 이러한 제도는 병들었을 때나 노년, 천재지변에 의한 재난 등 어떠한 경우에도 도움을 주는 지속적이고 영원한 제도이다(홍성민, 433).

자카트이외에 이슬람이 특정인에게 집중된 부를 분산시키는 다른 방법으로는 상속법[56]이 있다. 이슬람 율법은 특정인이 그의 모든 생애를 통해서 축적한 재산을 그가 죽자마자 즉시 재분배하는 방법을 택하고 있다. 이슬람 율법 하에서 모든 가족은 정해진 법에 따라 죽은 사람의 재산을 분배받을 수 있다. 가까운 친척이 없으면, 먼 친척에게도 재산이 분배되며, 친척이 전혀 없으면 어느 누구도 유산을 받을 자격이 없게 된다. 그런 경우에 유산은 사회에 기증되며 공공기금으로 들어가게 된다.

이러한 방법으로 특정인이 모은 많은 재산은 그가 죽고난 후, 한 두 세대 이후에는 여러 사람에게 재분배되어 합법적인 절차에 따라 순환하게 된다.

3) 경제적 정의

이슬람은 형제애와 사회와 법 앞에서 인간은 평등하다고 가르친

---

56) 메디나에서 무함마드는 최초로 과거와는 전적으로 다른 상속에 관한 구상을 하였다. 모든 자연적인 관계는 정신적 또는 종교적 관계에 따라 차별될 수 있으며, 상속도 동일하게 규제될 수 있음을 천명하였다(꾸란 8:73). 상속과 재산분배 문제에 관한 중요한 제시는 꾸란(4:12)에 언급되어 있다.

다. 그러나 이러한 가르침은 모든 사람이 사회적 생산물에 대한 기여에 대해 정당한 대가를 받을 뿐 아니라 다른 사람에 의한 착취가 없어야 한다는 '경제적 정의'가 수반되지 못한다면 의미가 없게 된다. 이 점은 이슬람의 저술에 매우 잘 강조되고 있다.[57] 예언자는 "부정(不正)을 위한 부정은 심판의 날에 암흑과 같음을 명심하라."라고 적절히 경고하고 있다. 이러한 불공정과 착취에 대한 경고는 사회 (소비자나 생산자, 판매자이건 고용주나 고용자이건) 모든 개인의 권리를 보호하고 이슬람의 궁극적인 목적인 '일반후생'을 증진하기 위해 고안되었다.

이슬람 경제학과 상법(商法)간에 구분을 하지 않으면 이슬람 경제를 이해하는 데 있어 오류를 범하게 된다. 일부의 문헌들은 경제학에서 이슬람 율법을 최적 분석도구로 사용하지만, 그 밖의 문헌들은 상법적 시각에서 이를 연구한다. 예를 들면, 소비이론은 소비자의 소비상품에 대한 소비자의 행위를 연구하는 대신 음식이나 금기(禁忌)에 관한 율법을 재론하고, 생산이론은 생산단위로서 기업의 행위 연구에 초점을 맞추지 않고 이슬람의 소유권에 집중한다. 상법의 입장에서 이슬람의 경제학을 고려할 때, 우리는 경제이론의 정수(精髓)를 간과하게 될 것이다.

위에서 살펴 본바와 같이 이슬람은 '과거와 현재', '전통과 개혁', '보수와 혁신'이 한 덩어리인, 문자 그대로 이슬람공동체(umma)이다. 과거의 전통과 율법을 현대의 경제체제에 접목시키려는 의도는 비록 미완성이기는 하지만, 오늘날 좋은 반향을 일으키

---

[57] 꾸란(26:183)은 모든 사람은 진실로 그에게 정당한 대가만큼만 가져야 하며, 그들의 몫을 다른 사람들이 빼앗아 더 많이 갖지 말라는 의미로 "타인에 대하여 공정한 것이 아닌 것은 자제하라."라고 역설한다.

고 있다. 그 구체적인 형태가 이슬람 은행(Islamic banking)이며, 이슬람 자체의 포용성은 현대이론의 틀속에서 그들 나름의 경제체제를 유지하기 위한 새로운 틀을 모색할 것이다.

제4장
이슬람의 경제사상과 이슬람 경제학

1. 이슬람 경제학의 배경과 도덕경제

1) 이슬람 경제학의 배경

이슬람 전통의 중심은 상업이다. 예언자 무함마드 자신도 상인이었으며 그는 메카의 상업을 주도하던 꾸라이시(Quraysh) 부족 하심가(家)의 아들로 바누(Banu)에서 출생했다. 무함마드는 어린 시절 고아가 되었고, 대상무역(caravan trade)을 가르쳐준 삼촌 아부 딸립(Abu Talib)에 의해 양육되었다. 20살에는 나중에 그의 부인이 된, 한 부유한 미망인의 상업 에이전트가 되었다. 그러므로 초기 이슬람 문헌에서 상인이 칭송되거나 상업적 이윤이 종종 '신의 보상금(God's bounty)'으로 언급되는 것은 놀라운 일이 아니다. 비즈니스가 품위를 떨어뜨리는 직업이라고 인식했던 기독교시대가 한 때 있었던 반면, 초기시대부터 이슬람은 개인재산과 기업 활동 및 이윤을 명백히 합법화하였다. 상인이 종교적 의무를 충족하는 한, 그는 정신적으로뿐만 아니라 물질적으로 보상을 받는다(꾸란 2:198, 73:20). 유대인과 기독교인의 안식일(Sabbath)과는 다르게 금요일은 무슬림이 온종일 쉬는 날이 아니다; 이슬람은 종교적 집회를 전후하여 무슬림들이 가치 있는 행동을 할 것을 기대한다(꾸란 62:9-10). 이처럼 상업과 종교의 밀접한 관계는 이슬람교로 개종하는 상인들에 의해 아프리카와 극동 아시아 등 세계 여러 지역으로 확산했다는 사실로도 설명된다.

무함마드 시절 경제체제는 매우 단순하였다. 그 당시 서 아라비아의 가장 부유한 도시 메카는 무역에 전적으로 의존했지만, 지역적 견지에서 볼 때 메카는 다소 후진적이며 상업에는 불합리한 곳이었다. 곧이어 계속된 이슬람의 확장은 과거 비잔티움과 사산조 페르시아에 의해 통제되던 이 지역을 이슬람의 관할 아래 상업에 유리한 교역로로 만들었다. 무아위야(Muawiya)와 그 후계자 움마이야 왕조(A.D 660-750)는 이슬람제국을 새로운 수도 바크르로부터 유럽과 인도 그리고 새로운 번영시대가 열렸던 중국 국경까지 확대했다. 바그다드에 기반을 둔 압바스 왕조(A.D 750-1258)는 농업 및 수공예에서 커다란 변화와 함께 대도시의 출현을 가져온 단일 무역체제를 탄생시키면서 지중해와권과 인도양을 연결시켰다.

경제가 점차 복잡해짐에 따라, 새롭게 대두한 문제 – 제국의 행정, 무역규제, 조세부과 등과 같은 – 가 해결돼야 했다. 예를 들면 시장을 감독하고 시민 서비스의 제공과 사소한 분쟁을 조정하는 기구, 즉 히스바(Hisbah)의 탄생과 같은 구조적 혁신이 이루어졌다.

계약법과 같은 주제에 대해 가능한 모든 결론을 도출하기 위한 이슬람 문헌이 출현하였다. 경제학을 다루는 많은 이론적 주제 대다수는 전통시대의 법률학자, 후까하(huqaha)에 의해 무시되었어었다. 그러나 경제학을 다루는 소수 사상가도 있었는데, 가장 유명한 사람은 이븐 칼둔(1332-1406)이다. 역사와 사회학분야의 개척자로 잘 알려진 그는 수요공급, 자본형성, 무역 사이클 및 가치이론에 관해 저술하였다. 이븐 칼둔은 이슬람의 가장 위대한 경제학자로 평가되며, 세계경제에 커다란 변모가 일어나기 전 시기에 자본주의 탄생과 산업혁명에 의해 중요한 발견이 예견되는 여명기에 대해서도 언급하였다. 더욱 중요한 것은 은행을 비롯한 현대와 같은 형태의 금융기관이 그 때는 아직 존재하지 않았다는 점이다. 그래서 현대식 금융기관이 탄생했을 때, 이슬람 학자들은 근대세계의 절박한 사정과 함께 중세에 뿌리를 둔 학문적, 법적 전통을 조화시키기 위한 논쟁을 해야만 했다.

근대학자들은 이슬람 세계를 통하여 다양한 성공의 정도와 영향을 확대해석 해야만 했다. 전형적으로 국교가 이슬람이어야 하고, 통치권자는 무슬림이어야 하며 샤리아가 법의 근원이 되어야 한다고 명시하면서도, 이슬람에 대한 언급이 사실상 제한적이었기 때문에 지속적으로 채택된 대부분의 헌법과 법령은 샤리아에 도움을 청해야만 했다. 가족법과 같은 일부 예외를 제외한 대부분 법 분야는 직접적으로 고무되었거나 아니면 간접적으로 서구모형의 영향을 받았다.[58] 이에 부가하여 서구모형의 중요성과 함께 울라마의 역할이 축소된 반면, 선출된 대표의 지위는 향상되었다.

식민시대가 끝나감에 따라 신생 독립국들은 그들의 경제정책을 재평가하게 되었다. 1950-60년대 성장과 발전의 엔진으로서 국가의 역할이 강조됨에 따라 경제적 민족주의의 출현을 경험하게 되었다. 이러한 국가주의뿐만 아니라 그 후 일체의 자유주의 또한 엄격

---

58) 예를 들면, 무함마드 알리(Mohammed Ali) 치하의 이집트는 프랑스의 나폴레옹 법전(Napoleonic code)을 법 형성의 모델로 삼았다. 이집트가 나폴레옹 법전을 참고한 이후 다른 이슬람 국가들도 간접적으로 프랑스의 법사상에 영향을 받게 되었다.

한 종교적 이유로 크게 도전받지 않았다. 실제로 이슬람은 정치학에서와 마찬가지로 경제학에 있어서도 명백한 청사진을 제공하지 않는다. 이슬람의 두 가지 요소는 그 하나를 정당화하거나 혹은 다른 정책수단으로 사용될 수 있었다. 자유주의자는 재산권과 자유방임(laissez-faire)을 옹호하기 위한 상업이윤의 칭송에 관한 이슬람의 강조점을 중시한다. 그러나 사회주의자는 정의와 국가간섭 및 재분배 정책을 옹호할 필요성에 대해 동정(同情)에 관한 꾸란의 핵심을 강조한다.

경제적 의사결정(decision-making) 과정이 비록 의미 있게 세속화되긴 했지만, 이슬람에 대한 언급은 결여돼있다. 그래서 나셀주의 이집트는 사우디아라비아, 파키스탄과 함께 이슬람의회를 창설하였다. 그리고 국유화, 토지개혁 또는 가족계획과 같은 문제에 관한 논쟁적인 정책을 실행하기 위하여 이슬람의 상징과 언급이 종종 사용되었고, 정부는 이슬람지도자에 의한 율법적 결정, 즉 화트와(fatwa)의 승인을 얻기 위해 노력했다.

그러나 이븐 칼둔 이래 이슬람 세계는 탁월한 경제학자를 배출하지 못했다. 현대의 이념적인 논쟁은 서구의 기준에 따라 진행돼 왔다. 자유주의시대에 서구스타일로 공부해온 무슬림들은 이슬람 세계의 전통적인 지식을 바꿔 놓기 위해서 노력했다. 이렇듯 종교학자들은 이슬람 복귀를 향한 성숙하지 못한 비 식민지화 추세와 함께 경제학의 인증 혹은 최소한 고유 이슬람 브랜드라도 창출할 목적으로 종교적 교육의 견지에서 경제학과 사회과학을 재고하기 시작했다.

19세기 말에는 대부분 국가들이 외국의 신탁통치하에서 정치, 경제, 법 및 교육에서 서구모형을 채택하는 서구화와 세속화의 길을 따랐다. 이슬람의 가치와 전통을 요구하는 이슬람 세계의 많은 정치, 종교적인 운동에서 이슬람과 서구화 간에 필연적인 모순을 발견하지 못했기 때문이다. 일부는 과거로의 복귀를 원했고 일부는 이슬람 교의(敎宜)의 현대화를 요구했기에 명확한 의견일치는 이루지 못했다. 이슬람 근대주의자들은 사회적 병폐가 이슬람 이상(理想)의 배반으로부터 나온다고 생각했던 전통주의인 이슬람주의 단체와 그 신념을 공유했다. 또한 다른 정치적 자유와 지적인 자각은 이슬람으로의 복귀에 뿌리를 두어야 한다는 이성, 과학 및 진보를 포용하는 세속주의자들과도 신념을 같이했다.

사우디아라비아의 와하비주의자들(Wahabis), 수단의 마흐디주의자들(Mahdis), 리비아의 사누스주의자들(Sanussis) 및 18-19세기에 출현한 다른 근본주의자들(fundamentalist)은 초기 이슬람시대로부터 그들의 이상(理想)을 도출하고 있다.

이와 같은 근본주의운동의 또 다른 특성은 반서구적이라는 것이다. 전통적으로 동약학자는 대체적으로 이슬람의 공동인식을 만들어 낸 통칙을 긍정적으로 받아들였다. 19세기 후반 이집트를 통치한 크로머 경(Lord Cromer)은 어떠한 근대적인 변명에 의해서도 이슬람의 점진적인 쇠퇴를 저지할 수 없지만, 기술적으로 반서구적 특성을 적용한다는 사실에 문제를 제기했다. 사회과학자들 가운데는 최소한 개발과 근대화에 엄격하게 폐쇄된 체제를 최소한의 이슬람 정수로 보는 막스 베버(Max Weber)로 돌아가려는 뿌리 깊은 전통도 있다.

그럼에도 19세기부터 이슬람 교의를 근대화하기 위한 의미 있는 몇몇 시도가 있었다. 가장 영향력 있는 근대화운동은 이슬람 세계에 큰 반향을 일으켰던 페르시아 범이슬람주의 선구자 알-아프가니(Jamal al-Din Al-Afghani, 1839-97)가 1883년, 이집트에서 창립한 쌀라위야(Salaiyya)였다. 그들의 잡지, 알-마나르(al-Manar)를 통하여 아프가니와 그의 문하생인 이집트의 무함마드 압두흐(Muhammad Abduh, 1849-1905)와 시리아의 라쉬드 리다(Rashid Rida, 1865-1935)는 정치적, 법적, 지적 개혁을 추구했다.

이 운동은 현상의 복합성을 중요하게 다뤘다. 그들의 주장을 간략하게 요약하면, 근대화는 신빙성의 추구와 연관시키기가 쉽지 않으며, 근본주의는 직사주의(literalism)와 반드시 같은 것이 아니라는 것이다(Ibrahim Warde, 2000, 36-37).

이슬람의 근대화에 관한 이념논쟁이 끊이지 않았던 상황을 고려할 때, 이슬람 경제학의 모색이 아랍—이슬람권에서는 획기적인 시도라 볼 수 있다. 특히 이러한 전개는 제2차 세계대전 이후 중동 아랍주의와 이슬람주의의 갈등과정에서 막대한 석유자원을 배경으로 한 걸프산유국의 부상이 이뤄낸 성과라 볼 수 있다.

1976년 '이슬람 경제에 관한 제1차 회의(The First Islamic Conference on Islamic Economics)'가 메카에서 개최되었다. 이슬람 역사에서 최초로 열린 높은 수준의 이 회의는 경제문제를 독점적으로 다뤘다. 본 회의의 괄목할만한 성과는 이슬람 경제학을 학문으로서 장려하기 위한 실질적인 조치가 이뤄졌다는 것이다. 왕립 압둘 아지즈 대학교(King Abdul Aziz University)는 1979년 다양한 분야에서 이론 및 응용연구를 수행하고 지원하기 위해 국제이슬람 경제학연구센터(The International Center for Research in Islamic Economics: ICRIE)를 설립하였다.

1980-90년대를 통하여 이와 같은 연구기관이 많이 생겼으며, 많은 대학이 이슬람 경제학 교육을 확대하였다. 1977년 파키스탄의 시작과 함께 다수 국가가 그들의 경제체제를 이슬람화하기 위해 시도했다. 이슬람 경제는 전형적으로 자본주의나 사회주의와 다를 뿐

만 아니라 오히려 두체제보다 우월하다는 효율적인 '제3의 방법(third way)'으로 제시되었다.

1970-80년대 리비아는 급진적 사회주의의 특이한 형태로 대표되는 까다피(Muammar Qaddafi)의 「그린북(Green Book)」[59]에서 볼 수 있듯이, 사회주의 종말에 가까웠다. 하지만 1980년대 말 이후 '제3의 방법'은 글로벌 신자유주의 추세를 반영하였고 대부분 이슬람 국가는 자본주의 종말에 훨씬 가깝게 접근하였다(위의 책, 38-41).

2) 이슬람의 도덕경제

조안 로빈슨(Joan Robinson)은 경제체제를 위한 3가지 선행조건으로써 규칙, 이러한 규칙을 정당화하기 위한 이념, 그리고 규칙을 준수할 개인의 도덕관념 등의 틀을 제시하였다. 윤리적 차원이 존재하지만 어떤 사회에서든 그것은 모두 잊혀진다. 경제적으로 창조적인 활동에 있어서 근면한 노력과 참여는 모든 무슬림의 의무이다(꾸란 62:10). 생산의 중요성은 아래와 같이 정당화돼왔다.

경제활동은 단지 개인적인 필요를 충족시키기 위해 획득하거나 생산하는 데 한정되지 않는다. 무슬림이 그들 자신이 소비하는 것 이상으로 생산하지 않는다면, 자카트나 자선세(alms tax)를 통해 세정(洗淨) 과정에 참가할 수 없기에 더 많이 생산해야한다. 부(富)를 알라에 대한 무슬림의 맹약을 충족하는 모든 수단으로 조달하는 것

---

[59] 무암마르 까다피에 의해 제시된 「그린북」의 제2부 '제3보편이론'은 현재 세계가 직면한 막다른 길목에서 세계적으로 봉착한 정치, 경제 및 사회적 위기를 해결해 줄 수 있는 시발점이 되었다. '제3보편이론' 이라는 명칭이 확정되기 전에는 '제3의 이론', '제3세력', '제3의 입장', '제3의 길' 등으로 통칭되었다. 까다피의 경제사상에 관해서는 홍성민, 2006, 「중동경제의 이해3」, (경기 파주: 한울 아카데미), pp.230-240 참조.

이 공정하게 얻은 부의 행사로 가장 장려된다.

넓은 의미의 윤리적 경제체제는 공평함과 교역에 있어서 정직성, 정정당당한 경쟁(꾸란 17:35, 26:181-3), 부의 축적 및 숭배(꾸란 104:2-4), 그 자신의 어리석음과 무절제로부터 인간을 보호함을 강조한다. 비록 고대의 전통에 뿌리를 두고는 있지만, 이러한 체제는 현대의 윤리적 비즈니스 실행과도 밀접한 관계가 있다.

리바(riba) 금지의 윤리적·경제적 정당성에 대해 말할 것 같으면는 세 갈래로 갈라진 삼지창으로 비유할 수 있을 것이다: 리바는 불공평하며, 착취적이고, 비생산적이다. 이슬람은 손해의 위험이 채권채무자 간에 공평하게 분담되어야 한다는 사실을 선호한다. 다시 말하면, 채권자는 이자형태의 '고정되거나 미리결정 된 보상'을 징수하기보다는 자신의 자금조달로 도운 모험사업(venture)의 이윤을 기업과 서로 나눠야한다. 넓은 의미에서 모든 이윤은 도덕적, 경제적으로 정당해야 한다. 그러므로 요행을 바라는 계약과 가라르(gharar)에 대한 훈령은 좋은 기회, 또는 결정되지 않은 원인의 결과로 취급한다. 다른 종교에서도 리바를 부자를 돕는 착취행위로 보았다. 왜냐하면 리바가 경제적으로 가장 취약한 사람들에게서 투자비용에 대한 안정된 수익을 보장받는 경향이 있었기 때문이다.

공평함의 문제는 생산성과 효용성 문제와 관련된다. 어떤 사람이 경제적인 모험을 통해 경제에 기여할 때의 이윤획득은 합법적이다. 기록에 따르면, 무함마드 시대에 메카 상인들은 (카라반의 출발과 도착에) 일상적으로 이자부대출(interest-based lending)이나 투기 혹은 요행을 바라는 거래에 종사하였다고 한다.

이러한 당대의 현실은 꾸란에서 교역으로 인한 이윤과 리바로 인한 이윤 간에 세심한 구별을 하게 하였다. 전자는 공동체에 이익을 가져다주고 복지를 증대시키는 반면, 후자는 비생산적인 사용때문에 비유동성과 결핍에 기여한다고 했다. 이러한 논쟁은 실질적이고 생산적인 경제와 금융적, 투기적 경제는 대조를 이룬다는 점을 시사하기 때문에 오늘날의 현실에도 적용될 수 있을 것이다. 일부 이슬람 학자들은 이자기반경제(interest-based economy)의 통화창조가 생산적인 투자에 연계되지 않았기 때문에 본래부터 통화팽창적(inflationary)이었고 실업과 빈곤의 원인이었다고 지적한다(위의 책, 62-63).

2. 이슬람의 경제관과 이자사상

1) 경전에 나타난 경제관

꾸란과 하디스에서 나타난 바와 같이, 이슬람에서는 신의 보상을 통한 상업활동이 매우 중시되고 있으며, 합법적으로 얻은 부는 공평한 분배와 사회적 공헌을 통해서 신에 대한 인간의 의무를 충실히 지킬 것을 강조한다. 신에 대한 복종의 의미만 빼면, 불교에서 강조하는 '상구보리(上求菩提)', '하화중생(下化衆生)'과 같은 맥락에서 이해될 수 있다. 초기 이슬람공동체에서 공동체나 개인에 대한 모든 활동은 의무적인 것, 칭찬할만한 공적, 도덕적 중립, 비난받을만한 혹은 금지된 것 등으로 간주한다. 모든 훈령 또한 상당한 유연성과 실용주의적인 경향을 보이면서 신의 배려(施興)와 예외를 포함한다. 그 예로 라마단(Ramadan) 금식(禁食)에서 병자와 여행자는 금식을 연기할 수 있었고, 금식하는 것에 큰 어려움이 있는 사람들에게 가난한 사람을 부양하는 것으로 금식을 대체할 수 있게 해주고 신

의 보상을 받을 수 있다는 유연성을 보이고 있다(꾸란2:184-5)

"단식, … 만일 병중이거나 여행 중이라면 다른 날에 같은 횟수로 대체해도 좋다. 그러나 큰 고통(어려움)이 있는 사람은 단식을 깬 날과 같은 넓은 오차범위 가난한 사람을 부양하는 것으로 대체해도 좋다 … 그러나 네가 알고 행한다면 단식이 최상이니라." (꾸란 2:184).

"라마단, … 병중이거나 여행중인 사람들은 다른 날 같은 수로 대체해도 좋다. 알라는 의무를 행함에 있어 고통이 아니라 편의를 원하신다. 그러니 당신을 인도하는 알라께 영광과 감사를 표해라." (꾸란 2:185).

무함마드는 상업 활동에 대해 매우 관대하다. 잘 알려진 바와 같이 무함마드 자신이 대상(隊商:caravan) 교역에 직접 종사하였기에 상업의 중요성은 꾸란의 여러 구절에서 더 자세히 언급된다.

아랍인 중 일부는 낙타, 말, 가축, 양(羊) 등을 양육하면서 삶을 영위하는 유목생활을 한 반면, 다른 사람들은 상업에 종사하였으며, 대상들은 규칙적인 간격으로 동서(東西)로 출발하였다.

"꾸라이시 부족을 길들이기 위하여(그것은 알라로부터의 커다란 자비와 보호이다), 그들을 길들이기 위한 알라의 모든 대자대비(大慈大悲)와 보호로서 꾸라이시 대상들이 (남쪽으로) 겨울과 (어떠한 공포도 없이 북쪽으로) 여름에 안전하게 길을 떠나도록 하신다.[60] 그러므로 그들에게 이 집 (메카에 있는 카바)의 주인 (알라)를 경배케 하라, (그분은) 기아에는 음식으로 그들을 양육하시며, 위험의 공포로부터 그들을

---

60) 바이다위(Baidawi)는 겨울에는 예멘, 여름에는 시리아로 해석한다.

안전하게 해주셨다"(꾸란 106:1-4).

서쪽의 대상길은 예언자시대에 일반적으로 행해지던 무역로였다. 무함마드의 증조부 하심(Hashim)은 시리아 상업원정 때 가자(Gaza)에서 사망하였다. 무함마드 자신도 수년 동안 상업에 종사하였다. 예언자에 의한 상업의 합법성에 관한 언급은 꾸란의 여러 구절에서 찾을 수 있으며, 여기서 예언자는 정직하고 솔직한 태도를 가르치고 있다(Roberts, 1978, 98). 메카 성지순례와 대하여 무함마드는 꾸란 2장에서 상업과 관련하여 몇 가지 방향을 제시하고 있다:

"(성지순례 기간 중 상업(商業)에 대하여) 네 주인(主人)으로부터 보상금(bounty)을 구하는 것은 죄가 아니다: 그러나 너희가 아라파트('Arafat)를 떠날 때, 마샤르 울-하람(Mash 'ar ul-Harâm)에서 알라를 찬미하라[61] …"(꾸란 2:198).
"얻은 것에 대한 몫에 대해서는 그들에게 할당될 것이다, 알라는 계산이 빠르시니라"(꾸란 2:202).

따라서 성지순례기간조차 무슬림들의 상업 활동은 허락되었다. 또다시 꾸란 4장에서 성지순례기간의 상업 활동이외에, 불법거래를 금지하기 위하여 부모가 남긴 재산도 서로의 동의가 없는 한, 남의 것을 빼앗거나 소비하지 말라고 언급하고 있다.

---

[61] 아라파트('Arafat)는 순례자들이 이슬람력 12월, 즉 둘-히자(Dhul-Hijja)의 9번째 날을 보내야하는 메카 부근의 성소(聖所)이며, 마샤르 울-하람(Mash 'ar ul-Harâm)은 둘-히자의 10번째 날 밤새도록 순례자들이 그곳에서 멈추어서 머물러야하는 메카 근처의 성소이다.

"모든 사람들에 대해 부모와 친척으로부터 남겨진 (재산) 상속의 몫이 정해져있다. (오른손으로 형제애) 선서를 한 사람들에 대해서는 정당한 몫을 그들에게 주어라. 진실로 알라는 모든 것에 대한 영원한 증인이니라." (꾸란 4:33).

더욱이 공정한 상업행위와 생계수단으로서의 상업활동에 대해서도 방향을 제시하고 있다. 꾸란(30:45-46)에서

"알라를 믿고 공정한 행위를 행하는 자에 대해서는 보상이 있을 것이다. 진실로 알라는 불신자를 사랑하지 않는다. 알라의 전조(前兆) 가운데 하나는 알라의 자비를 경험하도록 (알라가) 너희들에게 기쁜 소식으로 바람을 보내며, 배들이 그의 명령에 따라 항해할 것이며, 알라의 하사품으로부터 네가 감사하게 될 부(富)를 얻을 것이다" (꾸란 30:45-46).

이 구절은 바다에서 무역을 통한 생계유지를 언급하고 있다. 성지순례 넓은 오차범위의 상업에 대해서도 모든 허락이 이루어졌음에도 불구하고, 꾸란의 다른 장(62:9 이하)의 설교에서 알 수 있는 바와 같이, 예언자 시대에 상행위(商行爲)에 열정을 갖고 있던 아랍인들이 알라를 칭송하기 위해 거래를 중단하는 것은 모두에게 만족스러운 것은 아니었다. 예언자는 대상들이 도착하자마자 설교하는 자기를 떠나 자리를 비우고 무리를 지어 등을 돌리는 사람들을 발견하고 매우 큰 슬픔에 빠졌다(Roberts, 99).

"믿는 자들이여 금요일 기도에 대한 부르심 (아잔)이 있을 때, 알라를 숭배하기 위해 오라, 그리고 거래를 중단하라. 네가 알고 그렇게 했다면 그것이 최상이니라." (꾸란 62:9).

"기도가 끝났을 때, 대지(大地)로 흩어져도 좋다. 그리고 (일함으로써)

알라의 보상금을 구하고, 더 없는 알라의 찬양을 염원하라, 그리하면 너는 번성할 것이다"(꾸란 62:10).

이슬람에 따르면, 인간의 출생은 신에 의해 '우주의 연회'로 인도되는 것이다. 이 연회에는 지구와 우주의 모든 물질뿐만 아니라 자연법칙, 즉 신의법칙, 인간 자신의 육체, 감각 및 정신적인 능력 등도 포함된다. 이러한 모든 것은 신의 창조물이며 재산이다. 인간이 '신의 것'에 대해 요구할 수 있는 가장 유일한 것은 '신의 의지', 즉 신이 하사한 자유이다.

이슬람에서 현세의 인간이 개인적으로나 집단적으로 달성하고 얻을 수 있는 것은 신(神)의 재산을 소유하고 신의 법칙을 이행하는 '인간의지'를 실행하는 것이다. '신은 주인' 이라는 개념에서, 생산자이건 소비자이건 인간은 모두 신의 신탁(信託)아래 신의 부(富)를 사용한다. 또한, 인생은 각 개인에게 동일하거나 충분하게 주어지지 않았기에 하나의 시험이며 이의를 제기할 수도 없다. 신은 인간에게 정신적·육체적 능력, 물질적·사회적 제한, 힘, 지식, 부 등 각양각색의 형태와 방법을 부여하였다. 그래서 어떤 사람은 노력으로 또 어떤 사람은 환경에 의하여 그것을 얻거나 달성할 수 있다.

이슬람은 부를 신의 하사품(下賜品, bounty)으로 간주한다. 알-씨바이는 무함마드가 "가난은 이슬람을 부인하는 것과 같다"고 했듯이 "이슬람도 가난을 인정하지 않는다."라고 한다. 그는 이슬람은 가난에 대해 부정적인 입장을 취하지만, 부에 대해서는 긍정적인 입장을 취한다고 주장한다. 부에 대한 이기심에 대해서도, 그는 "탐욕이 악이라면 사치 또한 그렇다."라고 한다. 신도는 꾸란 (25:67)에서, "그들이 사치하지 않고 인색하지도 않은 두 극단사이에서 적절한 균형을 유지하는 사람들" 가운데 하나로 묘사된다.

하디스에 따르면, 알라는 그를 섬기는 자들이 부귀나 소비의 형태로 그의 생애동안 부여해준 하사품의 증거를 나타내 보이는 것을 좋아한다. 그러나 사치의 개념은, 자비의 표현, 공동체의 생활수준 향상을 위해서나 이슬람의 메시지를 전파하기 위해 지출하는 것에는 적용되지 않는다. 이러한 모든 종류의 지출은 신에게 보답 받을 것이라고 했다.

이슬람 체제에서 재화는 신이 인간에게 부여한 하사품이며, 꾸란은 항상 소비적인 재화에 대해 언급할 때 그 재화에 도덕적이고 이데올로기적인 가치를 부여한다. 이슬람의 입장에서 볼 때 소비재는 소비자의 물질적, 도덕적, 정신적 개선을 가져오는 유용하고 유익한 재화이다. 어떠한 선도 가지지 못하고 인간을 개선하는 데 도움을 주지 못하는 것은 재화가 아니며, 또한 무슬림의 재산이나 소유물로 간주할 수 없다. 따라서 금지된 물질은 이슬람에서 재화로 간주하지 않는다.[62]

소비자에 대한 이슬람적 개념과 현대 경제학에서 널리 보급된 '효용의 무신성(無神性)'의 개념을 비교해 보자. 현대 경제학에서는 시장에서 교환될 수 있는 것은 어느 것이든 '경제적 효용'을 가지는 반면, 이슬람에서는 이것이 재화를 정의하는 필요한 필요조건이지 충분조건은 아니다. 다시 말하면, 물자(物資)가 경제적 효용성을 가지기 위해서는 시장에서 교환될 수 있을 뿐만 아니라 도덕적으로 유용해야만 한다.

---

62) 주류(酒類), 돼지(고기) 및 우상(偶像)이나 신분(身分) 등은 이슬람 경제에서는 소유권의 대상이 되지 못하며 거래될 수도 없다. 그리고 윤리적인 측면에서 바람직하지 못한, 예를 들면 음란행위 등에 이용되는 물건 등은 이슬람에서는 재화로 간주되지 않는다.

신이 인간에게 부여한 많은 것들을 자유롭게 이용할 수 없게 된 사람들도 비록 그들이 그것을 얻지는 못했어도 자신의 몫을 가질 가치가 있다(꾸란 16:76). 더욱이 좋은 일을 위해 사용하거나 소비하는 행위는 그 자체를 이슬람에서 덕(德)으로 간주한다. 그러므로 신자는 신의 명령에 복종하고, 인류를 위해 창조한 하사품과 상품을 자신이 즐김으로써 신의 즐거움을 구한다. 이슬람에서 소비와 만족은 그것이 어떠한 해악을 가져오지 않는 한 비난받지 않는다. 꾸란에는 다음과 같은 구절로 언급돼 있다.

"자! 알라께서 그를 섬기는 사람들을 위해 생산하신 아름다운 선물과 음식물로 제공하신 깨끗하고 순수한 것들을 누가 금하느냐?"(꾸란 7:32).

이슬람은 신이 없는 사회의 특징인 과다소비를 비난하며, 이를 이쓰라프(israf) 또는 타브씨르(tabthir), 즉 사치나 방탕으로 부른다. 방탕이란 잘못된 방법으로 소비하는 것을 의미하며, 말하자면 뇌물이나 불법적인 것을 위해 사용되거나 무모한 방식으로 사용되는 것과 같이 금지된 목적을 위해 소비하는 것을 말한다.

이슬람의 가르침은 소비와 지출사이에 균형 있고 절제 있는 패턴을 권유하며, 이러한 행위는 낭비와 인색 사이에 존재한다(꾸란 17:29)고 한다. 적당한 수준을 넘거나 지나친 소비는 낭비로 간주되어 비난받는다. 이슬람 사회에서 이러한 목적의 실천은 사회복지를 증진시키지만, 이를 실천하기 위해서는 법과 질서가 필요하다는 점을 강조한다. 그러므로 이슬람에서는 이러한 목적 실현을 위해 이슬람 법체계(fiqh)의 실행을 요구하고 있다(홍성민, 1991, 116-118).

2) 이슬람 경제사상의 변천

이슬람이 확장하면서 타문화와의 접촉을 하게 되었고, 이슬람 법률체계는 따를 만한 명확한 판례가 없는 문제에 대해 법률제정의 필요성을 제기하였다. 이슬람 법률체계(usul al-fiqh)는 샤리아를 해석하기 위한 종규(宗規)를 상세히 설명하기 위한 틀로 제공된다. 그러나 이처럼 복잡한 종규는 적응하는 메커니즘을 고려하지하지 못했다.

예를 들면 이슬람의 보수(補修, talfiq)원칙은 그것이 특수한 상황에 적합한 것이라기보다는 법률학파의 해석을 선택할 권한을 부여해왔다. 보다 일반적으로 말하면, 세 가지 원칙―관행, 공공이익 및 필요성(darura)―은 최초부터 현존 규범까지 모두를 허용한다. 그러므로 샤리아는 사회발전에 조화를 이루며 적절히 정당화된 혁신, 예외 및 (법률의) 허점 등을 허용한다(Ibrahim Warde, 41-42).

이슬람이 새로운 도전, 특히 19세기 서구 자본주의와 만나면서 '일반적인 효용(效用)'이나 '공공이익'으로 번역된 마슬라(maslaha) 개념은 종종 샤리아 해석에 이론(異論)을 제기했다. 전통적 원칙에 기반을 둔 법학자들은 꾸란이나 하디스의 해석에서 인간복지를 생산적인 것으로 간주하는 논자들과 대립하였다.[63] 독자적인 해설, 즉 이즈티하드(ijtihad)와 결합한 탈휘끄(talfiq) 원칙은 모든 전통법학파와 체계적인 비교를 허용하고 그들의 최상 특성들을 종합할 수 있도록 확대되었다.

---

63) 무함마드 압두(Muhammad Abduh)와 라시드 리다(Rashid Rida) 같은 이슬람 근대주의자들은 마슬라를 꾸란과 하디스에서 명백한 지침을 제시하지 않았던 법을 결정하기 위한 중요한 열쇠로 만들었다.

이러한 법적인 논쟁에도 불구하고, 무슬림 사상가들은 첫 번째 원칙으로부터 독립적으로 추론할 수 있는 범위를 확대해왔고, 현대 무슬림국가들은 "과거 역사에서 주어진 환경에 적용할 수 있는 공정한 법체계"를 법제화할 수 있게 되었다.

이와 관련된 다른 개념은 최우선의 필요(necessity), 즉 다루라(darura)이다. 학자들은 다른 모든 학파의 견해를 기술적으로 받아들여, 문제가 되고있는 기술혁신(技術革新)을 "최우선의 필요에 의해 금지의 예외를 허용한다(a-darura tubih al-mahzurat)."라는 견해로 정당화한다. 예를 들면, 필요에 의한 의무·금지를 특별히 명시하였다(꾸란 2:173). 대부분 꾸란은 인간을 고통스럽게 하는 신의 의도를 거부한다(꾸란 2:286).

이슬람의 교의(敎宜)는 애초부터 개인적인 행위에 관련되었다. 예를 들면 굶어죽을 수밖에 없는 경우, 돼지고기의 식용을 허락하였다. 교의의 구절은 단순한 '필요(haja)'를 신봉한다. 그러나 이러한 단순 필요에 의한 변수가 너무 크다면, 극단적인 필요만을 다룬다.

"알라는 (인간에게 해악을 끼침이 없이) 스스로 죽은 동물, 피와 돼지고기 그리고 하나님 이상으로 헌신한 동물들을 먹지 말라.[64] 악의적이거나 고의적이 아닌 경우 (그들을 먹도록) 강요될 경우, 죄악이 아니다. 알라는 가장 자비로운 용서하는 분이니라."

"알라는 결코 영혼이 의미하는 것 이상의 정신적인 부담을 주지 않는다. 그에 대한 신용은 영혼을 얻는 것이며, 그에 대한 거역은 죄악을 범하는 것이니라 ……" (꾸란 2:286).

---

64) 꾸란에는, 특히 네 가지 고기를 금하고 있으며(꾸란 2:173, 5:3, 6:142-145 및 16:112), 이 네 가지 이외의 음식금지는 우상숭배와 동일한 것으로 취급한다(6:121, 148, 150, 7:32).

이란에서 다루라의 범위는 상당히 확대되었다. 국가의 존재가 위협을 받을 경우, 혹은 예를 들어 호메이니(Ayatollah Khomeini)의 훈령에서 이슬람의 최우선 판결은 보류돼 왔다. 이러한 상황은 이슬람 혁명 이후 이란에서 종종 발생하였다. 혁명 이후 재산소유권이 법적인 소유자로부터 그들을 사로잡은 사람들에게 이전되는 '임시 경작농토' 법안이 자루라(zarura, 다루라의 페르시아 번역)의 근거로 정당화되었다.

이러한 현상은 혁명 이후 이란에서 더욱 일반적으로 발생하였고, 정치지도자들에게 상당한 해석 재량권이 허용되었다. 개인재산에 관한 이란헌법은 다음의 세 가지 조건을 충족하여야 한다. 재산권은 재산 그 자체가 "경제성장과 국가의 진보에 기여해야 하는" 이슬람 법의 범주를 벗어나지 않아야 하며, 그 재산이 사회를 손상해서는 안 된다. 여기서 논쟁이 되는 지점은 "무엇이 경제적 성장이나 진보에 기여 하는가" 혹은 "무엇이 사회에 손상을 끼치는가"에 관한 해석이며, 이 같이 심각한 문제는 임의로 재산을 몰수할 수 있는 의회(majlis)에 해석권한이 있다.

글로벌 경제에서 시장(市場)의 최우선적인 필요는 종종 전통과 교의에 따른다. 사우디아라비아의 경우, 최근까지 이슬람 법정은 채권자 은행에 대해서 채무자의 채무불이행을 옹호하는 경향이 있다. 그래서 국제금융시장에서 국가의 신용을 호소하는 사우디 은행들은 금융의 경우 일반법정으로 일임한다. 결과적으로 사우디는 국제시장에서 과도한 차입을 허용하는 데 이러한 해석을 활용한다.

금융문제에 있어서 '다루라'는, 무슬림이 다른 사람들과 경쟁해야 한다는 이유로 대부에 관한 이자를 정당화하기 위해서도 원용해 왔다. 외국은행들에 있어서 이자수지(interest-bearing balance) 또한 그러한 것들이 국제경제의 기준으로 실행되고 있었기 때문에 정당화될 수 있었다. 그러나 다루라를 법에 호소하는 이집트의 화트와(fatwa)들은 불법적인 이윤은 종교적으로 가치 있는 목적을 위해 세정(洗淨)돼야만 사용하는 것이라는 점을 덧붙인다. 무슬림은 이슬람적으로 받아들여질 수 있는 대안을 찾아서 일해야 하며, 그것이 달성되었을 때는 마땅히 시여(施與)를 해야한다(위의 책, 43-44).

이상에서 살펴본바와 같이 이슬람 경제를 이해하는 데 있어 가장 큰 어려움은 용어(term)의 해석이며, 그 해석이 샤리아에 의존한다는 점이다. 샤리아 해석 또한 시대나 국가에 따라 편의적으로 해석한다는 점이 큰 걸림돌이 된다. 하지만 기본적인 경제사상이나 규제는 결국 꾸란에 의거하고 있기에, 원칙적인 입장에서 이슬람 경제의 이해는 꾸란을 기반으로 이해돼야 한다. 그렇기에 이슬람 경제가 현대에 어떻게 해석되고 운영되는가를 알기 위해서는 이슬람에서 다루고 있는 경제사상의 본질을 이해해야 할 것이다.

3. 이슬람의 이자사상과 리바(Riba)

1) 이자에 관한 전통사상의 변천

이자가 배제된 경제(interest-free economy), 즉 이슬람 경제의 문제 해결에 대한 열쇠는 자카트에 달렸기에 우선 이자에 관한 광범위한 의미와 사용범위를 살펴보아야 한다. 이슬람 법체계는 꾸란과 순나를 근거로 '리바 안-나시아(Riba al-Nasiah)'라고 해서 이자를 금지하고 있다. 이러한 사상은 대부분 근대 이슬람 사상가들과 이슬람 법체계아래 이자문제의 해결을 특수한 금융적 기술로 정착시킨 과거나 현재의 법률가들도 같은 추세로 이어지고 있다. 하지만 오늘날 이자에 대한 해석에 있어서 이슬람권 학자들 사이에서도 서로 다른 주장이 제기되고 있다. 마찬가지로 이자에 관해서는 동서양 간에도 커다란 사상적 차이가 크다.

동양에서는 한국을 비롯하여 중국이나 일본 모두 오랜 옛날부터 식리(殖利)를 죄악시 하지 않았다. 다만, 국가가 일정한 이식 제한령(利殖制限令)을 공포하고, 그 법정이자율 이상을 고리대(高利貸)라 하였다. 성경과 꾸란은 이자 금지사상, 불교와 유교경전은 이자허용사상을 갖고 있었다. 불교와 유교는 이자 자체를 죄악시 하지 않았다. 오히려 불교에서는 이자를 재산형성의 방법으로, 유교에서는 흉년의 기근 때 서민들의 생계를 유지할 수 있는 방편으로 이자를 적극적으로 권유하고 있어 성경이나 꾸란과는 크게 대조를 이룬다. 꾸란은 현재까지도 이자금지사상을 가장 강력하게 유지하고 있다 (홍성민, 1991, 454).

서양에서는 그리스, 로마에서 중세에 이르기까지 단 1%의 이자 징수도 죄악시하였다. 그리스에서는 이자를 "자손이라는 의미의 토코스(tokos)"라 불렀다.[65] 아리스토텔레스(Aristoteles, B.C. 384-322)의 '화폐불임설(貨幣不姙說)'에서도 같은 의미를 사용한다. 아리스토텔레스는 재물에 대한 인간의 욕망에는 한계가 있다고 전제하고, 목적이 되는 것은 '행복한 삶'이고 재물은 그것을 위한 '수

---

65) 이자를 원금의 새끼라고 보는 것은 보편적인 관념인 것 같다. 이자(利子)라는 말 자체에도 아들(子)이라는 의미가 있다. 고려시대에도 원금을 모(母), 이자를 자(子)라 하여 이자를 규제하는 법의 이름을 자모정식법(子母停息法)이라 불렀고, 구한말에도 이식(利息) 또는 식리(殖利)라는 말이 쓰였다(홍기빈, 2002, 「아리스토텔레스, 경제를 말하다」, (서울: 책세상), pp.182.

단'에 불과하므로, 수단의 양은 목적에 의해 규정된다는 근거를 제시했다. 가정경제가 번성하게 된 후, 물물교환(barter, C-C)이 규모가 커지면서 교환의 매개수단으로 화폐가 사용된다. 화폐가 등장하면서 일상생활에 필요한 물건을 조달하는 교역(C-C, C-M-C)뿐만 아니라 오로지 화폐증식을 목적으로 하는 교역이나 고리대금업(M-C-M', M-M')이 나타난다.

여기서 C는 상품, M은 화폐, M'는 화폐증가분이다. 다시 말하면, 화폐사용으로 영리적 상업이 파생되며, 그것보다 나쁜 것은 "돈에서 돈을 새끼치는" 고리대금업(M-M')이다. 고리대행위는 인간의 행복한 삶과는 무관하게 '돈벌이'라는 자체에 목적이 있다. 그래서 아리스토텔레스는 고리대행위를 '돈벌이 기술로서의 획득 기술'이라 불렀다(홍기빈, 2002, 104-107).

자본주의 이전(以前) 세계에서는 화폐에 관한 도덕적 염려가 일반적이었다. 고대 메소포타미아 함무라비법전(BC 1800)은 이자율에 제한을 두었고 (이자에 대한 이자인) 이자의 복리계산을 금하였다. 아리스토텔레스는 화폐의 불임(不姙)에 관한 가장 영향력 있는 논거를 제시하였다. 화폐는 교환의 수단이 되어야 하며 증식(增殖)이 허락돼서는 안 된다고 했다.

기독교 이론가 가운데 스콜라 전통은 화폐가 불임상품(sterile commodity)이라는 아리스토텔레스의 주장을 받아들였다. 오랫동안 지지가 됐던 법칙은 "화폐는 화폐를 만들지 않는다(pecunia pucuniam non parit)."라는 것이었다. 교회법(canon) 또한 "시간은 신에게 속한 것"이기에 시간가치(pricing of time)는 불법적인 것으로 간주했다. 실질적으로 어떤 것을 생산했던 농부나 장인(匠人)과는 다르게 대부업자는 아무것도 생산하지 못했다.

유대교, 기독교 및 이슬람은 차용인은 긴요한 욕구를 충족할 자원이 부족한 반면, 대출자는 자신의 필요를 초과한 자본을 비축한 것으로 간주했다. 그러므로 대부는 불공정한 것이 되었고, 자본을 변제하고 훗날 이자를 제공함으로써 대출자의 부를 증식시키는 차용인조차 비도덕적인 사람이 되었다. 세 종교 모두 증여에 의한 것이 아니라면, 번영은 최소한 이자없는 대출을 통해 필요한 사람을 도와주어야 한다고 설교하였다.

그러나 중요한 점은 모든 종교가 유사하다면 동질성이 없어야 했다. 일반적으로 유대전통은 이자를 금지하였다(레위기, 25:36). 그러나 비유대인에게 화폐를 빌려주는 데 대해 이자를 허용하는 빠져나갈 구멍을 갖고 있었다(신명기 23:19-20). 이브라힘 와르드(Ibrahim Warde)의 해석에 따르면:

"너희들은 자본 총액으로부터 미리 이자를 계산하거나 변제 시에 그에 부가함으로써 너희 형제들에게 이자를 부과하지 마라"(레위기 25: 37).

"화폐건 음식이건 혹은 이자가 발생할 수 있는 것에 대해 네 형제에게 이자를 책임지게 하지마라. 너희들은 외국인에게 이자를 부과해도 좋지만, 이스라엘 형제들에게 그렇게 하지 마라. 그렇게 함으로써 너희 주는 너희가 소유하기 위해 들어오는 땅에서 모든 것을 너희 손에 놓아 주는 축복을 줄 것이다"(신명기 23:19-20).

비록 축재와 경제적 이윤추구를 모독하긴 했지만(누가복음, 16:13, 18:22, 18:24-25), 기독교 복음은 특별히 이자를 언급하지는 않는다. 유대교와 이슬람처럼, 기독교 전통은 대부업자가 가난한 사람들에게 자신의 대출 일부를 탕감해주라고 권고한다(누가복음, 6:34-35). 훗날 기독교 전통은 차용자가 대출자에게 감사의 표시로 자발적이며 강제성 없는 선물인 '안티도라(antidora)'라는 것을 제시하였다. 전통적인 이자와는 다르게, 그것은 의무가 없었고, 미리 결정되거나 고정되지는 않았지만, 자발적이었으며 차용자의 판단에 따라 양이 정해졌다.

이슬람과 마찬가지로 기독교에서도 부도덕한 이익의 세정(洗淨) 원칙이 있다. 중세 기독교에서는 화폐대출자들이 자선에 대한 형식적인 유증(遺贈)을 포함하여 부도덕한 화폐의 상환을 요구하면서 유죄를 경감하는 것이 일반적이었다. 화폐대출자들은 종교상으로 죄인이었지만, 구원이 미치지 않는 곳에 있지는 않았다. 역사학자 자끄 르 고프(Jacques Le Goff)는 20세기 후반기에 정죄(purgatory) 개념의 도입과 화폐 대출 간에 흥미 있는 관련성을 찾아냈다. 그는 "정죄(淨罪)의 탄생 또한 은행업의 여명(黎明)이다."라고 했다.

경제적 변화는 새로운 금융적 필요를 창출했고 전형적인 고리대금에 대한 논쟁을 증폭시키는 결과를 초래했다. 이에 대해 막심 로뎅슨(Maxime Rodinson)은 아래와 같이 기술하고 있다(위의책, 65).

"… 그러므로 중세 기독교 사회는 무슬림사회처럼, 이자의 필요성을 적용한 자본주의를 받아들이고 예외를 허락하면서도 이론가나 종교적 법률가들이 이자금지를 이론화해야 했기 때문에 큰 어려움이 있었다. 하지만 최대한의 구속력을 갖도록 한 시기였다."

동시에 아브라함 우도비치(Abraham Udovitch)는 중세 이슬람의 종교적 저술에서 고리대금에 대한 다수의 언급과 강력한 주장은 실행에 있어 빈번한 위반에 대해 간접적인 증언을 한 일부 학자들에 의해 해설되었다는 점에 주목한다.

중세유럽에서 고리대금에 관한 금지는 계속 확인되었다. 랭스위원회(The Council of Reims, 1069)와 제2차 라테란위원회(The Second

Lateran, 1139)는 고리대금을 비난했다. 1179년 제3차 라테란위원회는 고립대금업자들을 파문했고, 제4차 라테란위원회는 유대인에게만 고리대금을 허용했다. 라이옹위원회(The Council of Lyon, 1274)는 이를 계속 비난하면서도 정죄(淨罪)에 의한 구원을 최초로 공식적으로 인정하였다. 13-14세기를 지나며 스콜라학파와 다른 교회법은 도전받지 않았다.

제3차 라테란위원회처럼 제2차 라이옹위원회는 1274년, 이자를 받은 기독교도는 파문될 것임을 천명하였다. 1311년 비엔나위원회(The Council of Vienna)는 이자를 금지하지 않았던 세속의 법률은 무효라고 천명하였고, 다른 방법을 주장하는 사람은 누구든지 동시에 이단자로 처벌받을 수 있음을 피력했다. 15-16세기 새로운 금융의 합법성에 관한 문제제기는 이자에 대한 관심을 증폭시켰다 (Ibrahim Warde, 65).

토마스 아퀴나스(Thomas Aquinas, 1224-1274)는 특정한 사유에 한해서 이자징수를 인정하는 제도를 택하였지만, 이는 교회법의 예외조항에 불과했다. 이자징수에 대한 종교적인 반대는 칼빈(Calvin, J, 1509-1564)이 이자에 대해 긍정적인 태도를 취하면서 소멸하였다.

교회(라테랑 위원회)가 안전이 담보된 대출에 관한 이자를 합법화한 것은 1515년이다. 비록 오랜 시간이 걸리긴 했지만, 이슬람의 히얄(hiyal)에 의해 고무된 화폐대출에 대한 새롭고 미묘한 접근은 이익창출의 기반이 되었다. 교회법에서 이자는 "원금에 부가되는 모든 것"을 의미했기에 고리대금을 우회하는 여러 가지 방법이 존재했다. 그 하나는 전통적인 이자가 감춰진 대출인 '자유롭고 사랑스러운 대출(mutumn graits et amore)' 이었다.

이와 관련한 가장 의미 있는 고안은 교환장(letter of exchange)이었다. 그 첫 단계로 어떤 목적을 위한 작은 이자사상이 받아들여졌다. 예를 들면 예수회(Jesuit)는 상업적 신용(credit)을 승인하였다.

고리대금에 대한 반대이론은 프로테스탄트 개혁과 함께 출현하였다. 교회법에 구속받지 않았던 개혁주의자들은 정치경제와 화폐 문제에 관해 의미 있는 혁신을 추진했다. 마틴 루터(Martin Luter, 1483-1546)는 기독교도가 모두 세상에 참여할 것과 교회의 가르침에 도전할 것을 주장했다.

칼빈은 종교적 성취는 기도와 영적인 관조(觀照)에서 오는 것이 아니라 근면한 일(hard work)로부터 온다고 주장했다. 그의 유명한 '고리대금에 관한 서장(letter on usury, 1545)' 에서, 고리대금은 합법적이지만 모든 곳에서 오는 것이 아니며, 또한 반드시 혹은 모든 재화에서 오는 것도 아니고 모두에게로부터 오는 것도 아니라고 주장했다. 그는 지침으로 황금률을 사용했다: 고리대금은 그것이 자신의 이웃을 해치는 경우에는 죄스러운 것이며, 자선과 공정은 각 신도의 의식에 따라 달라지기 때문에 이웃을 해치지 않는 대출에 대한 특별한 경우를 스스로 결정할 수 있어야 한다. 예를 들면 이윤을 달성하기 위해 가난한 사람에게 대출하는 것은 사악한 것이지만, 부자에게 대한 대출에 있어 온당한 이윤은 받아들일 수 있다. 전도사들은 상인들에게 돈을 빌려줄 수 있지만, 그런 방법으로 그들의 이윤이 정해져서는 안 된다.

그래서 제네바의 칼빈주의 은행가들은 기존의 기독교의 가르침에 대해 어떠한 죄의식도 없이 금융적인 이자를 발전시키는데 자유로울 수 있었다. 시간이 흐르면서 칼빈 추종자들은 칼빈이 제공했던 예외의 일부를 제거하기 시작했다. 1630년 칼빈 전통주의자 클라우드 사우마이스(Claude Saumaise, 1588-1653)는 가난한 사람에게 대출했던 고리대금업자들을 방어했다. 그의 견해에 따르면, 큰 공공적 필요를 충족시키는 수단을 제공한 사람들 경우와 마찬가지로, 화폐대출은 매우 유용한 서비스를 실행하는 것이었다. 또한 사우마이스는 빨리 더 많이 변제하기 위해 채무자를 자극하는 것이 유익한 것처럼, 높은 이자부과를 옹호하였다. 그에 따르면, 가난의 실질적인 적은 고리대금업자가 아니라 태만과 비활동 그리고 방탕이다.

이와 같은 견해는 산업화의 출현과 자본주의 사상의 승리와 함께, 특히 영국에서 보편화되었다. 1787년에 씌어진 고리대금의 방어에 관한 서장(書狀)에서 제레미 벤담(Jeremy Bentham)은 "화폐거래에서 자신의 조건을 만들 수 있는 자유"를 허락했다. 그는 원칙적으로 긴급한 상황적 필요에 의해 돈을 빌리는 많은 사람을 미리 배제하였다. 또 그 돈으로 인해 큰 심적 고통을 겪을만한 사람들에게는 금지했던 차용의 자유였다는 점에 주목했다. 벤담은 특히 화폐대출과 다른 상업형태를 차별화하는 데 이의를 제기했다.[66]

한편, 고전학파의 선험적 역할을 한 윌리엄 페티(William Petty, 162-1687)는 자신의 이자학설을 지대론으로 발전시켰다. 그 이후 고전학파는 이자의 발생 원인에 관한 이자논쟁을 거치면서 〈이자론〉을 수립하였다. 오스트리아학파의 뵘바베르크의 〈시차설〉을 거쳐, 케인즈(Keynes, J.M.)가 "이자는 유동성을 포기하는 데 대한 보수"라고 규정하여 기존의 '이자학설'에 새로운 경지를 개척하면서, 이자는 현대 경제학의 발전에 큰 기여를 했다(박영사, 199, 1117-1118).

요약하면, 화폐와 관련된 사상사(思想史)는 세 단계를 통해 사라

---

[66] 왜 화폐 총액의 6,7,8 혹은 10 퍼센트만큼의 이윤을 받을 수 있는 사람이, 만일 그가 그 돈으로 집을 매입하고 그 집으로 인하여 내가 생각했던 것보다 더 높은 비율의 이윤을 만든 사람들보다, 고리대금업자나 부끄러운 이름으로 불려야 하는가?

졌다. 첫 번째 단계는 고리대금의 일반적인 금지였다. 두 번째 단계는 국가가 소액의 이자율을 규제하여 허용했던 것이었다. 이론적 논쟁에서 새로운 주안점은 노력이 열매를 맺게 되는 부의 필요성을 강조한 복음서의 문장에 자리 잡게 하였다. 그래서 재능의 비유는 생산적인 필요성을 강조한다(마태복음 25:14-30). 또 다른 비유는 다음과 같다: 어떤 귀족이 긴 여행을 떠나가 전 10명의 하인을 불러 "내가 없는 동안 장사를 해라."라고 말하면서 각자에 1파운드를 주었다. 주인이 돌아왔을 때, 그가 준돈으로 장사를 해서 부가적인 돈을 만든 사람은 칭찬을 받은 반면, 어떠한 이익도 없이 단지 돈을 되돌려 준 하인은 비난을 받았다(누가복음 19:22-6).

천주교 국가들은 이러한 견해를 공식적으로 인정하는 데 다소 시간이 걸렸다. 그래서 프랑스에서는 이자에 기반을 둔 대출을 1789년 10월 공식적으로 법제화했고, 후에 나폴레옹 민법으로 통합하였다. 나폴레옹 법전에 영향을 받은 다른 이슬람 법전과 마찬가지로 이집트 법전 또한 이자는 법에 의해 제한된다는 견해를 채택했다.

세 번째 단계는 현존하는 상한제가 너무 낮기에 상한제를 올리거나 제거할 수 있다는 견해이다. 자유 시장 이데올로기와 발맞추어 이자율을 높이기 위해 시장으로 유도해야 한다는 것이다. 오늘날 특히 1980년대의 규제철폐와 함께, 대부분의 국가는 고리의 이자율과 특별한 추가대출에 대한 기준을 여전히 갖고 있다. 하지만 고리대금의 상한선이 상당히 오르거나 혹은 대부분 상황 하에서 거의 무시되는 현상은 벤담의 논리이다.

이같은 상황전개에도 불구하고, 금융과 금융이윤의 부당한 속성에 대한 우려는 진정되지 않고 있다. 채무의 악성효과와 재정가들의 악행에 대한 냉혹한 초상에 대하여 지대추구경제(rentier economies)와 기생하는 그룹으로부터 파생되는 약탈적이며 비생산적인 금융에 관한 다수의 문헌이 있다.

자유 시장이념이 지배적임에도 불구하고 미국에는 은행 및 재정가들의 의심스러운 긴 역사가 있다. 미연방은행 헌장(憲章)에 대한 논쟁기에 토머스 제퍼슨(Thomas Jefferson)은, 투기꾼들, 신용대부자 그리고 은행가들은 일반적인 번영이나 공공복지에 관심이 없었기 때문에 그들을 부유하게 해준 이자부과에 대한 조세수입 창출을 제외하는 한, 이자부과의 자유에 따른 이득은 전적으로 공공부채로부터 혜택을 받았던 부유한 은행주주들을 위한 것이었다고 주장했다. 경제적 고난의 시기, 예를 들면 1890년대와 1930년대 은행가와 재정가는 지명된 범죄자였다. 대공항 기간 동안 은행약탈자는 서민의 영웅이 하였다.

최근 '페이퍼 기업'들이 가치창조를 하지 않으면서 이리저리 움직이는 자산들을 공격하였다. 마치 1990년대, 일시해고가 변함없이 회사의 주가를 부추길 것이라고 발표했던 월스트리트(Wall Street)가 메인스트리트(Main Street, 실물경제)의 발표와는 정반대로 이자를 취했다는 비평을 받는 것처럼 말이다(Ibrahim Warde, 67-68).

2) 이슬람의 리바금지와 이자논쟁

리바에 대한 대부분의 정의는 이슬람 은행을 이자가 배제된 (interest-free) 은행으로 가치를 떨어뜨린다. 리바에 대한 금지는 실로 이슬람 금융의 초석이지만, 단어의 정확한 의미에 관한 논쟁은 계속된다. 이슬람 초기시대부터 대다수 학자들은 – 어떠한 형태로든 이자는 리바를 구성한다는 – 제한적인 정의를 채택해왔다. 그럼에도 불구하고 오늘날에도 논쟁은 여전히 지속된다. 알-아즈하르의 세이크(Shaikh)인 탄타위(Muhammad Sayyed Atiyya Tantawi), 이집트 무푸티와 같은 탁월한 지도자를 포함한 일부 사람들은 이슬람이 적당한 이자율을 묵인하는 정의를 거부한다. 반면, 다른 학자들은 리바의 중세적 생각을 진부(陳腐)한 것으로 결말짓는다.[67]

리바에 관한 논쟁은 다양한 측면에서 접근돼 왔다. 논쟁의 한 측면은 때때로 터무니없이 과도한 고율의 '고리대금'과 완만하고 경제적으로 정당화된 자본의 보상인 '이자'를 다룬다. 여전히 이슬람 학자들의 대다수는 화폐의 어떠한 양적증가도 리바를 구성하는 채무자에 의해 보상된다고 생각하기에 리바를 금지한다고 한다.

또 다른 측면은 현대경제의 필요성이다. 최근 수세기동안 다루라(필요)와 마슬라(일반이자) 뿐만 아니라 현존하는 실행과 관습은 계속해서 이슬람 근대주의자들에 의해 계속해서 꾸란이 인용되고 있다. 똑같은 이치로 일부 사람들은 현대경제의 인플레 특성을 제기한다. 그래서 리바의 금지는 명목이자에 반대되는, 즉 이자율에서 인플레율을 감한 실질이자를 의미하게 된다. 다른 방법으로는 인플레기간 이자의 부재는 채권자의 범칙금과 채무자의 보조금이 되는 마이너스 실질이자가 된다.

같은 맥락에서 일부 사람들에게 리바의 개념은 오인되거나 잘못 해설 되어왔고 또 잘못 적용돼 왔다고 말한다. 아쉬마위(Mohammed Said al-Ashmawi)는 이자금지를 일소하는 것이 근거 없다는 사실을 보여주기 위해 3가지 논거를 제시한다.

첫째, 꾸란에 언급된 리바는 이슬람 이전시대의 일반적인 실행을

---

67) 최근의 이슬람 이자논쟁에 관해서는 Ibrahim Warde, 2000, Islamic Finance in the Global Economy, (Edinburgh: Edinburgh University Press), pp.56-57 참조.

언급한 리바 알-자힐리아(al-jahiliyya)였다.[68] 여분의 시간과 교환이나, 결국 채무자가 빚을 갚을 수 없을 경우 원금의 2배인, 노예상태가 되는 것이 그것이다. 둘째, 6가지 상품을 명시하는 하디스에 근거한 리바로, 반드시 6가지 상품[69]에 한정돼야 하며 현대적인 통화에 적용돼서는 안 된다. 셋째, 투자와 이윤창출을 위해 비즈니스나 기관들에 의해 채택된 것으로 경제적으로 유용한 대출과 즉시 필요한 필수품을 충족하기 위해 가난한 사람들에게 양도하는 것 같은 착취적인 대출간 에는 분명한 구분이 되어야 한다. 이와는 대조적으로 어떤 학자들은 현대경제는 적절한 메커니즘을 고안함으로써 리바를 무시할 수 있다고 주장한다(Ibrahim Warde, 55-56).

이슬람의 이자금지 사상은 꾸란의 메디나 계시 제2장 암소의 장 제275절 가운데 "상업은 허락하지만, 리바는 금한다."[70]라는 알라의 계시에 기인한다. 여기서 리바는 '고율의 이자'를 말하는 것이 아니라 "대부된 원금(또는 현물)에 추가되는 단1%의 이자(또는 부가가치)"를 말한다. 리바라는 단어는 '초과 혹은 부가'라는 뜻이 있다(Roberts, 104) "(빌려주거나 지불한) 원래의 총액(원금) 이상 또는 초과한 부가분(附加分), 그러나 법에서는 특수한 방법―즉 고리대금과

---

68) " 오! 믿는자들이여, 곱절, 그리고 곱절의 곱절이 되는 리바를 삼켜 버리지 말고 알라에 대한 의무를 지켜라. 그리하면 성공할 것 이니라" (꾸란 3:130).

69) 하디스에서 예언자는 " 금:금. 은:은, 밀:밀, 보리:보리, 대추야자:대추야자, 소금:소금, 계량(計量) 및 상접(相接): 계량의 (교환). 만일 교환된 품목이 서로 다르다면, 그 교환은 상접거래에서 발생한 거리낌 없이 자유롭게 제공된다." Nabil A. Saleh, Unlawful Gain and Legitimate Profit in Islamic Law: Riba, Gharar, and Islamic Banking, 1986, Cambridge University Press.

70) 꾸란(2: 275) 원문에는 " … 그 이유는 그들이 "상업은 단지 리바와 같은 것"이라고 말하기 때문이다. 그러나 알라는 상업은 허락하였지만 리바는 금지했다 … "라는 알라의 계시에 의거한다. 본래 리바는 '원금이외에 추가된 부분'이라는 의미로, 오늘날의 이자(fa'aida)와는 다른 개념이다. 영문에서는 이를 고리대금에 해당하는 usury로 돼 있어, 국내번역에서도 단순히 고리대금이라고 번역되는 경우가 많다.

법적, 불법적인 이자(利子)나 이윤(利潤)과 같은 것이거나, 이자나 이윤과 같은 것을 취하는 관례―으로 얻은 부가분을 뜻한다.

리바에는 두 가지 종류가 있다. 첫째는 리바 알-나시아(riba al-nasia)로 '화폐 대출에 대한 이자(利子)'이며, 둘째는 리바 알-화들(riba al-fadl), 즉 '재화에 대한 수익'으로 예를 들면, 품질이 나쁜 대추야자를 주고 품질이 좋은 대추야자를 취하는 것과 같은 "품질이 나쁜 동종(同種)의 재화를 제공하고, 품질이 우수한 동종의 재화를 보다 많이 얻는 것"이다(Darussalam, 1996, The Noble QUR'ÂN).

리바는 대출이나 판매, 구매 및 제공의 목적으로 이뤄진다. 리바에는 ― 법적, 불법적인 ― 두 가지 종류가 있다. 불법적인 것으로는, 대출금 이상을 받거나 이윤을 창출하기 위한 수단에 의한 대출과 이익이 있다. 또한 법적인 것으로는, 어떤 사람이 자신에게 제공된 것 이상을 가져오는 수단에 의한 증여 또는 그 사람에게 주어질 것보다 더 많은 것을 주기 위해 주는 증여와 그가 그렇게 얻은 부가분이 있다.

일반적으로 부가라는 단어는 약속된 기간에 지불되는 음식에 대해서는 음식과 같은 것, 준비된 돈에 대해서는 돈을 매도하거나, 같은 종류의 물건에 대해 그와 같은 것을 교환함으로써 얻은 것을 말한다.

이슬람 교리의 측면에서 리바의 금지는 일종의 불로소득(不勞所得)이라는 인식에서 이루어진다. 이러한 이자금지 사상은 이슬람뿐만 아니라 유대교나 기독교에도 나타난다. 이슬람 출현시기에 메카는 이미 국제적인 상업도시로서 경제적 번영을 누리고 있었으며, 고리대금업에 의한 부의 수탈이나 축적이 횡행하였다. 역사적으로 이슬람 교도에게 리바를 금지했기 때문에 이교도 지역에서도 영리 추구가 가능했던 유대교도가 오히려 금융업을 독점하게 하는 결과를 낳았다.

리바에 대한 무함마드의 생각은 메카 시기의 간곡한 권유로부터 메디나 시기의 철저한 금지로 전개되었다는 것이 일반적으로 용인되는 견해이다. 꾸란은, 리바 금지를 무시하는 사람들은 신과 그의 예언자와 전쟁하는 것이라 천명한다. 리바 금지는 아래와 같은 생각을 표현하면서 꾸란의 서로 다른 4가지 계시(꾸란 2:275-81, 3:129-30, 4:161 및 30:39)에서 명백히 언급하였다. 상업으로부터의 이윤과 리바로부터의 이윤(이자)이 명백한 유사성이 있음에도 불구하고, 단지 상업으로부터의 이윤만 허락하였다.

"돈을 대여했을 때, 무슬림은 원금만을 받아야 하며 만일 채무자가 갚을 수 없다면 원금까지도 포기할 것이 요구된다. 리바는 신의 축복인 부를 빼앗는다. 리바는 타인에게 속한 재산에 대한 적절치 못한 갈취와 같다. 무슬림은 자신의 복지를 위해 리바를 멀리해야 한다."

꾸란은 상세히 설명하지 않는다. 소수 무함마드 동반자들조차도 리바 정의의 모호함에 불만을 표출하였다. 그러나 하디스는 2가지 형태 - 리바 알-화들(riba -al fadl)과 리아 알-나시아(riba -al nasia) - 의 리바를 보다 상세하게 구별하고 있다: 즉, 전자는 등가 중 하나의 불법적인 초과에 의해 산출되는 것이고, 후자는 등가교환의 달성지연에 의해 산출되는 것이다. 초기 이슬람 학자들 또한 리바 알-자힐리아(riba AL-jahiliyya) 혹은 이슬람 이전 리바라는 세 번째 형태를 언급하였는데, 그것은 채권자가 채무자에게 만기일에 채무를 갚거나 그에 대한 두배 보상 중 하나의 선택권을 요구할 때 발생하는 것이다.

리바는 문어적으로 증가(increase)를 의미한다. 이 정의에 기반을 두면, 눈으로 본 것 이상과 이하 모두가 된다. 따라서 리바는 반드시 이처럼 이자율에 관한 것이 아니며, 확실히 전적으로 이자율이 아니다. 리바는 실질적으로 등가(等價)의 수적인 불균형으로부터 파생된 불법적인 이익을 말한다. 이 경우 (증가된 원금이상을 상환하는) 이자나 고리대금은 단지 리바의 한 형태가 된다.

리바가 왜 비난받아야 하는지에 관해서는 서로 다른 설명이 진행돼 왔다. 소수사람들은 편의와 관련이 있지만 대부분 경제적, 윤리적 기준과 관련이 있다. 예를 들면 역사학자 필립 히티(Philip Hitti)는 "고리대금에 대한 무함마드의 권고는 메디나의 유대인에 목적을 둔 것"이라는 설을 제시했다.[71]

이슬람 학자들은 리바의 금지는 고립된 종교적 권고가 아니라 이슬람의 전체적인 윤리, 목적 및 가치와 함께 이슬람 경제질서의 완전한 구성요소라는 사실을 주장해 왔다. 그러므로 거래가 다양한 형태의 물물교역과 교환에 관계되고 종종 시간에 걸쳐 이행되는, 전근대적 경제체제의 도덕경제를 고찰하는 것이 필요하다. 이러한 시각에서 보면 초기 이슬람과 현대의 윤리적, 종교적 제도 간에 현격한 유사점을 발견할 수 있을 것이다(Ibrahim Warde, 58-59).

자카트가 모든 종류의 재화(財貨)에 부과되어야 한다는 주장은 화폐의 소유나 비장(秘藏)을 방지한다. 이는 이슬람이 독점이나 축재가 아닌 형태로 소비하고 투자하도록 권유하고 있음을 말하며, 저축에 관심이 있는 사람은 누구든지 이러한 목적으로 정부기구의 하나인 은행에 예금을 하게 된다. 그렇게 함으로써 은행은 투자를 위한 목적이든 소비를 위한 목적이든 관계없이 돈이 필요한 모든 사람에게 대출하게 된다. 이러한 방법으로 화폐는 생산자와 소비자 모두의 이익을 위해서 순환하게 된다.

자카트를 징수하고, 화폐에 대한 적절한 비용을 부과함으로써 은행이자의 부담없이 돈을 대출해주는 새로운 은행제도를 구상하게

---

71) 무함마드는 유대인들이 고리대부에 대해 이자를 부과할 때 그들의 금융지원을 강력히 바라고 있었다. 무함마드 사후 강력한 리바금지의 고집은 단순한 편의를 넘어선 관심을 제시한다.

되었다. 이러한 제도 하에서 차입자들은 그들의 부채를 해결하기 위하여 대출자들에게 보다 신속하게 행동할 것이다. 아울러 기술혁신과 생산증가를 위해 차입자들은 충분한 기금을 조성하게 될 것이다. 이렇게 함으로써 생각보다 완전고용은 정상적으로 이루어질 것이며, 노동은 최대수요가 되어 희소한 생산요소로 전환될 것이다 (홍성민, 1991, 454-455).

따라서 리바를 금지하는 이슬람 금융을 단순히 이자가 없는 금융 혹은 무이자은행(無利子銀行)으로 인식하면 큰 오류를 범할 수 있다. 이슬람 금융의 궁극적인 목적도 여타의 금융권과 마찬가지로 이윤추구에 있으며 그 제한적인 장치로 종교적 덕목이 활용되고 있다. 리바의 해석과 활용은 매우 광범위하며 유동적이다. 리바의 해석은 마치 물과 같아서, 액체 상태에선 물로 설명되지만, 고체 상태에선 얼음으로 기체 상태에선 수증기로 해석된다. 그렇기에 이슬람 금융에서 리바의 해석에는 각별한 주의가 요망된다.

4. 이슬람 경제의 핵심, 자카트(Zakhat)[72]

1) 자카트의 정의

자카트는 이슬람의 오주(五柱), 즉 다섯 기둥(five pillars of Islam)중

---

[72] 자카트(Zakat)의 목적에 관해서는 꾸란 (2:273), (9:60), 그리고 자카트에 관한 일반내용은 꾸란 (2:3, 43, 83, 110, 177, 277), (3:85), (4:77, 162), (5:12, 55), (6:141), (7:150), (9:5, 11(7:71), (19:31, 755), (21:73), (22:41, 77), (23: 4), (24:37, 56), (27:3), (30:39), (31:4), (33:33), (41:7), (58:13), (73:20), (98:5)에 내용이 언급돼 있다.

하나이며, 그 법적 의미는 '부(富)에 대한 권리' 또는 '수혜자에게 제공하도록 알라에 의해 계시가 된 부의 일종'을 말한다. 언어적 의미에서 자카트는 '성장(成長) 혹은 정화(purification)'를 뜻한다.

샤리아에서는 두 가지를 뜻한다. 첫 번째는 '부의 증대를 가져오는 것' 혹은 '상업과 농업에 있어서 보다 많은 보상(報償)을 해주거나 부를 증진시키기에 적합한 것'이다. 두 번째는 '모든 허욕과 죄악으로부터 인간의 정신을 정화하는 것'을 말한다. 샤리아에서 자카트는 "무슬림으로서 자유인이어야 하며, 성숙하고 이성을 판단할 수 있는 재산의 소유자가 지불하는 것이다."라고 정의되어, 무슬림에게 일종의 의무를 부과하는 것으로 이해되기도 한다.

이러한 자카트는 이슬람 공공금융의 핵심이며 중추이기에 그 내용 또한 사회적, 경제적, 도덕적 측면을 포함하고 있다. 사회적 측면에서, 자카트는 활동력 있는 부자들이 사회적 책임을 행하게 함으로써 사회로부터 빈곤을 추방하도록 이슬람이 규정한 규율이다. 경제적 측면에서, 자카트는 국고에 대한 무슬림의 강제적 기부금이기에 소수사람들에게 부의 불건전한 축적이 이루어지는 것을 금지하며, 부가 그 책임을 다하기 전에 소유자의 손에서 쓸데없이 낭비되는 것을 금지한다. 도덕적 측면에서, 자카트는 부자의 탐욕과 욕심을 깨끗이 정화해 준다.

2) 자카트의 목적

자카트의 가장 중요한 목적 중 하나는 마음을 정화(淨化)하는 것이다. 한 인간의 개체 가운데 가장 중요한 것이 마음이다. 이슬람 사회에서는 한 개인의 마음이 병들면 모든 육체가 병들어 사회 공동생활의 핵심인 가족이 병들고 나아가서는 공동체와 국가 그리고 전세계가 같은 원리로 병든다고 본다.

재물에 대한 인간의 탐욕과 허욕, 가난한 사람의 부자에 대한 시기와 질투, 여기서 파생되는 증오와 저주, 수단과 방법을 가리지 않고 재물을 축적하려는 경쟁에서 오는 투쟁, 불안, 초조, 미움 등이 가득한 인간의 마음은 자카트 행위를 통해서 정화된다.

부자가 내는 자카트는 사회, 경제적 측면에서 볼 때, 부의 재분배이다. 또한 자카트를 통해 내는 사람 스스로는 마음의 평안을 갖게 되고, 자카트를 수혜 받는 사람은 감사하는 마음과 사랑을 느끼게 된다. 그러므로 재물을 축적하기 위한 경쟁과 투쟁의 마음이 정화되고 시기와 질투가 사랑과 협동으로 정화된다.

아울러 기부자와 수혜자는 가장 이상적이고 안정된 현실사회를 이룩함으로써 얻는 행복은 물론 더 나아가 자카트의 의무가 영원한 내세적 행복을 누릴 수 있는 천국으로 그들을 인도한다는 영적 행복까지 얻게 된다(위의 책, 456-458).

3) 자카트의 특성

자카트는 개인 총자산에 대해 매년 부과되는 특별세(特別稅)로 국가에 의해 징수되는 세금의 일종이며, 이 기금은 주로 여러 형태의 사회보험과 같은 특수 목적을 위해 사용되지만 정부지출로는 사용될 수 없다. 자카트는 개인이 가진 모든 종류의 부에 적용되며 연초의 면세한도액을 상회하면 그해의 저축액도 이에 포함된다. 이러한 특성 때문에 자카트는 이슬람 거시경제제도에서 중요한 역할을 한다. 또한, 자카트는 순자산이 생산활동에 사용되거나 아니면 유휴

상태 혹은 사치성부문에 소비되든 간에 아무 상관없이 순자산 가치를 기준으로 부과된다.

자카트가 갖는 효과를 분석하기 이전에 아래와 같은 점을 주목해야 한다. ① 금괴, 화폐(지폐, 주화 및 예금), 부채는 순자산가치에 포함되는 반면, 농지는 이에 포함되지 않는다. ② 공적 소유물은 자카트에 적용을 받지 않는다. ③ 자카트에 적용되는 고정세율은 예언자에 의해 설정된 것으로 농업생산물을 제외한 모든 순자산 가치에 대해 (가축의 경우에도 동일하게) 2.5%가 부과된다. 다만, 예외로서 자카트는 농토지 대해서는 제외되며, 농업생산물은 해당 농지가 자연적인 수단(예, 빗물)에 의하느냐 아니면 인공에 의한 관개경작에 의하느냐에 따라 달라진다. ④ 자카트의 세율은 연말의 순자산가치의 최소 면세한도를 초과할 경우 소득의 적자나 흑자에 관계없이 적용된다. ⑤ 이러한 방법으로 모은 자카트 기금은 빈민 등에게 혜택이 돌아간다. ⑥ 자카트는 총자산이 아닌 순자산 가치에 입각해서 부과된다.

이러한 자카트는 첫째로 사유재산제도와 자유경쟁이 허용되는 국가의 경제원칙이 적용되는 체제하에서의 조세(租稅)이다. 둘째로 과세할 수 있는 부를 소유한 사람을 고려하지 않는 부(富) 그 자체에 대한 세금이다. 다시 말하면, 납부자가 미성년자이건 바보이건 노예이건 간에 문제되지 않는다. 셋째로 시장가치를 갖는 모든 부는 꾸란에 명시된 금지명령에 의해 특별히 면세된 재화를 제외하고는 자카트를 의무화하고 있다.

그러나 자카트에 관한 초기 이슬람시대에 규정된 재산의 범주는 강력하게 유지되지 못했다. 그러므로 자카트에 대한 현대적 의미의 해석이 이슬람 법이 이슬람 학자들에 의해 조심스럽게 논의되고 있다. 아랍연맹(Arab League)도 이 주제에 관한 세미나를 개최하고 있으며, 아랍 세계의 사회적 결속에 관한 종합보고서가 1962년 10월 바크르에서 개최된 회합에서 제시된 바 있다. 이 보고서에서는 초기 이슬람시대에는 나타나지 않았던 산업용 기계, 지폐, 전문직종 소득 및 무역 등이 주요 의제로 등장하였다(위의 책, 456-458). 현대 이슬람 사회에서도 자카트 제도는 그 항목과 내용이 계속 논쟁거리가 되고 있다. 이슬람 금융의 경우, 국가나 업무내용에 따라 적용범위가 달라지기에 샤리아위원회는 이러한 문제에도 자문한다.

5. 이슬람 경제학의 시도와 접근

1) 이슬람 경제학의 정의

이슬람 경제학을 정의하는 한 가지 방법은 이슬람과 현대 경제학의 용어를 조화시키는 것이다. 다시 말해서 이슬람 경제학이란 '이슬람 원칙에 따르는 경제학의 연구' 또는 '샤리아(Shari'ah)와 일치하는 경제학을 제시하는 행위'이다. 이는 이슬람 경제학의 보편적인 수용성을 뜻한다.

이슬람 경제학을 정의하는 또 다른 방법은 최근의 경제학 또는 최소한 비평을 받는 경제학과 이슬람을 조화시키는 것이다. 로빈스(Robbins)의 정의[73]에 따르면, 이슬람 경제학은 샤리아의 견지에 따르는 선택적 사용이

---

73) 로빈스의 '이슬람적' 이라는 용어는 '판단의 틀' 이 전제되어야 한다. 화폐형태로의 저축은 많고 적음에 관계없이 이자가 금지되며, 자카트는 불우한 사람의 수혜유무에 관계없이 자카트가 부과된다. 또한, 인간이 어떤 것을 어느 범위까지 소비하느냐의 선택은 절대적인 자유가 아니다.

있는 목적과 희소한 수단간의 관계로서 인간행위를 연구하는 과학으로 규정할 수 있다(S. M. Hasanuz Zaman, Winter 1984, 51).

이슬람 경제학의 정의는 '이슬람적 생활양식'의 특성인 어떤 필수조건과의 조화가 필요하다. 이슬람의 경제활동은 인간의 욕망과 경험으로 규율될 수 없으며, 샤리아 기본율법에 의하여 규율되어야 한다는 것이 첫 번째 필수조건이다. 사회과학으로서 이슬람 경제학은 도덕적 가치와 독립적이지 않기 때문에 이슬람 경제학의 규범적인 측면은 실증적 측면보다 더욱 강조된다.

사실상 이슬람 경제학에 있어서, 현존하는 경제현상의 분석과 이슬람의 목적에 일치하는 적절한 행동경로를 결정하는 수단은 규범적인 측면이다. 즉, 샤리아는 개인뿐만 아니라 그 사회가 달성하기 위해서 노력해야 하는 특수한 목적을 규정하고 있다. 그러나 샤리아는 단지 개인의 경제행위를 인정하고 사회적으로 바람직한 목적을 제시하는 일종의 기본원칙을 제공할 뿐이다.

이러한 상황은 각기 다른 경제성장과 사회발전의 단계에 적합한 전략을 선택할 경우, 규정된 범위내에서만 자유를 가능케 해준다. 그렇다고 이러한 행동의 자유가 이슬람 사회에서 매우 필수적이고 근본적인 목적을 무시하도록 고안되지는 않았다. 이들 목적은 알라(Allah) 자신이 규정한 '사회적 책임'을 포함하는 알라에 대한 인간의 의무를 이행하는 것이다. 자만(Zaman)은 이러한 특성을 포함하는 이슬람 경제학의 정의를 다음과 같이 제안하고 있다(S. M. Hasanuz Zaman, Winter 1984, 52).

"이슬람 경제학은 인간에게 만족을 제공하기 위한 획득과 선택에 있어서 불의를 방지하고, 알라와 이슬람 사회에 대한 의무이행을 가능케 할 수 있는 샤리아 율법과 규칙에 대한 지식과 적용이다."

일반적으로 모든 경제활동의 목적은 '인간의 욕망에 대한 만족'이다. 그러나 이슬람에서는 경제활동 그 자체가 목적이 아니다. 인간은 자기 자신 홀로 혹은 그 일가친척만으로 살도록 가정되지 않았으며, 사회적 존재로서 인간의 의무는 이보다 훨씬 더 크다. 사회의 모든 가난한 사람들을 부양할 의무가 있다. 무함마드의 추종자들은 자신의 욕망충족과 그들 가족의 부양의무 이외에 성전(jihad)에 재정을 지원하도록 규정하였다.

무슬림은 자신과 자신 가족의 욕망충족은 물론 그들 사회에 대한 의무를 실행하기 위하여 생계비를 번다. 이것은 알라가 인간에게 명(命)한 것이며, 인간의 획득 또한 신앙심이 깊은 행동 즉, 기도(ibādāt)로 이끄는 목적이다. 이와 관련하여 아크람 칸(Akram Khan)은 이슬람 경제학을 아래와 같이 정의하고 있다.

"이슬람 경제학은 협력과 참여를 바탕으로 이 지구상의 자원을 유기체화(有機體化)함으로써 달성되는 인간의 활라흐(Falāh)[74]에 관한 연구를 목적으로 한다."

위에서 언급한 자만과 아크람 칸의 이슬람 경제학에 관한 정의는 근본적인 경제문제를 의미 있게 상술한 시도로 볼 수 있지만, 기본적인 취약점이 내포돼 있다. 이들 두 학자의 정의는 경제적 대리인이 샤리아 율법이나 인간의 활라흐(福祉)에 관심 없는 사람에게는 논쟁의 대상이 될 수 없다. 취약점의 본질은 샤리아나 활라흐를 개인에게 의무화시키고 있다는 점에 있다.

만일 이기심에 기초를 둔 효용(utility)에 근거한 경제인이 대표적

---

[74] M. Akram Khan, Islamic Economics : "Natural and Need", 1984, JRIE, Vol. 1, No. 2, pp.55. Falāh란 아랍어로 복지(well-being), 번영, 성공 등을 의미하는 말로서 이 지구상에 나타나는 세 가지 사실- ① 궁핍 ② 권력 ③ 명예-로부터의 자유 또는 생존을 말한다.

인 경제인이라면, 그는 샤리아나 활라흐에서 어떠한 해결책도 찾지 않을 것이기에 이슬람 경제학을 발전시키기 위한 과학적 정당성을 상실하게 될 것이다.

그러나 샤리아의 확립과 활라흐의 달성이 필요한 이슬람 사회의 대표적인 경제적 대리인이 무슬림이라면, 이슬람 경제학은 관련성을 갖게 될 것이다. 이러한 인식은 이슬람 경제학의 샤리아 패러다임을 발전시키기 위한 과학적 배경을 제공해줄 것이다. 이 패러다임에서 대표적인 경제단위로서 무슬림에 대한 인식은 이슬람화(Islamization) 과정을 내포하게 된다.

이러한 과정을 파악하기 위해서는 경제과학의 구조에 대한 이해가 필요하다. 무함마드 아리프(Muhammad Arif)는 경제과학의 구조를 아래와 같은 [그림 4-1]로서 나타내고 있다(Muhammad Arif, 1985, 88).

[그림 4-1] 규범과학의 구조: 경제학의 구조

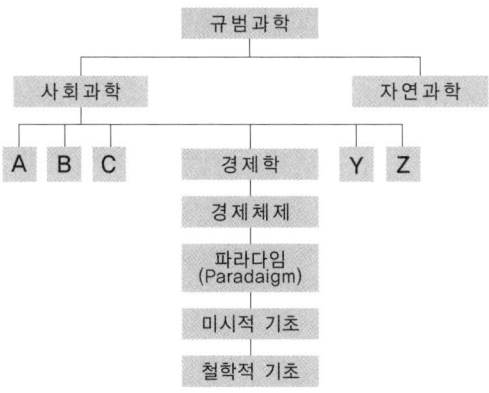

다음 그림에서 경제체제는 이를 따르는 패러다임의 결과라는 사실을 나타낸다. 패러다임의 선택은 그 사회에서 각 개인의 행태를 반영

하며, 실제로 각 개인의 행위는 그 체제의 미시적 기초 배경이 된다. 그리고 각 개인이 믿는 철학은 그들의 행동에 의해 구체화된다.

이와 같은 경제과학의 구조를 이용하여, [그림 4-2]와 같은 이슬람 경제체제와 자본주의 및 사회주의 체제 간의 위치를 파악할 수 있다.

[그림 4-2] 미시적 기초의 배경과 경제체제와의 관계[75]

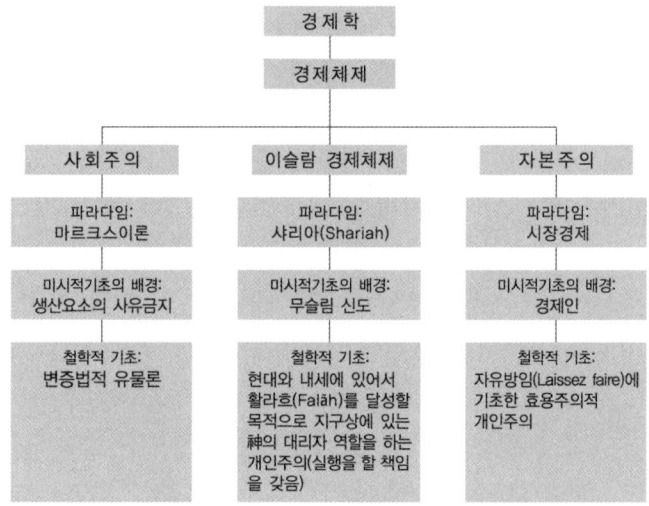

무슬림의 합리적 행위에 대한 연구결과는 바로 이슬람 경제학에서 샤리아 패러다임의 발전이다. 위에 주어진 이슬람 경제학의 과학적 기초를 근간으로 하여 무함마드 아리프는 이슬람 경제학을 아래와 같이 정의하고 있다.(Muhammad Arif, 97).

---

[75] 이 그림은 토마스 쿤(Thomas Kuhn, 1970)의 「과학혁명의 구조(The Structure of Scientific Revolution)에서 규범과학의 구조적 조직에 기초한 것이며, 이슬람 경제체제의 철학적 기초와 패러다임에 관해서는 무함마드 아리프(Muhammad Arif, 1985)의 "이슬람 경제학 정의에 관하여: 과학적인 조건(Toward a Definition of Islamic Economics: Some Scientific Conditions)," JEIE(Journal of Research in Islamic Economics) Vol. 2, No. 2, pp.89-92 참조.

"이슬람 경제학은 활라흐(Falāh)를 달성하기 위하여 신탁(神託)아래 있는 자원을 체계화하는 무슬림 행위에 관한 연구이다."

무함마드 아리프의 정의는 무슬림의 행위와 결정이 샤리아(Shariah)에 기초한 것이며, 불의, 협력 및 참여의 금지 등과 같은 특성이 얼마 되지 않는다는 사실을 보여준다. 이러한 정의는 '활라흐(Falāh)' 라는 용어로 자만(Zaman)의 정의에 있는 '만족(滿足)' 개념을 대치시킨 것에 불과한 것이다.[76]

아크람 칸의 정의도 근본적인 경제문제의 해결에 이르지 못하며 단지 인간생활을 교화(敎化)하는 데 초점을 맞추고 있다. 만약 어떤 개인이 합리적 경제인(經濟人)이라면, 그는 활라흐 달성에 관심이 없을 것이며 그의 행위 또한 활라흐에 의해 규제되지도 않을 것이다. 활라흐를 추구하는 각 개인에 대한 명백한 언급만이 이슬람 경제학의 샤리아 패러다임과 일치하는 정의를 유도하는 과학적 조건이 될 것이다. 그러므로 아크람 칸에 있어서 '노력과 참여' 라는 용어사용은 아래의 두 가지 이유로 비판받을 소지가 있다.

첫째, 과학적 의미에서 볼 때, 이슬람 경제학의 정의는 근본적인 경제문제의 상황에 한정돼야 한다. '협력과 참여' 라는 용어는 경제의 근본문제에 대한 직접적인 표현이 아니라 이슬람 경제에 있어서 샤리아 패러다임의 특성을 나타낸다.

둘째, 운용상의 문제에서 볼 때, 협력과 참여의 함의(含意)는 이슬람 경제에 대한 불필요한 제한이다. 만약 모든 경제활동이 협력과 참여의 바탕에서 실행돼야 한다면, 인간의 창의성에는 어떠한

---

76) '만족(滿足)' 이라는 의미는 자만(Zaman, 1984), "이슬람 경제학의 정의(Definition of Islamic Economics)", JEIE, Vol. 1, No. 52-53 쪽 참조. 여기서 '만족(satisfaction)' 이라는 용어는 전통경제학에서 사용하는 '효용(utility)' 과 동일한 개념이다.

현상이 발생하겠는가?

현대 경제학에서도 "경제학이란 무엇인가?"라는 정의를 내림에 있어 여러 가지 학설이 있듯이 이슬람 경제학에서도 정확한 정의를 내린다는 것은 결코 쉬운 일이 아니다. 위에서 보았듯이 자만, 칸, 아리프의 정의가 소개되었지만, 어느 것이 정확한지는 애매모호하다. 이 가운데 아리프는 ① 근본적인 경제문제의 언급에 대한 한계 극복, ② 모호하지 않은 개념을 이해하기 쉬운 전문용어로의 대치, ③ 대표적인 경제적 대리인으로 무슬림을 인정하는 방법으로 이슬람 경제학에 관한 정의를 내리고 있다.

이슬람 경제학이 '무슬림의 행위에 관한 연구'임에 틀림없지만, 그 의미가 너무 포괄적이다. 앞의 논의들을 종합해볼 때, 무슬림이 직면한 근본적인 경제문제는 (알라에 복종하는) 알라의 대리인으로서 인간이 활라흐 달성을 위해 신탁 아래 있는 자원을 활용하는 것이다(홍성민, 1991, 438-440).

따라서 이슬람 경제학이란 "무슬림이 협력과 참여를 기초로 활라흐 달성을 위해 신탁 하에 있는 지구상의 자원(資源)을 체계화하는 학문"으로 정의할 수 있다.

2) 이슬람 경제학의 방법론

인간의 행위는 그것이 경제적이든 아니면 다른 목적이든 간에 무엇보다도 자신의 견해, 믿음 혹은 도덕적 기준에 의해 크게 영향을 받기 때문에 이러한 변수에 영향을 미치는 것은 당연히 광범위한 결과를 가져와야 한다. 사무엘슨(P.A. Samuelson) 같은 학자들은 실증적 진술(陳述)과 규범적 진술을 명확히 구별하는 실증주의자들의 견해를 지나치게 강조한다. 그러나 이러한 구별에 대해 못마땅하게 생각하는 이유는 규범적 진술을 받아들이기 전에 그 진술을 증명하기 위해 많은 시간과 돈이 지출되는 매우 드문 경우에만 타당성이 있기 때문이다.

몬저 까프(Monzer Kahf)는 이슬람 경제학의 연구에서 뿐만 아니라 이슬람의 사회현상을 다루는 모든 연구에 두 가지 어려움이 있다고 한다(Monzer Kahf, 1978, 9). 그 어려움은 이슬람의 경전인 꾸란과 순나의 성격으로부터 발생한다. 꾸란은 무함마드에게 계시(啓示)가 된 신(神)의 말씀이며 인간생활과 행위에 관한 지침서이기에 법률, 정치, 경제 등과 같은 인간생활의 일면만을 다루는 부분이나 장(章)으로 구성되어 있지도 않고, 그로부터 파생된 행위의 적용이나 법칙들을 발견해낼 수 있는 제목이나 항목으로 구성되어 있지도 않다.

꾸란은 단지 해결책의 윤곽만을 언급하기 때문에 무슬림학자와 사상가들은 세분화되지 못한 것들을 완성하고 개발하는 의무를 갖게 된다.[77] 그래서 주어진 상황과 이러한 원칙을 토대로 일반이론을 도출해내기 위해 꾸란을 해설하고 규약을 이루는 교훈을 꾸란에 연결시킨다.

이러한 이론에 대한 접근과 이론을 발전시키는 것은 무슬림 학자들의 임무이며 이들의 노력과 그 결과는 신이나 꾸란에 돌려질 수 없다. 또한, 제2의 경전인 순나는 꾸란에 대한 무함마드의 이해와 적용이다. 그러므로 영구적이고 모든 시대에 적합한 꾸란의 교훈에 대한 무함마드 – 국가 지도자이기도 했던 – 의 태도와 그 시대 상

---

77) 꾸란에서는 단식(2:184), 결혼(2:219-22), (4:25-28), 음주와 도박(2:219), 마법(2:102) 및 일반적인 생각(2:10-13), (4:83), (22:47), (23:1), (28:43-47), (28:50-51), (30:41) 등을 언급하고 있다.

황에만 구속되는 용도를 구분하는 것은 매우 어렵다.[78]

이슬람 경제체제는 이슬람 생활의 교리에 바탕을 두고 형성되어야 한다. 이슬람 체제의 이치나 원리들은 규정되어야 하며, 체제가 운용되는 과정 또한 체제의 순수성과 적용성을 보여주기 위해 명확해야만 한다. 다시 말해서, 이슬람 경제체제와 이 체제의 다른 분야와의 구분은 분명해야 한다. 그러나 이슬람 경제학에 대한 저술에서는 이 문제를 거의 등한시하였다. 그 결과 '이슬람 경제체제'를 다루는 몇몇의 책이 실상은 체제의 법률상 배경만 다루거나 때로는 이슬람 경제원리만 다루고 있다(심의섭, 홍성민, 1987, 10).

세속적인 사회와 이슬람 성향이 있는 사회와의 주된 차이점은 내세론(來世論)이기 때문에, 신앙과 내세에 대한 인식은 사회적 행동을 변화시킬 수 있다. 이슬람 문헌에서 확실히 나타나는 점은 무가치한 세속사회와 이슬람 사회 간의 일반적인 차이가 사회분석에 있어서 근본적으로 서로 다른 전제를 제시해주고 있다는 것이다. 이러한 전제들은 신고전파적 분석의 틀[79]에 자리 잡고 있는 행위론적 공준(behavioral postulate)이다.

실제로 이슬람 경제학의 분석중 상당수가 이 신고전파적 방법을 이용하여 이루어지고 있지만 이러한 사회분석가들도 신고전파 경제학과의 관련성을 의문시한다. 신고전파적 분석수단은 일종의 공

---

78) 경제학 분야에서 꾸란과 순나로부터 복잡한 세목(細目)을 이론화시키기 위한 최초의 시도는 1964년 알-싸드르(Al-Sadr)에 의해서 이루어졌다. Monzer Kahf(1978), The Islamic Economy, Plainfield : Muslim Student Association, pp.10.

79) 신 고전학파 경제학은 실증과학으로서의 경제이론을 특징으로 한다. 실증경제학의 방법론은 이론모형의 구성, 연역, 검증, 이론모형의 개선, 다시 연역, 검증이라는 과정을 통해 경제이론조화가 필요하다 더 진리에 접근할 수 있음을 가르쳐주고 있다. 이 내용에 관해서는 이형순, 1987, 「현대경제학의 사조」, pp.17-22 참조.

리(axiom)에 기반을 두고 있기 때문에 이러한 방법의 이용은 특수한 세계관에 대해 분석가들을 제약한다(Shahrkh Rafl Khan, 1985: 83).

3) 이슬람 경제학의 범위

현대 경제학에서 선택의 문제는 주로 개인의 합리적인 생각에 의존한다. 그들은 사회적 필요를 고려하거나 혹은 고려하지 않을 수도 있다. 그러나 이슬람 경제학에서 개인은 그들이 마음대로 자원을 배분할 위치에 있지 못하다. 이점에 있어서 이슬람 경제학은 개인의 능력에 대하여 꾸란과 순나에서 부과된 중요한 도덕적 제한이 있다. 마난(M.A. Mannan)은 [그림 4-3]으로 이슬람의 경제활동 반경을 설명한다.

[그림 4-3] 경제활동의 반경

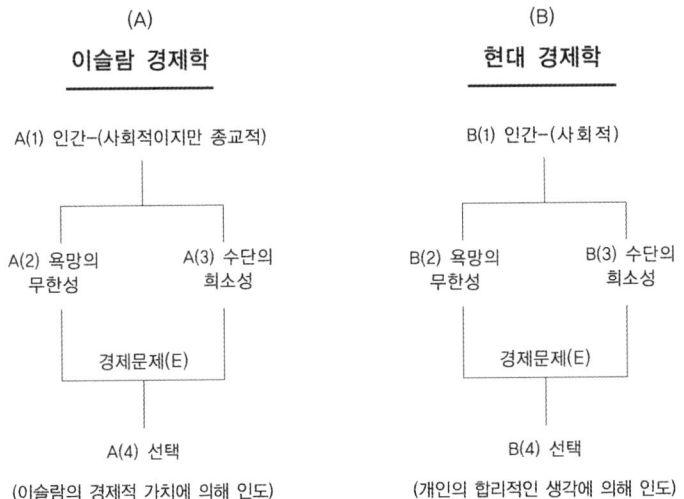

이슬람 경제학에서는 사회적 개인뿐만 아니라 종교적 성향이 있는 인간 〈A(1)〉을 연구하는 반면, 현대 경제학에서는 일차적으로 사회 속에서 생활하는 인간 〈B(1)〉에 관심이 있다. 그리고 목적, 〈A(2), B(2)〉의 다양성(多樣性)과 수단의 희소성(稀少性), 〈A(3), B(3)〉 때문에 경제문제, 〈E〉가 발생한다. 이러한 문제는 현대 경제학이나 이슬람 경제학이나 근본적으로 동일하지만, 선택에 관한 차이가 발생한다. 이슬람 경제학은 이슬람의 기본적인 가치, 〈A(4)〉에 의해 인도되고, 현대 경제학은 자본주의적 사회와 경제적 구조가 주로 개인의 일시적인 생각, 〈B(4)〉에 의해 조절된다는 사실에 기초하고 있다.

이러한 차이는 이슬람 경제학이 목적에 중점을 두는지 아니면 서로 다른 목적들 사이에서 중립을 유지해야 하는지에 대한 논쟁을 불러일으킨다. 왜냐하면 현대 경제학은 서로 다른 목적들이 무차별적이기 때문에 경제문제를 당위가 아닌 존재로 토론한다.

다시 말하면, 현대 경제학은 가치판단에 중점을 두지 않는다. 로빈스(Robbins)는 이와 관련하여, "경제학의 주제(主題)문제는 한편으로는 행동성향으로 인식된 목적들 간의 관계이며, 다른 한편으로는 기술적이고 사회적인 환경과의 관계이다."라고 말한다. 이와 같은 목적들은 주제문제의 일부를 형성하지도 않고 기술적이며 사회적인 환경을 형성하지도 않는다. 경제학은 단지 이들 간의 관계이며, 경제학자들 간에는 이것 자체가 중요한 것이 아니다.

한편, 최근에 힉스(Hicks), 랑게(Lange), 칼도아(Kardor) 같은 학자들은 엄격히 과학적 바탕에 기초한 「후생경제학(Welfare Economics)」의 최소한 일부를 복원하려는 시도 하였다. 경제정책론에 있어서 목표설정의 전제가 되는 목표선정의 판단기준을 설정하려는 시도는 이미 후생경제학의 창시자 피구(A. C. Pigou)의 '후생(厚生)의 3명제' - 경제적 복지는 여타 조건이 같다면, 국민소득의 증대, 균형, 안정으로 증대될 것이다 - 를 비롯하여 적지 않게 이루어졌다. 그러나 피구의 명제가 가치판단을 포함하고 있다는 비판을 받은 이후 후생경제학(厚生經濟學)은 후생기준의 연구범위를 자원의 최적배분이라는 의미의 효율(效率)에만 한정했다.

이러한 기준에 의하면 경제적 자원이 최적수단으로 배분될 때 경제적 후생이 극대화된다. 그러므로 후생경제학의 임무는 단순히 이같은 최적 할당의 조건을 분석하는 것이다. 또한, 후생(welfare)이라는 용어도 이 학자들이 어떠한 윤리적 의미도 부과하지 않았다는 점에 주목해야 한다.

이슬람 경제학은 서로 다른 목적들 사이에서 중립적으로 존재할 수 없다. 그러므로 알코올성 음료의 제조와 판매에 관한 행동이 현대 경제체제에서는 좋은 경제활동이 될 수 있지만, 이슬람 국가에서는 결코 용납될 수 없다.[80] 현대 경제학에서 개인의 후생은 가치규모에 따른 상품 및 서비스의 기능향상과 개인의 목적달성을 위해 기울여야 할 노력과 희생 등으로 간주되어 그 역할이 감소한다. 그러나 이슬람 경제학에서는 꾸란과 순나의 규범에 따라 경제적 자원이 제대로 분배되어 다른 사람을 더욱 빈곤하게 만드는 일이 없어지거나, 혹은 재분배(再分配)를 통해 한 개인을 더욱 부유하게 하는 것이 불가능한 상태가 되면 사회적 후생이 극대화 된다고 말한다.

이와 같은 방법으로, 인간의 복지를 증진하기 위한 화폐소득과 화폐지출은 조화를 이룬다. 그러므로 이슬람 경제학은 어떤 면에서

---

[80] 마난은 후생은 화폐형태로 측정될 수 없다고 한다. M. A. Mannan, 1970, Islamic Economics, Lahore: Publications, pp.5.

는 다소 제한적이며 또 다른 면으로는 현대 경제학보다도 더 복합적이다. 이슬람 경제학은 알라(Allah)의 유일성과 꾸란과 순나에 반영된 그의 도덕적 가르침에 나타나는 신앙이 있는 사람들에게만 관련되기 때문에 다소 제한적이다. 이슬람 국가에서 인간의 후생을 증진할 수 없는 활동은 장려될 수 없다. 그러나 인간의 후생에 대한 개념은 정적(靜的)일 수 없으며, 항상 상황변화와 밀접한 관련이 있다(M. A. Mannan, 7).

또한 이슬람 경제학은 정치, 사회, 윤리, 도덕과 같이 비경제적인 요소에 대한 인식이 있기 때문에 복합적이라 볼 수 있다. 어떤 의미에서는 실질적인 결정상황을 논박하는 현실세계의 난폭함이나 마찰과 같은 비경제적 요소의 인식을 고려한 응용(應用)경제학과도 같다.

그러므로 이슬람 경제학의 범위는 이슬람에 있어서 부의 윤리적인 견지에 따라 인간사회에서의 희소자원(稀少資源)에 대한 관리가 이루어져야 할 것이다. 다시 말해서, 그 범위는 부의 물질적인 원인뿐만 아니라 소비와 생산에 관한 이슬람의 금지에 관련된 비물질적(非物質的)인 재화와도 관련되어야 한다(홍성민, 1991, 446-449).

4) 이슬람 경제학의 내용

이슬람 경제이론도 현대경제이론과 마찬가지로 경제의 전반적인 내용을 다루고 있다. 한국에서 이슬람 경제에 관한 연구는 비교적 이른 시기에 이루어졌다. 필자가 한국중동학회 논총에 1984년 '이슬람의 자카트와 이자에 관한 연구'라는 논문을 발표하였다. 그리고 곧이어 1985년에 카라치에서 발행된 이슬람 경제학의 석학(碩學) 마우두디(S. Abul A' La Maududi)의 「인간의 경제문제와 이슬람적 해결(Economic Problem of Man and Its Islamic Solution), 1947」과 현대 이슬람 경제학의 권위자인 몬저 카프(Mozer Kafh)가 저술한 내용을 북미 이슬람 학생회가 1978년 발행한 「이슬람 경제(Islamic Economy), 1978」를 번안(飜案)하여 필자와 심의섭 교수가 「이슬람 경제학」으로 소개한 것이 한국에서는 이슬람 경제학에 관한 최초의 시도가 될 것이다. 그 후 쿠르시드 아흐마드(Ahmad, Kurshid)의 「이슬람 경제학의 연구(Studies in Islamic Economics), 1980」내용을 추가·보완하여 「현대이슬람 경제론(1988)」이라는 제목으로 다시 소개하였다. 아울러 홍성민의 「중동 경제론, 1991」에서도 이슬람 경제학에 관한 내용이 요약 되어 소개된 바 있다.

따라서 본서에서는 중요한 개념만을 다루기로 한다.[81] 이슬람 경제이론은 ① 소비이론, ② 생산이론, ③ 시장구조(자유기업), ④ 거시통화이론, ⑤ 경제정책 등 다양한 분야에 대해 개척돼있으며, 최근에는 이슬람 금융(Islamic Finance)이 연구의 주제로 각광받고 있다.

(1) 소비이론

① 이슬람 합리주의

자본주의 출현 이후 유럽에서 발달한 소비자 행위이론은 쌍대(duality)이론, 즉 '경제적 합리주의'와 '공리주의'의 소산이다. 경제적 합리주의는 인간의 행동을 "경제적 성공을 지향하여 예견과 신중으로 정밀하게 계산하는 것"으로 해석한다. 경제적 성공은 "인간을 이용하여 화폐를 만들어 내는 것"이라고 엄격히 규정한다. 부

---

81) 이슬람의 경제이론에 관해서는 심의섭, 홍성민, 1985, 「이슬람 경제학」, (서울: 도서출판 마루), 41-206쪽, 심의섭, 홍성민, 1987, 「현대이슬람 경제론」, (서울: 집문당) pp.63-158에 자세히 소개되어 있다.

의 획득은 그것이 화폐이든 재화이든, 삶의 궁극적인 목적인 동시에 경제적 성공의 척도이다. 이러한 철학적 윤리는 경제적 성공과 관계있고, '경제적 성공' 으로부터 유래한다. 축재(蓄財)의 성공은 미덕과 숙련의 결과이다. 공리주의는 도덕적 가치와 태도로부터 출발한다. 정직은 신용을 보장해주기에 유용하며, 시간엄수, 근면, 절약도 똑같이 유용하다.

이러한 이중적 기원으로 부터 소비자 행위이론이 나왔다. 이 이론은 효용의 극대를 소비자의 당연한 목적으로 생각한다. 효용의 극대화는 경제적인 만족을 최상의 수준으로 하는 것이 유일한 목적이며, '화폐에 대한 감각', 금전주의가 유일한 자극제인 경제인(homo economicus)의 것이다. 자본주의 소비자행위이론은 두 단계를 거친다.

첫 단계는 한계이론(marginal theory)과 관련된 것으로, 이에 따르면 소비자 효용은 기수단위로 정확하게 측정할 수 있다. 두 번째 단계, 좀 더 근대적인 단계에서는 효용의 가측성과 기수성을 배제한다. 아무튼, 현대이론은 한계 대체율 간의 균형이 무차별곡선(無差別曲線)의 기울기와 화폐가격의 비율, 즉 소비제약선의 기울기와 같을 때 이뤄진다고 본다.

이슬람 학자들은 합리주의와 소비자이론이 인간행위를 한정된 측면에서 일차원적으로 다루고 있다고 비난한다. 이들은 막스 베버가 말한 것처럼, "인간행위가 예견과 신중으로 경제적 성공을 지향하는 정확한 계산에 바탕을 두고 있다."라고 주장한다. 그러나 이슬람 학자들은 '경제적 합리주의'의 대안이 '여유없는 농부의 존재' 또는 '길드 수공업자들의 특권 받은 전통주의' 라는 막스 베버의 주장에는 반대한다. 이슬람 경제학에서 합리주의는 이슬람의 가치관과 어울리며, 그 대안으로서 이슬람 합리주의의 기본요소인 ①성공의 개념, ②

소비자 행위의 시간척도, ③부(富)의 개념 등을 제시한다.

a. 성공의 개념

이슬람에서 '성공의 개념'은 항상 도덕적 가치와 연관이 있다. 씨디끼(M.N. Siddiqi, 1972)[82]는 "이슬람은 물질적 향상에 대한 노력을 제한하지 않는다 … 경제활동에 있어서 덕(德)과 선(善)이 결코 금욕주의나 경제적 목적을 부인하는 의미가 아니다. 이슬람의 정신주의란 삶과 분리되거나 삶으로부터 따로 떨어진 것이 아니라, 단지 특수한 삶의 방식이다."라고 언급하면서 이슬람에서는 경제적 향상의 추구가 악(惡)이 아니라 그것이 잘 균형 잡히고 선한 목적을 위한 것이라면 좋은 덕목 중 하나가 된다고 하였다.[83]

b. 소비자 행위의 시간척도

이슬람은 무슬림의 시간적 차원을 내세(來世)까지 연장하고 있다. 이는 소비자 행위에 두 가지 영향을 미친다. 첫째로 현세(쑤라, 2:261)에서의 직접적인 영향력과 앞으로 올 내세에서의 영향력이다. 둘째로 어떠한 측면에서는, 내세에서만 얻을 수 있는 이익을 모두 포함하면 소비행위가 많아지게 한다. 예를 들면, 빈궁한 사람에게 베푸는 무이자대부(al-gard al-hasan)나 미래 세대의 복지를 위한 동물의 보호는 즉각적인 이익은 주지 못하지만 공동체생활을 개선하는 데 에는

---

82) 씨디끼(Siddiqi, Muhammed Nejatullah)는 이슬람 경제 연구의 권위자로, 「이슬람의 경제적 기업」(The Economic Enterprise in Islam, 1972), "이슬람 경제학"("The Economics of Islam," Islamic Thought, v. 14, 1971), 「이슬람 경제의 여러 측면」(Some Aspects of the Islamic Economy, 1972) 및 「이슬람 은행의 문제」(Issues in Islamic Banking, 1983) 등 다수의 논문과 저작을 남기고 있다.

83) Muhammed Nejatullah Siddiqi, 1972, Some Aspects of the Islamic Economy, pp.15-16.

도움을 준다.

이처럼 수입의 선택적 사용이 많은 것은 비록 자본주의나 공산주의에서는 그 사용의 효용수익이 영(0)이 되거나 마이너스(-)가 될지라도 이슬람에서는 플러스(+)의 효용이 있다. 이렇게 확대된 이슬람의 시차원은, 인간이 일생동안 이익을 거둘 수 있는 일만 하도록 제한하면 안 된다는 점을 암시한다.

무함마드는 하디스에서, "만일 세상의 종말이 다가온다 해도 손안에 있는 작은 나무 한 그루를 땅에 심을 수 있다면 그렇게 해야한다. 알라는 보상을 내릴 것이다."라고 말한다. 이슬람 상속법 또한 유산 상속인의 모든 주장을 인정함으로써 시차원의 확장을 지지한다. 무슬림에게 있어서 진정한 성공은 모든 시차원을 다 포함하는 것인데, 이는 선을 행하는 노력이 현세와 내세에 똑같이 성공으로 귀착되기 때문이다.

꾸란은 균형잡힌 삶을 보장하기 위해서 물질적이고 정신적인 문제에 대한 행동규범을 명백하게 똑같이 강조한다(꾸란 30:41-41, 44, 20:123-124, 71:10-12).

c. 부(富)의 개념

이슬람은 부를 신으로부터 받은 하사품로 생각한다. 알-씨바이 (al-Sibai)는 무함마드가 "가난은 이슬람을 부인하는 것은 것과 같다"고 한 말을 언급하면서, 이슬람은 가난을 인정하지 않는다고 주장한다. 무함마드의 기도에 아래와 같은 내용이 있다.

"전능하신 주님이시여, 나를 보호해 주시고, 내가 무능과 게으름, 공포와 탐욕을 피할 수 있도록 도와주소서. 가난과 비행(非行)을 피할 수 있도록 나를 보호하고 도와주소서."

"… 당신을 사랑하고 두려워하도록, 당신이 나에게 주신 것에 만족할 수 있도록 나에게 부(富)를 하사하시길 비나이다."

알-씨바이는 무함마드의 기도와 관련하여 이슬람이 가난에 대해 부정적 입장을 취할 뿐만 아니라 부에 대해 긍정적 태도를 암시하고 있다고 논평한다. 무슬림은 꾸란(25:67)에서 부자를 "그들이 지출할 때 사치하지 않고 인색하지도 않으면서 두 극단사이에서 적절한 균형을 유지하는 사람들" 이라고 묘사한다.

이러한 것들은 무슬림 행동원리의 요인이며, 이 요인을 고려하면 이슬람적 사고에서 극대화 원리는 명백해진다. 극대화 원리는 전생에 대한 계획으로 이용될 수 있다. 극대화원리가 최상이긴 하지만, 다른 차선(次善)의 대안조화가 필요하다 큰 선(善)을 달성할 수 있는 유일한 방법이라면 최소한의 선은 희생되어야 한다.

② 이슬람적 재화(財貨)

이슬람 체제에서 재화는 신이 인간에게 부여한 하사품(下賜品)이다. 꾸란에서는 소비적인 재화를 언급할 때 항상 그 재화에 도덕적인 가치를 부여하여 사용한다. 꾸란에서는 두 가지로 구분하는데, ① 따이바(at-tayibat), ② 리즈끄(ar-rizq)이다.[84] 이슬람 개념으로 소비재는 소비자의 물질적, 도덕적, 정신적 개선을 가져오는 유용하고 유익한 것이다. 어떠한 선도 갖지 못하고, 인간을 개선하는 데 도움

---

84) 따이바는 아랍어 '좋아지다' 라는 어원에서 나온 말로 '좋고 깨끗한 물건' 이라는 의미로 사용되며 꾸란에서 8번, 그 파생어는 43번 나온다. 리즈끄는 아랍어 '생활수단을 제공 한다' 라는 어원에서 나온 말로 '신의 음식', '신의 선물' 등의 의미로 꾸란에서 120번 반복 사용된다.

을 주지 못하는 것은 재화가 아니며 그러한 무슬림의 재산 또는 소유물로 간주될 수 없다. 따라서 금지된 물질은 이슬람에서 재화로 간주되지 않는다. 따라서 주류(酒類), 돼지, 돼지고기, 우상이나 신분은 이슬람 경제에서 소유권이 대상이 아니며 거래될 수 없다.

소비재에 대해서 현대 경제학에서 사용되는 효용(效用)의 무신성(無神性) 개념과 이슬람 경제학의 개념을 비교해보자. 현대 경제학에서는 시장에서 교환될 수 있는 것은 무엇이든 경제적 효용을 가지는 반면, 이슬람에서는 이것이 재화를 정의하는 데 필요한 필요조건이지 충분조건은 아니다. 따라서 물자가 경제적 효용을 갖기 위해서는 시장에서 교환될 수 있을 뿐만 아니라 도덕적으로도 유용해야 한다.

③ 이슬람의 소비윤리

이슬람에 따르면 알라의 하사품은 모든 인류에게 속해있기 때문에 이 하사품은 특별한 권위를 가진 몇몇 사람들만을 위해서 사용될 수 없다. 신이 인간에게 부여한 많은 것들을 마음대로 이용할 수 없게 된 사람들도, 비록 그것을 얻지는 못했지만 자신의 몫을 가질 가치가 있다.

꾸란(36:47)에서는 인색한 부자(富者)가 응당 치러야 할 몫을 가난한 사람에게 나눠주지 않으려고 하는 주장을 비난하고 거부한다. 더 나아가 이슬람에서는 좋은 것을 사용하거나 소비하는 행위 그 자체를 덕(德)으로 간주한다. 왜냐하면 신께서 창조한 것을 향유하는 것은 꾸란에 대한 복종이기 때문이다.[85]

---

85) 꾸란에서 아담과 이브에게, "… 너희가 먹을 수 있는 그곳에서 풍부한 것들을 먹어라 …" (꾸란 2:35) 언급을 비롯해 꾸란(2:168, 7:32)에서 신의 하사품과 물건을 인간이 즐김으로써 신의 즐거움을 구한다는 내용이 언급돼 있다.

신(神)이 없는 사회의 특징인 과다소비(過多消費)는 이슬람에서는 비난받으며 이쓰라프(israf:낭비) 또는 타브씨르(tabthir: 방탕)로 불린다. 여기서 낭비란 식주의(食住衣)나 자선(慈善) 혹은 정당한 소비에 있어서 지나치게 지출하는 것을 의미한다(꾸란 6:41). 방탕이란 잘못된 방식으로 소비하는 것을 말하는데, 예를 들면 뇌물(賂物)이나 불법적인 것을 위해서 쓰이거나 무모한 방식으로 쓰이는 것과 같이 '금지된 목적'을 위해 소비되는 것을 뜻한다. 이슬람의 가르침은 소비와 지출이 균형 있고 절제 있는 패턴을 권유하는데, 이는 낭비와 인색(吝嗇) 사이에 존재한다(꾸란 17:29).

(2) 생산이론
① 생산동기
유용성이 없는 것은 모두 이 세상으로부터 끌어내는 것이 이슬람 사회의 이데올로기적 목적이다. 그것은 자산에 있는 인간의 종교적 의무이며, 인간과 우주에 대한 이슬람관에서 직접 도출되었다. 이슬람은 다음의 두 가지 수단으로 접근하는 데, 윤리적 가르침과 입법이 그것이다.

이슬람이 생산성을 향상시키고 게으름 혹은 자원의 남용을 막기 위해 채택한 입법수단은 싸드르가 제시한 20개 항목에 잘 나타나 있다(심의섭, 홍성민, 1987, 76-77).

② 생산의 목적
이슬람 문헌은 생산을 인간의 물적 조건뿐만 아니라 도덕성까지도 증진시키려는 인간의 노력으로 간주한다. 생산은 다음의 세 가지 중요한 의미가 있다.

첫째, 인간의 도덕적 가치를 빼앗은 생산은 금지된다. 무함마드는 매춘이나 매춘에 따른 소득과 같은 경제행위는 금하고 있다.

둘째, 생산과정과 긴밀하게 연결된 사회적 측면을 강조한다. 이슬람은 자본주의의 형태보다는 국민의 복지에 책임을 지고있는 형태이다.

셋째, 경제문제는 인간의 필요에 따르지 못하는 희소성의 문제가 아니라 신의 선물인 인간자원과 천연자원의 풍부한 혜택을 활용함에 있어서 인간의 게으름과 소홀함으로 빚어지는 문제이다.[86]

③ 기업의 목표

효용의 극대화는 이슬람 경제에서 기업의 목표이다. 기업의 목표를 단순화하기 위해 이윤극대화는 생산비뿐만 아니라 윤리적 가치와 법률 양자에 의해 보장된 선(善)의 최저수준에 의해서도 제약되어야 한다. 이러한 맥락에서 보면 기업의 이윤극대화 과정은 이슬람 경제의 '게임 규칙'을 위반해서는 안 된다.

④ 생산요소

생산요소에 대한 정의는 현대 이슬람 문헌에서도 일치된 견해가 없다. 예를 들어, 아부 사우드(Abu Saud)는 일반적인 미시경제학에서처럼 생산요소를 토지, 노동, 자본으로 나누는데, 압둘 마난(Abdul Mannan)은 자본요소를 제외한다. 이러한 차이는 궁극적 요소(ultimate factor)와 즉시 사용 요소(immediate factor)간의 혼동이나, 자본을 축적된 자본으로 보느냐의 여부때문에 생긴다. 이것은 이슬람에서 이자금지가 자본에서 수행하는 명백한 역할과 조화에서 강

---

[86] 꾸란에서는 나태함과 소홀함을 '압박' 이라 하며(14:32-34), 하디스에서 "알라에게 도움을 청하고 불가능하다고 생각지마라. 아무것도 불가능한 것은 없기 때문이다."

조되는데, 이러한 실수는 이자는 자본의 가격이라는 자본주의 논리에 반한다는 선입견 때문이다. 첫 번째 문제는 가치론을 중심으로, 두 번째 문제는 분배이론의 이해측면에서 다루어야 한다.

a. 축적된 노동으로서의 자본

자본은 상품속에 구체화된 노동으로 저장되고 다른 상품의 생산과정에 사용된다.[87] 이러한 사고에서 보면, 노동은 가치창출을 위해 신의 선물인 천연자원을 다루는 유일한 생산요소이다. '자본'을 자연에 적용된 '경제적 노동'의 결과로써, 가치보다는 소유권 주장으로 보는 이슬람 학자들이 많다. 경제적 노동이란 천연자원으로부터 생산기회를 만들거나 소비효용을 추구하기 위해 자연에 쓰인 것으로 정의된다.

경제적 노동은 2가지가 있다. 그 하나는 유동자원의 단순한 취득이며, 다른 하나는 이흐야(Ihya)라 불리는 생산기회의 창조인데, 토지에서 생명을 창조하는 것과 관련 있다. 이슬람에서는 '소유권 연속의 원칙(Principle of Constancy of Ownership)'이 있는데, 최초의 소유권을 인정하는 것은 당연하며, 동일상품에 대해 최후 투하노동은 정당한 보상만을 인정한다는 의미이다.

b. 자본의 가격

자본이 동질성이나 공통의 지표를 갖는다고 가정할 때, 자본의

---

[87] 이븐 칼둔은 이윤과 자본축적을 이루기 위해서는 인간의 노동이 요구되며, 어떤 사람이 기술을 통해서 획득한 자본은 노동을 통해서 실현된 가치이며, 이것이 곧 이익(자본)이다. 이렇게 해서 생긴 이윤과 획득자본의 가치에는 여기에 투입된 노동이 포함되어야 한다고 한다 (이븐 할둔(김호동 옮김), 2003, pp.360).

가격은 기계에 대한 임대료이고, 대부금의 가격은 이자율이다. 이러한 측면에서 보면 생산에 참여하는 자본은 자본의 소유자가 누구이든지 본인이 주장할 수 있는 보상이 있다.

c. 소유권

재산은 꾸란의 언급대로 신이 하사한 것이지만, 그것은 조건부 하사품이다. 또한, "손해가 있어서는 안 된다."라는 계율처럼, 위반에 대해서 지나친 벌금을 부과해서도 안 된다. 이러한 바탕으로 사회복지기금은 이슬람 율법에 의해서 징수되어야 한다. 소유권은 소유자의 생명에 의한 시한이 있다. 소유자는 사후에 그의 재산에 대해 어떠한 권한도 갖지 못한다. 따라서 꾸란의 상속법은 재산분배에 대해 상세히 언급하는데, 사망을 소유자 재산권의 자연적인 종말로 생각한다. 이러한 제약은 절대적인 소유권 주장이라기보다는 제한된 대리권이라 할 수 있는 이슬람의 소유권개념이다.

(3) 시장구조: 자유기업

① 경제적 자유

경제적 자유는 이슬람시장구조의 지주이다. 개인책임의 원리(principle of individual responsibility)는 수많은 꾸란 구절과 예언자들의 언행록에서 강조되고 있다. 알라 따알라(Allah Ta'ala)는 꾸란에서 다음과 같이 말한다.

"가진 것이 없지만 노력하는 사람: 그의 노력(의 열매)는 곧 눈에 보일 것이고: 그러면 그는 완전한 대가로 보상을 받게 될 것이다."

(꾸란 53:39-41)

그밖에도 (꾸란 19:95)에서 " … 그리고 그것은 예언자들과 그들의 사랑하는 친척들에게도 적용될 것이다 …", (꾸란 53:38)에서 "원죄라는 개념은 없으며, 다른 사람의 잘못에 대한 책임을 지지 않고 세례도 없고, 선택된 사람도 없다 … 짐을 진 사람은 어떤 사람도 어떤 사람도 남의 짐을 질 수 없다."라고 강조한다.

무함마드는 가격이 폭등할 때 가격을 고정시키는 것을 반대하였고, 공급독점이나 수요독점이 없는 경우, 생산자들이 상품을 시장가격보다 낮은 가격으로 팔도록 허용하지 않는 공정거래의 원칙을 강조하였다. 시장의 도덕적 행위를 규제하는 원칙은 예언자가 소개했고, 이슬람 초기시대에 많은 사상가가 시장 감독관(Muhtasib)의 역할과 의무에 대하여 저술하였다. 이러한 사상은 이븐 따우미아가 「이슬람에서 히스바(Al-Hisba fil-Islam)」을 저술함으로써 완성되었는데, 이는 개인적인 경제적 자유는 이러한 경우에 제한되어야 한다는 점과 심지어 재화와 용역의 가격결정도 이러한 제약을 받아야 한다는 점을 보여주고 있다.

마우두디(Maulana Abul A'la-Maududi)는 이슬람 입장에서 중요한 것은 개인이나 집단, 사회나 국가가 아니라고 말한다. 그는 개인이 사회에 대해 봉사하는 것이 아니라, 개인을 궁극적으로 섬기는 것이 바로 사회라고 주장한다. 어떠한 집단이나 국가도 단체로서 알라 앞에서 책임지지 않는다. 즉각 개인이 알라앞에서 개인적으로 책임진다는 것이다.

한편, 씨디끼는 그의 저서 「이슬람에서 경제적 기업(The Economic Enterorise in Islam)」에서 이슬람은 광범위한 시장메커니즘에 의존하고 있다고 주장한다.

② 협동

이슬람 경제는 자유스러운 것이지만, 그 자유란 경쟁에서 보다는 협력면에서 더욱 잘 나타난다. 사실 협동이란 이슬람 사회조직의 주체이다. 일반적으로 꾸란의 가르침, 특히 꾸란의 많은 구절에서 협력과 집단노동의 가치를 반복하여 강조하고 있다. 선행을 위한 협력(꾸란 5:3)은 알라의 말씀이며, 영적인 문제이든 경제적 문제이든 사회적 활동이든 간에 예언자는 이슬람 사회의 기반으로서 또 성립의 비결로서 무슬림간의 협력을 강조하고 있다.

하지만 어떤 때는 협력이 소득과 재산의 재분배를 요구할 수 있다. 예언자는 아랍 종족인 앗샤리인(al-ASh'ariyin)을 위해 기도하면서 '전쟁 시 식량배급'을 언급하면서 이러한 재분배를 간청했다. 무슬림의 사회성을 강화하기 위해 이슬람은 공동의무 개념을 도입했는데, 이는 개개인의 의무와 책임을 수반한다. 이슬람 율법에서 이것을 화르드 알-키화야(Fard Al-Kifayah)라 한다. 이 개념은 사회적 요구를 강조하고 그 요구를 충족시키기 위한 개개인의 노력을 강조한다.

③ 정부의 시장개입

이슬람에서 정부의 시장개입은 항상 있거나 혹은 때때로 있는 것이 아니다. 이슬람 경제체제는 정부를 영구적이고 안정된 기반위에서 다른 경제요소들과 함께 시장에서 공존하는 존재로 생각한다. 정부는 소비자 혹은 생산자인 동시에 계획자나 감독자로 간주된다.

첫째, 이슬람 사회에서의 정치기구는 경제활동을 위한 일련의 규범내에서 작용한다. 이슬람은 '보이지 않는 손'의 존재를 믿지 않기 때문에 생산과 분배는 이슬람의 가르침을 따라야 한다. 이슬람 정부는 이러한 계획자와 조직자의 역할을 해야 한다. 생산계획을 완수하기 위하여 국가는 사람들이 자유로운 직업선택으로 계획을 재조정 해야하는 범위까지 국가의 영향력을 발휘할 수 있다. 분배계획은 세 가지의 독자적인 계획을 통해서 부(富)의 집중을 방지한다. 첫째는 다수 상속자들에게 재산을 분배하도록 하는 이슬람의 상속법을 통해서이며, 둘째는 부유한 사람이 가진 것을 가난한 사람에게 나누어 주는 자카트(Zakhat) 원리를 통해서이며, 셋째는 잉여 소모품의 준비를 통해서 이다. 이것은 이슬람 공동체에 빈곤한 사람이 있을 때는 언제나 그 빈곤한 사람의 요구가 만족될 때까지 어느 누구도 필수품(必需品)의 잔여량을 가질 권리가 없다는 것을 의미한다.

둘째, 공기업은 공공 소유자와 서로 협조하여 중요한 역할을 한다. 이슬람에 있어서 공공소유는 도로나 하천과 같이 관례적으로 공유(公有)로 알려진 것을 포함할 뿐만 아니라 이슬람 문헌에 '공유자원'으로 알려진 것도 포함된다. 이러한 입장은 자원에 대해 어떠한 개인소유도 인정하지 않았던 무함마드의 태도에서 시작된다. 무함마드는 "모든 개인은 물, 불, 목초, 소금 등을 공유한다."라고 말했던 것으로 전해지며, 「이슬람 사회주의(Ishtirākiyat al-Islam), 1960」의 저자 알-시바이(Al-Siba'i)는 이러한 것들은 단지 하나의 예에 불과하다고 했다. 여기서 말한 모든 종류의 물품들은 사막생활의 필수품이며, 이러한 원칙을 도시생활에 적용시키지 못할 이유는 없다는 것이다.

이슬람에 공유제도에 대해 공유재산(公有財産)과 국유(國有財産)를 구분하는 또 다른 견해도 있다. 전자의 경우, 모든 개인은 강물과 같이 공적으로 소유된 재산을 사용함으로써 개개인의 욕구를 만족시킬 권리를 갖는다. 후자의 경우, 수력발전, 광산, 소금과 같은 자원의 개발을 위해 존재하는 정부의 사업과 관련 있다. 그러나 이러한 분류는 실질적으로 경제적 의미를 포함하고 있는 것 같지는 않다. 왜냐하면 개개인은 그들의 개인 소비영역을 넘어서 공유자원을 사용할 수 있도록 허용되기 때문이다.

셋째, 보험과 관련된 정부의 역할은 시장 기구에서 특별한 중요성이 있다. 이슬람에서 사회보험은 두 가지 점에 기반을 둔다. 첫째로 정부는 상호책임성 원칙하에 무슬림에게 부과하는 의무이며, 무슬림은 그들의 능력 범위 내에서 그 의무를 수행해야 한다. 정부는 최저 생활수준 보장에 대해 공공의 대행자 역할을 한다. 이러한 근거는 자카트를 통해서 최저 생활수준 보장을 위한 충분한 기금을 모으도록 권한을 위임받은 사실에서 유래한다. 사회보험에 대한 두 번째 기초 즉, 정부의 세입에 대한 공공의 권리는 직접적이다. 이것은 국가가 개인에 대해 직접적인 의무를 갖게 하는 것인데, 이는 최저한도의 호구지책을 보장할 뿐만 아니라 사회의 일반적인 수준과 비교하여 적정한 생활수준을 유지하도록 하는 것을 의미한다. 이러한 구분은 아래와 같은 몇 가지 중요한 사실을 암시하고 있다.

첫째, 국가는 빚을 갚을 수 없는 모든 사람의 부채를 떠맡으며, 이슬람 율법에서 이러한 사람들은 알-가리민(Al-Gharimeen)으로 알려졌다(꾸란 8:60).

둘째, 국가는 그 자신의 재산을 초과하는 빚을 남기고 죽은 사람의 빚을 떠맡는다.

셋째, 국가는 어느 개인의 사후(死後)에 그의 후계자들에게 그 사회의 수준에 의해 결정되는 적당한 생활수준을 보장한다.

넷째, 노동자는 특별히 주택, 결혼자금, 교통수단 등을 보장받는다.

이 밖에도 거래상 채무 지급보증의 효과, 개인적인 창업심, 최저

주택보장의 효과, 정부가 생산자나 노동자에 지불하는 결혼자금, 운송계획, 정부의 보험계약 및 공공생산의 상호작용 등이 연구되어야 할 과제이다.

마지막으로 정부의 시장개입을 특징짓는 중요한 사항은 정부의 관리통제 기능이다. 시장기구에 대한 통제에는 두 가지 형태가 있다. 첫 번째는 국가의 목적을 능률적으로 완수하기 위해 정부가 개입하는 것이다.

이에 관하여 씨디키(Siddiqi)는 인간생활과 인간생활이 이루어지는 물질세계가 요구하는 목적은 항상 다소의 국가적 개입을 필요로 하도록 구성되어 있다고 한다. 모든 경제 단위를 규정된 행위와 완전히 일치시킨다는 것이 매우 비현실적이다. 그렇기때문에 이슬람 법전에 정부 개입을 위한 많은 명문 규정이 있다는 사실은 설명이 가능하다. 완전히 바람직한 상태를 충족시켜야 하는 국가의 경제적 역할이 상황의 정도에 따라 증대 혹은 감소하는 경향이 있기는 하지만, 국가의 개입 정도는 이슬람 법에 범위 내에서 제약되어야 한다.

국가는 경제생활의 능동적인 참여자이며, 시장기구의 기능을 완전히 신뢰할 수 없다. 이러한 형태의 통제는 독립적인 기관인 히스바(Al-Hisba)에 의해 행해지며, 히스바의 기능은 '게임 규칙'의 일관성을 암시한다. 이슬람 사회에서 정치적 기구로서 절대 필요한 것 중 하나가 히스바이다. 이분 따우미야가 정의한 것처럼, 히스바의 역할은 사회적 행동에 대한 통제를 함으로써 선(善)을 행하고 악(惡)을 피하도록 하는 데 있다.

④ 이슬람 경제의 '게임 규칙'

이슬람 경제에 있어서 '게임 규칙'이라는 용어는 어느 한 사회에 개입되어 있는 일련의 정치적, 사회적, 종교적, 도덕적, 법적인 계율 및 규칙을 의미한다. 개개인이 이러한 규칙관계를 정상적으로 수행할 수 있도록 각자에게 방향을 제시하고, 그들의 수행을 통제하고 감독하는 방법으로 사회적인 제도가 설정되어 있다. 이러한 규칙들의 작용은 절대적인 권력, 생명, 인간, 우주, 창조 및 인간의 궁극적 운영과 관련된 공동체 개념체계로부터 파생된다.

첫째, 인간을 포함해서 모든 우주는 알라에게 속해 있고 알라는 그의 피조물에 대해 완전하고 완벽한 통치권이 있다. 인간은 알라가 창조한 것 가운데 가장 우선순위의 종이며, 지상과 하늘에 있는 모든 것은 인간의 의지대로 처분할 수 있다. 인간은 알라를 대신하여 대리인 혹은 안내자로서 모든 것을 사용할 권한을 위임받았다. 인간은 이러한 대리인의 지위를 수행하고 이들로부터 가능한 많은 이익과 효용을 창출할 수 있는 권한을 부여받았다.

둘째, 알라는 개개인이 남의 권리를 희생시키지 않고 이득을 얻도록 인간의 행동에 관한 제한을 규정했다. 인간들의 행위는 대체로 공동체의 감독을 받는다. 이는 인간이 자카트 문제와 관련하여 알라에게 빚진 권리가 이슬람공동체에 대한 의무이기도 하다는 이슬람 원칙에 기반을 둔 것이다.

셋째, 모든 인간은 알라에게 종속되어 있다. 이러한 개인은 궁극적으로 공동체의 협조적이고, 집단적인 노력의 실패에 책임을 지고 있다.

넷째, 알라의 대리인 혹은 안내자로서의 지위는 모든 인간에게 일반적이다. 대리인의 지위에 관계되는 한 어떤 특별한 개인 혹은 국가에서 특정한 특권을 부여하지 못한다. 특정한 시기에 고용주가 되거나 고용인이 되는 것은 단지 우발적이다. 또 다른 시기에 상황이 역전될 수도 있고 과거의 고용주가 고용인이 될 수도 있다.

다섯째, 개개인은 그들의 인간적 존엄성에 있어서 동등하다. 유색(有色), 종족, 국적, 종교, 성별, 연령에 기반을 둔 어떠한 차별도 있을 수 없고, 요구될 수도 없다.

여섯째, 이슬람에서 노동은 미덕으로, 게으름은 악으로 간주한다. 예언자는 "…그리고 (무슬림들에게) 말하라. 일하시오"라고 말하면서 "그것이 굶주림에 기인한 것이 아니라면 구걸을 금하라"고 했다고 한다. 예배는 최상의 노동인 동시에 권리이며 의무이다. 그러나 수도생활과 금욕주의는 금했다. 예언자는 생계를 유지하려는 시도조차 하지 않고 예배에 참가함으로써 온 생애를 보내는 사람에게 음식과 다른 필수품을 제공하는 사람은 그보다 더욱 훌륭하다고 말했다고 전해진다.

일곱째, 생활은 진보를 향한 동적(動的)인 과정이다. 이 세상에서 인간생활은 시간과의 경쟁이다. 인간의 생애는 매우 한정되어 있고 이 한정된 기간 안에 이룩해야 할 수많은 진보가 존재한다.

여덟째, 어떠한 해악이나 상해도 입히지 마라. 그러나 그것이 어떠한 선 혹은 위대한 것을 이룩하기 위한 필요조건 일 때 상해는 감수될 수도 있다.

아홉째, 선(善)의 최저수준은 명확히 규정되어 있다. 사회적 관례가 이러한 수준의 실행을 조절하는데, 그러한 관례는 궁극적으로 법의 힘으로 강요된다.

이슬람 사회에서 시장이 기능을 발휘하는 것은 위와 같은 여러 가지 원칙에 근거하고 있다. 이러한 사실 때문에 그것이 생산요소이든 생산물이든 모든 가격은 이러한 시스템에서 유래하며, 적정하고 공평한 가격으로 간주한다.

(4) 거시통화이론

거시통화이론은 주로 이슬람 금융과 관계된 내용을 다루는데, 자본주의 금융시장에는 없는 새로운 개념들을 소개한다. 희사(喜捨)에 해당하는 자카트(Zakhat), 고리대금이나 이자에 관계되는 리바(Riba), 금융자본가와 기업가간의 일종의 협업관계인 끼라드(Qirad), 이자, 지대, 자본 등의 문제와 함께 화폐와 통화당국, 신용과 금융구조, 공채와 증권시장, 거시통화제도의 기능 등이 다뤄진다. 자카트와 리바문제는 본 장에서 상세히 다루었고, 끼라드 및 이슬람 금융과 관계되는 이슬람의 신용과 금융구조 문제는 제5장에서 상세히 다루고 있다. 따라서 여기서는 꾸란과 하디스에 나타난 이슬람 경제학과 관련되는 몇몇 구절을 소개하기로 한다.

- 경제적 욕구

"사람들의 눈에는 여러 가지 욕망의 추구만이 아름답게 보인다. 여자, 후손, 많은 금과 은, 가축 그리고 전답 등, 그러나 이런 것들은 현세의 쾌락(快樂)에 지나지 않는다. 알라와 함께하는 것이 가장 좋은 안식처이다"(꾸란 3:14), 이므란 가(家)의 장.

"인간은 주님에게 배은망덕하다. 참으로 그 스스로가 증인이다. 그는 재산(財産)을 사랑하는 데만 열렬하다"(꾸란 100:6-8), 질주하는 말의 장.

- 소비이론

"낭비하는 자는 사탄의 동포이다. 사탄은 주의 은혜에 배은망덕한 자이다"(꾸란 17:27), 밤 여행의 장.

- 생산이론

"만일 알라께서 종들에게 양식을 풍부하게 주신다면, 그들은 지상에서 곧 빗나가게 된다. 그래서 그분은 마음에 드신바 적당한 양식을 하사하여 주시는 분이다. 그분은 참으로 그분의 종들에 대하여 통찰하시는 분이시고 모든 것을 간파하시는 분이시다"(꾸란 42:27), 협의(協議)의 장.

- 분배이론

"알라께서 너희들 중의 그 누구에게 다른 사람보다 많은 재산을 베푸셨다고 해서 그것을 시기해서는 안 된다. 남자는 자기가 벌어들인 것 중에서 배당을 받으며, 여자도 자기가 벌어들인 것 중에서 배당을 받는다. 알라의 자비를 바라는 것이 최상이다. 알라는 무엇이든 모두 알고 계시는 분이시다"(꾸란 4:32), 여인의 장.

- 시장구조: 자유기업

"사람들아, 저울눈과 되질을 바르게 넉넉히 재라. 사람들의 물품을 손상해서는 안 된다. 무법한 일을 해서 지상에 해를 끼쳐서는 안 된다"
(꾸란 11:35), 후드의 장.
"너희들이 되질을 하거나 저울질을 할 때는 (속이지 말고) 공평하게 달아주어라. 그것이 더 좋고 올바른 결과를 가져오느니라"
(꾸란 17:35), 밤 여행의 장.

- 거시통화이론

"고아가 성년에 이르기까지는 보다 좋은 일을 위한 일이 아닌 한 그 아이의 재산에 손을 대서는 안 된다. 자(尺)와 저울을 공평하게 써라. 알라는 누구에게나 능력이상의 것을 부과하지 않는다. 너희들이 일에 대하여 말을 할 때는 가령 상대가 친척이 되는 사람일지라도 공정한 태도를 가져라. 알라와 계약을 충실히 이행하라. 이것은 너희들이 반성하게끔 알라께서 명하신 것이다"(꾸란 6:152), 가축의 장.

- **경제정책**

"그대는 다른 사람들의 재산 중에서 자카트를 받으면 그것으로 자신을 깨끗이 하고 그리고 마음을 정화(淨化)하고 그들을 위해 기도하라. 그대의 기도는 그들을 위해 평안(平安)함이 될 것이다. 알라께서는 (기도를) 잘 들으시고 잘 아시는 분이시다"(꾸란 9:103), 회개의 장.

"자카트는 가난한 사람, 빈곤한 사람, 그것을 징수하며 돌아다니는 사람, 마음을 협조한 사람, 또 노예, 부채에 고생하는 사람을 위해, 그리고 알라의 길을 위해, 또 나그네를 위해 있어야 한다. 이것은 알라께서 정하신 것이며, 알라께서는 잘 알고 계시는 총명한 분이시다"
(꾸란 9:60), 회개의 장.

또한, 하디스 중에는 다음과 같은 구절들이 있다.

"빚을 갚을 만한 재산이 있으면서도 갚지 않는 자는 스스로를 불명예스럽게 하는 것이며, 벌 받을 계기를 마련함이니라."
"거래를 독점(獨占)하는 자는 죄인이다."
"일할 수 있는 능력이 있으면서도 자기를 위해서나 남을 위해서 일하지 않는 자는 신의 보상(報償)을 받지 못하느니라."
"제일 좋은 사람이란 빚을 제일 잘 갚는 사람이다."
"양곡을 매점(買占)해서 부족할 때 이득을 보려는 자는 죄인이다."

(5) 경제정책
① 경제정책의 목표
 a. 자원이용의 극대화
자원이용의 극대화는 경제개발의 목표이며, 궁극적으로 한 나라의 이용가능한 모든 천연자원 및 인간자원을 완전히 사용하는 것을 의미한다.

지상과 지하에 있는 모든 지구상의 천연자원은 신의 하사품이다. 그러한 자원을 소홀히 다루는 행위는 신에게 배은망덕한 행위이다. 꾸란에서는 신이 주신 선물을 조사, 연구하는 것이 알라의 위대성을 이해하는 방법이라고 한다.

 "너희들은 신이 하늘로부터 비를 내려 보낸다는 사실을 알지 못하느냐? 이로 인하여 우리는 수많은 곡식을 생산하고 산에서 형형색색의 산림을 볼 수 있지 않느냐? 전지전능하신 알라의 종들은 진실로 그분을 두려워 할지어다"(꾸란 35:27-28).
 "그리고 나서 신의 자비를 찾을 지어다. 그분은 생명이 다한 지구에 생명을 불어 넣으셨도다"(꾸란 30:50).

또한 신의 선물과 좋은 재화의 향유(享有)는 신도의 경제활동중 하나이다.

 "말씀하시길, 그분을 믿는자는 최선이나 그분의 종들을 위하여 알라가 내리신 아름다운 하사품(선물)과 생계를 위하여 제공한 재산을 누가 금하였는가! 말씀하시길, 그것들은 이 세상의 생활을 위하여 믿는자들을 위함이라"(꾸란 7:32).

이슬람정부는 다음의 3가지 이유로 경제개발의 책임을 떠맡는다. 첫째로 정부는 모든 국민의 최저 생활수준을 보장하기 위하여 필요하며, 둘째로 정부는 이슬람 메시지를 온 세계에 전파하기 위해 이용가능한 자원의 일부를 활용하는 것이 의무이며, 셋째로 정부가 국제사회에서 효과적이고 이념적인 입장을 유지할 수 있는 강력한 국가와 사회를 건설하는 것이 책무이기 때문이다.

b. 분배왜곡의 극소화

분배왜곡의 극소화는 이슬람 국가에서 경제정책의 중요한 목표이다. 이것은 사치(奢侈)의 금지와 같은 소비자행동에 관한 꾸란이나 순나의 가르침뿐만 아니라 동등한 존엄성과 형제애의 원칙과 부와 소득의 바람직하지 못한 집중배제의 두 원칙에서 비롯된다. 꾸란에서는 다음과 같이 언급하고 있다.

"오! 사람들이여! 나는 너희를 똑같은 남과 여로 창조하였고, 너희들이 또 다른 사람들을 알아볼 수 있도록 서로 다른 사람과 부족을 만들었다. 너희들 가운데 최상의 사람은 가장 정직한 사람이니라. 신은 전지전능하고 모든 것을 다 알고 계신다" (꾸란 49:13).

꾸란은 또한 국가에 의한 몇몇 수혜자에 대한 부의 분배를 배제하고 있다.

"부(富)가 너희들 가운데 부유한 사람들 사이에서만 단순히 순환하는 것을 막기 위함이라" (꾸란 59:7).

이슬람 정부는 시장기능과 개인능력 차이를 부정하지 않으면서 분배왜곡의 극소화를 통해 이슬람 경제정책을 수립하는 데 필요하다. 이러한 목표는 교육제도, 동등한 기회보장, 자카트의 분배 등과 같은 정상적 수단을 통해서 이룩될 수 있다.

② 경제정책의 수단

이슬람 경제체제에서 경제정책의 수단은 도덕적 자극으로부터 정부에 의한 경제기구의 직접적 통제에 이르기까지 매우 다양하다. 한 사회에 있어서 경제적 균형과 분배격차의 해소는 생산수단의 직접적인 재분배를 통해서 이루어질 수 있다. 이러한 실례는 예언자 시대에 메디나 성천(聖天)에서 이주자와 거주민사이에서 이루어졌다. 꾸란(59: 7)에서와 같이 정부수입의 일부는 빈민에게 분배될 수 있다. 생산과 고용정책은 공공부문에서 이용될 수 있다. 이들 간의 격차는 자카트와 상속제도의 2가지 방안의 단순한 기능을 통해서 좁혀질 수 있거나 혹은 원하는 목적에 합치되는 다른 방법에 의해서도 가능하다. 이 경우 정치적 선택이 그 제도의 형태 내에서 쓸 수 있는 수단을 결정한다.

이슬람 체제에서 정책수단에 대한 정치적 선택이 갖는 의미를 보다 잘 이해하기 위해서는 평상시 경제정책과 비상시 경제정책간의 차이를 구별해야 한다. 비상시 경제정책은 전쟁경제학의 일부로 다뤄진다. 사회적 목표추구를 위해서 평상시에는 어떠한 긴급조치도 필요하지 않다. 평상시에는 유연하게 기능을 발휘하는 체제가 목표달성에 더 용이하다. 평상시 경제정책은 장애요인을 제거하기 위하여 경제체제의 자율적 기능을 돕고 여러 방면에서 파생되는 오류를 시정하는 것이 바람직하다. 이러한 특징은 국유화, 생산수단의 공유, 관리가격, 중앙집권적 의사결정 등에 관한 이슬람 경제학자들간의 현격한 차이를 이해할 수 있기 때문에 매우 중요하다. 경제정책 당국이 갖는 중요한 정책수단 가운데 마지막 단계인 도덕적 기준에 따른 법률의 강제와 맹종은 매우 중요한 수단이 된다. 이러한 목적을 위해서 이슬람 체제에서는 사법제도와 히쓰바라는 중요한 두 기구가 존재한다.

5) 이슬람 경제학의 접근방법

이슬람 경제학의 발전은 아직 초기단계에 있으며 현대 경제학의 발전 속도나 열정과 동일한 형태로 발전하지 못했다. 최근 이 분야에서 이슬람 경제학자들의 연구는 이슬람 행위와 공공정책의 어떤 원칙에 대한 발전의 조짐이라고 볼 수 있다(Masudul Alam Choudhury, 1980:i). 아울러 이슬람 경제학의 발전을 목적으로 이에 관한 국제회의가 개최되고 있으며, 학술지도 다수 발간되고 있다.

자본주의이건 마르크스주의이건 간에 그의 물질적 달성에도 불구하고 현대문명은 개인과 사회를 모두 투쟁, 분열, 불안 그리고 목적의 상실로 유도하였다. 과학기술은 인간의 평화, 안보 및 안정 이상의 선택을 진전시켰다. 무슬림국가들은 제국주의와 수세대동안 이어진 후퇴로부터 고통을 받아왔으며, 그 국민들은 비굴과 모방(模倣)의 태도를 강요당해 왔다. 그러나 오늘날 이러한 국가들은 이슬람의 존재이유와 힘을 깨닫고 족용하기 위해서 진정한 사상과 이슬람의 실행에 대한 독창성의 필요를 깨닫게 되었다(홍성민, 1984, 193).

이들에게 이슬람은 삶의 완전한 방도(方途)이며, 이슬람의 가치와 원리로부터의 이탈과 세속주의에 사로잡힌 사회적 현실은 오늘날 무슬림 세계에 깊이 스며든 서구문명의 영향에 그 근원을 두고 있다. 이슬람의 근원 - 꾸란과 순나- 과 무슬림의 역사적인 경험을 토대로 이슬람의 진정한 의미와 메시지를 발견하기 위한 새로운 연구 분야의 문호는 항상 개방되어 있다. 모든 시대에 있어서 이슬람의 관련성을 평가하고, 이러한 의식(意識)을 사회, 경제적인 실체에 적용하는 수단과 방법을 발견하기 위한 교육, 정치, 사회, 문화, 경제, 기술 등에 있어서 개인과 사회생활에 대한 노력이 이루어져 왔다. 이슬람 경제학의 시도는 무슬림 경제학자와 울라마(Ulama)들로부터 '창조적인 반응'을 불러일으키고 있다(위의 책, 190-191).

이슬람 신앙은 알라에 대한 인간관계를 규정할 뿐만 아니라 인류의 이익을 보호하고 모든 인간생활의 측면을 조정하며, 아울러 인류복지의 다른 측면으로서의 경제문제에 커다란 주안점이 있는 샤리아에 의해서 규제된다. 또한, 이슬람 경제체제는 잘 정의된 경제철학에 기반을 둔 독특한 체제이다. 이슬람 경제체제의 기본적인 원칙은 따우히드(Tawhid)[88]에 기반을 두고 있다.

이슬람은 현재의 정신적 물질적 위기로부터 인간성을 구원한 물질문명을 인간을 위한 문명으로 대치시키는 유일한 매개체이며, 인류에 대하여 이러한 문명의 메시지를 전달하는 것이 무슬림의 의무라 한다. 아무튼, 무슬림이 그들 자신에게 적합한 경제모형을 찾으려는 노력은 우리의 깊은 관심사가 되며, 그들 자신의 경제이론 개척에도 커다란 도움이 될 것이다.

사회주의경제학(社會主義經濟學)은 이념적으로 중립화를 요구하

---

88) 따우히드는 신(神)이 모든 생명의 궁극적이고 정신적인 기반이라고 가르치는 '동일성(同一性)'을 주장하는 것을 말하며, 꾸란과 순나로부터 파생되었다. 울라마는 샤리아 율법의 집행자이기도 한, 이슬람율법학자를 말한다. Hazem Zaki Nuseibeh, 1959, The Ideas of Arab Nationalism, (New York: Cornell Univ. Press), pp.18.

지 않는다. 사회주의경제학은 어떤 이념과 가치체계를 가지고 그것을 유지하거나 혹은 그에 몰입된다. 고전파경제학(古典派經濟學)은 개인주의, 자연주의 및 효용주의 철학에서 파생된 가치체계에 기반을 두고 있다. 이윤극대화원리나 효용극대화 원리에 있어서 경쟁, 가격 메커니즘 및 보이지 않는 손(invisible hand) 등의 개념은 자본주의의 발생과 성장에 관한 특별한 목적과 관련돼 있다.

이와는 다르게 이슬람 경제학은 애초부터 그 가정과 가치관이 명시돼 있으며, 이슬람 학자의 역할은 경제생활과의 관계를 이론뿐만 아니라 실증적으로 구명(究明)하는 것이다. 이슬람 경제학자들은 나쁜 목적으로 이러한 가정과 가치를 숨기려하지 않으며, 이론적인 분석과 실증적인 조사를 통하여 솔직한 표현으로 그들의 목적을 이슬람의 가치관과 사회적 이념에 일치시키려 하고 있다. 이슬람 체제 내에서 경제학은 꾸란과 순나에서 구체화된 가치체계에 기반을 두어야 한다는 것이 가장 중요한 전제조건이다.

그러므로 이슬람 경제학은 다른 가치체계에서의 인간행동과 이슬람의 인간행동을 연결해야 하며, 아울러 사회규범을 충족시키기 위해 인간행동이 이슬람에 어떤 영향을 미치는가를 연구해야 한다. 투입·산출간의 모든 기술적인 관계는 이슬람체계 내에서 분석·검토되어야 한다. 일반적으로 '일정한' 것으로 다뤄지는 기호(嗜好), 동기(動機), 사회적 관습 등의 태도는 정책조직에 필요한 '가변적'¹인 것이 되어야 한다.

그렇기에 이슬람 경제학의 범위는 다른 경제학보다 광범위하며, 이는 인간의 경제문제 연구에 대한 새로운 접근법을 내포하고 있다고 볼 수 있다. 위와 같은 상황을 고려하여 이슬람 경제학의 주제는 아래와 같이 4가지 방법으로 접근해야 한다.

첫째, 이슬람 경제학은 이념적인 문제에 대해 역할을 구속하며, 그 기본적인 전제는 샤리아에 의해 규제된다. 경제학자들은 신성하게 계시(啓示)가 된 내용에 관하여 '이성과 실제 생활의 데이터'를 이용함으로써 그들의 분석수단을 발전시킬 수 있으며, 이슬람 경제학은 이러한 '기본적인 틀'을 벗어나서는 인정될 수 없다. 이슬람 경제학은 모든 인간과 관련된 인간의 경제행위(經濟行爲)를 고려하기 때문에 '시장변수(market variable)' 그 자체에만 한정되지 않으며, 다른 사회과학의 발견을 이슬람의 범주로 통합시킨다. 다시 말하면, 이슬람 경제학의 접근은 일종의 학문 상호간의 연계이다.

둘째, 이슬람 경제학에서 커다란 비중을 차지하는 것은 그것이 규범적(規範的)이라는 점이다. 이슬람 경제학자들은 정당한 것은 즐기고, 정당치 못한 것은 금(禁)하는 꾸란의 의무를 이행할 책임을 갖고 있기에, 이슬람 경제학은 인간행동에 있어서 수단과 방법을 연구하고 제시해야 한다. 아울러 이슬람 경제학은 인간행동에 있어서 샤리아로부터의 일탈(逸脫)을 주시하며 보다 높은 적응수준(level of conformity)의 달성을 위한 정책을 고안한다.

셋째, 이슬람 경제학은 샤리아 율법의 다양한 영향, 반작용, 경제변수에 대한 윤리적 가치를 연구한다. 그 예로서 저축, 투자, 고용 등에 있어서 리바(Riba)의 금지효과를 연구하는 것을 들 수 있으며, 그 사회의 소비수준에 대한 자카트의 효과를 분석하는 것 또한 관심 있는 연구대상이다. 또한, 이슬람 경제학의 실증적인 발견은 규범적인 정책결정을 위해 활용될 수 있다.

넷째, 이슬람 경제학은 현대 경제학에 의해 발전된 분석도구를 사용한다. 수학, 통계학, 조업연구(operation research), 시스템분석, 컴퓨터기술 등이 이슬람 경제학의 발전을 위해서 이용될 수 있다.

동시에 서구 경제학이 갖는 보편적인 적용 범위 내에서 자신들의 발견을 이용할 수 있다. 서구 경제학의 이슬람적 비판을 발전으로 이끄는 임무와 이와 관련된 부분을 이슬람 경제학으로 종합하는 일은 매우 어렵고 시간이 걸리는 일이다. 그렇다고 단순한 혐오감으로 현대 경제학의 가치 있는 통찰을 저버릴 수는 없다. 전문적인 교육을 받은 이슬람 학자들이 이러한 분야에 대한 연구를 진행하고 있다는 사실은 매우 주목할만 하다.

이러한 접근방법을 토대로 아크람 칸은 이슬람 경제학에 대한 접근은 아래와 같은 사실에 바탕을 두어야 한다고 주장한다.

첫째, 서구 경제학도 어느 수준까지는 무슬림에게 유효한 것이 될 수 있다. 대부분 현대 경제학은 서구 자본주의 사회의 개인, 기업 및 공공기관의 행동 형태에 관한 연구이다. 이슬람 사회의 정치, 사회, 문화적 구조가 서구 사회와는 근본적으로 다르기 때문에 전통적인 경제의 분석방법은 이에 적합할 수 없다. 그러나 자본주의 경제학이 '인간의 본질(本質)'에 관한 연구에 기반을 두기 때문에 이슬람 경제학과 깊은 연관성이 있다.

둘째, 인간본능으로서의 이기심, 욕심, 탐욕의 가정(假定)은 꾸란에 의해서 옹호되지 않는다. 자본주의 경제학의 주된 가정은 개인이 자신의 만족을 극대화하는 것이고, 그렇게 함으로써 자원의 활용에 있어 합리적으로 행동할 수 있다. 이는 본질적으로 인간이 이기적이라는 전제를 기반으로 한다. 그러나 이슬람 사회에서 인간행동은 때때로 애타주의(愛他主義)적 목적[89]에 의해 동기가 부여된다.

셋째, 이슬람에서 합리성(合理性)의 개념은 전통 경제학에서의

---

[89] 이슬람에서 고아와 과부에 대한 보살핌, 손님에 대한 환대, 가난할 때의 상호협력 등은 덕행이며, 행동규범이다.

합리성과 그 의미가 서로 다르다. 이슬람에서 합리적인 행동은 내세(ākhirah)에서 실질적인 보상을 받는다(꾸란 28:60, 87:19, 7:8).

넷째, 이슬람에서 경제활동의 목적은 '욕망(慾望)의 충족이 아닌 활라흐(Falāh)'로 다룬다. 물질적인 재화 서비스에 대한 극대욕망의 충족되는 자본주의 경제학의 목적은 끝없는 경마(競馬)의 목적과 같은 것이기 때문이다.

다섯째, 자본주의 경제학의 경제변수(經濟變數) - 저축, 투자, 임금율, 소비수준, 비용 등 - 는 사회적인 힘으로부터 파생되며, 그 특성은 변화한다는 것이다. 이러한 것들은 계량화(計量化)가 가능하지만, 이는 사회체제 모두를 고정화(固定化)시키는 단점을 갖고 있다.

여섯째, 이슬람의 견해에 따르면, 단순한 실험적인 증명은 제한되며, 초감각적이거나 초자연적인 자료를 저버리는 과학은 진정한 진리(眞理)에 도달할 수 없다(꾸란 45:24, 53:28). 인간의 정신은 형이상학, 종교, 윤리 및 사회적 가치에 의해 영향을 받기에 형이상학(形而上學)에 의해 영향을 받거나 그에 기반을 두는 생각은 실험으로 입증할 수 없다. 과학성의 기준은 이러한 논리를 거부하기 때문에 위와 같은 것들이 비과학적이거나 진실이 아닌 것으로 간주될 수는 없다.

일곱째, 이슬람 경제학자들의 책임은 샤리아로부터 개인행동의 이탈정도를 연구하고 샤리아의 제약내에서 경제체제를 유지하는 정책적 수단을 제시하는 것이다. 다시 말하면, 이슬람 경제학자는 무슬림과 마찬가지로 규범적인 역할을 해야 한다.

여덟째, 자본주의 경제학은 생산에 주안점을 맞춰왔기에 분배문제는 소홀히 다루었다. 샤리아의 기본교리 가운데 하나는 강제명령으로 소득의 공정한 분배(分配)를 규정하고 있다(꾸란 9:7).

위에서 살펴본 바와 같이 이슬람 경제학이 '무슬림의 행위에 관한 연구'임에 틀림없지만, 그 의미는 너무 포괄적이다. 무슬림이 직면한 근본적인 경제문제는 (알라에 복종하는) 대리인으로서 인간이 활라흐 달성을 위해 신탁 하에 놓여있는 자원을 활용하는 것이다(홍성민, 1991, 449-453). 이러한 논의에 따르면, 이슬람 경제학은 실증적이라기보다는 규범적이라고 볼 수 있다. 이슬람 합리주의는 인간과 신의 매개체로 꾸란을 언급하며, 그 법적인 제재수단은 샤리아에 의해 규제된다. 자본주의에서 '개인적 합리주의 사고'는 인간생활의 궁극적 목적(복지 혹은 활라흐)이 소홀히 다뤄지기에 비합리적이라는 게 이슬람의 설명이다.

여기서 발생할 수 있는 문제는 샤리아의 이중성(duality)이다. 인간과 신의 매개체로서 샤리아는 인간의 현실 문제를 인정하면서도 인간행위의 정점은 항상 신에게 놓여진다. 상황에 따라 '할 수 있거나 할 수 없다(may or may not)'는 지침이 존재하기 때문이다. 돼지고기의 식용이나 이자금지에 관한 예는 '특수한 경우'라는 예외를 두기 때문에 리바에서도 "이자가 있을 수도 혹은 없을 수도 있는 해석"이 나온다.

자본주의 경제학에서 "다른 조건이 일정하다면(other things being equal)"을 "이슬람의 조건을 인정 한다면으로 제시한 것"이 소위 그들이 말하는 이슬람적 합리성이다. 이러한 모호성에도 불구하고 이슬람 경제학이 연구되는 이유는 이슬람의 정체성(identity)에 있다. 종교공동체이기는 하지만, 이슬람은 인간에 관해 확실한 개념을 규정하고 있다. 자본주의건 사회주의에서 '인간존재'의 애매한 규정이 가져오는 폐해를 줄인다는 관점에서 현대 경제학이 안고 있는 복지문제에 답을 구하고 있다.

현대 경제학이 경제이론보다는 '경제적 규제'에 대한 발전으로 치닫는 요즘, 특히 FTA문제로 전세계가 골머리를 앓는 현상을 볼 때, 이슬람 경제학은 우리에게 하나의 타산지석(他山之石)이 될 수 있다.

아무튼, 이슬람 경제학은 "신(알라)과 샤리아라는 법적인 테두리 내에서 이슬람적인 사고와 공동체를 바탕으로 한 독특한 학문체계"로 인식될 수 있다. 다시 말하면, 이슬람 경제학은 자본주의와 사회주의를 포용하면서 그들 나름의 '제3의 경제학'을 모색하고 있다. 인간의 합리성에 대한 이중성이 존재함에도 그들은 '종교와 세속사회' 간의 갈등을 조화시키려는 노력뿐만 아니라 서구 자본주의와도 접목을 시고하고 있다. 이슬람 경제학이 비록 규범적(規範的)인 경제학이라는 비판에도 불구하고, 실증적(實證的) 경제학으로의 연구를 시도하고 있다는 사실 또한 발전의 한 단계로 볼 수 있다. 그러나 한편, 이슬람 경제학이 비록 다양한 접근방법을 제시하고는 있지만, 아직 뚜렷한 대안책을 마련하지 못함은 이슬람 경제학의 한계라 볼 수 있다.

한국의 경우 홍익인간(弘益人間)의 이념에서 출발한 헌법을 기초로 각종 경제의 운용은 자본주의, 특히 1930년대 이후 서구의 수정 자본주의 틀 내에서 다뤄진다. 소비생활에서도 물질만능주의는 '인간의 가치 자체를 아예 부에 의한 척도'로 만들고 있다. 예를 들면 아파트, 자동차, 핸드백, 의복 등에서 고가품이나 명품을 소유한 사람이 마치 성공한 사람으로 인식되는 듯한 일종의 물질만능주의(物質萬能主義) 현상이 도처에 나타나고 있다.

이러한 현상은 사회의 저소득층과 노인문제에서도 나타나며, 정책 또한 그저 사회적인 구호에 그칠 뿐, 오히려 그들을 경쟁적인 사회로 내몰고 있다. 그 결과 저소득층 사람들은 소규모 상업적 대출이나 주택담보 대출이자에 시달리며 고리대금업자의 피해에 희생양이 되기도 한다.

개발정책, 환경정책, 복지정책 등에서도 그린벨트의 해제문제를 두고 개발론자와 환경론자간의 논쟁이 (토지)자원의 효율적 사용에 관한 이론적인 접근이라기보다는 '법적인 접근'에서 다뤄지는 경우가 허다하다. 그러다보니 인간생활의 본질인 '행복한 삶'을 외면하게 되고 길거리를 헤매게 된다. 그 결과 사기와 도박, 음란과 마약이 만연하게 되고 종극에 이르러 이혼과 자살이라는 파멸을 초래하는 경우도 허다하다.

이 시점에서 필요한 것은 우리의 정체성(正體性)을 확보하는 것이다. 분명히 우리는 종교사회와는 다르기에, 헌법이 명시하고 있는 우리의 민족정신을 계발(啓發)하는 것이 필요하며, 그 정신을 한국의 자본주의 정신에 도입함으로써 인간적인 삶을 유지하기 위한 주체성이 확립될 것이다. 이슬람의 정체성을 샤리아에 둔다면, 우리의 정체성은 현시점에서 헌법에 두어야 할 것이다. 그렇게 한국 정체성과 실정에 맞는 경제관을 계발시켜나가는 것이 필요하다. 이런 관점에서 본다면, 이슬람 경제학의 여러가지 시도는 우리사회에 시사(示唆)하는 바가 크다고 볼 수 있다.

6) 전통 경제학의 편견과 접목

경제인(Homo Economicus)과 이슬람 경제인(Homo Islamicus) 간의 가장 중요한 차이는 애타주의(愛他主義)의 가정이다. 자본주의 이전의 다른 체제와 마찬가지로 이슬람은 종교적 규범에 따라 모든 개인이 애타주의적으로 행동하는 공동체의 복지와 깊은 관련이 있었다. 현대의 가장 의미 있는 지적인 발전중 하나는 자본주의와 산업혁명에 고무되어 18-19세기 정치경제의 '과학'과 그 후에 경제학 분야의 기본명제를 구성하게 된 새로운 사고(思考)였다.

기독교윤리가 사적(私的)인 미덕과 이기심 없는 행위를 추구하게 된 시기에 일련의 사상가들은 논리(logic)를 추리력으로 돌렸다: 인간본성의 어리석은 측면의 인식과 함께 탐욕에 대해 탐욕을 경쟁시키고 개인의 악덕을 공공의 미덕으로 돌리며 열정의 규칙이라기보다는 이익이라는 측면에서 논쟁했다. 희소성 문제를 다룸에 있어, 이러한 지적인 운동은 이기심(selfish)과 개인의 합리적 역할을 강조했다. 자유시장경제의 핵심적인 구성은 자신의 이기심(利己心)을 추구함으로써 사람들은 다른 개인에게 무수한 이익을 안겨주는 것이다.

아담 스미드(Adam Smith, 1723-90)의 유명한 서술에서, "그것은 정육업자, 주류업자 혹은 제빵업자의 자비심으로부터 오는 것이 아니라, 우리의 저녁을 기대할 수 있는 것은 그들 자신의 이익으로부터 오는 것이다"라고 했다. 이러한 비평에 대해 이슬람 경제학의 주된 결함은 애타주의의 가정(假定)이다. 티무르 쿠란(Timur Kuran)에 따르면,

"이슬람행동규범의 주된 역할은 개인을 이슬람 경제인으로, 공정하고 사회적으로 책임 있는 그리고 애타주의적 이슬람 공동체의 일원으로 만드는 것이다. 뿌리 깊은 이기심과 신고전파 경제학의 탐욕스러운 경제인과는 다르게, 이슬람 경제인은 그 자신이 자제함으로써 동료의 이익을 증대하고 보호할 수 있을 때 즉시적인 이익 충동을 자발적으로 자제한다."

이기적 행동의 세계에서 희소성의 문제인 정치경제의 핵심문제는 이기적 행동의 만연에 따라 해결되기 때문에 가정(假定)이 없어진다. 신이 인간의 필요를 충족하기 위한 양(量)만큼의 모든 것을 창조한 이상 희소성은 탐욕과 허욕에 의해 야기된 비자연적인 조건이다.[90] 정상적인 환경, 애타주의, 절제 및 선행이 기대된 조건하에서 인간은 신의 칼리파(Khalifa) 또는 지상에서의 대리인(꾸란 2: 30)이기 때문에 비칠의 것과 처분할 수 있는 자원은 단지 일시적인 신탁물이다(꾸란 57:7).

다르게 표현하면, 경제적으로 옳은 것은 이슬람적으로 옳지 않다는 것과 그밖에 다른 것들이다. 한편에서는 인간을 본질적으로 이기적이라고 접근하고, 반면에 인간을 애타적이며 선하다고 간주하는 사람들도 있다. 경제학자들은 이슬람이 인간행위의 현실관을 갖지 않고 있다고 말하며, 이슬람주의자들은 경제학이 개인의 이기심과 연관된 것들에 기반을 두며 탐욕을 찬양하고 비도덕적인 것이라고 말한다.

그러나 현실적으로 경제인과 이슬람 경제인간의 격차는 쉽게 연결될 수 있음이 입증돼 왔다. 그 한가지로 몇몇 관점에서 원칙적으로 수렴하는 분야가 있다. 한계이익(marginal gain)을 얻기 위해 열심히 일하는 기업가는 분배이윤과 사회적 인식의 형태로 이 지구상에서 보상받을 것이라는 정신적으로 순수한 사람들이다. 일부 이슬람공동체에서 근면한 노동을 통한 정화(淨化)는 종교의 핵심이다. 예를 들면 세네갈에서는 이런 개념이 200만 무리드(Mouride) 형제

---

[90] 알란 리차드와 워터베리(Alan Richards and Waterbury)는 "이슬람의 위치는 개인적인 선행, 즉 개인적인 행동을 신성한 계시(啓示)와 일치시키기 위한 행위에 의해 달성되는 조화와 사회적 질서"라고 한다.

애로 정의된다. 이 공동체의 교훈은 막스 베버(Max Weber)의 표현대로 칼빈주의(Calvinism)의 회상이다.[91]

현대 이슬람 경제학은 한편으로는 초기 저술과 후기 저술 간의 구분이 이뤄져야 하며, 다른 한편으로는 이론적인 학술논문과 보다 실용적인 정책관련 저술 간의 (추상) 개념 간의 구분이 이뤄져야 한다. 티무르 쿠란의 합리적인 비평은 1976-81년 사이의 저술에 대해 언급되고 있다. 이러한 것들은 경제적 이슬람이 대부분 (파키스탄과 이란이 독자적으로 시작한) 이론적이었던 때인 현대 이슬람 경제학의 초창기에 발생한다. 친숙한 논조의 저술들은 마치 신세계질서(NIEO)가 도래할 것 같았던 오일붐 이후 도취감에 의해 제안된 (노력없는) 해결책의 특성 때문이다.

거친 현실과 충돌하는 추상개념으로서 이슬람 경제학은 보다 실용적으로 변모하였다. 비록 근원적인이지는 않지만, 뒤이어 나온 이슬람 경제학에 관한 저술은 대체적으로 그들의 유토피아적인 기대를 저버리고 전통 경제학에 브리지를 구축했다(Ibrahim Warde: 44-45). 그러한 예는 제5장의 이란, 파키스탄 및 수단의 예에서 발견할 수 있다.

정리해서 말하면, 이슬람 경제학과 전통 경제학간의 본질적인 모순과 화해할 수 없는 차이는 앞서 언급한 논의에 덧붙여 윤리적 사회적 차원에서 나온다. 두 경제학간 수렴의 또 다른 예는 천상의 이상이 아니라 사실이다. 그것은 점차 이슬람 경제학의 핵심이 간주하여 복지(福祉)로 번역되는 활라흐이다.

앞 절의 정의에 의하면, 이슬람 경제학이란 "무슬림이 협력과 참

---

91) 성전(jihad)을 거부하고 영혼의 성전에 대해서 임금성전(wage jihad)을 하라! 그리고 너희들이 결코 죽지 않을 것처럼 열심히 일하라 그리고 내일 죽을 것처럼 기도하라.

여를 기초로 활라흐 달성을 위해 신탁 하에 있는 지구상의 자원을 체계화하는 학문"이다. 비록 도덕뿐만 아니라 물질적인 복지를 연결시키지만, 활라흐는 공동체의 복지를 말한다. 다루라와 마슬라의 정당성과 연결된 이러한 새로운 초점은 장차 경제인과 이슬람 경제인간의 수렴에 새 장(章)을 열 수 있을 것이다(위의 책, 46).

이같은 이슬람 경제학의 보다 실용적인 시도는 근본적으로 케인스적 접근이나 기독교, 유대인 혹은 심지어 자유 시장경제에 대해 윤리적 차원을 주입하려는 세속적인 사상가들의 접근과 다르지 않다. 정치경제학에 관한 현대의 논쟁은 순수한 자유시장과 절대적인 정부개입에 대한 두 극단주의자의 지속적인 논박(論駁)에 자리 잡고 있다고 할 수 있다.

대다수 윤리적, 종교적 체제는 이러한 양극화(polarization)를 거부하며 '제3의 길' 혹은 '중립적 입장'을 갈구한다. 역사적으로 카톨릭 교회는 좌익신학과 우익 보수주의자들을 화합시켜 왔다. 최근 자유 시장 이념의 승리와 함께 수많은 종교사상가들은 종교적 가르침과 자유시장의 방어 간에 모순을 보지 못했다.[92]

이슬람 경제학도 동일한 방식으로 전개돼 왔다. 많은 이슬람 학자들이 1960년대의 양립성을 강조해온 반면, 일부에 있어서는 심지어 마르크스주의자들조차도 오늘날 영향력 있는 경제학자들은 이슬람과 자유 시장 이념간의 유사성을 강조한다. - 복지와 특히

---

92) 카톨릭 신학자 마이클 노박(Michae Novak)은 "아리스토텔레스 사상에서 사려분별(prudence)처럼, 민주적인 자본주의사상에서 이기심(利己心)은 도덕주의자들 사이에서 열등한 명성으로 통한다."라고 지적하면서 자본주의의 강력한 도덕적 방어를 시작했다. 이기심은 탐욕이나 허욕과 동의어가 아니라고 주장하면서, 그는 종교적이고 도덕적인 이익, 예술적이고 과학적인 이익, 평화와 정의에 있어서 이익을 포함할 뿐만 아니라 한 가족, 친구 및 국가의 복지에 관련된 것을 의미하는 정의를 제시했다.

가난한 사람들의 필요를 충족시키기 위한 진보 - 와 같이 모호한 의도는 유익한 결과를 가져올 수 있기에, 이슬람 체제는 도덕적으로 정당할 수 있으며 실제로 비효과적인 정책이기는 하지만 도덕적으로 우월한 좋은 의미가 될 수 있다.

신자유주의경제학의 일부였던 경제의 완전한 이슬람화의 첫 번째 중요한 시도가 1977년 파키스탄의 지아(Zia) 대통령 하에서 이루어졌다. 보다 현격한 예는 1992-3년의 수단의 예이다. 수단의 경제학자들은 공개적으로 변명도 없이 밀톤 프리드만(Milton Friedman)의 사상에 영향을 받은 압둘 라힘 하디(Abdul Rahim Hadi) 재무상에 의해 신자유주의의 가장 극단적인 형태를 채택했다. 그는 신자유주의의 도입은 이슬람이 어떻게 기능해야하는지의 방법이라는 이유로 자유 시장원칙을 방어했다. 심지어 그것이 이슬람과 우리들을 지원하기 때문에 국민들은 이러한 어려움을 받아들여야 한다고 주장했다.

요약하면 경제인과 이슬람 경제인관의 대조는 크게 관련이 없다. 유토피아가 아니라면 양자는 모두 최소한 이상적이다. 양자 모두는 묘사적(descriptive)이라기보다는 규범적(normative)이다. 이슬람 경제인은 존재가 아닌 당위로서 사람들이 어떻게 행동할 것인가에 반대되는 개념으로 사람들은 무엇을 위해 노력해야 하는가를 주장한다. 동시에 경제인도 단지 어떤 가정(假定)하에서 일하는 사람, 즉 이상적인 자유시장을 대표한다. 알란 리차드와 존 윈터베리가 지적한 것처럼, "정책입안의 실행은 결코 가혹한 이론에 순응하지 않는다"는 점을 잘 기억하는 것이다. 비록 그것이 주어진 이념에 의해 고무되었다 손치더라도 실질경제에서 다양한 근본주의자들의 허구성의 상당부분은 그러한 이념에서 빗나갈 것이다.

사실상 경제적 공언을 자유시장체제에 공헌한 지식계급으로 간주하는 한, 이슬람과 경제학 양자 모두에 있어서 교의(dogma)적 지침 간에는 명백한 평행선을 발견할 수 잇을 것이다. 교육받은 경제학자가 아닌 사람들의 무분별한 개입에 대한 폴 크루먼(Paul Krugman)의 맹비난이나 자유시장에 대해 정치가들이 개입된 과오에 대한 로버트 바로(Robert Barro)나 밀톤 프리드만의 경고적인 선언을 살펴보면, 서구의 언론은 그 중심을 항상 아야톨라(이란에서 신앙이나 학식이 깊은 종교지도자)와 관련짓는다는 사실을 깨달을 수 있다. 심지어 사람들에게는 경제적인 근본주의도 종교적인 함축으로 비쳐질 수 있다. 로드니 윌슨(Rodney Wilson)은 순수한 균형과 함께 경제학자들의 선입견에 대해 아래와 같이 기술한다(위의 책, 47)

"경제질서는 --- 영원하며, 신성한 질서를 반영한다. 언어와 상징의 일부는 - 완전시장, 균형의 개념, 완전한 지식을 적용하는 거래의 효율성 - 등 이 모든 것들은 무의식적으로 일종의 천상의 이상(理想)을 위해 노력하는 것으로 간주될 수 있다."

해가 뜨고 달이 지는 게 아니라 우리가 지구와 함께 돌고 있는데도 인간은 마치 태양이 돌고 있는 것으로 착각을 하고 산다. 중세 이후 서구 자본주의는 기독교의 이자논쟁을 거쳐 성숙된 자본주의를 발전시켰다. 갈릴레오가 "그래도 지구는 돈다."고 항변하고 또 그 사실이 확인된 지금도 인간은 착각속에 살고 있다. 그래서 인간은 매우 개인주의적인 경쟁의 늪에 빠져 헤매고 있다. 이슬람은 이제 그 논쟁을 다시 수면위로 끌어올리고 있다. 그러면서 신이 창조한 우주질서 속에서 내가 돌고 있는 게 아니라 우리(공동체)가 돌고 있다는 점을 강조한다. 그래서 애타주의(愛他主義)와 공동체를 강조하는 활라흐, 즉 인간의 복지(福祉)가 이슬람 경제의 핵심이다.

제5장
중동의 금융시장과 이슬람 은행

1. 중동의 금융시장

　베이루트는 1975년 4월 내전이 본격화되기 전까지는 중동지역에서 금융과 중계무역의 중심지 역할을 해왔다. 지중해 연안의 유리한 입지적 조건을 갖춘 베이루트 항(港)은 기후가 온화하고 자연적 조건이 좋아 중동지역의 으뜸가는 양항(良港)으로 꼽힌다. 이러한 이유로 베이루트는 중동과 유럽대륙을 잇는 중계무역을 발달시키기 위하여 일찍부터 항구에 보세구역을 설치하고 수출입 상품에 대하여 일체의 수입관세를 부과하지 않았다. 이 보세구역을 중심으로 베이루트는 중계무역이 성황을 이루었고 그에 따라 레바논은 막대한 운수 및 보험수입을 올릴 수 있었다.
　베이루트의 중계무역 중심지로의 발달은 다른 한편으로는 금융산업 발달에도 크게 기여하였다. 물론 베이루트는 중계무역 발달 이외에도 중동지역에서 금융중심지로 발달하기에 적합한 다른 객관적인 조건을 구비하고 있었다.
　첫째로 레바논은 중동 국가들 가운데 '금융의 하부구조(financial infrastructure)'가 가장 발달돼 있었다. 금융통신이나 인적자원, 더 나아가 각종 제도적인 측면에 이르기까지 레바논은 상당한 수준으로 발전하고 있었다.

둘째로 금융환경이 가장 서구화되어 있었다. 레바논은 역사적, 종교적 전통에 있어서 아랍 특유의 전통적 색채가 가장 약한 나라이기 때문에 서구적인 금융제도나 운영방식을 도입하기에 용이했을 뿐만 아니라 생활환경면에서도 매우 유리한 조건을 갖추고 있었다.

셋째로 베이루트가 경도(經度)상으로 정확하게 런던, 싱가포르의 중간에 위치하여 두 중심적인 국제적 금융시장을 연결시킬 수 있음은 물론, 영업시간이 두 금융시장과 교묘하게 양쪽으로 중합되기 때문에 이자산정에 있어 하루를 유리하게 이용할 수 있었다. 마지막으로 베이루트는 국제적으로 교통, 정보의 요충지이며 이 역시 베이루트를 금융중심지로 만드는데 중요한 요인으로 작용했다.

금융중심지로서의 베이루트의 기능이 중동지역의 여러 지역으로 분산된 배경은 레바논 내전[93]이 결정적 요인이기는 하지만 그 밖에 다른 이유들도 있었다. 1973년 제1차 '석유위기' 이후 막대한 오일머니를 보유하게 된 사우디아라비아, 쿠웨이트, UAE 및 이란 등은 모두 자국 내 금융시장을 육성하고자 노력하였다. 막대한 오일머니를 소유한 걸프산유국들은 각종 금융제도의 정비와 지원시책을 제공함과 동시에 자국통화 베이스로의 신용공여를 주장하거나 새로운 계산방식을 도입하는 등 시장기능을 개선하고자 노력하였다. 사우디아라비아는 인접국가인 바레인을 중동지역의 금융중심지로

---

93) 1970년 요르단내전 이후, 레바논은 요르단으로부터 수많은 팔레스타인 난민이 유입되어 팔레스타인 해방기구(PLO)를 중심으로 한 팔레스타인 무장세력의 근거지가 되었다. 1975년 2월에는 팔레스타인 무장세력을 지원하는 이슬람교도와 이에 반대하는 마론파 기독교도간에 내전이 발생하여 1976년 11월에는 시리아군이 개입하였다.

발달시키기 위한 노력도 아끼지 않았다.

이와 같은 일련의 조치는 베이루트에 집중된 중동지역의 금융시장에 대한 일종의 부정적인 입장의 소산이라고도 볼 수 있다. 이러한 의미에서 본다면 레바논 사태가 없었다고 치더라도 중동의 금융시장은 어느 정도 그 기능이 분산되고 다양화 될 소지를 안고 있었다(홍성민, 1991, 278-279). 최근 레바논 주요 은행들의 소득 대차표는 2008년 5월 베이루트 거리에서 헤즈볼라(Hezbollah) 시위가 최고조에 달했던 시점의 결과를 거의 반영하지 않고 있다. 레바논 5대 은행의 연간 평균 수익은 급격히 상승하였다.

〈표 5-1〉에서 나타난 바와 같이, 2007년 레바논 은행들의 평균수익은 18.9% 성장하였다. 이같은 탄성치는 해를 거듭하면서 11%까지 증가한 지속적인 고객예탁금에 기인하는 것이며, 강력한 순소득은 최대 은행이 평균 20%대의 수익을 창출하면서 2008년 1/4분기까지 이어지고 있다. 이러한 지표들은 아직도 레바논의 금융시장이 장래에 충분한 발전가능성을 갖고 있음을 보여준다.

〈표 5-1〉 2007년도 베이루트 은행의 금융지표($M)

	연도	총자산	증감 %	대부 및 대출	증감 %	고객 예탁금	증감 %	주주 지분	증감 %	순이익	증감 %
Banque Audi	2007	17,250	21.7	4,930	52.4	14,310	20.8	1,820	7.1	201	22.6
	2006	14,171		3,235		11,847		1,699		164	
Blom Bank	2007	16,630	16.9	2,770	54.0	13,730	17.0	1,399	11.5	205	13.3
	2006	14,220		1,799		11,734		1,255		181	
Byblos Bank	2007	9,500	15.7	2,230	27.1	7,256	15.6	na	na	98	24.3
	2006	8,208		1,755		6,278		na		78.7	
Bemo Bank	2007	790	11.3	316	23.1	617	11.4	88	1.3	7.96	13.7
	2006	710		257		554		87		7	
Bank of Beirut	2007	527	13.8	1,060	29.3	3,630	14.5	408	40.3	44.1	18.8
	2006	463		820		3,170		291		37.13	

*출처: MEED, 20-26 June 2008.

베이루트 금융시장이 정상적인 기능을 발휘하고 있을 때 중동지역에서 이 시장에 맞설 수 있는 금융시장은 쿠웨이트의 금융시장이었다. 막대한 석유수입과 자본잉여 상태의 쿠웨이트는 석유재원의 운용문제와 결부하여 금융면에서도 제도적인 정비와 시장기능의 발달을 가져왔다. 쿠웨이트는 다른 걸프산유국들보다 앞서서 각종 금융의 하부구조를 조성함은 물론 근대적인 금융기술을 축적하였다.

사실상 쿠웨이트 금융시장은 막대한 규모의 내부 금융자산과 금융의 하부구조정비 상태가 양호할 뿐만 아니라 국제적인 금융경험도 풍부하여 중동의 금융중심지 또는 국제 금융시장으로 발달할 수 있는 객관적 조건은 매우 유리하다. 특히 금융 기구면에서 체계적인 정비나 해외은행과의 거래경험은 과거 베이루트 시장을 능가하는 것으로 알려졌다. 하지만 이처럼 국제금융시장으로 발전할 수 있는 객관적인 모든 조건을 갖추고 있음에도 불구하고 현실적으로 쿠웨이트 시장은 그렇게 진행되고 있지 못하다(중동문제연구소, 177-179).

쿠웨이트가 중동의 금융중심지 역할을 하기 위해서는 과감한 정책적 전환이 필요했다. 쿠웨이트에 오랜 경험을 가진 투자자들은 정상적인 주식시장의 결여 때문에 불안감을 느끼고 있었다. 1982년 쿠웨이트는 세계 최대의 투기적인 주식시장의 파산을 경험하였다. 낙타시장(camel market)으로 알려진 '수쿠 알-마나크(Souk al-Manakh)'는 쿠웨이트시(市)의 개조된 격납고에서 조업했던 비공식적이고 통제되지 않았던 주식거래에 대해 붙여진 이름이다. 비공식적인 쿠웨이트 특유의 매매차익의 금융형태, 즉 은행에서 빌린 돈과 함께 후불제 수표의 난해한 체계로 주식이 유포되었다. 자신들의 지분이 거래되고 있었던 많은 역외(offshore) 회사들은 단지 종이로 된 자산을 호언장담했지만, 투자 열기는 많은 오일 붐이 영원히 지속될 것이라는 가정과 함께 만족할 줄 모르고 지속되었다.
하지만 오일 붐은 그리 오래 지속되지 않았다. 1982년 8월 거품이 폭발하였을 때 쿠웨이트 투자자들의 총 부채는 그 당시 쿠웨이트 GDP를 초과하는 920억 달러를 상회하였다. 재무성이 모든 의심스러운 수표를 반환하도록 명령을 내렸을 때인 1982년 9월, 정부는 투기자들을 구원해주어야 할 처지에 놓이게 되었다. 당시 총 손실은 국민 1인당 9만 달러에 달하는 것으로 나타났다. 정부는 서둘러 '수쿠 알-마나크'를 폐쇄하고 상처를 치유하기 위해 새로운 주식시장 건물을 마련하였다. 그러나 그 상처는 아직도 쿠웨이트인들의 생각에 남아있다(MEED, 9-15 May 2008, 46).
설상가상으로 1980년대 지속된 유가하락과 1990년 이라크의 쿠웨이트 침공과 걸프전은 쿠웨이트 금융시장 발전에 커다란 장애요인으로 작용하였다. 9·11 테러사태 이후 이 지역에 불어 닥친 정치적 불안감과 함께 2003년 미국의 이라크 침공 또한 쿠웨이트가 금융시장으로 자리 잡기 위한 발판을 빼앗아 가버렸다. 걸프지역의 가장 성숙하고 세련된 증권거래소를 가진 쿠웨이트는 자본시장을 개혁하라는 압력을 크게 받고 있다. 2008년 몇 달 사이에 왕성한 거래에 힘입어 연초에 15%의 수익을 올렸다. 하지만 주식시장에서는 여전히 논쟁이 끊이지 않고 있다. 아직까지 독립적인 금융 감독기관이 없는 걸프지역에서는 감독문제가 발생하고 있다.
그렇지만 2008년 4월 중순, 쿠웨이트 전체 등록회사의 1/3 정도는 전년도 10월에 도입된 법령을 쿠웨이트 증권거래소(Kuwait Stock Exchange: KSE)를 철회하라고 요구하고 있다. 새로 도입된 법령은 이전에 등록이 취소된 회사의 지분과 특정한 시기에 등록하지 못한 회사의 지분을 제한할 의도로 채택되었다. 아울러 새로운 법령은 투명성을 촉진하고, 1982년 쿠웨이트를 강타한 금융 파산 시 나타 났던 것과 같은 위조주식에 투자하는 투자자들을 보호하기 위해 고안된 것이다.

쿠웨이트의 주요 블루칩 회사들은 이 법령에 강력히 반발하고 있다.[94] 이들은 새로운 법령은 지나치게 관료적이고 KSE가 관심을 끌고 있는 외국 투자자들을 방해할 것이라고 강력히 반발하고 있다. 쿠웨이트 상공회의소는 지금까지 이 문제를 절충하려 노력하고 있다. 이에 따라 비즈니스 리더들에게 보다 유리한 새로운 법령이 발표되었다. 외국인 투자자의 조세를 선명하게 하기 위한 새로운 조세법이 그것이며, 이는 비쿠웨이트인의 투자자들을 최우선적으로 우대하는 제도이다. 과거 40년 전으로 거슬러 올라가면, 55%의 관세가 외국인 회사의 소득에 부과되었다.

하지만 새롭게 제정된 법에서는 주식시장에서 기업에 관세가 부과되지 않으며, 비쿠웨이트인들은 모든 주식에 투자할 수 있다. 또한, 15%까지 법인세를 대폭 삭감했으며 증권시장에서 면세를 보증하고 있다. 아울러 KSE는 주식시장을 근대화하기 위한 노력을 계속하고 있으며, 유럽의 외환시장을 주도하는 독일 증권시장이나 스칸디나비아 증권시장 OMX와 같은 증권시장의 시스템을 도입하려 하고 있다(위의 책, 44-46).

다음의 〈표 5-2〉에서 보는 바와 같이 2008년도 쿠웨이트 은행의 세계 순위는 사우디아라비아 다음으로 높은 40위를 차지하고 있다. 이처럼 쿠웨이트 금융시장은 높은 잠재력을 지니고 있으며, 내

---

94) 그 가운데는 Zain mobile phone group, Islamic finance institution Investment Dar와 쿠웨이트 최대의 복합 기업인 National Industries Group Holding Company 등이 있다.

적인 금융제도 개선이 선행되고, 변화를 방해하는 정치적 불안과 주식시장에서의 투자위험 요소가 제거된다면 비약적인 발전을 기대할 수 있을 것이다.

〈표 5-2〉 세계은행 순위(1-178)

국 명	순 위	재산등록	교역	계약	임원고용	투자보호	조세부과
UAE	68	8	24	144	65	107	4
레바논	85	92	83	121	53	83	33
모로코	129	102	67	114	165	158	132
사우디	23	3	33	136	40	50	7
시리아	137	89	127	171	126	107	98
알제리	125	156	114	117	118	64	157
예멘	113	44	128	41	63	122	84
오만	49	15	104	110	26	64	5
요르단	80	109	59	128	45	107	19
이라크	141	40	175	150	60	107	37
이란	135	143	135	57	141	158	97
이스라엘	29	152	8	102	87	5	69
이집트	126	101	26	145	108	83	150
쿠웨이트	40	92	99	99	39	19	8
터키	57	31	56	34	136	64	54
튀니지아	88	66	28	80	113	147	148
팔레스타인	127	118	77	125	103	33	22

*출처:World Bank, Doing Business 2008.

레바논사태 이전부터 오일머니를 아랍역내에서 운용해야 한다는 명제아래 새로운 금융중심지를 만들어야겠다는 필요성이 항상 제기돼 왔다. 하지만 아랍역내의 특정국 또는 지역이 금융중심지로 발전하기 위해서는 역내 최대 산유국이며 금융재원의 공급국인 사우디아라비아, 쿠웨이트, UAE의 지원을 받아야 했다. 이러한 관점에서 최대 산유국 사우디의 후원 하에 있는 바레인이 가장 유리한 입장에 놓여 있다. 이같은 사정 외에도 바레인은 아랍역내 금융중심지로 발돋움하기에 몇 가지 유리한 조건을 갖추고 있다.

첫째, 입지조건에 있어서, ①지리적으로 걸프산유국의 중심에 위치하고 있으며, ②걸프지역에서 비교적 양항을 구비하고 있고, 국제 금융중심지인 런던과 싱가포르의 중간에 위치하고 있다.

둘째, 금융 하부구조에 있어서, ①통신망이 발달하고, 특히 통신위성을 통하여 뉴욕, 런던, 동경 및 싱가포르 등 대도시와 직결되고 있고, ②일찍부터 화물의 집산지로 발달하여 도로 사정이 양호하여 유럽행 아랍 창구 역할을 하고 있고, ③영국의 오랜 식민지 통치의 결과 역내에서 가장 교육수준이 높으며, 금융경험이나 인적자원의 수준도 높은 것으로 평가되고 있다.

셋째, 생활환경에서도 ①기후조건이 상대적으로 유리하고, ② 서구식 생활조건이 구비돼 있으며, ③무슬림 사회의 금기사항인 금주(禁酒) 조치 등 제약조건이 많이 개선되었다.

넷째, 경제제도에서 바레인은 금융중심지로의 발전에 필요한 모든 제도를 자유화시키고 정부의 통제나 간섭을 배제하였다. 구체적으로 보면, 자유로운 자본의 유출입 및 대외송금의 보장, 외국인 투자유치를 위한 법 인세의 면제, 외국 금융기관에 대한 간섭배제 등이 있다.

하지만 여러모로 유리한 조건하에 국가의 적극적인 육성시책을 펴고 있는 바레인의 금융시장도 문제점을 안고 있다. 바레인은 내재적인 금융재원의 축적없이 전적으로 사우디의 지원 아래 금융시장을 육성하고 있기에 근본적으로 불안요인을 안고 있다. 또한, 인접국 UAE의 두바이가 아부다비와의 정치협상으로 금융 및 무역중심지로 발돋움하고 있기에 경쟁은 불가피한 것이 되고 있다(중동문제연구소: 179-181).

두바이의 경우 비록 금융경험이나 인적자원 측면에서 바레인의 경우보다 불리하지만 오래 전부터 이 지역은 중동의 중개무역지로서 무역중심지 역할을 담당해왔다. 아부다비가 UAE의 정치중심지로 발전하는 대신 두바이는 무역 및 금융중심지로 부상하겠다는 계획이 커다란 장점으로 작용하고 있다. 1990년대 중계무역항 개발에 박차를 가해온 두바이는 야심에 찬 두바이인터넷시티(DIC) 계획과 자유무역지대 건설에 착수하여 괄목할만한 성과를 거두었다. 여기에 걸프전의 영향으로 쿠웨이트가 역외 금융중심지 역할에서 멀어지자 두바이는 좋은 기회를 맞이하게 되었다. 9·11 이후 미국의 이라크 침공으로 정치적 불안요인이 제거된 두바이에 자금이 몰려들었고, 그 후 전개된 고유가는 순풍에 돛을 단 격으로 두바이 금융시장을 발전시켰다.

2007년 UAE는 은행부문에서 이 지역 최대금융권인 사우디아라비아를 제치고 선두에 올랐다. UAE의 현 자산가치는 사우디의 자산가치 2,930억 달러를 능가하는 3,360억 달러로 나타나고 있다(〈표 5-3〉 참조). 이러한 추세는 사우디의 국영상업은행(National Commercial Bank)의 자산 134억 달러를 추월하여 이 지역 최대 은행인 'Emirates NBD'를 가능케 한 'Emirates Bank International'과 'National Bank of Dubai'의 합병으로 이어졌다. 'Emirates NBD'는 비록 몇몇 사우디 금융기관에 의해서 연수익률 조건에서 방해를 받고는 있지만 대부와 예탁금에서 최고의 기록을 세우고 있다. 이같은 거대 은행의 출현은 대규모 거래를 가능케 하며 동시에 대규모 은행의 지배를 의미한다(MEED, 20-26 June 2008, 36-37).

〈표 5-3〉 중동 20대 은행의 금융지표

은 행	국 명	대부/자산 비율(%)	증감 %	대부/적립금 비율(%)	증감 %
Emirates NBD	UAE	59.9	na	122.5	na
National Commercial Bank	사우디	42.1	-15.2	61.5	-6.4
National Bank of Kuwait	쿠웨이트	52.7	-3.3	103.6	5.1
Samba Financial Group	사우디	52.2	-3.5	69.6	-1.6
National Bank of Abu Dhaibi	UAE	57.2	0.4	97.5	20.0
Al-Rajhi Bank	사우디	0.2	6.5	1.0	-0.4
Kuwait Financial House	쿠웨이트	na	na	na	na
Arab Banking Coperation	바레인	37.7	-2.2	114.3	-0.5
Riyad Bank	사우디	55.5	0.0	79.9	5.9
Qatar National Bank	카타르	57.8	-10.4	89.1	0.0
Gulf International Bank	바레인	42.1	28.0	92.2	26.3
Abu Dhai Commercial Bank	UAE	71.3	-7.4	132.4	-8.0
Banque Saudi Fransl	사우디	60.0	-6.6	80.9	-1.9
Sabb	사우디	63.1	14.8	81.5	13.8
Arab National Bank	사우디	64.7	1.5	82.9	3.0
Mashreqbank	UAE	41.1	-18.4	78.0	-7.4
Ahll United Bank	바레인	52.2	22.4	111.6	13.7
Dubai Islamic Bank	UAE	58.4	6.6	75.2	1.7
First Gulf Bank	UAE	60.7	15.2	85.0	14.6
Gulf Bank	쿠웨이트	64.3	-3.6	102.4	9.0

*출처:MEED, 20-26 June 2008.

반면에 이란의 테헤란이 중동지역의 금융중심지가 되기에는 구조적—비아랍국가로서 아랍권의 전반적인 지원을 받기 어렵다는—한계를 갖고 있다. 이같은 한계를 갖고 있으면서도 테헤란을 역내 금융중심지로 육성하겠다는 발상은 이곳의 경제규모가 거대하고 역사적으로 카이로 다음으로 깊은 독자적인 역사를 갖고 있다는 점에서 출발한다. 테헤란은 금융의 하부구조면에서도 상당히 발전돼 있으며 금융경험이나 인적자원도 풍부한 편이다. 이란은 최대 규모의 멜리은행(Bank Meli Iran)을 비롯해 수많은 대소 금융기관과 7,000여개 이상의 은행 지점망을 구축하고 있다. 하지만 핵(核) 문제로 인한 미국과의 대치상황 때문에 테헤란은 금융시장의 국제화[95]에 많은 문제점을 안고 있다.

이란의 경제정책은 정부의 재정 및 구조개혁이 포함된 2000-04년도 5개년 계획의 틀 속에서 전개될 것이다. 이같은 조치의 일환으로 중앙은행인 마르카지(Markazi) 은행은 호메이니 혁명이후 최초로 이란의 민간은행의 개설을 허가하였고, 2002년 회계연도가 시작 된 3월 21일부터 새로 통합된 통화체제를 설립하였다.

이란정부는 또한 '민영화 계획'에 대한 개입을 재천명하 였다. 2년여의 지연 끝에 이란정부는 약 50년 만에 포괄적인 해외투자법에 대한 이란의 최초 시도인 '신해외투자법'을 개정하였다. 그러나 혁명 이후 나타난 대외거래에 있어서 적지 않은 정치적 적대감 때문에 대외투자의 흐름은 여전히 어려움을 겪고 있는 실정이다.

중동지역에서 가장 오랜 금융의 역사를 가진 이집트는 역내 금융중심지로 발전하는데 여러 가지 이점을 갖고 있다. 첫째로 이집트가 역내에서 갖는 정치 중심적 지위이며, 둘째로 현재는 효율적으로 활용하지 못하고 있지만, 숙련노동력을 비롯한 모든 경제적 잠재력이다.

이집트는 1973년부터 전반적인 경제 자유화 정책을 시행하고 있다. 자유화시책 가운데서도 가장 역점을 두는 부문은 아랍자본을 비롯한 적극적인 외자유치 추진과 자유무역지대의 창설이다. 만일 이집트가 유럽이나 미국의 은행 또는 자본가들에게 자본이동을 자유롭게 할 수 있도록 확실한 보장을 해준다면 카이로 금융시장은

---

[95] 2002년초 미국 안보에 위협을 주는 '악의 축(axis of evil)'으로 분류된 이후, 미국은 '악의 축' 문제를 포함하여 핵무기 개발에 대한 압력수단으로 이란을 계속 압박하고 있다.

중동지역의 금융중심지로의 발전을 꾀할 수 있을 것이다.(홍성민, 282). 하지만 경제적 불안요인은 이집트가 중동의 금융중심지로 발돋움하는 데 가장 큰 장애요인이 되고 있다. 〈표 5-4〉에 나타난 바와 같이 이집트의 국제경쟁력지수(GCI)는 중동권에서도 하위권을 맴돌고 있다.

〈표 5-4〉 중동 주요국의 국제경쟁력지수(GCI) 및 2007-2008 비교

국 가	GCI 2008-2009 순위	GCI 2008-2009 점수	GCI 2007-2008 순위
카타르	26	4.83	31
사우디	27	4.72	35
UAE	31	4.68	37
쿠웨이트	35	4.58	30
바레인	37	4.57	43
오만	38	4.55	42
요르단	48	4.37	49
이집트	81	3.98	77

*주: 레바논과 이란은 조사대상국 137개국에서 제외 됨.
*출처: World Economic Forum, 2008.

현재로서는 중동지역에서 강력한 금융중심지로서의 역할을 수행할 수 있는 단일한 국가는 없다고 보아야 할 것이다. 여전히 금융 하부구조의 미흡한 발달이 단일한 금융 중추 형성의 큰 걸림돌로 작용하고 있으며, 중동의 불안한 정세 또한 한 몫 하기 때문에 중동의 금융은 지역 금융중심지 또는 역외 금융중심지를 바탕으로 이뤄지고 있다고 볼 수 있다.

그 가운데서도 두드러진 지역이 걸프산유국이고, 국가로는 UAE의 두바이가 현재로서는 큰 기능을 하고 있다. 중동의 금융중심지

로 발전할 수 있는 금융의 하부구조가 마련돼 있는 이집트, 레바논 및 테헤란이 현시점에서 볼 때 발전가능성이 매우 낮은 점을 고려하면, 우리는 지역금융이나 역외 금융의 중심지로서 걸프산유국, 특히 GCC 국가들의 금융시장을 중동 진출의 전초기지로 삼아야 할 것이다.

2. 이슬람 금융의 정의와 구조

1) 이슬람 금융의 정의와 리바

(1) 이슬람 금융의 정의

이슬람 금융의 정의는 '이자가 배제된 은행업(interest-free banking)'의 매우 협소한 범위에서 '무슬림에 의해 인도된 금융운용'의 넓은 광의의 범위까지 펼쳐진다. 이슬람 금융기관은 그 목적과 운용을 꾸란의 원칙에 기반을 두고 있기에 이러한 선입관이 없는 전통적인 금융기관과는 다른 설정을 해야 한다. 이러한 정의는 단순히 이슬람 금융을 '이자 없는 은행업무'와 동일시하는 범주를 벗어나야 한다는 것을 시사한다. 이슬람 은행은 이슬람 원칙에 기반을 두어야 한다[96].

이슬람 금융의 두 가지 측면은 한가지로 단일화 되어야 한다. 첫째는 위험분담 철학(Risk-Sharing Philosophy)이다. 채권자는 채무자

---

96) 이슬람원칙에 속하는 것들은 (넓은 의미에서 적당치 못한 증식) 리바 및 (불확실성, 위험, 투기) 가라르의 금지, (종교적으로 허용된) 할랄(halal) 활동, 그리고 일반적으로 정의(正義) 및 기타 윤리적, 종교적 목적의 추구 등이 있다.

의 위험을 분담해야 한다. 채권자에 대해 확정 혹은 예정이자를 보장하기 때문에 채무자에게 불평등하게 부담의무가 돌아가며, 채권자는 착취적이며 사회적으로 비생산적이고 경제적으로 낭비적인 것으로 인식된다. 대표적인 예는 채권자에게 우선권을 주는 방식이 손익배분(Profit and Loss Sharing: PLS)방식이다.

두 번째는 특수한 거래성사와 자카트를 통한 경제적 사회적 발전의 증진이다. (대부분의) 이슬람 금융기관이―종교적 자문위원회로서 그들의 견해는 새로운 (영업) 수단의 허용에 조언하고, 은행활동의 종교적 감사(監査) 활동을 하는―샤리아위원회(Shariah Board) 뿐만 아니라 종교적 신분을 나타내는 다른 특성이 있다. 요약하면, 전통적인 금융은 항상 주어진 규제의 틀 속에서 이윤극대화를 추구하는 반면, 이슬람 금융은 다른, 즉 종교적으로 명시된 목적에 의해 인도된다는 것이다.

이브라힘 와르드(2000)에 따르면, 이슬람 금융의 정의는 어떠한 것도 전적으로 만족스럽지 못하다. 무슬림의 필요에 따라 무슬림이 소유한 금융기관과 국제이슬람 은행협회(International Association of Islamic Banks: IAIB)에 속한 샤리아위원회에 감독받는 금융기관 등의 각각 일반적인 기준에 대해서 우리는 일종의 의미있는 예외를 발견할 수 있다. 실제로, 예를 들면 ― 스스로 이슬람적이라고 주장하는 ― 터키금융거래소(Turkish Finance House)나 사우디아라비아의 알-라즈히은행(Al-Rajhi Banking)과 투자회사 같은 이슬람기관들의 자기 방어적 입장의 기준조차도 이슬람적 특성을 명확하게 언급하지 않는다. 손익배분(PLS) 활동에 초점을 맞춘 원칙은 현실이라기보다는 오히려 이상적(理想的)이라는 여지를 남긴다.

이슬람 금융 또한 은행업 이상의 범주를 포함한다. 이슬람 금융은 뮤추얼펀드(mutual fund), 유가증권회사, 보험회사 및 다른 비은행기관을 포함한다. 1970년대 이슬람 은행이 극소수였고 쉽게 이슬람적임이 입증된 곳에서 그 현상은 이슬람 금융기관의 확산과 함께 매우 특성이 없는 것으로 변하였고 전통은행과 여타 다른 형태의 금융 간의 영업에 물들게 되었다. 또 다른 복잡한 요소는 이슬람 세계 안팎에서 전통금융기관이 증가함에 따라 이슬람 자회사를 설립해왔거나 이슬람 창구를 제공하는 것과 더불어 전통적 업무에 부가하여 상품을 개발해 왔다.

이슬람 이외의 외부세계에서 피할 수 없는 질문은 "어떻게 이자(利子)없이 운영되는 금융제도가 가능할까?" 하는 것이다. 그 해답은 손익배분 메커니즘의 개발이나 고정된 서비스 비용의 부과와 같은 대체수단 혹은 고객을 위한 매입중개상(buying agent)으로 활동하는 것이다(Ibrahim Warde, 2000, 5-6). 한국에 잘 알려진, 요시타 에츠야키(吉田悅章, 2008, 17-18)는 이슬람 금융을 "이슬람의 교의, 즉 샤리아에 부합하는 금융"으로 정의하며 금리(金利) 거래는 허용하지 않는다는 점을 강조한다.

또한, 미야자키 데츠야(2008, 57-58)는 이슬람 금융을 "이슬람교의 샤리아에 근거한 금융거래"로 정의하며 리바와 불확실성(gharar)에 투자하는 것을 금지한다고 한다. 결국, 여기서 중요한 문제는 이슬람 금융이란 "이슬람 법인 샤리아에 근거하는 금융거래"라는 점인데, 이러한 정의만으로 이슬람 금융을 정의하는 데는 한계가 있다. 중요한 문제는 리바에 관한 언급이며, 이 문제 또한 이자 없는 거래로 종종 연결되기 때문에 전통금융과의 마찰을 빚는 듯한 여운을 남기기 때문이다.

따라서 이슬람 금융이란 "샤리아에 기반을 둔 금융으로 리바는 금지되지만 손익배분에 의한 자금운영을 허락하는 금융"이라 정의할 수 있다.[97] 다시 말하면, 이슬람 금융이란 샤리아의 해석에 따라 '이자가 있을 수도 혹은 없을 수도 있는 자금운영'을 허락하는 금융이지만, 리바의 실재(實在)에 따라 고율(高率)의 이자나 수익은 배제된다. 이슬람 은행은 화폐 자체에 대한 이자가 아니라 투자자와 운용자간에 손익배분원칙의 개발, 서비스비용의 부과 및 고객을 위한 중개업을 통해서 전통적 금융거래가 가능한 은행이다. 그러므로 본서에서 리바는 (고리대금을 의미하는) 이자가 아니기에 이슬람 금융을 "샤리아에 기반을 둔 손익배분의 원칙에 따라 투자 및 자금운영이 가능한 금융"이라는 의미로 사용한다.

(2) 이슬람 금융에서 리바(Riba)[98]의 해석

이슬람 금융에서 '이자가 배제된 은행업(interest-free banking)'을 가능하게 해주는 샤리아의 해석은 꾸란의 제2장 암소의 장 제275절 가운데 " … 그 이유는 그들이 "상업은 단지 리바와 같은 것"이라고 말하기 때문이다. 그러나 알라는 상업은 허락하였지만 리바는 금지했다(قال ا امن! مثل البيع مثل الربا أو لحل الله البيع وحرم الربا…)"라는 알라의 계시에 의거한다.

여기서 리바(Riba, الربا)라는 용어 해석은 자칫하면 혼란을 가져올 수도 있다. 한글이건 영문이건 간에 이슬람 은행은 "이자가 없

---

97) 여기서 중요한 것은 꾸란에 언급된 리바(Riba)에 관한 해석인데, 요시타 에츠야키는 리바를 금리(金利), 미야자키 데츠야는 이자(利子)로 언급하고 있기에 자칫하면 단지 "이자 없는 거래"로 혼선을 빚을 가능성이 있다. 이 문제에 관해서는 아직도 이슬람율법학자(Ulama)들 사이에서 논쟁이 지속되고 있다(제4장 참조).
98) 리바의 금지와 자카트에 관한 의미와 기능에 관해서는 앞의 제4장에 자세히 다루고 있음.

는 은행업(interest-free banking), 즉 무이자은행으로 시작하기에", 첫째로 자본주의 은행 자체의 은행제도를 부정하는 은행으로 비쳐질 수 있고, 둘째로 그저 이자(interest)라는 용어를 수익(profit)으로 대체한 종교은행 정도로 간주될 위험이 있다. 더욱이 이슬람 은행의 국내유치에 관한 논쟁에서도 "이자 없는 은행을 허락할 수 없다."라는 논지때문에 국내유치에 부정적 영향을 미친 것은 물론 〈은행법〉의 개정까지 요구되고 있는 실정이다.

꾸란에 따르면, 리바(Riba)라는 말은 이자라기보다는 고율의 고리대금업에 가까운 표현이다. 이슬람이 출현하던 시기 메카는 이미 국제적인 상업도시로 대부업이 성행하였고, 그 피해는 무척 컸던 것으로 전해진다. 당시 고리대금은 원금의 2배, 3배 혹은 수십 배에 달했으며, 이 구절 또한 고리대금업을 없앨 목적으로 만들어진 것으로 보인다. 리바의 금지로 무슬림의 고리대부업이 제한되자 반대급부로 유대인이 고리대부업을 통해 엄청난 부를 획득했던 것으로 전해진다.

꾸란의 영문번역에서도 대부분 리바를 고리대금을 의미하는 'usury'라는 단어로 해석하고 있고, 이 단어는 나중에 이자를 의미하는 'interest'로 대체되고 있다. 특히 이슬람 은행의 출현과 관련하여 무이자(interest-free)라는 개념으로 널리 퍼지게 되었다. 리바를 해석함에 있어 영문에서도 'non'이나 'dis'라는 접두어보다 'free'라는 접미어를 사용하는 근거도 완전히 이자가 없는 무이자라는 개념보다는 유연한 해석을 보이고 있다. 오히려 "리바의 금지는 이자의 금지보다는 고리(高利)나 불법적인 이자나 수익(受益)의 금지로 해석"해야 옳을 것이다.

따라서 우리 문헌에 널리 퍼져있는 "이자가 금지된 이슬람 은행 또는 무이자은행"은 해석상 오해를 불러일으킬 가능성이 있기에 원어(原語)의 의미를 살려 '리바가 금지된 이슬람 은행'의 표현을 사용하는 편이 좋을 듯하다.[99]

2) 이슬람의 신용과 금융구조

이슬람 경제체제의 신용과 금융구조에서 요구불 예금을 창출할 특권을 박탈당하고 있는 상업은행은 100%의 지불준비금을 유지해야 한다. 지불준비금은 대부분 중앙은행에 예치되거나 실제로 유통이 차단된 상태에 놓이게 된다. 그렇지만 은행들은 이자가 없는 다른 모든 서비스를 제공한다. 다시 말하면, 은행은 통화기관 이라기보다는 일종의 서비스 기관이다. 상업은행에서 개인이 요구불 예금을 개설하는 행위는 두 가지 의미가 있다. 은행에서 현금 얼마를 갖고 가거나, 혹은 그 대신 요구불 예금을 창출한다(심의섭, 홍성민, 1987, 125).

수표는 요구불예금 중에서 입금을 변경하는 전통적 방법으로 사용된다. 은행으로 이송된 현금의 일부는 현금지불을 위해 5%는 금고에 보관되며, 나머지는 중앙은행으로 보내진다. 실제로 두 부문은 유통과정에서 모두 빠지게 된다. 그러므로 상업은행에서 예금계정의 개설은 그 사회의 통화량을 변화시키지 않는다. 화폐의 역할

---

99) 저자 또한 1984년 "이슬람의 자카트와 이자에 관한 연구."「한국중동학회논총」이후 현재까지 이슬람의 이자금지사상은 꾸란의 메디나 게시 제2장 암소의, 장 제275절 가운데 "상업에 의한 이윤(利潤)은 허락하고 (고리대에 해당하는) 이자(利子)는 금한다."라는 내용을 의역(意譯)하여 이슬람 은행을 이자가 없는 무이자은행(interest-free banking)으로 해석해 왔다. 그러나 이후부터는 논쟁을 피하기 위해 "무이자은행은 이슬람 은행, 이자는 (원어대로) 리바"로 사용기로 한다. 아울러 'interest-free economy'는 논의를 분명히 하기 위해 무이자경제 대신 '이슬람 경제'라는 포괄적 용어를 사용한다.

은 단지 현금을 예금으로 대체할 뿐이다. 다시 말하면, 은행은 신용을 창출하지도, 금융정책에 참여하지도 않는다.

이슬람 경제체제의 제2 금융기관은 끼라드(Qirad)[100]에 입각해서 영업하는 금융거래소(finance house)이다. 금융거래소는 저축예금을 끌어들이고 기업에 자금을 공급한다. 금융거래소는 주로 단기거래 보다는 장기거래를 다루며 생산 활동에 참여한다. 금융거래소는 독립기관으로 반드시 상업은행과 분리될 필요는 없다. 두 기관은 각각의 다른 서비스를 제공하는 동일한 기구로 간주될 수 있다. 두 기관은 지불준비금에 관한 한 같은 방식의 통제 하에 있으며, 단 한 가지 다른 점은 금융거래소가 상업은행에 끼라드를 예치하는 대신 지불준비금으로서 끼라드의 몫을 갖도록 허용한다는 것이다.

제3의 금융기관은 자카트기금과 그 산하기구이다. 국민 소득의 약 1/4정도가 이 기금을 통해 나간다. 자카트기금은 자치적 기구이며, 지방적 특성에 따라 전국에 산하기구를 갖는다. 이러한 특성이 있는 자카트기금은 통화신용의 책임을 떠맡고 국내통화를 창출하는 이상적 기구이다. 여기서 통화신용이란 요구불예금 형태로 통화 창출을 종결짓는 신용(信用)을 말한다. 장단기 생산활동에 대한 신용대부는 자카트 기금의 중요한 금융기능이다. 화폐적 신용은 아무런 대가없이 행해진다. 비록 사소한 경우라 할지라도 관리비용의 부과를 배제하며, 심지어 이익분과 이자까지도 배제한다.

또한, 자카트 기금은, ① 대부조건, ② 차용자에 의한 대부율, ③ 신용의 적격요건, ④ 총 신용대부금의 상환 등을 주요 통화정책의

---

[100] 때에 따라 '무까라다' 라고도 불려지는 '끼라드(Qirad)' 는, 무까라다 공채의 경우와 마찬가지로, 금융업자가 산출액에서 몫을 나누는 금융형태를 말한다. 따라서 끼라드와 무다라바라는 용어는 종종 서로 교환적으로 사용된다.

수단으로 이용한다.

마지막으로 금융기관을 통한 금융대부를 추론함으로써 신용기관 이외의 신용대부를 살펴볼 수 있다. 이곳에는 '알-나지라(al-Nazirah)'라고 부르는 '대기원칙(principle of waiting)'과 화폐를 빌려주는 인간의 성향(性向) 등 두 가지의 문제가 있다. 알-나지라는 지불기간내에 채무상환을 할 수 없는 채무자의 요구에 의해 지불을 연장하는 것을 말한다. 꾸란과 이슬람 율법도 이 문제를 상세히 다루고 있다.[101] 기업에 대부금의 정리와 관계가 있다. 어느 공동체에서나 개인은 그들의 사적인 일을 하는 데 여러 가지 방법으로 서로 돕는 경향이 있으며, 이러한 상부상조의 한 단면이 사채(私債)이다. 사채가 갖는 변수는 사회적 심리상태의 반영이다.

이슬람에는 가족관계나 결혼, 특히 '선의의 대부(al-qard al-hasan)'[102] 행위와 관련된 종교적, 도덕적 가치에 대한 사회 지향적 성향에 부가하여 집단적 종교활동이 있다. 이와 같은 일련의 사회적, 종교적, 도덕적 가치나 관습을 감안할 때, 채권자에게 직접 혹은 간접적인 물질적 혜택을 주지 않는 것으로 간주하는 '선의의 대부'는 부와 소득의 긍정적 기능이라 볼 수 있다. 대부를 하더라도 우정을 강화하려는 마음을 가져야 하고, 그것이 필요한 사람에게 이익이 고려되지 않았다면 대부자는 도움을 줄 수 있어야 한다.

따라서 사람들은 자신과 비슷한 처지의 사람들에게 대부하게 될 것이며, 이와 같은 대부는 유산자가 무산자에게 제공하게 될 것이다.

---

101) 채무자가 어려운 환경에 처해있다면 형편이 나아질 때까지 지불을 연기해 주어라. 너희가 알고 있다면 그 부채를 자선으로 포기하는 것은 더욱 좋은 일이다. 꾸란(2:280).

102) '선의의 대부(al-qard al-hasan)' 정의에 따르면, 이러한 사채행위는 어떠한 수익동기도 포함되지 않기에 소비성 대부로 특징짓고 있다.

3. 이슬람 은행(interest-free bank)의 출현

이슬람 은행의 탄생은 특히 '석유위기(oil crisis)'와 서구은행제도에 대한 도전으로 신국제경제질서(New International Economic Order: NIEO)의 맥락에서 고찰될 수 있다. 현대 이슬람 은행업은 아마도 '범이슬람주의(pan-Islamism)와 유가상승'이라는 정치, 경제적 발전의 양 측면이 없었다면 존재하지 못했을 것이다. 양 측면의 중심에는 사우디아라비아의 국왕 파이잘(Faisal)이 있었다. 비록 파이잘 은행(Faisal Bank)이 사우디아라비아에서 상업은행으로서 영업하는 것이 아직 허용되고 있지 않지만, 이슬람 은행의 주도적인 네트워크가 그의 영향을 받아 명명되었다는 사실이 적절할 것이다. 여기에 냉전 말기에 출현한 글로벌 경제는 이슬람 은행업의 번영을 도와주었다(Ibrahim Warde, 90).

1970년대, 보다 정확히 말하면 제1차 '석유위기'인 1973년을 전후하여 중동 산유국을 중심으로 이슬람 은행업에 대한 관심이 고조되었다. 1972년 사우디아라비아의 제다에서 열린 제3차 이슬람 국가 외상회의에서 이슬람 은행 설립 안이 본격적으로 토의되었으며, 1975년 사우디아라비아의 제다에 중동 산유국들의 공동출자에 의한 이슬람 개발은행(IsDB)이 설립됨으로써 본격적인 이슬람 금융기관이 출현하였다. 1980년대에는 아시아의 이슬람 국가인 말레이시아와 파키스탄이 뒤를 이었으며, 런던과 룩셈부르크 등의 국제금융시장 진출도 활발해졌다. 이란 역시 1984년 3월 5일, 신은행법을 시행하여 전면적인 이슬람 은행 체제로 이행하였으며, 파키스탄도 1985년 6월 이슬람 은행업을 개시하였다(홍성민, 1991, 285).

1970년대 초반 이슬람 은행(Islamic Bank)이 국제금융가에 혜성처럼 나타났다. 윤리적 가치를 갖는 이슬람 은행의 개념이 알려졌을 때, 세계의 금융계는 이를 하나의 유토피아적인 이상(理想) 정도로 취급하였다. 자본주의 경제체제하에서 수 세기 동안 살아온 그들은 윤리가 금융과 어떤 연관 있을 수 있을까를 반문하였다. 하지만 그러한 태도는 점차 변하기 시작했고, 수년전 '가치중립적 전통은행'은 수많은 사람의 의식에 혼란을 일으키기 시작하였다. 이슬람 은행의 구상은 비윤리적이며, 사회적으로 해로운 활동을 하는 회사에 투자하는 은행과 금융기관에 자금을 양도하는 것을 꺼리고 있기에, 일반적인 용인(容認)을 얻는 데 성공하였다.

이슬람 은행의 고객은 이슬람 국가에 국한되지 않고, 유럽, 미국 및 거리가 먼 타 국가로 확대되어 빠른 속도로 계속 성장하고 있다. 이슬람 가치체계에 기반을 두고 있기에, 이슬람 은행은 무슬림뿐만 아니라 비무슬림으로부터도 재원을 확보할 수 있다. 아울러 세련된 경영기법과 최근 지식을 겸비한 이슬람 금융가들은 수익뿐만 아니라 윤리적인 동기를 갖춘 투자기법을 발전시켰다(Institute of Islamic Banking and Insurance, 1999).

현재 전세계 70개국 이상에서 약 270개의 이슬람 금융기관이 영업하고 있다는 것으로 전해지고 있다.[103] 또한, 이슬람 방식으로 인정하는 금융기구에 대한 관심의 고조는 이슬람 은행제도에 능동적으로 참여하는 서구(西歐)를 포함하여 전통은행의 발전을 촉진하고 있다.

---

103) 오늘날 이슬람 금융기관이 영업을 하고 있는 국가는 기니, 나이지리아, 남아프리카공화국, 니제르, 러시아, 룩셈부르크, 말레이시아, 모리타니아, 미국, 바레인, 바하마, 방글라데시, 북 카프카스, 브루네이, 사우디아라비아, 세네갈, 수단, 스리랑카, 스위스, UAE, 알바니아, 영국, 요르단, 우즈베키스탄, 이란, 인도, 중국, 카자흐스탄, 카타르, 쿠웨이트, 터키, 튀니지, 파키스탄, 필리핀 등이다.

4. 이슬람 은행의 특징과 금융형태

1) 이슬람 은행의 특징

(1) 리바의 금지

이슬람 은행은 이슬람 율법, 즉 샤리아에 기초하고 있기에 전통은행과는 다른 두 가지 차원의 다른 특징을 갖고 있다. 그 하나는 리바의 금지이며, 다른 하나는 비도덕적 금융거래는 배제된다는 점이다.

이슬람 금융의 가장 큰 특징은 이슬람 율법인 샤리아에서 리바(Riba)를 금지한다는 사실이다. 화폐의 시간가치를 인정하지 않으며, 영업이익의 5%이상을 이자수입에 의존하는 경우 투자 및 융자 대상에서 금지된다. 자본투자 활동은 '제휴(partnership)와 상호협력(cooperation)' 두 가지 경우에만 허용된다. 모든 상품 및 금융거래는 반드시 실물, 즉 상품이나 서비스가 동반되어야 하며, 이슬람 자금제공자(이슬람 은행)는 사업자의 파트너 역할을 하며 사업자의 수익을 배분받는다. 결국, 이슬람 금융은 투자자들에게 이자를 주는 것이 아니라 투자자금으로 벌어들인 사업에서 나오는 수익을 배당형식으로 지급하는 것이다.

"샤리아에서 리바를 금지한다."라는 내용은 곧 "이슬람 은행에서 이자를 금지한다."의 동의어로 사용하는데, 앞에서 언급했듯이 리바는 단순한 이자나 금리가 아니며, 엄격한 의미에서 해석할 때 고리대부업의 금지에 더 무게를 두고 있다. 리바에 관한 해석은 국가마다, 은행마다 서로 다르게 해석하는 것이 현실이고 포괄적인 의미를 적용하는 경우가 많다.

예를 들면 방글라데시의 경우처럼, 이자 없이 가난한 사람들에게 대부해주는 은행이 있는가 하면, 높은 수익을 기대하며 파생상품을 계속 개발하고 있는 말레이시아의 경우는 결국 이자개념을 묵시적으로 인정하는 예라 볼 수 있다. 방글라데시에는 '그라민은행(Grameen Bank)'[104]이라는 것이 있는데, 이 은행은 1976년 가난한 이들을 위해 설립된 소액대출은행이다. 그라민은행은 '소액신용(microcredit)' 혹은 '그라민신용(grameencredit)'으로 방글라데시에서 시작된 소액(서민)대출기관이며 공동체 개발은행이다.

치타공(University of Chittagong)의 경제학 교수였던 무함마드 야누스(Muhammad Yunus) 총재가 27달러로 시작하여 2007년 기준으로 직원 약 1만 8,000명, 2,185개 지점의 큰 은행으로 발전했다. 이 은행은 2006년 설립자인 무함마드 야누스와 함께 노벨평화상을 수상하였다. 고리대부업자들에 의한 악행이 사회적인 큰 문제로 대두하는 있는 한국의 현실을 고려할 때, 이슬람 은행제도를 응용한 파생상품의 개발은 고리대금에 의한 서민들의 피해를 줄여줄 수 있는 새로운 대안이 될 수 있다.

(2) 가라르(Gharar)의 규제

이슬람 금융의 또 다른 특징은 비도덕적 상품 및 서비스에 대한 투자와 이러한 사업에 제공하는 자금의 금융거래는 금지된다는 것이다.[105] 또한, 불확실성을 수반하는 계약이나 투기 목적의 거래는 엄격

---

104) '그라민' 이라는 의미는 촌락의 의미인 마을(village)이나 그람(Gram, 이집트 콩의 일종)에서 파생된 말이다. 그라민은행에 관해서는 http://www.grameen-info.org/, 저소득자를위한 금융서비스인 '소액(서민)대출(Microfinance)'에관해서는 http://en.wikipedia.org/wiki//Microfinance 참조.

105) 이슬람 경제에서 비도덕인 것으로 분류되는 것은 투기, 마약, 술, 도박, 돼지고기 및 성행위 등과 관련된 것이며 이러한 것들은 거래대상에서 제외된다.

히 규제된다. 헤지펀드나 파생금융은 향후 결과가 불확실하기에 거래금지 대상이 된다. 따라서 이슬람 금융기관은 상품이나 서비스를 제공하기 전에 반드시 샤리아 율법에 적합한지의 여부를 검증받아야 한다. 샤리아위원회는 보통 3-5명의 이슬람 법학자(ulama)들로 구성된 일종의 자문기구로 각 금융거래가 이루어질 때마다 거래주체 중 한 곳에 반드시 설치하여야 한다(KOTRA, 2008ⓑ: 5-6).[106]

이슬람 금융에 관한 많은 저술 중 가라르(Gharar)는 경시되는 경향이 있다. 가라르는 사기, 미혹을 의미할 뿐만 아니라 위험, 모험, 혹은 우연 등을 의미한다. 금융적으로 해석할 때, 가라르는 불확실, 위험(risk) 혹은 투기로 번역된다. 비록 꾸란에서 언급되지 않았고, 하디스에서는 개념 자체가 다소 모호하기는 하지만 리바와 마찬가지로 명확히 금지된다. 그러나 일부 법학파에서는 필요(haja)한 경우와 피할 수 없는 어려움이 있을 때에는 묵인된다고 해석한다.

막심 로뎅슨(Maxim Rodinson)은 가라르를 아래와 같이 설명한다:

우연이나 결정되지 않은 원인으로부터 나오는 어떤 이익은 금지된다. 그러므로 보상으로 가죽의 절반을 주겠다고 약속하고 동물의 피부를 벗기기 위해 노동자를 고용하거나 빻는 과정에서 분리된 왕겨를 약속하고 곡물 일부를 빻도록 하는 것과 같은 것 등은 나쁜 행위가 될 수 있다. 작업과정에서 가죽이 그 가치를 상실하거나 손상될 수 있는지를 아는 것이나 얼마만큼의 왕겨가 생산될 것인가를 아는 것은 불가능하다.

---

106) 샤리아위원회는 일종의 이슬람 금융의 법률자문기구와 같은 것으로 전 세계적으로 이에 적합한 자문위원은 수십 명밖에 없는 것으로 알려진다. 자문위원이 되기 위해서는 자격이 필요한데, 현재 말레이시아의 INCEF(The International Center for Education in Islamic Finance)와 싱가포르의 PERGAS(The Singapor Religious Teachers Association)이 자격 인정기관으로 지정돼 있다.

중요한 점은 가라르가 넓은 의미의 위험(risk)과 같은 의미로 사용돼서는 안 된다는 것이다. 위험을 금지하는 것이 어리석은 것 일수 있지만 가라르는 금지된다. 이슬람은 위험회피를 옹호하지 않는다. 권유된 경우라도 실제로 손해를 보는 상업적 위험은 인정되며 그것은 공평하게 분배된다. 보다 정확히 말하면 가라르는 요행을 바라는 거래(aleatory transaction), 즉 불확실한 결과가 조건인 거래를 말한다. 운수에 맡기고 하는 승부(game of chance)를 의미하는 마이시르(Maysir)[107]가 꾸란(2:219, 5:90 및 5:91)의 3절에 걸쳐 금지되는데 여기에서 마이시르의 금지는 음주(飮酒)를 금지하는 것과 동일한 논리로 진행된다. 마이시르를 금지하는 주된 이유는 그것이 증오의 원인이 되며 충성스러운 예배를 방해하기 때문이다.

"그들이 너희들에게 취하게 하는 것들과 도박에 관해 물을 때, 말씀하시길, '그곳에는 죄악이 자라며 약간은 사람들에게 이익을 준다. 그러나 그것들의 죄악은 이익보다 훨씬 무겁다.' 다시 그들이 너희들에게 어떤 자선을 베풀겠느냐 물으심에, 말씀하시길, '지나친 행위' 로다. 그러므로 알라는 너희들이 심사숙고하라고 너희들을 위해서 명확히 계시를 하였다"(꾸란 2: 219).

"오! 믿는자들이여, 취하는 것들, 도박, 우상의 제단 그리고 운수에 맡기고 하는 승부는 악마의 증오니라. 너희들은 그것들을 피해야 할 것이며, 그러면 너희는 성공할 것이니라"(꾸란 5: 90).

"악마는 취하는 것들과 도박을 통해 너희들 가운데 원한과 증오를 일으키길 원한다. 그리고 알라를 기억하는 것을 미혹케 하려 한다. 그리고

---

107) 마이시르는 아랍인들에 의한 운수에 맡기고 하는 승부이다. 어원은 솜씨나 쉬움을 의미하는 'yusr' 혹은 어떤 것을 부분이나 몫으로 나누는 것을 의미하는 'yasara' 에서 나왔다.

방심하지 않고 기도(salat)하는 것을 혼미케 하리니 그때 너희가 자제하지 않겠느뇨?' (꾸란 5:90).

하디스에서는 한 걸음 더 나아가 불확실성을 포함하는 상업거래의 개념으로 확대된다. 가장 의미 있는 하디스 구절은 아래와 같다:

- 신의 사도(使徒)는 조약돌의 판매를 금하였다. 조약돌의 투척에 의해 결정된 것이나 선택된 물건의 판매와 가라르의 판매
- 바다에서 물고기를 사지마라, 그것은 가라르이기 때문이다.
- 신의 사도는 종마(種馬)의 외피(外皮) 판매를 금하였다.
- 신의 사도는 자궁에 있는 것의 판매, 젖가슴의 내용물 판매, 노망치는 노예의 판매, … 그리고 잠수부의 수영 판매, 잠수부의 잠수 하기 전 판매를 금하였다.
- 식료품을 사는 사람은 그것들을 손에 넣을 때까지 팔지 못하게 하라.
- 신의사도는 포도가 검어질 때까지 포도의 판매를 금하였고, 곡식이 단단해질 때까지 곡물의 판매를 금하였다.

프랭크 보겔(Frank Vogel)은 하디스를 근거로 위험 정도에 따라 금지 범위를 규정하였다. 순수한 투기, 불확실한 결과 알 수 없는 미래이익, 부정확한 것 등. 그는 가라르를 아래와 같은 것으로 결론지었다.
하디스에서 가라르의 가능한 해석은 공정한 가격이라기보다는 당사자들의 거래에 관한 목적물의 존재에 영향을 미치는 위험을 단지 금하는 것이다. 하디스에서, ① 그 목적물에 대한 당사자들의 무지(jahl) 때문에, 그리고 ② 그 목적물이 현재 존재하지 않기 때문에 혹은 ③ 목적물이 당사자들의 통제를 벗어나기 때문에 위험이 발생

한다고 본다. 그러므로 학자들은 가라르로 비난받는 위험형태에 감염된 거래를 판단하기 위하여 세 가지 특성 중 하나를 사용하여야 한다(ibrahim Warde, 59-60).

(3) 제휴의 원칙(principles of partnership)
이슬람 예금계정은 진실한 무슬림의 자금을 보관할 뿐만 아니라 이자부과나 이익배분을 행하지 않는다. 금융기관 업무는 이슬람교리인 '리바'와 '손익배분(profit and loss sharing)' 개념의 성격이 있는 '무다라바(Mudaraba) 원칙'에 입각하고 있다.

무다라바(Mudaraba)는 일종의 금전신탁적인 계약개념이다. 일반적으로 투자자의 자금을 운용자가 맡아서 투자한 결과 이익이 나타나는 경우, 미리 약정된 비율로 위탁자(투자자)와 수탁자(운용자)간에 손실이 발생하는 경우 약정에 따라 위탁자의 부담으로 된다. 이 경우 요구되는 비용이나 수탁자에 대한 보수도 관행적으로 위탁자의 부담이 된다. 여기서 나타나는 것이 '손익배분(PLS)'인데 노역에 의해 얻어진 이자에 해당하는 운용수익의 배분이다.

이러한 개념은 복수의 참가자에 의해 운영되는 공동사업 성과의 배분은 출자비율에 따르는 반면, 손실이 발생한 경우에도 그에 부응하는 부담을 져야한다는 무샤라카(Musharaka)에도 적용된다(홍성민, 1991, 285-287).

이슬람 은행은 이슬람 체제하에서 "자본사용에 대한 지불형태로서 리바는 금지 된다"는 가정에 기반을 두어야한다. 이슬람 사상체계 하에서 이자는 어떠한 목적과 형태로든지 사용이 금지되어 있기 때문에 이슬람 은행은 이슬람과 일치하는 이슬람제도의 지시를 받아야 한다. 자본주의 경제에서 은행제도는 자본(資本)을 생산요소의 일부 혹은 수단으로 간주하기에, 이슬람 경제에서 손익배분은 자본을 제공하는 사람과 자본을 이용하는 사람들간의 거래형태 - 무다라바(Mudaraba)[108], 끼라드(Qirad) 혹은 무까라다(Muqarada) - 의 기능을 살펴보아야 한다(홍성민, 1991, 458).

무다라바 혹은 무까라다 계약은 실제로 손익을 함께 나누는 당사자로서 함께 일하는 자본제공자와 자본사용자간의 관계 또는 이윤배분에 관한 계약이다. 이것은 이슬람 체제에 있어서 자본가와 기업간의 제휴관계라 볼 수 있다.

이슬람 은행이 자본가와 기업간의 '제휴의 원칙'을 적용하기 위해서는, ① 자본의 실질적인 사용자 또는 기업, ② 자본의 부분적인 사용자 및 중개자로 봉사하는 은행, ③ 예금주 혹은 자본금(은행예금)으로 구별되는 이슬람 은행의 세 당사자들간의 관계를 고찰해야 한다.

[그림 5-1] 이슬람 은행의 기본구조

무다라바 계약의 한 조는 '예금주와 은행'이 되며, 다른 한 조는 '은행과 실질적인 기금의 사용자', 즉 기업이 된다. 은행과 기업은 정부나 중앙은행의 규제 하에 쌍방 간에 합의된 비율, 예를 들면 50:50 혹은 60:40으로 이윤을 분배한다. 또한, 은행과 자본 제공자인 예금주도 대략 50:50이나 60:40의 비율로 이윤을 배분한다. 이같

---

108) 무다라바는 '손익배분(profit-sharing)'를 말하며, 종종 '무까라다'(muqarada)도 같은 의미로 쓰인다.

은 제도는 언뜻 보면 복잡한 것 같지만, 실제로는 높은 이자를 지불하는 오늘날의 은행구조와 동일한 메커니즘을 갖고 있다. 따라서 은행 수익의 원천은 기금의 사용자로부터 이익을 얻은 후 예금주에게 제공하고 남은 차액이 된다.

2) 이슬람 은행의 금융형태

이슬람 은행체제로 운영되는 이슬람 은행은 대부와 은행부문에 할당된 일반 경상비와 서비스 비용을 부과할 수 있다. 경우에 따라서 은행의 운영이 어려울 경우, 자카트 기금에서 지원해주는 제도도 있다. 이와 같은 방법으로 운영되는 무이자은행의 개념과 활동체계는 이슬람 교리를 따를 뿐만 아니라 현대 경제이론에서 리바에 대한 개념적인 결함을 제거함으로써 이슬람 은행제도를 발전시켜 나갈 수 있다(홍성민, 458-459). 그러나 일반금융과 달리, 이슬람 금융에서는 세금중립성이 문제로 제기된다. 이슬람 금융에서는 거래구조상 거래가 이중으로 이루어지기 때문이다.

예를 들어 무라바하의 경우, 은행이 상품을 구입하고 이를 다시 매입자에게 전매하는 형식이다. 다시 말하면, 〈판매자:은행〉과 〈은행:구입자〉의 2단계 거래를 통해서 거래가 완성되기에 이 2가지 거래 각각에 대해 인지세나 소비세 등이 과세된다.

결과적으로 이슬람 금융은 리바를 피하기 위해 복수의 거래가 이루어진다는 이중과세적 현상이 나타나고 있다(미야자키 데츠야: 168). 이러한 이슬람 은행제도는 무다라바, 무라바하 및 무샤라카[109]와

---

109) '무샤라카(musharaka)'는 지분참여(equity participation), 무라바하는 '원가가산 혹은 이윤(cost-plus or mark-up)' 형태를 말한다. 시르카(shirka)는 무샤라카와 동일한 의미이다.

채권시장 형태인 수쿠크(Sukūk) 등 아래와 같은 금융형태를 갖고 있다(The Middle East, "Islamic Banking", 2008, 39-40).

(1) 무라바하(Murabaha): 비용추가거래(cost-plus trade financing) 금융 형태로, 이슬람 금융회사가 부동산, 물건 등을 사려는 매수인(buyer)과 계약을 맺고 매수인을 대신해 대금을 매도인(seller)에게 지급한 후, 매수인으로부터 원금과 비용을 상환 받는 것이다. 이슬람 금융거래의 약 75%는 무라바하 형식으로 이루어진다.

[그림 5-2] 무라바하의 기본구조

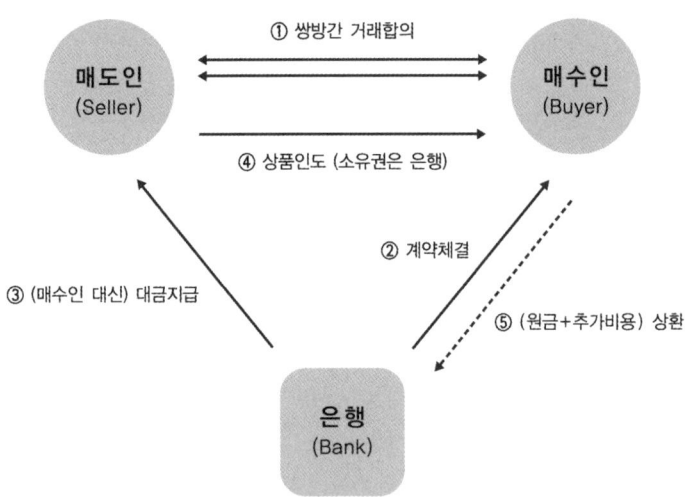

(2) 무다라바(Mudaraba): 일종의 신용금융(trust-financing) 형태로, 자금이 필요한 사업가와 투자자 간 계약이다. 사업가는 해당사업에서 이익이 발생할 경우, 투자자에게 이자대신 계약 체결 시 미리 정해 놓은 이익 배분율에 따라 배당금을 지급한다.

[그림 5-3] 무다라바의 기본구조

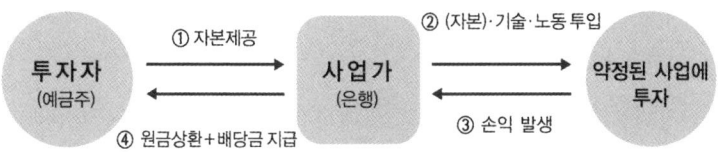

* 무다라바는 손익분배방식이기 때문에 출자자인 투자자도 손해를 볼 수 있다.

(3) 무샤라카(Musharaka): 공동출자방식인 참여금융(participating financing) 형태로, 금융회사와 사업자가 프로젝트에 공동 출자한 후, 일정 비율로 수익을 배분한다.[110] 은행이 직접 사업에 투자한다는 점이 특징이며, 사업에 손실이 발생했을 경우 출자액 전부를 손해 볼 수도 있다.

[그림 5-4] 무샤라카의 기본구조

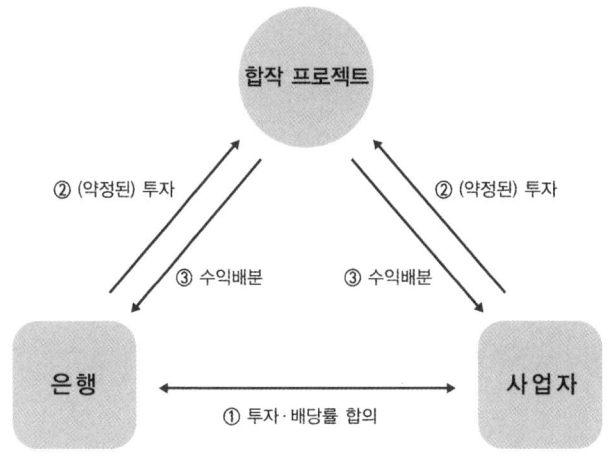

(4) 이자라(Ijara) : 리스백 판매(sale-lease backs) 형태로써 일정한 기간동안 고정된 비율로 설비나 부동산을 최종 사용자에게 임대하는 것으로 유지와 보험책임은 임대인의 책임이다. 무라바하 다음으로 활발한 거래형태이며, 금융회사가 건물이나 설비 등을 구입하여 투자자에게 임대료를 받고 대여한다. 자산의 소유권은 리스기간 내내 은행에 귀속된다는 점이 무라바하와 구별된다. 리스기간동안 차입자는 정기적으로 사용료를 은행에 지불하며, 리스기간 종료 시 약정에 따라 리스대상 자산에 대해 소유권을 차입자 앞으로 이전할 수 있다(한국수출입은행, 2006, 70).

[그림 5-5] 이자라의 기본구조

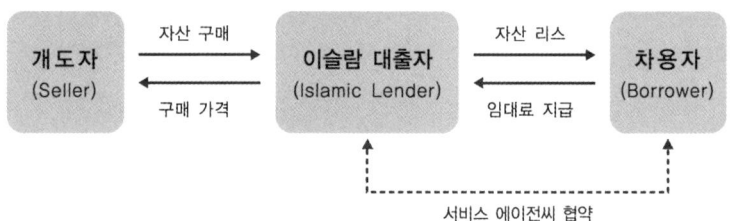

*출처 : 한국수출입은행, 2006, 8. 「수은해외경제」

(5) 수쿠크(Sukūk): 수쿠크는 이슬람원칙에 따른 상업적 한계를 극복하고 자본시장에서 수익을 내기 위하여 2001년 새로 고안된

---

110) 최근에는 이를 응용한 '체감(遞減) 무샤라카'라는 개념이 사용되는데, 주택대출에 많이 이용되고 있다. 일정비율의 소유권이 은행에 있기에 고객은 사용료를 지불해야 한다. 시간이 경과함에 따라 고객의 소유권 비율이 증가하여 최종소유권이 고객에게 귀속되는 것을 전제로 한다. 예를 들면 은행 : 고객의 출자비율이 최초 년도 5:5에서 차년도 4:6 …그리고 최후에는 0:10으로 완제(完濟)되는 구조이다(요시다 에츠아키, pp.56-59).

일종의 이슬람 채권을 말한다. 수쿠크는 일반채권과 기능은 유사하지만, 투자자들에게 확정이자를 지급하지 않고, 실물자산의 매매 등 투자한 사업으로부터 나오는 수익을 채권보유자에게 지급한다.

사업시행자(또는 차입자)는 특정 사업목적을 위한 회사, 즉 SPV(Special Purpose Vehicle)를 설립하여 보유자산을 이 SPV앞으로 매각하거나 리스를 한다. 사업시행자(또는 차입자)는 자산 매각대금을 일시에 지급받아 운용자금으로 활용하며, 후에 리스계약에 따라 리스대금을 연불 납입한다.

수쿠크의 발행자인 SPV는 채권을 투자자 앞으로 발행하여 차입자 앞으로 지불하게 될 자산 구입자금을 조달하며 향후 연불 납입될 리스료를 재원으로 투자자 앞으로 수쿠크 원금 및 마진을 연불 상환하게 된다. 투자자는 본인이 보유한 채권을 유통시장에 재매각할 수 있다(위의 책, 70-71).

[그림 5-6] 수쿠크의 기본구조

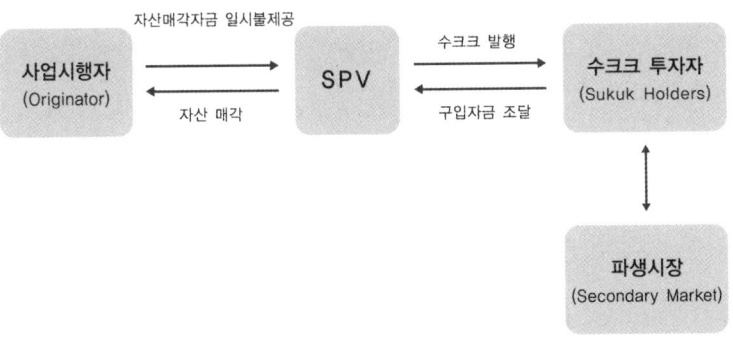

* 주 SPV(Special Purpose Vehicle)는 특별한 목적 달성을 위해 설립된 회사이다.

수쿠크는 투자 메커니즘에 따라 크게 5가지로 구분되며, 이중 주택담보대출과 비슷한 무라바하와 리스형태인 이자라가 대표적인 방식이다. 발행형태 별 수쿠크의 종류는 〈표 5-5〉와 같다.

〈표 5-5〉 발행 형태별 수쿠크의 종류

종 류	수익창출 구조	유 형
무라바하 (Murabaha)	금융회사가 고개대신 주택 등을 구입한 뒤 고객에게 수수료를 받고 임대하는 형태	주택담보대출 방식
이자라(Ijara)	금융회사가 건물이나 설비를 구입해 임대료를 받고 빌려주는 형태	리스계약 방식
무다라바 (Mudaraba)	금융회사가 사업자의 프로젝트에 출자하고 배당금을 수취하는 형태	프로젝트파이낸싱 방식
무샤라카 (Musharakah)	금융회사와 사업자가 공동으로 프로젝트에 출자하여 수익을 배분하는 형태	합작투자 방식

*출처 : KOTRA, 2008, Global Business Report 08-035.

[그림 5-7] 무라바하 수쿠크의 거래구조

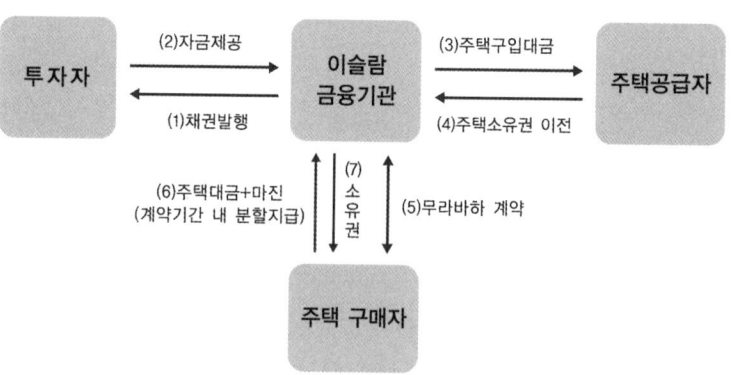

*출처 : KOTRA, 2008, Global Business Report 08-035.

무라바하 및 이자라 수쿠크의 거래구조는 각각〔그림 5-7〕 및 〔그림 5-8〕과 같다(KOTRA, 2008ⓑ, 6-7).

[그림 5-8] 이자라 수쿠크의 거래구조

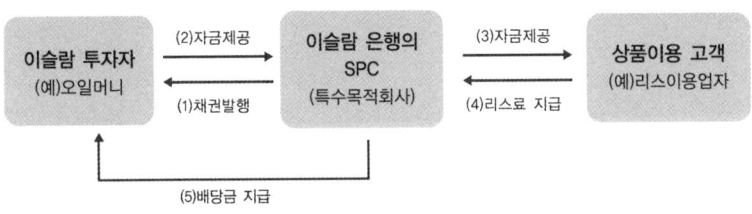

*출처: KOTRA, 2008, Global Business Report 08-035.

이슬람율법에 리바가 금지돼 있지만, 부동산 투자나 자산임대 같은, 실체가 있는 거래에서 창출되는 이익은 허용한다는 논리에 따라 무슬림에게 투자기회를 만들어 준 것이다. 수쿠크는 기존채권과 마찬가지로 만기 때는 원금이 상환되는 조건이지만, 이자 대신 채권발행으로 조달한 자금을 일정사업에 투자하여 그 사업에서 나오는 수익을 배분하기 때문에 실제 자금운용은 프로젝트 파이낸싱(PF)이나 리스처럼 다뤄진다.

(6) 타카풀(Takaful): 상호 혹은 공동 보증을 의미하는 일종의 이슬람보험(Islamic Insurance)이다. 생명은 알라로부터 부여받은 것이기에 이를 담보로 보상을 받으려는 행위는 죄악이라는 이슬람 원칙과 생명보험은 일종의 도박이자 이슬람의 금기사항인 이자가 포함돼 있어 논란의 여지가 많았다. 하지만 타카풀 회사에 의해 관리되는 집단적인 기금을 정책입안자가 허용하여 일정기간 동안 헌신한다

는 원칙 하에서 운영된다. 이 경우 타카풀 회사는 이슬람준수 자산의 관리자로서 행동하며 참여자에게 이익을 제공한다.[111]

타카풀은 아랍어 '카하라(상호부조)'라는 말에서 유래한 것으로 두 가지 종류의 보험이 있다. 하나는 생명보험에 해당하는 패밀리 타카풀이며, 다른 하나는 손해보험에 해당하는 제너럴 타카풀이다. 가입자(와카라)는 보험회사와 가입을 맺으면 보험료 일부는 보험회사가 받고 나머지는 보험가입자의 상호부조를 목적으로 하는 자금으로 축적해 놓는다. 그리고 병이나 사고가 발생하면 그중에서 보험금이 지급된다. 일반보험과 다른 점은 일정기간 내에 사고가 없으면, 납입한 보험료가 반환된다는 것이다.

(7) 기타: 이 밖에도 임차 구매형태인 '이자라와 이크티나(Ijara wa-Iktina)'[112], 선인도 금융 및 리스형태 교환계약인 '이스티스나(Istisna)'[113], 통화가치와 이자율 스와프(swap)가 연계돼 있지만, 학자들이 지나친 불확실성(gharar)과 투기적 행동(maisir)은 피해야한다고 주장하는 '이슬람 파생상품', 상품의 선물판매 형태인 '바알쌀람(Bal' Salam)' 및 지불유예판매 형태인 '바알무와잘(Bal'Muajjal)' 등이 있다.

3) 국가마다 다른 이슬람 금융의 발전

이슬람 은행을 받아들인 70개국에서 이슬람 금융기관의 중요성,

---

111) 하지만 갑자기 불행을 당한 사람을 돕는 행위도 자카트의 의무행위로 보고 타카풀이 허용된다. 타카풀은 생명, 건강 및 연금 등에 관여하며, 무디스(Moody's)의 추계에 따르면, 타카풀 프리미엄은 2005년 20억달러에서 2015년 74억 달러에 이를 것으로 추정하고 있다.

112) 이자라와 이크티나는 "이자라, 즉 리스 후에 구입"이라는 의미로 리스기간이 만료된 후에 소유권이 고객에게 이전되는 금융형태이다.

113) 일종의 선지급 금융 혹은 리스형태의 교환계약을 말하며, 일반금융에서 PF(Project Financing)와 같은 형태이다.

지위 및 특성은 무수히 변화하였다. 국가 경제에서 이들의 역할은 본질적인 것으로부터 하찮은 분야까지 확대되었다. 일부 국가에서는 공공기관에 의해 강력히 장려된 반면, 다른 국가들에 있어서는 겨우 묵인되었다. 충분히 이슬람화된 국가들—파키스탄, 이란 및 수단—에서조차 이슬람 금융제도는 각기 다른 종교적, 정치적, 경제적 및 문화적 환경 하에서 변화되었다. 대부분은 이슬람 원칙과 법체계의 용의주도한 적용이 발생하지 않았다. 그러나 특별한 목적을 갖는 방법과 상황적인 요인의 결과로 응용적인 운용방법이 파생되었다(Ibrahim Warde, 112).

(1) 완전한 이슬람화의 선구자: 파키스탄, 이란, 수단

이슬람 은행에 있어서 파키스탄의 시도는 거의 모순에 가까울 정도다. 1950년대 초반 파키스탄 경제학자들은 이슬람 은행에 관한 연구를 시도했다. 그래서 파키스탄은 1979년 파키스탄 경제와 금융제도에서 완전한 이슬람화 과정에 관계되는 최초의 선두주자가 되었다. 하지만 파키스탄 정부는 초기 이슬람의 개념, 언어 및 제도의 재창조에 있어서 대부분의 이슬람 정부보다 거리가 동떨어진 결과를 가져왔다. 목적을 달성하기 위해 고안된 무수한 조치들 때문에 오히려 과오는 계속 더 진행됐다. 실제로 이슬람 은행은 모든 주요 정당의 강령(綱領)이었고, 어떤 정치가라도 여기에 동의하지 않으면 그것은 정치적 자살행위였다.

이슬람화 과정 20년 이후, 파키스탄의 저명한 경제학자는 파키스탄은 영국 은행제도의 기반이 너무너무 강력하기에 향후 몇 년 이내에는 이슬람화가 일어나지 않을 것이라 한다. 파키스탄의 경우, 상황적 요인은 정부의 최상 목적을 좌절시킬 수 있다. 소요(騷擾),

빈곤 및 채무는 정책선택에 예민한 저해요인이 되고 있다. 영국의 유산 또한 개혁이 힘든 상업적 습관과 금융문화를 정착시켰다. 이 자부담에 더하여 약 320억 달러(1998년)의 무거운 외채 또한 IMF 및 다른 채권국들의 우려대상이 되고 있다.

이란의 금융정책은 정치발전에 크게 반영되었다. 혁명 이후 은행업은 국유화되었고 광범위한 합병운동을 통하여 강화되었다. 1983년 「이자제한은행법(Usury-Free Banking Act)」이 3년에 걸쳐 시행되었다. 하지만 은행업 정책은 엄격히 통제되었다. 은행이 이용할 수 있는 신용과 외환은 주요 통제당국, 중앙은행뿐만 아니라 최고은행위원회에 의해 지급되었다. 이자율이 제거되었기에, 이윤율 상한제가 적용되는 이윤율이 주된 정책수단이 되었다. 그러나 이슬람화 된 다른 국가들의 경우처럼, 이자기반 금융은 완전히 제거되지 않았다. 예를 들면 해외 은행업은 이자기반의 형태로 계속 운영하였다.

이란의 경험은 일종의 종교적 동기에 의한 개혁이 심지어 더 나쁜 종교적 해악을 야기할 수 있다는 사실을 암시한다. 이론상 리바가 제거되었지만, 더 높은 이자율이 비공식적인 시장에서 모호한 형태로 출현하였다. 이란금융계는 과거보다 더 투기적으로 되었다. 사기꾼이 만연했고 종종 법률적 제재가 가해졌다. 공식적인 은행제도에 있어서 보다 흥미로운 사실은 복권(福券)의 확산과 예금을 장려하는 수단으로 증여가 이루어졌다는 점이다.

상세히 말하면, 강력한 규제의 틀은 비공식분야의 성장을 초래했다. 약 1,300개의 이슬람 신용기금은 기본적으로 '고리저축기관(usury store)'이 되었다. 바자르(Bazar)의 후원 하에 그들은 25~50%의 이윤참여를 제공하는 이슬람 경제기구(Organization of the Islamic Economy)로 연합되었다. 1990년대 결국 이란정부는 보다 강력한 금융자유화로 돌아섰다. 특히 외환관계에 있어서 많은 통제가 완화되었다. 최고위원회는 더 많은 이윤마진폭을 허용했고, 비용과 다양한 형태의 예금에 대한 보상을 허용했다. 또 다른 의미 있는 발전은 특별경제지대의 설립이다. 자유무역지대(Free-Trade Zone)가 키시(Kish), 쿠슘(Qeshm) 및 차바라(Chabahar)에 설치되었다(위의 책, 117-120).

수단은 1956년 영국-이집트의 공동통치하에서 독립하면서, 지리적, 종교적 및 정치적으로 분열되었다. 아랍 세계와 아프리카에 걸쳐있는 이 나라에는 소수기독교와 주로 남부지방에 거주하는 토속신앙자들이 거주하고 있다. 이러한 상황 때문에 영국의 영향력이 스며들었다. 또, 문화적으로나 정치적으로 이집트의 지배적인 영향력이 널리 확산되었다. 공산당과 무슬림형제당 모두는 지지기반을 잘 굳혔다. 이런 수단에 이슬람화의 전개는 국가의 혼돈상황과 비무슬림의 존재, 분열된 수단이슬람의 특성 그리고 이집트, 리비아, 사우디아라비아, 미국 및 IMF를 포함하는 외세에 의해 설명될 수 있다. 불규칙한 서구와의 관계 또한 이슬람화 과정에 장애요인이다. 특히 IMF와의 관계는 원조의 투명성, 채무불이행 문제 등으로 국민이 이슬람을 받아들이긴 하지만, 이슬람 은행 발전에 큰 장애요인으로 작용한다.

(2) 말레이시아와 싱가포르의 특수한 경우[114]
① 말레이시아: 이슬람 채권의 선두주자
말레이시아의 이슬람 은행은 두 가지 특성이 있다. 그 하나는 전

---

114) 이슬람권 외부세계에 이슬람 금융이 확산되면서 '이자없는 금융(interest-free finance)' 즉, 무이자금융(無利子金融)이라는 의미는 시간이 흐르면서 파생상품이 개발되는 과정에서 〈이자가 배제되는 금융〉으로 변모하면서 되면서, 오늘날은 단순히 "이슬람금융(Islamic finance)으로 대체되는 추세"다.

통금융과 함께 운영되는 이슬람 은행제도의 창안이며, 다른 하나는 경제성장 목표에 대하여 높은 기술과 금융을 이슬람에 활용하는 것이다. 말레이시아는 이슬람 금융가들에게 국내 모기지(mortgage)의 제공과 고객에 대한 광범위한 금융서비스의 집중을 통하여 글로벌 리더가 되기 위한 정책을 장려했다. 말레이시아는 이슬람모기지채권(Islamic mortgage bonds)을 최초로 도입한 국가가 되었다.

1994년 이래 무다라바 채권이 말레이시아 베르하드 이슬람 은행(Bank Islam Malaysia Berhad : BIMB)으로부터 주택공채를 사들이기 위해 이용될 수 있었다. 채권은 약정된 비율에 따라 이익을 분할하는 이익분배원칙(profit sharing principle)에 기반을 둔다. 아랍-말레이시아 은행(Arab-Malaysian Bank)은 최초로 – 사용자는 그들의 연간 지출 가운데 일정한 퍼센트의 사례금에 대해 은행의 적립금 가운데서 지불할 책임이 있는 – 이슬람 신용카드(Islamic credit card)시장에 공격적인 마케팅을 하였다. 이 카드는 나이트클럽, 마사지실 및 기타 종교적으로 금지된 활동에 대해서는 지불을 거절하였다. 말레이시아 이슬람 은행의 유일한 다른 특징은 이슬람상품이 무슬림뿐만 아니라 비무슬림에게도 맞게 조정되는 것이다. 무슬림은 그들의 종교적 신념에 따라 투자기회를 갖는 반면, 비무슬림, 특히 이 나라 부의 대부분을 통제하는 중국의 소수 화교(華僑)들은 화폐관리의 선택에 있어서 확장기회를 얻을 수 있었다.

비무슬림에 대한 배려에 부가하여 많은 이슬람 기관들 또한 영국계 은행제도에 기반을 둔 은행과 같이 비무슬림들이 관리했다. 1997년 중반 아시아 금융 위기 시 말레이시아는 25개 상업은행, 22개 금융회사 및 이슬람 금융서비스를 제공하는 5개의 상인은행이 있었다. 하지만 이슬람 자산은 여전히 전체 금융자산의 2%에 지나지 않았다(123-128).

2002년 6억 달러 규모의 수쿠크가 말레이시아에서 최초로 발행되었다. 그 이후 말레이시아는 세계 수쿠크 시장을 주도해왔으며, UAE, 카타르, 바레인 및 파키스탄 또한 국가적인 수쿠크 발행국이다. 세계은행(World Bank)과 국제금융법인, 이슬람 개발은행과 같은 다각적인 금융기관들은 법인, 민간기업 및 종교적 위원회의 형태로 공공연하게 이슬람 채권을 발행하였다. 여태까지 단 한 번도 달러에 대한 채무불이행이 없었으며, 영미법(英美法)은 주로 서류를 통제한다. 말레이시아의 '이슬람 금융자산' 증가 추이는 〈표 5-6〉과 같다.

〈표 5-6〉 말레이시아의 '이슬람 금융자산' 증가 추이(단위:링깃)

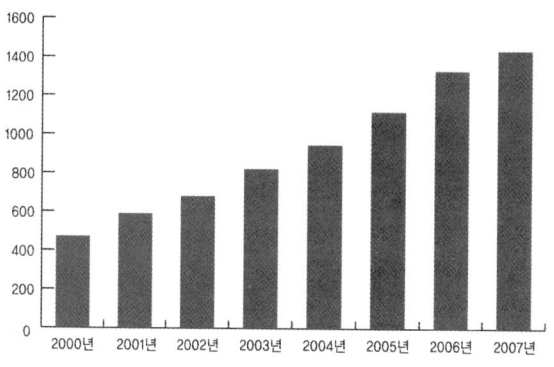

*출처:동아일보, "한 손엔 꾸란, 한 손엔 달러", 07/10/23.

2008년 현재 수쿠크의 전세계적 발행은 900억-1,200억 달러로 추계되며, 이 가운데 절반은 달러 펀드를 증가시키는 걸프발행국과 함께 말레이시아 국내채권이다. 무디스의 추정에 따르면, 2010년 총 규모는 2,000억 달러에 이를 것으로 알려진다. 무디스는 또한 이슬람 채권을 세계에서 가장 빨리 성장하는 부문중 하나로 보고 있으며, 연간 30-35% 정도로 급성장할 것으로 추정하고 있다 (The Middle East, November 2008, 36).

말레이시아에서 이슬람 금융이 크게 성장하게 된 배경에는 두 가지 법규가 있다. 1983년에 제정된 은행관련 이슬람 은행법과 1984년 보험관련 타카풀법이다. 아울러 1983년 정부투자법이 시행되어 정부투자채권(GIL: Government Investment Issue)을 발행할 수 있었다. 이에 따라 말레이시아 은행이 1992년 1월, 말레이시아 증권거래소(Bursa Malaysia)인 당시 쿠알라룸푸르 증권거래소(KLSE)에 상장함으로써 말레이시아의 이슬람 금융은 서서히 정착되었다. 1993년 말레이시아는 이자 없는 은행영업방식(SPTF: Skim Perbankan Tanpa Faedah)을 도입하였고, 1994년 국제 이슬람 은행 단기금융시장을 창설하였다. 더 나아가 1997년에는 이슬람 금융의 진흥책이나 감독방침이 샤리아에 적합한가를 판단할 수 있는 샤리아자문위원회(SAC: Shariah Advisory Council)를 설치했다.

2003년에는 이슬람 금융시장을 더욱 확대할 목적으로 국제화시책이 실행되었다. 동년 8월 18일 말레이시아 중앙은행은 '이슬람 은행의 자유화' 성명을 발표하고 외국은행 가운데 최대 세 곳에 이슬람 은행 면허를 부여하겠다고 밝혔다.[115] 아울러 2006년 8월 말레이시아 국제이슬람 금융센터(MIFC: Malaysia International Islamic Financial Center) 설립이 발표되어 말레이시아를 이슬람 금융의 허브로 만들기 위해 외화업무를 허가했으며 세제(稅制) 우대조치를 취함은 물론 역외 금

---

115) 쿠웨이트금융거래소, 사우디아라비아의 알라지 그룹 및 카타르이슬람 은행이 면허를 취득하여 2005-2007년에 걸쳐 각각 영업을 시작했다.

융센터인 라부안(Labuan, 동말레이시아 칼라만탄 섬의 도시)을 거점으로 한 역외업무도 가능해졌다(요시다 에츠아키: 107-118).

② 싱가포르: 비무슬림국가의 선두주자

싱가포르에 거주하는 무슬림은 전체 인구의 15%를 차지하지만, 싱가포르는 이슬람 금융의 투자업무나 자산관리를 중심으로 한 도매금융 분야의 성장을 예상한다. 무역 요충지로 번영을 이룩한 경제 개방도가 높은 싱가포르는 금융면에서도 매우 개방적이다. 싱가포르 이슬람 금융 역사는 무슬림을 대상으로 했던 간단한 이슬람 예금형태의 소매금융업으로부터 시작되었다. 2003년 12월 싱가포르 통화당국(MAS)이 이슬람 금융서비스위원회에 옵서버 참가를 계기로 2005년 정식회원국이 되었다. 아울러 2005년 말레이시아 은행 수상의 "이슬람 금융 서비스를 제공하지 못하면 국제금융센터로의 진입은 불완전하다."라는 발언은 이슬람 금융을 발전시키는 계기가 되었다.

싱가포르의 기본정책은 런던과 동일하다. 다시 말하면, 같은 기능이 있는 거래가 이슬람 금융이라는 이유로 전통금융보다 불리하지 않도록 하는 것이다. 2005년도 런던과 마찬가지로 이슬람방식으로 발생하는 부동산거래의 인지세에 대한 이중과세를 폐지했다. 또한, 이슬람 채권의 쿠폰수입에 대해 일반채권과 같은 비율의 우대 세제조치가 적용되었다.

2006년도에는 무라바하, 무다라바, 이자라와 이크티나 거래에서 이익에 해당하는 매매차익이나 배당을 이자로 취급할 것과 거래은행에 대해 소비세 면제 등을 명시하였다. 2005년 9월까지 금지되었던 은행의 비금융업무에 대해 무라바하 방식의 상품거래를 허가함으로써 금융기관은 무라바하 거래를 제공할 수 있게 되었다. 그 후로도 순차적인 규제완화는 이슬람 금융의 성장에 크게 기여하였다.

아울러 이슬람 금융의 주변 환경도 계속 정비되고 있다. 싱가포르거래소(SGX)는 2006년 2월 싱가포르 최초의 이슬람주가지수인 'FTSE-SGX 아시아 샤리아 지수 100'을 개시했다. 이 지수는 FTSE와 샤리아 컨설팅 기업인 야사르가 공동으로 운용한다. 샤리아지수란 "이슬람 투자자를 위해 개발된 샤리아에 반하지 않는 종목으로 구성된 주가지수"를 말한다. 샤리아지수에서는 알코올, 담배, 돼지고기, 오락, 사채업 등 샤리아에서 금지행위(하람)이나 혐오행위(마쿠릎)에 관계되는 업종의 종목은 배제된다.[116]

특이한 점은 싱가포르에는 이슬람관련 특별법이 없다는 점이다. 무라바하 거래도 기존 은행법을 수정하는 형태로 합리화했으며, 이슬람 은행의 인허가도 기존의 틀에서 이루어지고 있다. 민간기관 역시 이에 적극적으로 참가하고 있다. 그 결과 말레이시아의 메이은행 싱가포르 지점이 2005년부터 개인 대상으로 이슬람예금과 결제계좌를 제공하기 시작했다.

이슬람 투자펀드는 대형은행인 DBS, UOB의 자산관리 자회사가 샤리아에 부합하는 펀드를 판매하고 있으며, 그 밖에도 부동산 투자펀드를 포함해 다수 펀드가 존재한다. 도매금융 분야도 규제완화 조치 이후 스탠다드차타드 씨티은행 외에도 이슬람방식의 금융거래가 다수 이뤄지고 있다.

더 나아가 싱가포르 최대 민간은행인 DBS는 이슬람 금융을 포함

---

116) 일본은 동경 증권거래소와 S&P가 공동 개발하여 2007년 12월 3일부터 'S&P/Topix150' 라는 명칭으로 지수산출을 시작했다. 주요 이슬람 주가 및 채권지수는 요시다 에츠아키, 이진원 옮김, 2008, 「이슬람 금융이 뜬다」, (경기 고양시: 예지) pp.72-76 참조.

한 중동 비즈니스 강화를 위해서 두바이 국제 금융센터에 진출했으며, 2007년 5월에는 싱가포르 최초로 이슬람 은행인 이슬람 뱅크오브아시아(IB Asia)가 설립되었다. 이 은행은 법인과 자본시장 및 민간은행 업무를 중심으로 이슬람 금융 비즈니스를 시작했다(위의 책, 129-133).

(3) 역외(offshore) 이슬람 금융센터: 바레인
바레인의 금융센터는 두 가지 특성이 있다. 그 하나는 어떠한 모든 외국금융기관도 환영하는 바하마(Bahamas)와 같은 역외 금융센터이며, 다른 하나는 이슬람 은행카드 사용으로 지역적으로 경쟁하는 이슬람 국가들내에서의 금융센터이다. 말레이시아의 라부안 역외 금융센터는 그런 역할을 시도해왔다. 걸프지역에서 UAE(특히 두바이와 아부다비)는 이슬람 금융에서 이에 한 걸음 더 앞장섰다. 카타르는 새롭게 현대화하는 중이며, 국왕은 지역경제에서 커다란 통합정책을 추진하고 역외 금융센터의 설립에 권한을 부여함으로써 금융적 고립을 탈피하려고 노력한다. 하지만 바레인은 역외 이슬람금융에 있어서 단연 주도적인 위치에 있다.

바레인은 이슬람 금융을 위한 역외 금융센터를 육성하기 위해 노력을 기울이고 있다. 바레인에서 이슬람 은행이 탄생한 것은 1978년이며 1980-90년대를 통해 발전을 거듭하고 있다. 바레인은 높은 역외 금융기관[117]의 집중도가 매우 높다. 1996년 시티은행은 전적으로 이슬람 은행 소유의 금융업무를 개시하였다. 1998년 두 개의 주

---

[117] 바레인에는 이슬람 금융기관회계감독기구(AAOIFI, 1991), 이슬람 은행 및 금융기관총회(CIBAFI, 2001), 유동성관리센터(LMC, 20020, 국제이슬람 금융시장(IIFM, 2002) 및 국제이슬람신용평가기관(IIRA, 2005) 등의 국제금융기관이 진출하고 있다.

요 다국적 이슬람 은행 중 하나인 알-바라카그룹(Al-Baraka Group) 회장 카멜(Saleh Kamel)은 그룹의 다양한 국제적 은행업무를 추진하기 위해 바레인에 역외 금융기관을 설립하였다. 바레인 통화당국(Bahrain Monetary Authority, BMA)은 은행의 회계감사를 돕기 위해서 샤리아 어드바이저를 두고 있으며 이슬람 상품의 특수한 특성을 고려하여 새로운 규제시스템을 활용하고 있다. BMA 또한 이슬람 은행들을 위한 유동성을 제공할 수 있는 단기금융상품을 개발하고 있다.

바레인 금융시장의 특징은 국채의 발행이며, BMA는 이슬람 채권시장, 더 나아가 이슬람 금융의 전반적인 유동성 향상을 위해 2001년 단기 및 중기 이슬람 채권(수쿠크)을 발행했다. 이는 중앙은행으로서는 세계 최초의 시도이며, 이슬람자금의 유동성 향상이라는 측면에서 높이 평가되고 있다.

하지만 바레인 금융시장의 취약점은 의회가 해체되는 등 정치적 불안정 요인이 있으며, 오일머니 및 대규모 도매적립금(wholesale deposit)에 의존한다는 점이다. 바레인 인구 50만 명 가운데 다수가 쉬아파이지만 알 카리파(Al Khalifa) 통치가문은 순니파이다. 1994년 12월 미군 제5함대가 주둔한 이래 정치적 폭력이 난무하고 있다. 게다가 720억 달러의 자산을 가진 역외 금융기관(Offshore Banking Units, OBU) ― 두 개의 거대 OBU는 아랍은행법인(Arab Banking Corp)과 시장의 48%를 점유하는 걸프국제은행(Gulf International Bank)임 ― 은 해외금융기관의 은행 간 도매적립금에 심하게 의존하고 있어 자본이 걸프전 때 그랬던 것처럼 지역적 긴장이 고조될 때마다 빠져나갈 가능성이 있다(Ibrahim Warde, 128-129).

5. 이슬람 은행의 성장요인과 잠재력

1) 이슬람 은행의 성장요인

이슬람 은행에 대한 최초의 근대적 실험은, 정치체제에서 저주의 대상이었던 이슬람 원리주의(fundamentalism)의 선언으로 비칠 두려움이 있었기에 이집트에서 은밀히 추진되었다. 아흐마드 엘-나자르(Ahmad El Najjar)에 의해 주도된 선구적인 노력으로 인해 1963년 이집트의 '미트 가므르(Mit Ghamr)'에서 '손익배분(Profit-Sharing)'에 기초를 둔 저축은행 형태로 설립됐다. 이같은 실험은 1967년까지 이루어졌으며, 그때까지 이집트에는 9개의 같은 형태의 은행이 있었다. 이자를 주지도 받지도 않는 이들 은행은 주로 무역과 산업에 직접투자를 하거나, 다른 사람들과 합작하여 투자하였고, 예금자들과 이익을 분배하였다.

따라서 이들은 상업은행이라기보다는 예금투자기관의 기능을 하였다. 1971년 이집트에서 설립된 '나세르 은행(The Naser Social Bank)'은 비록 정관에 이슬람이나 샤리아에 관한 언급은 없었지만, '이자없는 상업은행' 임을 천명하였다.

사우디아라비아 제다에 본부를 둔 '이슬람 개발은행(Islamic Development Bank: IDB)'은 1974년 '이슬람 국가기구(OIC)'에 의해 설립되었고, 주로 회원국에 개발 프로젝트를 위한 자금을 제공할 목적이 있는 정부간 은행이다. IDB는 금융서비스 베이스의 수수료와 회원국에 대해 손익배분방식의 재정원조를 제공한다. IDB의 운영은 이자가 없으며 명백히 샤리아 원칙에 기반을 둔다.

1970년대에는 무슬림 국가들의 정세(情勢)에 커다란 변화가 발생했기에 이슬람 금융기관을 은밀히 설립하기 위한 강력한 욕구는 다시 없었다. 따라서 당시 중동에는 형식적이며, 정신적 형태의 다수 이슬람 은행들만 존재하였다. 예를 들면 '두바이 이슬람 은행(Dubai Islamic Bank, 1975년)', '수단 파이잘 이슬람 은행(The Faisal Islamic Bank of Sudan, 1977)', '이집트 파이잘 이슬람 은행(The Faisal Islamic Bank of Egypt, 1977)' 및 '바레인 이슬람 은행(The Bahrain Islamic Bank, 1979)' 등이 그것이다(Mohamed Ariff, 1988, 49).

이슬람 은행과 이슬람 금융계는 현상 유지적인 특성이 있다. 이슬람 금융은 안정을 바라며 불확실성을 혐오한다. 이들이 세력을 확장한 모든 신규시장에서, 전형적으로 국내 권력구조와 연결되어 설립된 이슬람 은행들은 정치, 경제적 그리고 규제의 틀 내에서 운영되었으며 소수독점을 형성하는 범위내에서 업무를 하였다.

주요 이슬람 은행들은 국제적인 차원에서, 국제적인 은행제도와 경쟁하는 세계적인 이슬람 네트워크 설립을 위해 노력하기보다는 그 제도속으로 스며드는 형태로 존속하였다. 다국적 운영에 있어서도 실제 이슬람 은행 업무는 제다, 카라치나 카이로보다는 런던, 제네바 혹은 바하마에서 더 많은 영업을 했다. 이슬람개발은행(IDB)의 실상은 IMF와 다른 국제기구와 함께 조정 및 제휴를 하는 것이다.

안와르 사다트(Anwar Sadat)로 요약되는 1970년대, 이슬람 국가와 서구 간에는 일반적인 관심사가 있었다. 석유의 대가에 따른 기술과 소련의 위협에 대한 일반인들의 관심사가 그것이었다. 이념적으로 자유주의와 경제적 이슬람 모두는 사회주의와 경제통제정책에 모두 반대하는 입장이었다. 소련의 위협이 제거됨으로써 신세계질서(New World Order)가 출현하였고, 그 체제의 일부로 남았던 몇몇 국가들의 예외를 제외하고 제2의 현대화에 휩쓸린 대부분의 국가들은 새로운 체제에 가담하였다. 신세계질서의 발아(發芽)는 1991년 걸프전(The Gulf War)이었고, 대부분 이슬람 국가들은 미국주도 연합의 일부분이 되었다.

지정학적 요소는 경제적, 상업적 조치에 의해 강화되었다. 1970년대 '석유위기' 이후 오일달러의 환류(recycling)는 서구와 주로 미국계 은행에 의해 이루어졌다. 보다 일반적으로 말하면 많은 국가들, 이슬람 금융에 이자부 채권소유자(coupon-clipper)의 범주에 속하는 -특히 걸프지역의 국가들은- 그들이 집중적으로 투자했던 국제시장의 안정성에 이해관계가 있다. 역설적으로 말하면 몇몇 허용 가능한 이슬람 상품 또한 이슬람 은행들을 해외통화에 집중투자하도록 유도하면서 상당량의 예치금을 해외에 예치하도록 유도하였다.

국제적인 은행제도 또한 이슬람 은행 출현에 효과적이었다. 이제 막 출현하여서 경험과 자원이 부족한 이슬람 은행들은 선택의 여지도 없었지만 국제적인 상대(counterpart)은행들의 전문가들의 경영에 의존하였다. 그리고 이슬람 은행들이 경험을 축적함에 따라 금융업계는 중요한 변모를 하게 되었다. 그래서 점차 장벽을 제거하기보다는 합작투자(joint venture), 경영협정, 기술협력 및 거래은행의 형태로 서구은행들과 협력으로 전통금융과 이슬람 금융간 접근 및 융합을 유도하면서 서로 구애하게 되었다(Ibrahim Warde, 107-108).

2) 이슬람 은행의 성장

차분한 분위기인 런던의 사무실에서 가로수가 늘어선 미국의 소도시 안 아르보(Ann Arbor)에 이르기까지 이슬람 은행과 금융기관들은 전통적인 서구스타일의 금융기관과 어깨를 나란히 하고 조업을 위한 허가승인절차에 단계적으로 성공하고 있다. 이들 금융기관의 성공은 미국과 영국 모두 대규모 무슬림 공동체가 있고 이슬람 은행의 간청이 있기 때문이다.

최근 미국의 아랍은행연합(Arab Bankers Association)이 주최한 이슬람 은행회의에서 "700만 미국 무슬림들은 그들의 자금을 관리할 때 이슬람 원칙을 엄격히 고수할 것을 원한다"는 사실이 밝혀졌다. 영국에서 금융전문가는 200만 무슬림 가운데 16만 명 이상이 고소득 가치가 있는 잠재적 은행 및 금융서비스 고객이라 말한다. 비록 이러한 수치는 이슬람 투자 가이드를 이용하는 아랍인과 비교하여 적기는 하지만, 그들은 아랍의 해외투자, 심지어는 서구의 돈이 어떻게 운용되는가 하는 측면에서 큰 영향을 줄 수 있다. 종교적, 금융적 모두의 이유에서 이슬람 은행은 실현되지 않은 잠재력이 있다.

GCC 회원국들은 거의 1조 달러를 해외에 투자하였다. 즉, 개인 투자로부터 해외 포트폴리오에서도 5,000억 달러를 투자했다는 점을 상기해볼 필요가 있다. 이 모든 기금들은 전통적인 서구방식의 투자형태이다. 세계은행에 따르면, 모든 자금의 90%는 미국과 EU로 유입된다고 한다. 만일 이슬람 원칙이 이들 자금의 5% 정도만 통제한다면, 그것은 혁명적인 서구 금융시장이 되었을 것이다. 미국의 분석가는 "이슬람의 심사기준은 비무슬림 투자자에게는 매우 인기가 있다"고 조언한다(The Middle East June 2005, 51-52).

이슬람 원칙들은 이미 많이 신봉되고 있다. 일부 중동시장에서, 특히 걸프지역에서 50%이상의 소비자들이 이슬람 은행의 옵션을 선호하고 있다. 이제 이슬람 은행은 중동에서 주류은행으로 발전하고 있다. 이같은 성공은 금융혁신과 함께 종교적 이슬람 은행의 능력이 혼합되었기 때문이다. 이슬람 금융서비스그룹(Islamic Finacial

Services Group: IFSG) 바레인 지국 최고경영자 카말(Omar Marwan Kamal)은 "가격과 이윤으로 경쟁해야 한다."는 점을 강조한다. 그는 "이슬람 은행이 성숙해 감에 따라 이슬람 은행을 껴안기 위해 서구 금융시장의 규제는 보다 긍정적인 자세로 나올 것"이라 믿는다. 그는 또한 영국의 규제기관(Financial Service Authority: FSA)에 의한 이슬람 은행에 대한 최근의 변화, 즉 영국에서 이슬람 은행을 증대하기 위한 적극적인 역할을 예로 들었다.

이슬람 은행은 커다란 잠재력에도 불구하고 우여곡절을 겪어왔다. 걸프지역에서 치솟은 막대한 석유수입이 불을 지핀 1980년대 최초의 성공 이후, 이슬람 은행은 후퇴를 경험하였다. 이집트, 이란, 수단 및 파키스탄에서 이슬람화 시도는 일련의 실패와 불신을 겪었다. 몇몇 이슬람 금융기관들은 지나친 위험을 피하기 위해 기본적인 이슬람 금융의 교의(敎義)에 거역함으로써 기금이 바닥났다. 이에 더하여 생존한 이슬람 은행도 경쟁적이고 소비자 선호의 금융상품을 제공할 수 없었다.

이러한 도전은 이슬람 은행이 새로운 금융상품을 개발하여 고객에게 다가가야 한다는 방향을 제시해 주었다. 그 혁신 중하나가 고정수입 장치의 개발이었고, 이슬람 채권, 즉 '수쿠크(Sukūk)' 였으며 국제 이슬람 금융시장의 탄생이다(위의 책, 52-53).

이슬람 금융정보서비스(Islamic Finance Information Service: IFIS)에 따르면, 2004년 수쿠크 발행은 2003년 19억 달러에서 67억 달러로 크게 상승하였다.[118] 이슬람 리스 상품과 같이 이슬람 채권은 특이

---

118) 2004년 기준으로 볼 때, 전 세계은행자산 총액 21조6천70억 달러 가운데 이슬람 은행 자산은 2,520억 달러로 전체의 1.17%를 차지하며, 전 세계은행예탁금 총액 15조 6,270억 달러 가운데 이슬람 은행 예탁금은 1,990억 달러로 전체의 1.28%를 차지하였다.

한 형태로 성장하긴 했지만 유용한 수단이 되었다. 이윤 잠재력은 많은 서구은행의 관심을 끌게 되었다.[119]

이슬람 은행과 금융이 미국시장에서 제한적인 형태로 출현하였다. 그 주된 이유는 연방정부가 부동산을 직접 소유하거나 이슬람 은행이 대여해준 회사 지분을 소유하는 것을 금하고 있기 때문이다. 하지만 미국의 규제도 이제는 이슬람 은행에 커다란 관심이 있다. 아이러니하게도 미국에 의한 도전은 이슬람 은행을 유용하고 경쟁적인 대체은행으로 만드는 새로운 금융상품과 서비스를 개발하는 계기를 만들어 주고 있다(위의 책, 53-55).

〈표 5-7〉 중동의 10대 이슬람 은행(2007년 기준, 단위:백만 달러)

은 행	총자산	자본	고객 예탁금	순 이익
Al-Rajhi Bank(사우디)	33,345	6,304	24,766	1,720
Kuwait Finance House	33,191	4,742	20,179	1,224
Dubai Islamic Bank	22,802	2,903	17,701	684
Qatar Islamic Bank	5,867	1,177	3,351	458
Bank Aljajira (사우디)	5,750	1,251	4,718	214
ARCAPITA(바레인)	3,805	955	na	190
Qatar International Islamic Bank	2,740	685	558	186
Gulf Finance House(바레인)	2,245	880	1,093	340
Shamil Bank Bahrain	2,046	420	425	81
Bahrain Islamic Bank	1,746	496	162	67

*출처:The Middle East, November 2008.

---

119) 많은 서구은행들은 중동과 자국에서 현재 이슬람서비스를 제공하고 있다. 그 가운데는 Citibank, HSBC, UBS, The Royal Bank of Scotlan, Bank of Ireland 및 Lloyeds TSB 등이 있다. 여기에 ABC International Bank, Ahli United Bank를 포함하는 몇몇 서구 스타일의 아랍은행들이 있다.

3) 이슬람 금융의 규모와 잠재력

이슬람 금융시장[120]의 잠재력은 이슬람 국가들의 총 GDP 5조 7,680억 달러를 기준으로 할 때, 그 규모는 약 4조 1,880억 달러에 달할 전망이다. 아울러 인구 대비 금융비중이 작기 때문에 성장잠재력이 크다고 볼 수 있다. 1970년대 이슬람 금융의 운영형태는 상업은행이 예금을 파는 정도에 불과했는데 1980년대에는 이슬람 보험 상품인 '타카풀(Takaful)'이 등장하였고, 1990년대에는 뮤추얼펀드와 투자신탁이 나왔다. 2000년대 들어와서는 자산운용 관리와 파생상품 영역으로 그 폭이 크게 확대되었다. 이 가운데 특히 관심을 끄는 것은 이슬람 채권이라 할 수 있는 '수쿠크'이다(심의섭, 2008, 140).

〈표 5-8〉 2007년 전세계 수쿠크 발행 금액 및 발행기관

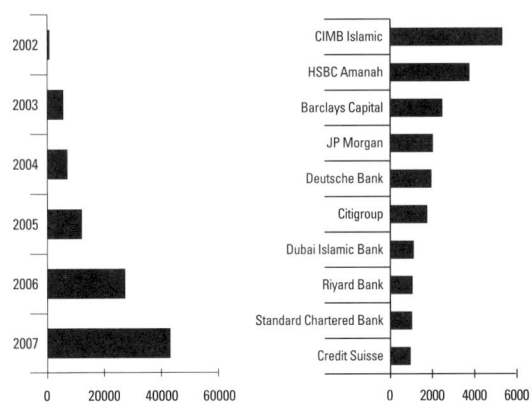

*출처: The Middle East, November 2008.

---

120) 이슬람 은행은 금융자산은 은행의 성격상 정확히 밝혀진 데이터가 많지 않으며, 발표하는 기관마다 각각 다르게 나타난다. 현재까지 밝혀진 액수는 대부분 2004년 기준의 2,520억 달러가 가장 많이 활용되고 있다. 예를 들면 JP모건은 이슬람 금융자산을 5,000-6,000억 달러(세계 금융자산의 1%)로 추정하여 향후 5년 동안 15% 정도로 성장할 전망치를 제시한다.

급격히 성장하는 모든 '샤리아 준수' 금융 가운데 수쿠크가 가장 수익성이 좋은 것으로 알려진다. IFIS에 따르면, 2007년 수쿠크의 430억 달러 이상이 177개 거래에서 발행되었다고 한다. 이는 2006년 273억 9,000 달러 및 2003년 57억 1,000 달러와 비교하면 엄청난 증가이다. 샤리아 유가증권은 아시아, 특히 말레이시아와 GCC 국가에서 시작되었다. 2007년 전세계 수쿠크 발행금액, 국가 및 발행기관은 앞의 〈표 5-8〉과 〈표 5-9〉과 같다. 〈표 5-9〉에서 알 수 있듯이 2002년 6억 달러로 시작한 이슬람 수쿠크의 규모는 5년 후인 2007년에 431억 3,900만 달러로 증가하였고, 이에 참가한 국제금융기관 및 은행의 발행규모도 많이 증가하였다.

〈표 5-9〉 2007년도 수쿠크 발행 기관 및 금액

발행 기관	국 명	형 태	총액 (US백만$)
Aldar properties	UAE	Islamic Exchangeable Bond	2,530
DP World	UAE	Mudharabah	1,500
Dubai International Financial Centre	UAE	Mudharabah	1,250
Dana Gas	UAE	Mudharabah	1,000
Dar Al Arkan	사우디	Sukuk Al Ijara	1,000
Khazanah Nasional	말레이시아	Islamic Exchangeable Bond	850
Nakheel	UAE	Islamic Exchangeable Bond	750
Dubai Islamic Bank	UAE	Sukuk Al Musharakah	750
Dar Al Arkan	사우디	Sukuk Al Ijara	600
National Industries Group	쿠웨이트	Mudharabah	475

＊출처:The Middle East, November 2008.

2007년 세계적인 금융기관 및 은행의 수쿠크 발행액은 각각 CIMB 53억 2,300만 달러, HSBC 38억 800만 달러, Berclays Capital 24억 7,900만 달러, JP 모건 20억 3,300만 달러, 독일은행 19억 8,000만 달러, 시티그룹 17억 6,200만 달러, 두바이 이슬람 은행 11억 200만 달러, 리야드은행 10억 5,000만 달러, Standard Chartered Bank 10억 100만 달러, Credit Suisse 9,600만 달러 등이다(The Middle East, November 2008: 36-37).

국가별 이슬람 금융자산의 규모는 〈표 5-10〉에 나타난 바와 같이, 이란이 1,546억 달러로 가장 크며 사우디아라비아, 말레이시아 등이 그 뒤를 잇고 있다. 무슬림 인구가 약 200만 명에 이르는 영국이 약 104억 달러의 이슬람 금융자산을 보유하여 10위에 자리를 차지하고 있다. 말레이시아는 '이슬람 금융'의 허브로 불릴 정도로 전세계 수쿠크의 56%가 이곳에서 발행된다.

〈표 5-10〉 샤리아준수 자산규모(2007)

국 명	자산 (억달러)
이란	1,546
사우디아라비아	694
말레이시아	651
쿠웨이트	377
UAE	354
브루나이	315
바레인	263
파키스탄	159
레바논	143
영국	104

*출처:아시아경제, 이슬람 금융2008/09/08, 심의섭, 2008에서 재인용.

2007년도 기준으로 GCC 지역은 세계 샤리아 자산총액 5,000억 달러인 36%의 자산을 보유하고 있다([그림 5-9] 참조).

[그림 5-9] 샤리아 준수 자산의 지역 분포도(2007년, 5,000억 달러)

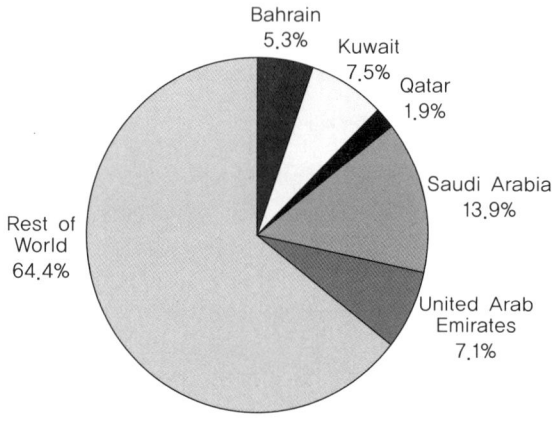

*출처: The Banker, November 2007.

2007년 중반 두바이국제금융센터(Dubai International Financial Exchange, DIFC)[121]에 등록된 160억 달러의 자금으로 이슬람 금융시장에서 커다란 영향력을 행사하고 있다. 바레인은 이슬람 채권인 수쿠크의 개발과 발행을 처음 시도함으로써 이슬람 은행에서 개척자의 역할을 해오고 있으며, 이슬람 은행, 이슬람보험 및 재보험의 관리 기능을 개선해오고 있다. 바레인 중앙은행은 바레인 정부의 이슬람 채권, 즉 이자라의 단기 유동성 문제를 해결하기 위해 - 전

---

121) DIFX는 주로 지분과 구조적인 생산고(structured products, 80억 달러), 이슬람 채권인 수쿠크(160억 달러) 및 전통적인 일반은행 채권(70억 달러)전통적구성돼 있다. DIFX는 일반은행 및 이슬람 은행의 채널을 통해 자본 및 채무를 증가시키기 위해서 국제적인 발행기관을 위한 '달러-유통' 교역의 플랫홈을 제공한다.

통적이고 이슬람적인 - 금융기관의 역할을 할 수 있는 '이슬람 수 쿠크 유동성 매개체'를 출범시킬 채비를 하고 있다. 이슬람 상품의 유동성을 강화하고 표준화시키고, 세밀한 운영기법을 발전시킴으로써 GCC 국가들은 이슬람 금융 분야에서 세계적인 경쟁력을 확보할 수 있을 것이다(IMF, 2008, 20).

아무튼 전 세계 이슬람 은행 자산은 매년 15%정도 성장하는 것으로 나타난다. 한편 이슬람 보험인 '타카풀 시장'의 85%는 중동이 점유하고 있다. 오일머니에 의한 시설투자 증가가 타카풀 보험료 시장을 주도하며, 최근 중동의 개발 프로젝트가 급증하며 타카풀 자산운용이 용이하게 됐다. 수입 보험료를 기준으로 지역별 분포를 보면, 이란이 28억 달러로 64%를 차지하고 있다. 그 밖에 GCC 국가가 9억 달러로 21%, 동남아 지역이 5억 달러로 11%, 아프리카가 1억 달러로 3%를 차지하고 있다(한국보험신문, 2008/05/20).

1975년에는 단 한개의 이슬람 은행이 이집트에 존재했지만, 2008년 11월 기준으로 300개 이상의 이슬람 금융기관(Islamic financial institutions, IFIs)들이 75개국 이상에서 300개의 샤리아 준수 펀드를 운영하고 있다. 약 8,000억 달러의 자금이 이슬람 은행, 뮤추얼펀드, 보험 관련 재래은행의 이슬람 지점 등에 예치돼 있다. 2000년에는 금융시장에서 단지 1,400억 달러로 평가되었지만, 비즈니스 컨설턴트 회사인 맥킨시(McKinsey & Co)는 2010년에는 이슬람 금융자산이 1조 달러에 이를 것으로 추계하고 있다.

반면에 신용평가기관 무디스(Moody's)는 5년 이내에 전세계적으로 4조 달러의 자산으로 급성장 할 것이라는 매우 낙관적인 견해를 제시하고 있다(The Middle East, November 2008, 36).

6. 이슬람은행의 실증연구와 투자성향

1) 이슬람 은행의 실증연구

최근 이슬람 은행에 관한 실증적 연구는 괄목할만하게 증가하고 있다. 최초의 체계적인 실증연구는 1983년 칸(Khan)에 의해 이루어졌다. 그의 연구는 수단, UAE, 쿠웨이트, 바레인, 요르단 및 이집트에서 영업중인 이슬람 은행을 대상으로 하였다. 칸의 연구는 이 은행들이 샤리아에 따라 이슬람 은행을 운영하는데 거의 어려움이 없음을 보여줬다. 그는 두 가지 종류의 투자계정을 증명하였다: 하나는 예금주가 프로젝트에 돈을 투자하기 위해 은행에 권한을 부여하는 것이고, 다른 하나는 예금주가 자금이 조달된 프로젝트를 선택하는 것이다. 자산의 측면에서, 조사중 은행들은 '무다라바', '무샤라카' 및 '무라바하' 등 세가지 형태에 의존하였다. 칸의 연구는 같은 지역에서 전통은행과 경쟁적이었던 9-20%의 이윤율을 보고하였다. 예금주의 수익율(rates of return)은 전통적인 은행에 의해 제시된 수익률에 필적하는 8%-15%사이에서 변화하였다 (Mohamed Ariff, 56).

칸의 연구는 이슬람은행이 무역금융과 부동산 투자를 더 선호했다는 사실을 밝혔다. 또한 그의 연구는 최근 설립된 기관들이 초창기 운영에서조차 긍정적인 결과를 바랐으며, 눈에 보이는 단기적인 수익을 선호한다고 밝혔다. 1988년 나인하우스(Nienhaus)는 최근 중동에서 이슬람은행의 상대적인 수익성은 대부분 자산, 특히 부동산에 기인하였다는 사실을 제시하였다. 그는 자산부문의 폭락에 따른 커다란 손실의 경우를 인용하여 그러한 사실을 입증하고 있다.

1988년 20대 이슬람은행의 투자형태는 〈표 5-11〉과 같으며, 1980년대 이슬람은행은 장기투자보다는 단기투자와 부동산 투자에 90% 가까운 투자를 하였다.

〈표 5-11〉 20대 이슬람 은행은 투자형태

투자 형태	투자 총액	총자산중 %
단기 투자	4,909.8	68.4
사회적 대부	64.2	0.9
부동산 투자	1,498.2	20.9
중기 및 장기투자	707.7	9.8

*주: 1988년 기준이며 통화단위는 알려지지 않음.
*출처: A.L.M. Abdul Fafoor, 1995, Interest-free Commercial Banking, P.6.

1979년 점진적인 이슬람화 과정을 택한 파키스탄은 이란과는 차이가 있다. 1985년 1월 1일 종식된 첫 번째 시도에서 국내은행들은 이자와 무이자 창구 모두에서 영업하였다. 2번째 시도에서 은행들은 이자없는 모든 거래로 조정되었고, 유일한 예외는 외환예금, 외채 및 국채였다. 파키스탄의 새로운 금융모형은 기본적인 은행제도의 기능과 구조를 뒤흔들지 않고 처리되었다. 이와 같은 점진적인 과도기적 과정은 파키스탄 은행들이 새로운 제도를 채택하는 데 유리하게 작용하였다. '이윤 및 손실분할(Profit-and-Loss Sharing: PLS)' 예금에 대한 수익률은 일반적으로 이슬람화 이전보다 높은 이자율을 시현(示顯)했을 뿐만 아니라 은행산업에 있어서 경쟁의 정도를 나타내는 은행간에 차이를 나타냈다. PLS 제도와 금융의 새로운 형태는 은행과 고객들에게 상당한 유연성을 제공하였다. 파키스탄에서 통화정책의 효율성은 변화에 의해 손상되지 않았다.

그러나 IMF 연구는 장기금융보다는 단기 무역신용에 은행자산이 집중되는 것에 대해 커다란 우려를 표명하였다. 이 연구는 새로운 제도의 의도와 불일치할 뿐만 아니라 소수에 의한 자산의 편중은 위험을 증대시키고, 자산 포트폴리오를 불안정하게 만들기 때문에 바람직하지 못하다는 사실을 발견하였다. 이 연구는 또한 이란과 파키스탄이 무이자 체제하에서 재정적자의 어려운 경험을 제시하였고, 적절한 무이자 기관[122]을 고안하기 위한 시급한 필요성을 강조하였다. 그러나 이란은 국유화된 은행제도의 고정 수익률에 따른 정부 차입이 이자로 간주될 수 없기에 허용할 수 있는 것이라는 법령을 발표하였다. 모든 은행이 국유화되었기에 은행간에 이자율과 지불은 통합계정에서 상쇄될 것이라는 것이 공식적인 합리화이다.

방글라데시(Huq 1986), 이집트(Mohammad 1986), 말레이시아(Halim 1988b), 파키스탄(Khan 1986) 및 수단(Salama 1988)에서 운영 중인 이슬람 은행에 관한 다소의 연구 사례들도 있다. 모든 경우에 있어서 당좌계정은 '보관원칙(principles of alwadiah)'에 따라 운영된다. 저축예금 역시 보관 원칙에 따라 승인되지만, 예금주에 대한 선물은 최소한의 잔액에 대하여 전적으로 이슬람 은행의 재량권에 속하기에 예금주들 또한 이윤에 대한 몫을 받을 수 있다. 투자예금은 일정하게 '무다라바 원칙', 즉 이윤분할 원칙에 따르지만, 변동폭이 매우 크다.[123]

---

122) 일부 무슬림 국가들은 최근 교량과 도로 건설과 같은 소득산출을 할 수 있는 공적(公的)인 효용 프로젝트를 위해 사용되는 '무까라다 채권(muqarada bonds)'이라는 것을 도입하였다. 공채 소유자는 사용세와 기타 수령액의 징수로 몫을 취하게 된다.

123) 예를 들면, 방글라데시 이슬람 은행(The Islamic Bank of Bangladesh)은 PLS 예금계정, PLS 특별고지 예금계정 및 PLS 장기 예금계정을 제공하고 있지만, 말레이시아 이슬람 은행(Bank Islam Malaysia)은 두 가지 종류의 투자예금 - 일반 공공 및 기관 고객 - 으로 운영되고 있다.

2) 투자성향

이슬람 은행들의 현격한 공통적 특징은 대부분의 예금주들이 투자예금에서조차 가능한한 유동성(liquid) 형태의 자산에 대해서 단기적인 것을 선호한다는 것이다. 투자예금이 전체 예금 가운데 많은 부분을 차지하고 있는 말레이시아에서 조차 투자예금의 태반은 2년 미만이다. 이와는 대조적으로, 국내경제에서 제한된 투자기회에 영향을 받는 투자예금은 통화당국에 의해 부과된 상한선 때문에, 수단에 있어서 예금 대부분은 당좌 및 저축예금이다(Mohamed Ariff, 58).

이슬람 은행에 의한 재원 이용의 형태에 있어서도 흥미를 끄는 변화가 있다. 예를 들면 무샤라카는 수단에서 투자형태로서 무라바하보다도 훨씬 더 중요하다. 반면에 그 반대 현상은 말레이시아의 경우이다. 그러나 평균적으로 무샤라카보다는 오히려 무라바하, '바이무아잘(bai'muajjal)' 및 '이자라(ijara)' [124]가 가장 일반적으로 사용되는 금융형태를 나타낸다.

동남아시아와 관련하여 만(Man, 1988)에 의한 '말레이시아 이슬람 은행'과 마스투라(Mastura, 1988)에 의한 '필리핀 아마나은행' (The Philippine Amanah Bank: PAB)에 관한 최근의 두 연구는 특별히 언급할만한 가치가 있다. 만의 연구는 예금주에 대한 평균 수익은 전통 은행에 의해 제시된 것과 매우 경쟁적이다. 1986년 말, 3년간 영업을 한 말레이시아 은행은 14개 지점의 네크워크를 갖고 있었다. 그러나 예금의 90%는 2년 혹은 그 이하의 만기일을 갖고 있었고, 비무슬림 예금주는 전체의 약 2 %를 차지하였다. 이슬람 학자

---

[124] '바이무아잘'(bai'muajjal)은 연불(延拂) 판매(deferred-payment sale), '이자라'(ijara)는 리스(leasing)와 같은 의미이다.

들에 의해 가장 의미 있는 것으로 간주되는 무다라바와 무샤라카 형태의 영업은 전체 투자 포트폴리오의 아주 작은 부분을 형성하고 있다는 사실에 대해 특별히 많은 비판이 가해지고 있다. 반면에 바이무아잘과 이자라는 전체의 태반을 차지하고 있다.

마스투라는 "필리핀은행(PAB)은, 엄격히 말해서 이슬람 금융형태와 공존하여 이자에 기반을 두고 운영되기에, 이슬람 은행이 아니다"는 분석을 제시한다. PAB는 예금에 대해 이자와 이슬람 창구 모두에서 운영된다. 마스투라는 PAB가 무다라바와 무샤라카 금융수단에 거의 유의하지 않고 지불하는 무라바하 거래에 집중하고 있다는 사실을 증명하였다. PAB는 또한 이자가 붙는 국채를 이용함으로써 초과 유동성 거래에서 비정통적인 접근방식을 채택하고 있다. 그럼에도, PAB는 몇몇 주된 투자활동에서 일부의 이슬람 방식을 택하고 있다.

인도네시아의 과거 부통령이었던 하타(Hatta)는 이슬람에서 리바(riba) 금지는 현대의 상업은행에 의해 부과 혹은 제공되는 이자와는 같은 것이 아니라고 주장하였다. 파타디레자(Partadireja, 1974)가 "대부(貸付)는 서 있는 작물로 인정된다."라고 묘사한 바와 같이, 전통적인 무이자 차용의 한 형태는 '약(ijon: 녹지)'으로 알려진 비공식적인 농촌신용의 형태로 여전히 널리 유행하고 있다. 또 다른 하나는 소비자와 소규모 장인 및 무역업자들 가운데서 실행되는 '아리산 제도(arisan system)'이다. 이 제도에서 각 회원은 규칙적으로 특수한 금액을 모으며, 제비뽑기에 의해 공동출자액으로부터 무이자 대부를 얻는다.

마지막으로 점차 증가하는 이슬람 은행의 연구에 기여한 가장 최근의 기여자인 나인하우스(Nienhaus, 1988)는 이슬람 은행이 거시경제학적 차원에서 존립 가능한 것이지만, 이슬람 은행의 우월성에 대한 제안자의 이념적 요구를 근거 없는 것으로 간단히 처리하고 있다. 나인하우스는 몇 가지 실수를 지적한다. 1984년 부동산과 건설부문에 지나치게 투자함으로써 약 쿠웨이트 금융거래소(Kuwait Finance House)와 1985년과 1986년 불입자본(paid-up capital)의 30% 이상에 대해 커다란 손해를 경험한 덴마크의 국제이슬람 은행이 포함되어 인용된 것이 그 예이다. 그러나 나인하우스는 인용된 각 은행의 문제는 특수한 이유가 있었으며, 특수한 경우에서 일반적인 결론을 유도하는 것은 부적절하다고 지적하였다. 대부분 이슬람 은행의 성장 실현은 최근 전통은행보다 상대적으로 양호하였다.

나인하우스에 따르면, 예금의 성장감소에도 불구하고 많은 이슬람 은행의 시장점유는 시간이 흐름에 따라 증가하였다.[125] 유일한 예외는 1982년 15%에서 1986년 7%로 시장점유율이 급감한 '수단 파이잘 이슬람 은행(The Faisal Islamic Bank of Sudan: FIBS)' 이었다. 그러나 나인하우스는 FIBS에 의해 상실한 시장점유는 전통은행이 아니라 수단의 새로운 은행에 의해 달성된 것이라는 사실에 이의를 제기한다. 아무튼, 규모에 관계없이 단기 무역금융은 대부분 이슬람 은행에서 명백히 지배적인 이다(홍성민, 1999ⓐ, 249-257).

---

125) 이집트, 쿠웨이트 및 수단에서 이슬람 은행의 시장점유는 20%에 육박하며, 요르단과 카타르에서는 대략 10% 정도이다. 이와는 대조적으로 터키에서 이슬람 은행은 시장의 1% 미만을 차지한다.

제6장
중동의 오일머니와 국부펀드

1. 중동의 오일머니와 GCC 금융

1) 오일머니와 GCC 금융의 발전

(1) GCC의 오일머니

1973년 제1차 석유위기 이후 중동 산유국을 중심으로 OPEC 국가들에 거대한 석유수입(石油收入)이 축적되자, 국제 금융시장에서는 오일달러(oil dollar), 오일머니(oil money) 혹은 페트로달러(petrodollar) 등의 용어가 사용되었다. 오일머니(oil money)는 원유, 정유 및 천연가스 등의 판매수입이 포함되며, 산유국이 석유를 수출해서 벌어들이는 수출대금을 의미하는 것으로 사용된다. 일반적으로 석유수입(oil revenue)과 동의어로 사용된다.

1980년대 아랍금융의 경우, 오일머니의 규모는 일시적인 것이 아니라 구조적이었다. 사우디 쿠웨이트는 유가상승에 따른 과잉 유동성 보유로 산유국 역할 못지않게 '뱅커'로 활약하고 있다. 산업금융이든 직접금융이든 아랍금융 성장의 최대문제는 공공부문의 자금흡수 여부에 달렸다. 만약 이러한 문제가 가능하다면 아랍금융의 성장은 물론 현재 국제 금융계의 커다란 문제인 오일머니의 환류문제도 어느 정도 해결될 것이다.

그러나 이 문제는 그리 간단한 것이 아니다. 지금까지 산유국 정부나 오일머니 관할기관이 서구투자를 선호해온 것은 아랍계 금융기관에 대한 불신 때문이다. 아랍계 금융기관이 성장하기 위해서는 신뢰성 확보가 가장 큰 과제이며, 이는 자본금의 증액, 투자대상의 다양화, 인적자원의 확보 및 금융제도 등 금융 하부구조의 정비에 크게 의존한다. 물론 민간부문의 오일머니도 규모 면에서는 무시할 수 없지만 성장장애 요인을 해결하여 공공부문의 자금을 흡수하기에는 상당한 시일이 걸릴 것이다.

단기적 관점에서 볼 때 아랍금융의 성장과 오일머니 환류는 유로시장에 진출해 있는 컨소시엄 뱅크와 걸프국제은행, 아랍금융조합 등 다국간 출자은행에 의해 주도될 것이다. 1980년대 까지만 하더라도 아랍 금융시장의 형성가능성에 대해서는 대부분 비판적인 시각을 갖고 있었다. 당시 중동지역은 걸프전 이후 정치적 불안요인을 안고 있었고, 대부분 국가에서 외국은행의 국내진출을 허용하지 않았으며, 자국통화의 국제통화화에 반대하고 있었기 때문이다. 물론 역내 경제개발계획의 추진에 따른 유동성 증대라는 이점이 있기는 하지만 그것이 아랍금융의 성장을 의미하지는 않는다고 보았기 때문이다(홍성민, 1991: 282-283).

2007년 GCC 6개국의 1인당 GDP는 평균 1만 9,000 달러로 중국의 3배, 인도의 5배에 해당한다. 총액 기준 GCC의 총 GDP 8,000억 달러는 10대 개도국에 해당하며, 1998-2002년 3% 성장의 실질 GDP상승률은 그 후 7% 대로 껑충 뛰었다. 이같은 영향으로 사우디 주식시장의 규모는 2005년 중국보다 큰 것으로 나타났다. 총 3,600

만 GCC 국민은 실업을 줄이기 위하여 커다란 노력을 기울이고 있으며, 중동 전체로 8,000만 개의 일자리를 향후 15년에 걸쳐 창출한다는 계획이다.

GCC는 2003년 670억 달러이던 투자를 연간 2,000억 달러로 증액하여 공공 및 민간투자를 활성화한다는 전략을 마련하였다. GCC는 오일달러 → 규제철폐 → 에너지 활용을 통하여 석유화학, 금속 및 항공운송 분야 등에 투자할 계획이다. 2005년 이후 전대미문의 오일달러 급상승은 재투자를 위한 유용한 자본이 되고 있다.

(2) GCC 금융의 발전

21세기에 들어오면서, 특히 2003년 '이라크 전쟁'을 기점으로 유가가 급상승하면서 걸프산유국들의 석유수입 증대는 경제개발계획에 대한 활발한 투자와 유럽 및 미국 증권시장에 적극적으로 투자하기 시작하면서 상황은 바뀌었다. 2007년도 산유국들의 원유수출 총액이 8,350억 달러에 이를 것으로 전망했다. 이는 1998-02년 수출 총액 2,280억 달러보다 세 배 이상 많은 것이다. 이에 따라 원유 수출로 인한 이들 국가의 경상수지 흑자가 국내총생산(GDP)에서 차지하는 비중도 2002년 5.4%에서 지난해 30%로 대폭 높아졌다. 이들 산유국 정부가 운영하는 국부펀드 규모도 계속 커지고 있다. 〈표 6-1〉은 걸프산유국(GOPEC)의 연도별 원유수출액을 보여준다.

〈표 6-1〉 걸프산유국(GOPEC)의 연도별 원유수출액

(단위: 억 달러)

	1980	2001	2002	2003	2004	2005
UAE	194	224	218	252	381	456
사우디	1,014	598	638	823	1,062	1,533

이라크	261	157	126	75	177	234
이란	117	214	192	261	343	466
카타르	54	70	70	88	117	191
쿠웨이트	189	150	141	190	264	390
총 계	1,829(66.3)	1,413(67.3)	1,385(66.9)	1,689(67.7)	2,344(67.2)	3,270(69.1)

* 주: ( )는 OPEC에서 차지하는 비중.
* 출처: EIA 및 OPEC 자료.

  이같은 중동의 '오일머니'는 특히 최근 들어 각국의 증권거래소를 집중 공략하고 있다. UAE 두바이 증권거래소는 2007년 9월 21일 미국 2위 증권거래소인 나스닥의 지분 19.9%를 주당 41.04달러에 인수했다. 이와 함께 나스닥이 보유한 영국 런던증권거래소(LSE) 지분 28%도 매수했다. 그 대신 나스닥은 두바이증권거래소가 보유했던 스웨덴 증권거래소 OMX의 지분을 넘겨받기로 합의했다. 두바이와 금융 허브를 놓고 경쟁하고 있는 카타르도 국영 투자회사를 통해 LSE의 지분 20%를 매입했다.

  이에 따라 LSE의 지분 절반 가량이 두바이, 카타르 등 중동으로 넘어가게 됐다. 이 밖에도 이날 UAE 아부다비 정부가 세계 최대 사모펀드 중 하나인 칼라일그룹의 지분 7.5%를 인수하기로 합의하고, 사우디아라비아 국영석유화학회사(SABIC)는 2007년 8월 말 제너럴일렉트릭(GE)의 플라스틱 사업부를 116억 달러에 매입하는 등 전세계 M&A 시장에서 중동 오일머니의 파워가 폭발하고 있다.

  시장조사기관 딜로직에 따르면 2007년 중동국가가 주도한 M&A 규모는 1,040억 달러에 달해 전년도 646억 달러의 두 배에 가깝다. 특히 이들 산유국이 올해 실시한 M&A 가운데 640억 달러의 거래가 중동 이외 지역에서 이뤄진 것으로 드러났다(한국경제, 2007/09/21).

〈표 6-2〉 중동 20대 은행 자산 및 수익률

순위	은 행	국 명	자본($M)	자산($M)	car(%)	이윤($M)	ROE(%)	ROA(%)
1	The national Commercial bank	사우디아라비아	8,068	55,727	14.5	1,610	20.0	2.9
2	Al Rajhi Bank	사우디아라비아	6,304	33,345	18.9	1,720	27.3	5.1
3	National Bank of Kuwait	쿠웨이트	5,500	42,269	13.0	1,053	19.1	2.5
4	Arab Bank	요르단	4,864	38,333	12.7	964	19.8	2.5
5	Emirates NBD	UAE	4,828	69,112	7.0	755	15.6	1.1
6	Samba Financial Group	사우디아라비아	4,783	41,229	11.6	1,288	26.9	3.1
7	Kuwait Finance House	쿠웨이트	4,742	33,191	14.3	1,224	25.8	3.7
8	Qatar National Bank	카타르	3,808	31,419	12.1	689	18.1	2.2
9	Riyad Bank	사우디아라비아	3,516	32,401	10.8	803	22.8	2.5
10	Abu Dhabi Commercial Bank	UAE	3,133	28,921	10.8	569	18.1	1.9
11	National Bank of Abu Dhabi	UAE	3,053	37,962	8.0	682	22.3	1.8
12	Banque Saudi Fransi	사우디아라비아	3,000	26,649	11.2	723	24.1	2.7
13	Dubai Islamic Bank	UAE	2,903	22,802	12.7	684	23.5	3.0
14	Mashreqbank	UAE	2,854	23,860	11.9	581	23.1	2.4
15	Arab national Bank	사우디아라비아	2,810	25,223	11.1	656	23.3	2.6
16	Saudi British Bank	사우디아라비아	2,780	26,233	10.6	695	25.0	2.6
17	First Gulf Bank	UAE	2,755	19,928	13.8	547	19.8	2.7
18	Ahli United Bank	바레인	2,309	23,049	10.0	372	16.1	1.6
19	Arab Banking Corp(ABC)	바레인	2,268	32,744	6.9	186	8.2	0.6
20	Gulf International Bank	바레인	2,215	29,954	7.4	−757	−34.2	−2.5

*주: Emirates NBD는 2007년 Emirates Bank Group과 National Bank of Dubai가 병합된 것이다. CAR은 Capital asset ratio, ROE(자기자본 이익률)는 Return on equity, ROA(자산 수익률)은 Return on total assets deployed를 의미.
출처: The Middle East. October 2008.

GCC 회원국의 각 중앙은행 총재들은 2008년 6월 9일 카타르 도하에서 특별회의를 열고 GCC 공동 중앙은행의 핵심조직을 내년에 설립하기로 합의했다. 이들은 2010년을 목표로 GCC 회원국이 추진 중인 '통화단일화'를 예정대로 진행하기 위해 공동 중앙은행을 출범키로 했으나 어느 나라에 본부를 둘 것인지는 아직 결정되지 않았다. 아무튼, GCC 국가들은 지난 11월 공동 중앙은행 발족에 합의하였다. 공동 중앙은행 초안은 "공동 중앙은행이 설립되면 기존의 통화위원회를 대체할 것"이며 "공동 중앙은행이 법적 독립성을 분명히 보장받을 것"임을 강조하고 있다(연합뉴스: 2008/11/26).

공동 중앙은행이 창설돼도 GCC 회원국 중앙은행이 자국 금융시스템을 감시하는 기능은 유지한다는 방침이어서 이해충돌의 여지를 남겨놓고 있다. 2006년 11월 오만은 "다른 걸프 국가와 경제력의 차가 현저하다."라며 이에 참여하지 않겠다고 선언한 데 이어, 2007년 5월 쿠웨이트가 인플레이션 문제로 달러 페그제를 포기했기 때문에 중앙은행 창설에 실제로 참여할지는 의문이다. GCC 회원국들간 통화단일화가 어떤 형태로 실현될지는 모르지만, 통화단일화가 이루어지고, GCC 공동중앙은행이 창설된다면, 이는 아랍-중동 금융의 발전에 큰 도움이 되리라 본다.

WSJ은 "바레인과 쿠웨이트, 오만, 카타르, 사우디아라비아, UAE 등 GCC 6개국이 막대한 오일머니를 기반으로 신 성장 동력의 기반이 될 '금융허브'로의 변신을 모색하고 있다"고 전한다. 이들 6개국이 2007년 석유판매를 통해 벌어들인 수익은 무려 4,000억 달러(약 411조 원)에 이른다. 씨티그룹은 투자은행의 양대 본부 가운데 하나를 두바이로 이전하려는 움직임을 보이고 있다. GCC 국가들은 자국내 금융거래 규모가 크지 않은 점에도 아랑곳하지 않고 새로운 금융센터 건설에 큰 관심을 갖고 있다(WSJ, 08/06/20).

특히 사우디아라비아는 국제 금융중심지를 염두에 두고 이 분야 투자유치에 노력을 기울이고 있다.[126] 사우디는 2020년까지 130만

---

126) 사우디는 GCC 지역 내에서 가장 큰 증권거래소를 리야드에 보유하고 있다. 이 거래소 거래종목의 시가총액은 5천억 달러로, 걸프 지역 전체 증시의 시가총액인 1조1천500억 달러 절반에 육박한다.

명을 신규 고용할 수 있는 6곳의 신경제도시를 건설하고 있다. 이 가운데 한 곳인 '압둘라 국왕 경제도시'는 홍해 연안을 따라, 홍콩의 두 배에 이르는 총 면적 170㎢ 위에 건설되고 있다. 두바이와 카타르 역시 사우디와의 경쟁에 뛰어 들고 있다. 카타르는 LSE 모회사 지분의 30% 인수에 관심을 표명하는 등 노력을 통해 자국 내 증권거래소 설립에 박차를 가하고 있다. 하지만 거래의 투명성이 확보되지 않은 상황은 아직도 이 지역 금융산업 발전에 큰 걸림돌이 된다.

한편, 고유가로 호황기를 맞고 있는 걸프지역 산유국들의 기업공개(IPO)[127]도 활기를 띠고 있다. UAE 두바이 국영 항만 운영업체인 DP월드는 주식시장 상장을 위해 지분 23%를 공개 매각해 중동 IPO 사상 최대 규모인 50억 달러에 가까운 거금을 모았다. 세계 4위의 항만 운영업체로 전세계 22개국에서 40여 개의 항만을 운영 중인 DP월드가 IPO를 단행하자 두바이 시내의 은행엔 청약서가 동이 날 정도로 투자자가 쇄도하여, DP월드 공모금액의 15배가 넘는 1,000억 달러 가까운 주식청약 대금이 몰렸다. 미국발 비우량 주택담보대출, 즉 서브프라임 모기지의 신용경색 국면에서도 걸프지역 증시는 다른 지역과는 달리 크게 요동치지 않고 평상 시장을 유지한 것도 중동 산유국들의 기업공개에 따른 투명성에 힘입은 바 크다. 고유가로 인한 막대한 오일달러의 증대와 기업, 특히 금융기관의 투명성 제고는 향후 아랍금융의 발전을 가능케 하는 요인이라 볼 수 있다. 하지만 아직도 이 지역에서 금융의 하부구조 발달과 인적자원 개발은 금융산업 발전에 큰 장애요인으로 작용한다.

---

127) 걸프지역의 기업공개를 주도하는 나라는 사우디아라비아와 UAE로 지난 10년간 이 지역 IPO의 70%를 차지했다. 2007년 9월까지 사우디가 올해 IPO로 37억 달러, UAE는 16억 달러, 카타르가 3억8천900만 달러를 각각 확보했다. 2006년 GCC 국가의 IPO 규모는 108억 달러에 이르며, 2010년까지 100여건의 IPO가 더 진행될 계획이다.

2. 걸프산유국의 오일머니 현황

GCC 국가가 2002-2006년도 벌어들인 외화는 15조 달러였으며, 이 가운데 주로 원유수출로 벌어들인 약 5,400억 달러는 저축되었다. 그 가운데 4,600억 달러는 해외에 투자되었으며, 약 800억 달러는 국내에 투자되었다. 국제금융기관(Institute of International Finance: IIF)에 따르면, 총 16억 달러가 GCC의 해외자산에 축적되었다고 한다. 오일달러가 국제시장에서 다시 환류되어 1970년대 이후 처음으로 은행에 투자를 위해 돌아왔다는 사실은 놀라운 일이 아니다. 이와 관련하여 GCC 아랍금융은 오일달러를 기반으로 국내에 투자기능을 마련함은 물론 직간접적인 수단을 동원하여 해외투자에도 적극적으로 임하게 되었다(AME Info, 17/06/2007).

[그림 6-1]에서 보듯이, 중동의 오일머니는 2000년을 기준으로 증가하고 있으며, 특히 2002년 이후 급상승하고 있다.

[그림 6-1] 재투자를 위한 중동의 오일머니

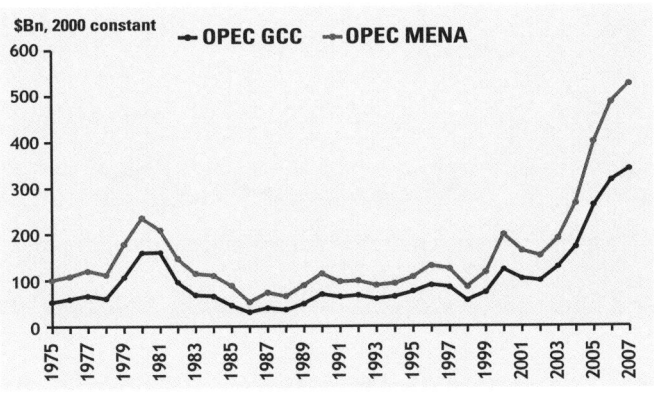

*출처: Lehman Brothers. April 7, 2008.

[그림 6-2]와 〈표 6-3〉은 각각 걸프 OPEC의 연도별 순 석유수입 (石油收入) 추이와 GOPEC의 순 석유수입 추이를 보여준다. 제2차 석유위기시인 1979년 유가상승으로 석유수입이 증가하였던 OPEC 은 그 이후 1980-1990년대 저유가 시대를 거쳐 2000년 이후 다시 고유가시대로 돌입한다. 특히 미국의 9·11 테러사태는 유가에 영향을 주었고, 2003년 미국의 이라크 침공 이후 유가는 급상승하여 2008년 후반기에는 배럴당 150달러 수준까지 치솟았다. 미국의 서브 모기지론으로부터 파생한 전세계적 금융위기는 다시 유가를 급락시켜 40달러 수준으로 끌어내렸다.

[그림 6-2] OPEC의 연도별 순 석유수입 추이

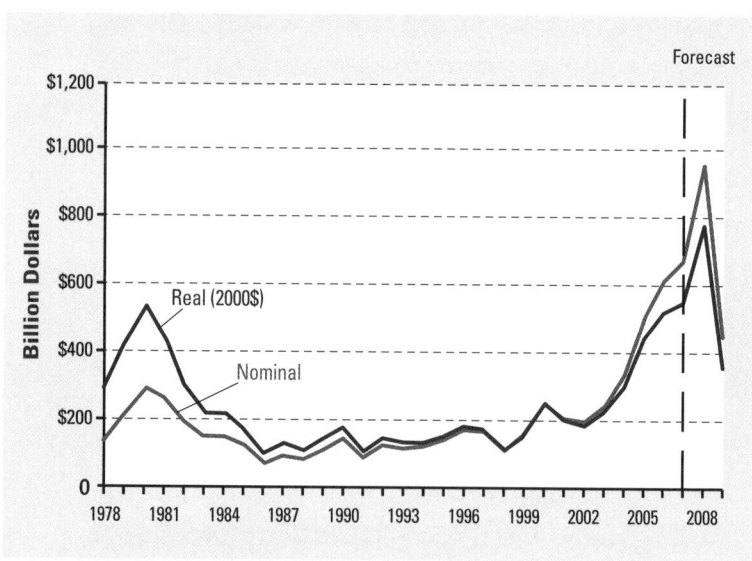

＊주: 1994년 이전 통계에는 앙골라와 에쿠아도르 미포함.
＊출처: EIA: Short Term Energy Outlook 2008.

아무튼, 고유가의 영향은 산유국들에 막대한 오일머니 축적의 기회를 주었고, 이러한 오일달러는 현재 세계금융시장에서 막강한 힘을 행사하고 있다. 그 힘은 이슬람 금융과 국부펀드의 자본력으로부터 나오고 있다. 여기서 주목해야 할 지역 또한 마그레브 지역이다. 〈표 6-3〉에서 알 수 있듯이, 2000년 이후, 특히 2002년 이후 중동 산유국들의 석유수입은 꾸준히 증가하고 있다. 알제리와 리비아도 역시 고유가 덕택으로 막대한 오일머니를 축적하고 있으며, 비록 금융기관이 발달하지 못해 국제금융 분야에는 진출하지 못하고 있지만, 국내개발이나 해외투자에는 가속도를 내고 있다.

〈표 6-3〉 GOPEC의 국가별 순 석유수입 추이(단위: 10억 달러)

국 명		1979	1980	1985	1990	1991	1995	2000	2001	2002	2003	2004	2005	2006	2007
걸프 산유국	UAE	13.9	20.3	9.9	15.1	14.2	12.8	21.5	18.1	17.8	22.7	29.7	44.2	57.5	63
	사우디	69.1	113.3	23.4	43.3	45.6	47	76.3	62.4	57.8	76.9	103.6	156.9	182.8	194.3
	이라크	25.2	27.7	11.2	10.1	0.5	0.7	21.1	15.4	12.7	8.7	18.4	23.8	31.8	37.5
	이란	21.1	13	14.2	16.6	15	15.5	24.3	21	18.5	23.4	32.3	48	54.2	57.1
	카타르	4	5.9	2.8	3.2	2.6	2.9	8.1	7	6.9	8.5	12.5	19.5	24.4	25.8
	쿠웨이트	18.5	18.6	8.6	6.6	0.8	11.8	18.3	15	15	19.1	26.3	40.4	50.6	54.9
마그레브	리비아	16.7	22	9.7	10.6	9.7	8.2	13.2	10.9	10.3	12.8	17.8	27.9	35.6	40.6
	알제리	9.4	13.2	9.3	8.6	7.7	7.6	13.4	12.1	12.3	17.4	24.2	36.7	44.6	50.4

*주: 마그레브 지역의 리비아와 알제리는 GOPEC과 비교를 위해 작성한 것임.
*출처: EIA, Short Term Energy Outlook 2008.

한편, 2008-09년 동안 걸프산유국, 특히 GCC 국가들의 석유수입은 6,000억 달러에 이를 것으로 전망된다. 6,000억 달러 석유수입과 함께 GCC 국가들의 총 정부지출은 2008년 3,000억 달러에 이를 것이며, 반면 예정된 민간부문 프로젝트와 현재 진행중인 프로젝트의 가치는 약 1조 달러에 이르는 것으로 알려진다. 2008년 GCC 국가들의 명목 GDP 또한 1조 달러에서 1조 1,000억 달러에 이를 것으로 예상한다(Bahrain Tribune, 31/07/2008).

계속 치솟기만 하던 국제유가가 2008년 하반기 국제적인 금융위기의 여파로 하락세를 면치 못하고 있지만 또다시 언제, 얼마만큼 다시 상승할지에 대한 여부는 매우 예측하기 힘들다. 특히 국제유가는 중동정세와 밀접한 연관을 갖고 있기에 더욱 그렇다. 2008년 말 이스라엘과 하마스간 충돌이 어떻게 진행되는가와 이라크의 안정화가 어떻게 이루어지느냐에 따라 유동적인 반응 가능성이 잠재돼 있다. 중요한 사실은 세계적인 원유수요는 계속 증가세를 보인다는 사실이며([그림 6-3] 참조), 세계적인 예측기관들이 내놓는 자료들 또한 잠재적인 상승 가능성을 제시하고 있다는 것이다.

[그림 6-3] 중동 산유국 원유수요 추이

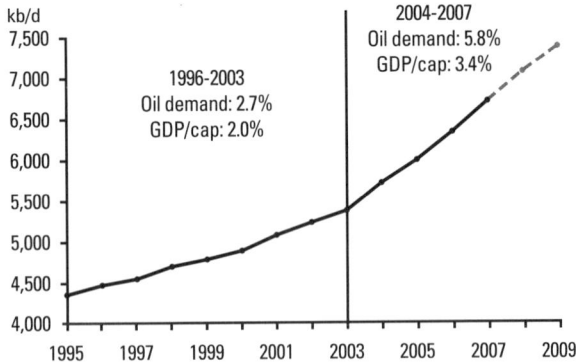

*출처: Lehman Brothers. April 7, 2008.

EIA는 2009년 배럴당 60달러의 저점을 기준으로 2010년 이후부터 다시 상승할 것이라는 전망을 내놓고 있다. [그림 6-4]에 따르면, 국제유가는 2010년을 기준으로 배럴당 최저 50달러 수준에서 최대 200달러 수준으로, 넓은 오차범위 내에서 각기 다른 주장들을 제시하고 있다. EIA의 전망에 의하면, 배럴당 120-130달러 수준의 유가 예측이 온건한 전망치로 보인다. 하지만 최저수준의 경우를 보더라도, 이같은 수치는 이라크전쟁 당시보다 높은 수치이다. 걸프산유국들의 오일머니가 이미 2002년 이후 증가한 사실과 이미 국부펀드를 통해 전세계적으로 많은 부동산과 해외자산을 확보해 놓은 점을 감안하면 오일달러의 위력은 국제 금융시장과 현물시장에서 앞으로도 상당한 위력을 미칠 것으로 기대된다.

[그림 6-4] 국제유가 추이 및 전망

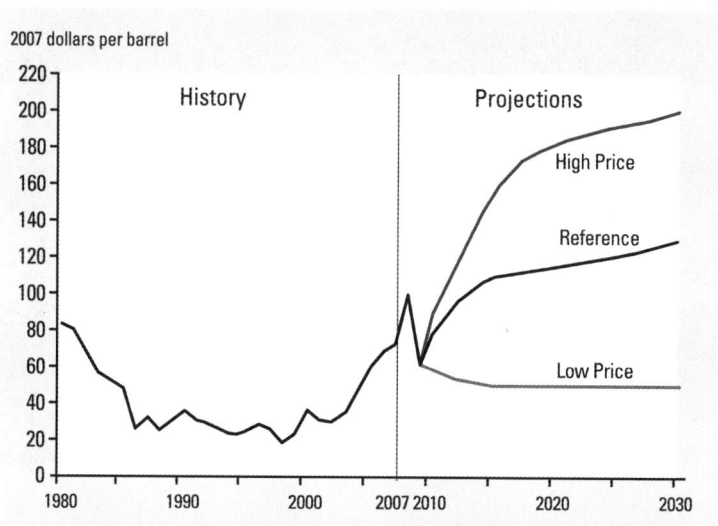

*출처: EIA, Annual Energy Outlook 2009 Reference Case Presentation, December 17, 2008.

3. 걸프산유국의 오일머니 활용과 투자

21세기 들어오면서 오일머니의 위력은 다시 힘을 과시하게 되었고, 특히 2008년 미국에서 시작된 유동성 부족으로 인한 국제 금융 위기는 다시금 중동 산유국에 눈을 돌리게 하는 계기를 만들어 주었다. 오일머니는 이제 단순한 돈에 국한되지 않는 것 같다. 이제 중동의 석유는 단순한 자원 차원을 넘어 국제적인 자본(資本) 혹은 금융(金融)으로 탈바꿈하였다. 자원에서 금융으로 탈바꿈한 중동의 석유는 다시금 개발이나 투자에 눈을 돌리며 새로운 미래를 건설하고 있다. 지금까지 중동 산유국들은 자원이 고갈될 다음 세대를 차분히 준비해 왔고, 국부펀드 같은 금융기구를 통해 충분한 자본축적(資本蓄積)을 마련하였다. 다시 말하면, 중동 산유부국들은 이같은 오일머니의 축적을 통해 "재정수입 증대 → 투자·저축 증대 → 소비?재정지출 증대 → 고용·신규산업 창출 → 민간 소득·국가 재정수입·증대", 즉 '눈덩이 효과(snowball effect)'를 통한 미래형 '부(富)의 선순환(virtuous circle of wealth)' 경제구조를 만들고 있다.

고유가는 대외자산과 재정잉여를 확대시켰지만, 소비지출의 증가는 이 지역의 수입증대를 추가적으로 유발시켰다. 재화 및 서비스의 수입은 2002-07년 기간 동안 평균 4,000억 달러에 달해, 2001-02년 연평균 수준의 2배 이상 증대되었다. 아울러 2008-13년 이 지역의 수입은 전세계 수입물량의 거의 5%에 달하는 연간 1조 달러 이상, 누적적으로는 6조7,000억 달러가 될 것으로 전망된다(IMF, 2008, 29). [그림 6-5]에 따르면, 2008년 이후 경상수지 흑자는 계속 감소하여 2004년 정도의 수준을 유지할 것으로 보인다.

[그림 6-5] 중동 산유국의 GDP 대비 경상수지 흑자규모 및 수입비중

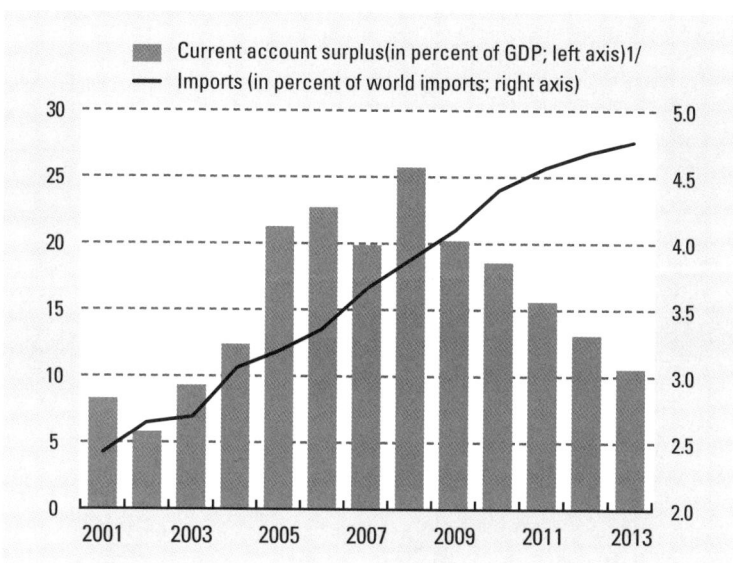

*출처: IMF. Regional Economic Outlook. Oct. 2008.

쿠웨이트국립은행(NBK) 리포트에 따르면, GCC 국가들은 현재 예상외로 증가한 오일달러를 국내경제에 대규모로 투자하여 다른 분야에서 강력한 성장 동기를 마련하고 있다고 한다. 정부에 의한 국내지출은 2007년 기준으로 4년전에 비해 평균 14% 증가하였다. 인프라와 프로젝트에 정부지출 증대와 함께, 자본투자는 이같은 성장에 중요한 변수가 돼 왔다.

GCC 지역에서 프로젝트 발주는 이 가운데 절반이상이 2003년 이후에 시작하여 붐을 이루고 있다. GCC 전체로 볼 때, 2,000억 달러 이상 가치를 갖는 이유가 있었으며 600개의 정부지원 프로젝트가 2003년 이후 시작되었다. 정부부처, 지방자치단체 및 기타 국영석

유회사와 같은 정부소유 기관으로부터 대부분 투자가 이루어지는 반면, BOT(Build-Operate-Transfer) 방식의 프로젝트, 즉 독자적인 수자원 및 발전 프로젝트 또는 조인트벤처와 같은 민관 제휴관계의 다소 혼란스러운 프로젝트들도 있다(Al Bawaba, 2007). 오일머니는 [그림 6-6]과 같은 경로를 통해 지출·투자된다.

[그림 6-6] 오일머니의 지출·투자 경로

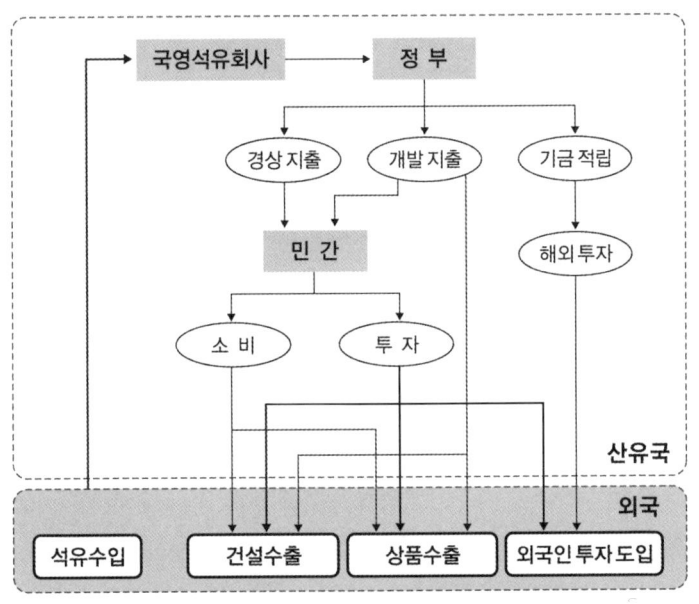

＊출처: KIET, 「산업경제」, 2006.

GCC의 인구성장률은 세계에서 가장 높은 연평균 3.4% 정도이다. 급속한 경제성장은 강력한 노동자 수요를 충족시키기 위해 이주 노동자의 대규모 유입을 유발하였으며, 이러한 요인 또한 출산율을 높이는 결과가 되고 있다. 특히 여성노동자들의 이주증가와 함께 급격한 인구증가는 과거 10년 동안 경제활동인구를 2배로 증가시켰다. 2006년말 15세-60세 이주 노동자인구는 전체 인구의 64%를 차지하는 2,300만 명에 달했으며, 이 가운데 1,260만 명이 고용되었다.

GCC 경제는 2006년 2,200억 달러의 총 지출을 기록하면서 과거 4년동안 평균 10%의 소비지출을 증가시켰다. GCC는 2000-06년 사이에 연평균 180억 달러의 총 민간소비 증가가 이뤄졌다. 1990년대 평균 4,000 달러이던 1인당 민간소비도 6,000 달러로 증가하면서 급격한 상승세를 보였다. 이같은 성장은 이 지역의 특성이 고려된 것이며 정부지출의 지출증대에 힘입은 바 크다. 소비자 대출 및 주식시장에서 발생한 부(富) 또한 소비지출에 긍정적 영향을 주었다 (Al Bawaba, 2007). 주목해야 할 점은 미국과 EU에 대한 수출입은 계속 감소하는 데 반해, 아시아에 대한 수출입은 계속 증대하고 있다는 사실이다(〈표 6-4〉 참조). 이러한 사실은 중국의 성장, 동남아 신흥국가들의 높은 경제성장률 및 아시아 지역의 에너지 수요에 기인한 바 크다.

〈표 6-4〉 GCC 국가들의 지역별 교역현황 (단위: %)

수·출입	1981	2001	2006
수출(to)	100.0	100.0	100.0
미국	10.5	11.2	8.8
EU	35.4	10.2	10.1
아시아(일본 포함)	37.3	56.4	57.8
GCC	1.3	1.9	4.8
수입(from)	100.0	100.0	100.0
미국	17.8	12.5	11.4
EU	35.2	32.5	31.9
아시아(일본 포함)	29.1	29.9	34.8
GCC	7.8	8.9	7.9

*출처: IMF, 2008.

걸프산유국들은 급격한 인구증가와 함께 1980년대 같은 유가붕괴를 대비하기 위해 다변화 정책을 추구하고 있다. 일정 규모의 실업률을 유지하기 위해 중동국가들은 향후 15년에 걸쳐 8,000만 개의 일자리를 창출해야 한다. 2003년 670억 달러이던 대내투자가 민간 및 공공부문에 연간 2,000억 달러가 투입되고 있다. 이러한 자금은 〈오일달러〉 → 〈규제철폐〉 → 〈에너지 접근〉이라는 틀에서 '석유화학', '금속·발전' 및 '항공운송' 등의 세 가지 분야에 집중적으로 투자되고 있다.

〈표 6-5〉 오일머니의 활용방법과 투자분야

분야\활용	오일머니 + 규제 철폐 + 에너지 접근
석유화학	- 사우디 1,000억 달러 투자 - 사우디의 세계시장 점유율을 현재 4%에서 2010년까지 12%까지 증가시킨다는 계획 - 중국의 에너지 비용은 38%인데 비해, 사우디는 단지 7% 정도
금속·발전소[128]	- UAE 세계 최대 알루미늄 제련소 건설 - 중국의 금속의 생산능력 저하는 석유 및 가스 발전으로 대체될 전망
항공운송	- 카타르 2015년까지 55억 달러 투자로 승객 5,000만 명 유치예정 - 두바이 800억 달러 투자로 승객 1억2천만 명 유치 예정 - 항공화물 운송능력 현재 FedEx 보다 3배로 증대시킬 예정

아울러 많은 규제철폐와 특혜 관세대우는 상업, 부동산 투자 및 금융 서비스 산업에 커다란 매력을 제공하고 있다. 현재 의욕적으로 추진되고 있는 신도시 계획은 아래와 같다(Lehman Brothers, 2008).

---

[128] 걸프 뉴스(Gulf News)에 따르면, GCC의 발전부문은 향후 10년 동안 350억 달러이상의 투자를 요하며, 이들 6개국은 2015년까지 500억 달러를 투자하여 60,000 메가와트까지 발전능력을 증대시킬 전망이다.

- 사우디아라비아 6개 경제도시 건설
- 2020년까지 1,500억 달러를 추가하여 현재 GDP의 40% 수준으로 달성
- 건설비용 800억 달러를 들여 철강, 알루미늄, 비료 및 석유화학 공업단지 조성
  - 킹 압둘라 경제도시(King Abdullah Economic City)
- 100만개의 일자리 창출과 200만호 주택 건설
- 경제도시내에 2,500개의 민간기업 육성
- 항구 및 철도 관련 6,500 MW 전력수요
- 260k 아파트, 56k 빌라 및 11k 호텔 룸 건설 예정
  - 지잔 경제도시(Jizan Economic City)
- 정유, 철강, 구리 및 알루미늄 산업에 초점
- 12만개의 일자리 창출
  - 아부 다비 2030
- 1,800억 달러에 달하는 부동산 프로젝트, 이 가운데 40%는 정부에 의해 계획된 것임.

막대한 지출에도 불구하고, GCC 국가들은 2002년 이후 증가한 석유수입중 2/3 정도는 저축하여 관리한다. 과거 1970년대와 비교하면 재정정책은 상당히 신중하게 이뤄지고 있다. GDP 대비 정부지출은 당시 30% 수준에서 변하지 않고 있다. 이같은 사실은 쿠웨이트, 사우디, UAE 및 카타르 GCC 4개국에 있어서 항상 GDP의 10%를 초과하는 지속적인 대규모 재정의 잉여축적을 가능케 해주고 있다. 반면 원유생산이 감소하는 오만과 바레인에서 재정 잉여는 보다 완만한 상태이다.

유가상승과 정부지출 증대는 상거래 부문에 의미 있는 영향을 주고 있다. 과거의 오일 붐 시기와는 다르게 민간부문 투자를 수반하고 있다. 2003년 이후 이라크의 시장개방과 GCC 국가들의 민영화는 긍정적 요인으로 작용한다. 민간투자는 특히 UAE와 카타르에서 강세를 보이고 있다. 2003년 이후 민간부문은 약 500개의 프로젝트에 1,200억 달러를 투자하였으며, 파이프라인에는 최소한 3배 이상을 투자하였다.

금융서비스, 운송 및 보관업, 통신, 건설 및 제조업 부문은 민간투자로부터 커다란 이익을 내면서 2003년 이후 2배의 성장을 기록하였다(Al Bawaba, 2007). 투자확신은 이 지역에서 활동영역을 확대하기 위한 GCC 회사들간의 치열한 경쟁을 유도하였다. 주도적인 회사들은 역내에 기반을 확대하였으며, 일부 회사들은 매입이나 조직의 성장을 통해서 다른 지역으로 업무영역을 확대하였다.[129]

금융 인프라에 대한 정부의 대규모 투자와 이 지역의 매력적인 투자기회는 GCC에서 새로운 금융센터 발전을 도와주고 있다. 바레인은 1970년대초 최초로 오프쇼어 금융중심지를 설립함으로써 GCC 국가들의 금융발전에 주도적 역할을 해왔다. 2004년 두바이 국제금융센터(DIFC) 설립과 2005년 카타르금융센터(QIC) 설립은 지역금융 허브의 출현을 가져왔다(〈표 6-6〉 참조).

GCC 금융센터는 국가간 중복분야를 어느 정도 감소시키면서 서로 다른 목표로 조업한다. 특히 DIFC의 전략은 역내외 지역에 대한 자본흐름의 창구 역할을 한다. QFC는 GCC 금융센터의 운영에서

---

129) 2006년 총480억 달러 이상의 시장가치를 가진 39개의 대형 무역회사들은 GCC 역외시장 투자계획을 발표하였다. 대략 1/3 정도는 GCC에서 기회를 찾고 있는 반면, 나머지 회사들은 중동 아프리카와 아시아에서 투자기회를 찾고 있다.

차별을 유도하며 카타르 경제의 다양화 및 개발의 필수적 부분으로 설립되었다.

또한, GCC 금융센터의 성장은 이 지역에서 경제활동의 급격한 증대와 추가적인 중재 필요성에 의해 각광받게 되었다.[130] 핵심적인 관리자와 숙련된 노동력을 유입한 금융센터는 역내외는 물론 국제 금융시장에서 건전한 경쟁 환경을 만드는데 기여할 것이다. 현대적인 국제금융센터로서 그들의 미래는 확고한 투명성, 지속적인 기술혁신 및 인간자본, 비즈니스 환경 및 시장접근의 발전에 의존할 것이다(IMF, 2008: 19).

〈표 6-6〉 GCC 금융센터 현황

	바레인중앙은행	두바이국제금융센터(DIFC)	카타르금융센터
설립연도	1973	2004	2005
감독기관	Central Bank of Bahrain	Dubai Financial Services Authority	Qatar Financial Center Regulatory Authority
활동 허용범위	도소매은행업무, 이슬람금융, 투자, 은행업, 보험 및 재보험 업무	도매은행업무, 이슬람금융, 투자업무, 자본시장 서비스업, 재보험 업무	도매은행업무, 이슬람금융, 투자은행업무, 보험 및 재보험 업무
허용 통화	제한 없음	UAE 디르함의 예치불가	제한없음
부지	바레인 전지역	법이 허용한 지역	카타르 전지역
고용제한	Bahrainization 적용	Emiritization 비적용	Qatarization 비적용
소유권	100% 외국인 소유허용	100% 외국인 소유허용	100% 외국인 소유허용
세금 부과	은행에 대해서는 법인세 없음	50년 면세	2008년 5월 1일부터 이윤에 대해 10% 세금부과 재보험에 대해서는 면세

*출처: IMF, 2008.

---

130) GCC의 GDP는 2003년 이후 두배 이상 성장했으며 2008년 1조 달러에 달하며, 이 자금은 향후 5년에 걸쳐 GCC 국가에 투자될 전망이다.

4. 국부펀드(Sovereign Wealth Fund)의 특성과 규모

1) 국부펀드의 기원과 개념

(1) 국부펀드의 기원

대부분의 국부 펀드는 외환보유고에서 유래했다. 원래 '외환보유고'는 금으로만 구성되어 있었다. 그러나 브레튼우즈 체제하에서 미국은 달러를 금(金)에 고정시켰고 태환을 허용했다. 나중에 미국은 이를 포기했지만 달러는 불환 지폐로서는 안정적이었기 때문에 일반적인 준비통화로 남게 되었다. 1990년대 초반과 2000년대 들어오면서, 중앙은행은 여러 국가의 통화로 된 막대한 자산을 보유하게 되었다. 그 규모가 커지면서 국채 채권 및 주식시장의 규모보다 커지기 시작했다. 각국 정부는 특수한 목적을 위해 비전통적인 자산에 투자하는 기관을 설립하기 시작했다. [그림 6-7]과 같이, 국부펀드는 1990년 이후 급속히 증가하고 있으며 가까운 시일에 자산규모가 20-30조 달러에 이를 것으로 추정되고 있다.

[그림 6-7] 1990년 이후 국부펀드의 신장 추세

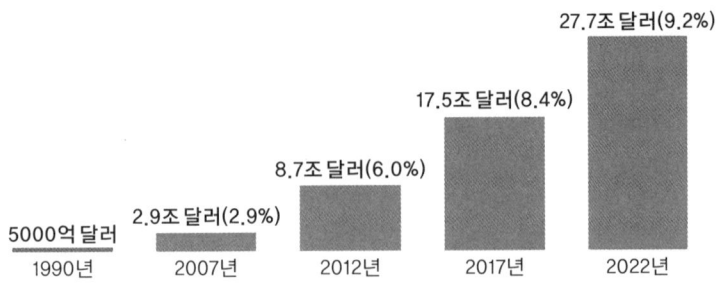

*출처: 좋은뉴스, "국부펀드(Sovereign Wealth Fund-SWFs)의 개념", 2008/09/20.

국부펀드라는 용어가 보편적으로 사용된 것은 2005년경이다. 여러 나라가 국부 펀드를 설립하면서 '국부펀드' 라는 용어 사용이 확산되었다. 국부펀드는 21세기 초 혹은 1990년대에 만들어졌지만 수십 년 전에 만들어진 것도 있다. 최초로 등록된 국부펀드 중 하나는 키리바티 자산 균등화 기금인데, 1956년에 길버트 제도의 영국 식민정부가 인산염의 수출에 세금을 거둬 만들었다. 현재 키리바티 자산균등화기금의 규모는 5억 2,000만 달러에 달한다.

일반적으로 국부펀드는 정부가 예산흑자를 내고 외채는 적거나 없을 때 만들어진다. 많은 유동자산을 현금으로 보유하거나 즉시 사용할 수 있도록 저축하는 것은 불가능하며 바람직한 것도 아니다. 특히 어떤 정부가 정부 수입(收入)을 다이아몬드, 구리, 석유 같은 천연자원 수출에 의존 할 때 수입의 변동성을 낮추거나, 경기 변동에 대응하거나, 또는 후세에 돈을 남겨놓으려 할 때 국부펀드가 설립될 수 있다. 이러한 목적으로 설립된 국부펀드는 1967년 '국립보험계획기금' 으로 출발한 '노르웨이 정부연기금' [131]이 있다.

또한 전략적 목적이나 국가경제를 위해 국부펀드를 만드는 경우도 있다. 쿠웨이트 투자청은 걸프전 기간 동안 외화준비금 이상의 자금을 운용했다. 그러나 오늘날 대부분의 중앙은행은 같은 일을 한다. 부분적으로 싱가포르 투자청은 싱가포르를 국제적인 금융중심지로 만들기 위해서 설립되었으며, 한국투자공사도 이와 유사한 측면이 있다(위키백과).

---

[131] 이 기금은 2007년 6월에 유럽에서 가장 크고 세계에서 두 번째로 큰 기금으로, 그 가치는 1조 9390억 노르웨이 크로네에 달하는 것으로 평가됐다. 이는 미국에서 가장 큰 연금 기금인 캘퍼스(CalPERS: 캘리포니아 공무원 퇴직연금)와 비슷한 것이다.

(2) 국부펀드의 개념

국부펀드(SWF)는 정부자산을 운영하며 정부에 의해 직접적으로 소유되는 기관을 말한다. 국부펀드에 관해 통일되거나 일반적으로 용인된 개념은 없다. 하지만 국부펀드는 미재무성에 의해 규정된 것처럼, 외환보유에 의해 자금이 조달되었지만, 공적인 통화보유로부터 분리되어 경영되는 정부투자 기금이다.

전세계 GDP 대비 금융자산의 비중은 1980년 109%에서 2005년에 316%(140조 달러)로 증가하였다. 세계적인 저금리 기조가 지속되면서 펀드시장으로 자금 유입이 확대된 결과다. 펀드는 크게 공공펀드와 민간펀드로 나눌 수 있는데, 공공펀드에는 국부펀드와 공공연기금이 있으며, 민간펀드에는 민간연기금, 뮤추얼펀드, 헤지펀드, PEF(사모주식펀드) 등이 있다(김득갑, 2007). 헤지펀드보다 목표 수익률이 낮은 국부펀드가 금융시장에 유입됨으로써 금융시장의 안정화에 기여할 수 있다. 하지만 대부분의 국부펀드는 운용에 대한 세부사항을 잘 공개하지 않는다. 국부펀드의 투명성 문제는 앞으로 해결되어야 할 과제이다.

국부펀드 또한 주식, 채권, 재산과 다른 금융 상품으로 구성된다. 국부펀드에는 외환준비형과 오일자금형의 두 종류가 있다. 외환준비형은 무역흑자로 생기는 외화를 모아 자금원으로 하는 펀드다. 중국의 중국투자공사(CIC), 싱가포르정부투자공사(GIC), 그리고 홍콩의 홍콩금융관리국 등이 이에 해당한다. 오일자금형은 석유나 천연가스 또는 광산물 등 1차 산업의 판매수입을 자금원으로 한다. UAE의 아부다비투자청(ADIA), 러시아의 러시아국가안정화기금 등이 이에 해당한다(송창규 옮김, 미야자키 데츠야. 김종원, 2008, 1001-1001).

한편, IMF는 "국부펀드란 서로 다양한 성격이 있는 기업그룹이며,

다양한 목적에 자금이 제공될 수 있다"고 정의한다. SWF는 목적에 따라 ① 안정화 펀드, ② 후손을 위한 저축 펀드, ③ 예비투자 조합, ④ 개발 펀드 및 ⑤ 연금준비 펀드 등 5가지 형태로 구분 한다.[132]

따라서 국부펀드란 정부가 통화당국의 외환보유액과는 별도로 재정흑자 등의 외화 잉여자금을 재원으로 조성해 수익성 위주로 운용하는 투자기구를 말한다. 공적인 외환보유는 갑작스런 환율 변동 시 시장의 안정을 위한 시장개입과 대외결재자금 지급을 목적으로 대부분 해외의 안전한 채권 매입에 사용된다. 그러나 국부펀드는 장기적으로 높은 수익률을 기대하며 고수익 채권, 주식 및 부동산 등의 형태로 전세계의 투자자산에 투자한다. 따라서 국부펀드와 외환보유액은 전적으로 다른 개념이다(Lee Hudson Teslik, 2008, 1-4).

2) 국부펀드의 성장배경과 특성

민간 분석가들은 현재 국부펀드의 자산이 2조에서 3조 달러에 이르거나 혹은 그 보다 높은 것으로 추정한다. 이 규모는 향후 10년 이내에 13조 달러에 이를 것이며, 이는 약 6조 달러인 현재 전세계 외환보유고 보다 커질 것이라 한다. IMF는 2008년 3월 조사에서 국부펀드는 2013년까지 8-13조 달러로 증가할 것이라는 예측을 했다. 하지만 국부펀드의 관리 운영은 투명성이 확보되지 않아서 정확한 자산규모나 투자규모 및 예측치를 발표하지 않는 경향이 있다. 따

---

132) 당시 모건 스탠리의 국제문제 간사였던 로웨리(Clay Lowery)는 2007년 6월 21일 행한 SWFs에 관한 연설에서 국부펀드란, "외화자산에 의해 조성된 정부투자 기금이며, 이들 자산은 공식적인 보유와 관계없이 독립적으로 운영 된다"고 했다. 보다 자세한 국부펀드의 개념에 대해서는 Morgan Stanley, "The Definition of Sovereign Wealth Fund", October 25, 2007 및 Council on Foreign relations, "Sovereign Wealth Funds", January 18, 2008 참조.

라서 발표기관이나 분석가들 사이에 서로 다른 통계치를 제공하거나 동일한 자료가 계속 유포되는 경향이 있다.

국부펀드는 국가의 관리와 자산규모에 따라 투자자들의 중요한 투자기준이 되고 있다. [그림 6-8]에 나타난 바와 같이, 각각 20-30조 달러 상당의 뮤추얼펀드, 연금펀드, 보험회사 자산보다는 크게 적지만, 중국의 1.8조 달러를 포함하는 중앙은행의 외환보유액 6조 달러보다는 약간 적은 약 3조 달러의 자산을 소유하고 있다(FRB San Francisco, December 2008, 1-2).

[그림 6-8] 전세계 국부펀드 및 주요 투자기금(단위: 조 달러)

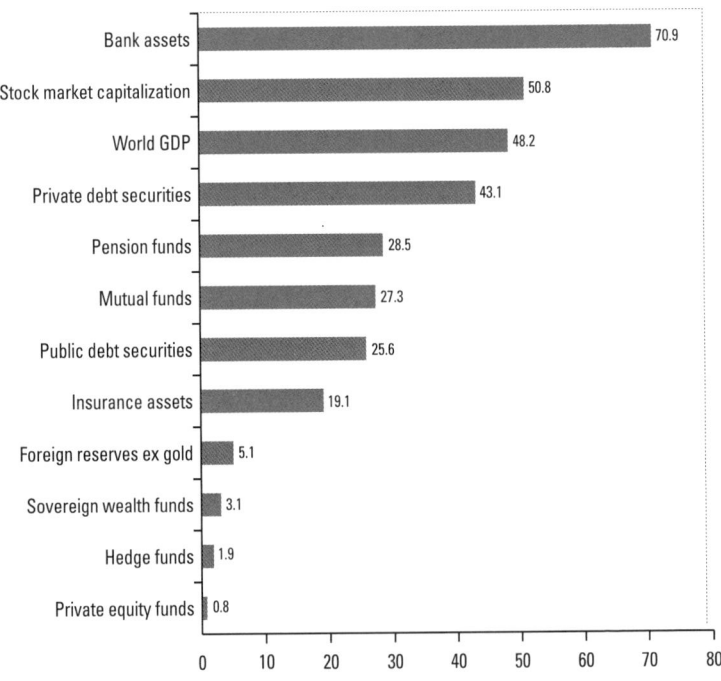

*출처: FRB, San Francisco, Working Paper, December 2008.

일반적으로 국부펀드는 외환자산의 공급원에 따라 두 가지로 분류된다. 첫째는 상품 국부펀드(commodity SWFs)이며, 이것은 정부에 의해 소유되거나 걸프국가들이나 노르웨이처럼 과세가 부과된 상품수출에 의해 조성된다. 이들은 재정수입의 안정화, 세대 간 저축 관리 및 국내 인플레이션에 대한 국제수지 효과의 차단을 포함하는 다양한 형태로 설립된다. 둘째는 비 상품 국부펀드(non-commodity SWFs)인데, 이는 중국이나 다른 아시아 국가들같이 전형적으로 공식적인 외환보유고로부터 자산 이전으로 자금이 조성된다. 현재 국부펀드의 총자산 2/3는 원유와 가스 수출 수입으로 조성된 기금이며, 나머지는 주로 아시아 잉여 수출국에 의해 통제되는 기금으로 구성돼 있다. 국부펀드의 성장은 지속적인 경상수지 흑자와 순 해외자산 축적의 결과이다.

국가에 의한 순 해외자산의 축적과 그 결과 국부펀드가 성장하는 이면에는 몇 가지 이유가 있다. 첫째는 최근 상품가격의 붐으로 상품수출국들의 국부펀드 보유를 증대시켰고, 공공부문은 상품수출이나 민간 수출업자에 의해 얻어진 수익에 무거운 세금을 부과한다. 과거 상품가격 상승은 인플레이션의 국내 경쟁력과 예상외의 소득을 국내지출에 활용함으로써 유도된 실질적인 대규모 물자 품귀현상이 경제적 역효과를 초래하였다. 그 예로 1973-1974년 급격한 유가 상승 시, 산유국들은 정부지출 확대를 유도했고, 1980년초 가격하락시 정부지출은 급격히 감소하였다. 그 결과 일부 국가들은 국부펀드에 저축함으로써 해결책을 찾았다.

이러한 예금들은 상품가격이 하락하고 세금수입이 감소할 때 금융의 안정화 장치로 이용된다. 다른 경우에 있어서 국부펀드는 상품가격이 폭등했을 때 가격을 안정시키기 위한 공공자산의 탈출구로서 그리고 국제적인 투자출구를 다양화하기 위한 메커니즘으로 봉사함으로써 미래세대의 소득을 보호하는 기능을 한다.

국부자산의 두 번째 성장요인은 누적되는 경상수지 흑자를 국제적인 기금에 대규모로 축적하기 위한 이머징마켓 국가들에 의한 노력이다. 특히 많은 아시아 국가들은 지금 권고량보다 많은 외환보유고를 갖고 있다. 이들 보유금을 잠재적으로 높은 수익을 산출하는 자산으로 변모시키기 위한 시도는 장기적으로 높은 수익을 기대하고 지속적인 금융정책을 추구하기 위하여 위임관리를 하며, 그것을 중앙은행의 관리로부터 재무성이나 준 공공자산으로 이전한다. 최근 중국은 2008년 6월 1조 8,000억 달러의 외환보유액 가운데 투자비율이 매우 높은 2,000억 달러의 자산 가치로 중국투자공사(China Investment Corporation: CIC)를 설립했다.

정의(定義)에 따르면, 모든 경상수지의 전세계적 총계는 '0'이다. 그러므로 상품 수출국과 아시아 국가들의 경상수지 흑자증가는 다른 국가들, 1차적으로 최근의 미국과 같은 다른 국가들의 경상수지 적자를 반영한다. 이 견해에 따르면, 초과저축과 잉여국들에 의한 해외자산의 축적은 상대적으로 적자국들에 의한 초과수요와 해외자산의 채무발행이 된다. 그 결과 국제적인 부는 한 국가의 채무로부터 다른 국가들에 있어서는 채권으로 이전되며 국부소유 정부가 축적한 해외자산의 관리를 지속할 때 국부펀드의 성장은 강화된다.

국부펀드는 통화당국이 소유하는 공식적인 해외보유 자산과는 근본적으로 다르다. 유동성과 안전문제는 단기투자와 낮은 위험부담을 필요로 하게 된다. 중앙은행은 일반적으로 그들의 외환보유고를 안전하게 보수적인 방법으로 투자하며 국제수지를 충족시키기 위해 시장에 접근한다. 이와는 대조적으로 국부펀드는 전형적으로 장기 정부채권, 투자증권, 법인채권, 주식, 상품, 파생상품 및 해외 직접투자를 포함하는 광범위한 자산형성에 투자함으로써 높은 수익을 얻고 외환자산을 다양화하기 위한 방법을 모색한다.

국부펀드는 일반적으로 높은 차입자본의 효과에 개입돼 있는 헤지펀드와 사모펀드와는 대조적으로 차입자본을 이용하지 않는다. 국부펀드는 또한 뮤추얼펀드나 보험펀드와 같은 대규모 기관적인 민간투자와도 다르다. 비록 그들이 자산을 보유하고는 있지만, 일반적으로 국부펀드는 주주나 보험계약자에게 지불해야할 특별한 채무가 없다. 동시에 국부펀드는 정부연기금(Sovereign Pension Funds: SPFs)과도 다르다. 국가소유의 연기금은 노동자 연금과 같이 명백한 채무를 갖고 있다. 이러한 이유로 국부펀드는 전형적으로 투자와 경영에 관한 투명성 인센티브가 적다. 그러나 국부펀드의 투자가 민간 금융시장에서 더 많은 자산을 투자하는 한, 민간 기관투자자들이 요구하는 수준까지 운영에서의 투명성 제고를 해야 할 것이다(위의 책, 3-5).

이와 관련하여 국부펀드의 'International Working Group(IWG)'은 2008년 10월 국부펀드의 경영, 관리 및 책임을 위한 SWF의 '일반원칙 및 실행(Generally Accepted Principles and Practices)', 일명 GAPP를 발표하였다. 국부펀드에 대한 장벽을 채택하려는 움직임이 강화되고 있는 시점에 부응하기 위하여, 26개 국부펀드 국가들은 GAPP 초안 작성에 IMF, World Bank, OECD와 제휴하기 위하여 함께 회합을 가졌다. GAPP는 24개 자발적 원칙을 천거[133]하였으며,

---

133) GAPP의 목적은 크게 세 가지 - 자산투자, 법적 조치 및 안정적 금융시장의 유지 - 로 나눠진다. 자세한 내용은 Daniella Markheim, "Sovereign Wealth Funds face scrutiny", Insights: Economics, Friday, December 19, 2008. 참조.

만일 채택이 된다면, 투자자의 확신을 증진시킴으로써 채무국들은 그들의 펀드를 보다 효과적으로 관리할 것이다. 비록 현재의 금융위기가 국부펀드의 인기를 증대시키긴 했지만, 그래도 다른 근원으로부터 자금을 얻을 수 있어서 다행이며, GAPP의 임무수행은 과거 적대적인 투자환경으로부터 수익을 보장하는 데 큰 도움이 되어야 할 것이다.

국부펀드의 성장은 국제금융시장 안정과 이 자금을 수혜 받는 국가들의 국가적 이익을 위한 의미를 내포하고 있다. 최근 발표된 GAPP의 원칙은 국부펀드가 효과적으로 운영되고 강력한 투자결정을 유도하며 보다 투명성 있는 자금이 되도록 보장해야 할 것이다 (Daniella Markheim, 2008).

3) 국부펀드의 규모와 현황

미 재무부는 현재 40여 개의 국부펀드가 2조 - 3조 달러를 운용하며, 2007년에만 씨티그룹과 메릴린치 등 월가에 약 590억 달러를 투자한 것으로 밝혔으며, 4-5년 후에는 그 규모가 10조 달러로 확대될 것으로 전망하고 있다. 국부펀드의 미·유럽 투자에 대한 우려가 확산되는 가운데 아부다비투자공사(ADIA)는 2008년 3월 12일 미국을 비롯한 G7 재무장관과 IMF, 세계은행 및 유럽집행위원회에 "국부펀드를 정치적 목적으로 사용하지 않겠다."라는 공개서한을 보냈다. 하지만 해외투자 유치가 필요한 미국으로서는 3월 20일 UAE와 싱가포르 정부와 SWF의 대미투자에 대한 9개항의 상호협정을 체결하였다. 〈표 6-7〉은 2008년도 국가별 국부펀드 현황을 요약한 것으로 펀드명, 설립연도, 자산규모를 나타내주고 있다.

〈표 6-7〉 2008년도 전세계 국부펀드 현황

순위	국 명	펀드명	설립연도	총자산 (10억달러)	재 원
1	UAE	Abu Dhabi Investment Authority and other	1976	817	원유
2	싱가포르	GIC, Temase	1981	375	비자원
3	노르웨이	Government Pension Fund-Global	1990	375	원유
4	사우디아라비아	Saudi Arabian Monetary Agency	1952	270	원유
5	쿠웨이트	Kuwait Investment Authority	1953	213	원유
6	중국	China Investment Corporation	2007	201	비자원
7	러시아	Reserve Fund, National Welfare Fund	2008	202	원유
8	홍콩	Exchange Fund Investment Portfolio	1993	139	비자원
9	카타르	Qatar Investment Authority	2005	60	가스
10	리비아	Libyan Investment Authority	2006	50	원유
11	알제리	Revenue Regulation Fun	2000	47	원유·가스
12	브루네이	Darussalam Brunei Investment Agency	1983	35	원유
13	한국	Korea Investment Corporation	2005	30	비자원
14	카자흐스탄	National Fund for the Republic of Kazakhstan	2000	23	원유·가스
15	베네수엘라	National Development Fund, Macro Stabilization Fund	2005	22	원유
16	말레이시아	Khazanah Nasionald	1993	18	비자원
17	나이제리아	Excess Crude Account	2003	17	원유
18	칠레	Economic and Social Stabilization Fund	2006	15	동(銅)
19	오만	State General Reserve Fund	1980	13	원유·가스
29	이란	Oil Stabilization Fund	2000	10	원유
21	보츠와나	Pula Fund	1993	7	다이아몬드
22	멕시코	Oil Income Stabilization Fund	2000	5	원유
23	아제르바이잔	State Oil Fund of the Republic of Azerbaijan	1999	2	원유
24	Timor_Leste	Petroleum Fun	2005	2	자원
25	트리니다드 & 토바고	Heritage and Stabilization Fund	2007	2	자원
26	키리바티	Revenue Equalization Reserve Fund	1956	1	자원
27	가봉	Fund for Future Generation	1998	0.4	원유
28	수단	Oil Revenue Stabilization Account	2002	0.1	원유
29	São Tomé & Princpe	National Oil Account	2004	0.02	자원
	총 계			2,909	

*출처: FRB, San Francisco, Working Paper, December 2008 및 EIU, Morgan Stanly and Deutsche Bank에서 작성.

이 표는 1국에 2개 이상의 펀드가 있는 경우 합산했으며, 설립연도는 자산규모가 큰 펀드의 설립연도를 기준으로 하였다. 또한, 호주의 미래펀드, 캐나다 연금펀드 같은 연금펀드(SPFs)는 제외하였다. 미국의 'Alaska Permanent Fund'와 'Alberta Heritage Savings Trust' 같은 비(非)국부펀드는 역시 제외하였다. 단 자산규모 순위에서 중국이 러시아에 앞서는 현상은 FRB의 통계 작성상 방법론에 따른 문제로 생각된다. 이 표가 암시하고 있는 중요한 사실은 여태까지 우리에게 알려진 국부펀드의 추계방법이나 자산투자 성향 분석에 새로운 방향을 제시하고 있다는 점이다. 대부분 연기금이나 비 국부펀드를 국부펀드에 포함시킴으로써 순수한 국부펀드 분석에 어려운 점이 많다.

아무튼, [그림 6-9]은 국부펀드 자산보유가 총자산의 3/4을 차지하는 6대 펀드에 집중돼 있음을 보여주며 그 이하의 펀드는 자산규모가 급격히 하락하는 것을 나타낸다. 1976년 설립된 아부다비 투자청(ADIA)과 다른 펀드를 포함하여 UAE는 8,000억 달러 이상의 자산가치를 소유하고 있다. 과거 노르웨이 석유펀드라 불렸던, 1990년 설립된 노르웨이의 'Government Pension Fund-Global'은 현재 3,500억 달러 이상의 자산을 보유하고 있다.

아시아에서는 싱가포르의 두 개 정부 투자펀드 – GIC와 Temask – 자산규모는 3,000억 달러를 넘고 있다. 중앙은행에 의해 주로 관리되는 사우디아라비아의 오일 잉여자금은 보유액을 합치면 거의 3,000억 달러 에 육박한다. 쿠웨이트와 중국 자산규모는 각각 2,000억 정도이다. 〈표 6-7〉에서처럼, 이같은 대규모 펀드는 중국의 경우를 제외하고는 1990년 혹은 그 이전에 설립된 오랜 역사를 갖고 있다.

[그림 6-9] 국가별 국부펀드 자산규모(단위: 10억 달러)

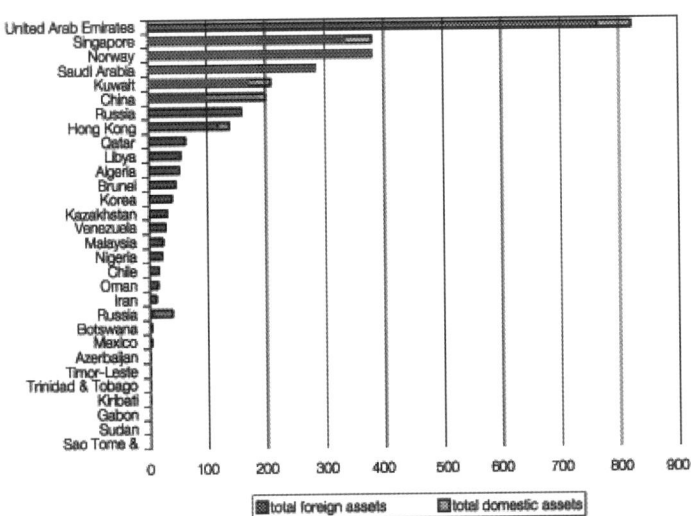

*출처: FRB, San Francisco, Working Paper, December 2008.

최근 연구결과에 따르면, 시간이 흐름에 따라 공공부문 중 해외 자산의 많은 부분이 공적자금으로부터 국부펀드로 이전될 것이라는 전망이다. 국부펀드의 형성이 국제적인 외환보유를 위해 다양한 형태로 축적할 것이라는 궁극적인 영향은 보다 많은 데이터와 그것을 해결할 시간을 요하게 된다. 2008년도 국제적 금융위기는 국제적인 외환보유뿐만 아니라 정책 유용성에 따른 보험 서비스의 중요성을 깨닫게 해주고 있다.

최근 세계적인 상품가격 및 주식의 수익감소는 상대적으로 국부펀드의 의존을 감축시켜 왔으며, 세계적 성장의 재개는 국부펀드의 매력을 회복할 수도 있다. 그러나 '장기 조정기(great moderation)'가 실제로 끝나고 금융시장에서 가격변동이 높게 유지된다면, 금융당국은 갑작스런 사태에 예상비용을 최소화하기 위한 수단으로 보다 많은 외환보유를 확보하려 할 것이다. 관리 조치의 경우, 국부펀드 관련국들은 선진국보다 매우 낮은 수준을 유지하고 있기는 하지만, 개도국 보다는 몇몇의 경우를 제외하고는 비교적 높은 수준을 유지하고 있다. 다시 말하면, 국부펀드 관계국들, 특히 원유수출국에 있어서 자금운영은 비민주적 방법으로 관리된다는 특성이 있다.

국부펀드는 비교적 비민주적으로 관리되는 원유수출국의 경우를 제외하고 국가적 관리기준에 따라 운용되는 경향이 있다. 특히 원유수출국에서 기존에 설립된 국부펀드는 비교적 투명하지 못한데 비해, 최근 설립된 국부펀드는 보다 투명하게 관리된다. 따라서 한 나라의 정치적 체계를 변화시키기 보다는 투명성 수준을 제고하는 것이 금융시장에서 요구되는 사항이다. 또한, 비민주적인 국가에 존재하는 다수의 국부펀드는 선진국의 연금펀드와는 다르게 운영되고 있다. 명백히 양자 간에는 그들이 추구하는 투자에 있어서 관리수준에 큰 차이가 있다(FRB San Francisco, 10/2008, 25-27).

5. 걸프산유국 국부펀드의 성장과 활용

1) 걸프 산유국 국부펀드의 성장

2003년 이후 석유수출국들은 이라크전쟁으로 인한 뜻밖의 불로소득을 얻고 있다. 2003년 배럴당 평균 27.69 달러이던 유가가 2006년 79 달러로 큰 폭으로 상승함으로써 이 한정됐다 1,300억 달러의 GDP 증가가 이루어졌다. 이러한 석유수입은 6개 GCC 국가들 － UAE, 바레인, 사우디, 오만, 카타르, 쿠웨이트 － 의 거대한 유동성을 창출하였고, 대규모 해외투자를 위한 전대미문의 기회를 만들어 주었다. 동시에 오일 붐은 GCC 국가들의 GDP 대비 국가채무 비율을 감소시키는 역할을 했다. 2004년 정부부채는 GDP의 44.4%를 차지했지만, 2007년말 GDP의 16%로 감소하였다. 동시에 외환보유고는 2004년 574억 달러에서 거의 1,000억 달러에 육박하게 되었다. 단지 3년 사이에 GCC 국가들의 1인당 소득도 2004년 1만 4,251달러에서 두배에 가까운 2만 2,222달러로 증대되었다. 국가별로 보면 차이는 보다 극명하게 나타난다.

IMF에 따르면, 카타르의 1인당 GDP는 7만 달러로 룩셈부르크와 노르웨이 다음으로 세계 3위의 고소득 국가가 되었으며, UAE의 1인당 GDP는 4만 2,000달러로 증가했다. 이 지역에서 소비자 신용은 항상 높으며 소비지출 또한 쿠웨이트, 사우디, 카타르 및 UAE에서 치솟고 있다. GCC 국가들의 GDP 증가추이는 [그림 6-10]과 같다.

[그림 6-10] MENA 및 GCC 국가들의 소득변화 추이

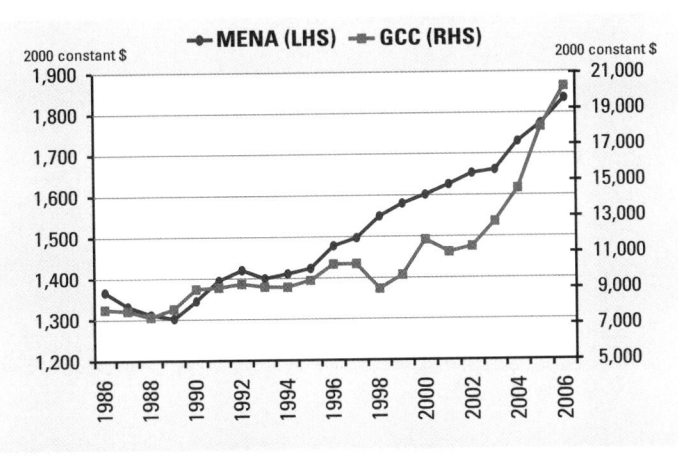

*출처: Lehman Brothers. April 7, 2008.

1950년대 노르웨이, 싱가포르 그리고 그 뒤를 이어 쿠웨이트가 외환변동으로부터 차단 고리를 찾기 시작한 이후 각 국가들은 외환 잉여금으로 자산을 매입하는 방법으로 국부펀드를 활용해 왔다. 중앙은행은 국가가 국제채무가 없고 커다란 경상수지 흑자가 있을 때 국부펀드를 단지 통화안정을 위한 완충장치로 활용하였다. 오늘날 이 방법은 매우 보편화되었다.

2007년 3월 UAE와 사우디아라비아는 세계에서 첫 번째와 세 번째, 쿠웨이트는 여섯 번째로 국부펀드 소유국이 되었다. 유가가 상승함에 따라 걸프산유국의 국부펀드, 즉 쿠웨이트, 카타르 및 UAE의 투자를 선호하게 되었다. 그러나 서방국가들은 핵심 산업과 회사를 장악할지도 모른다는 우려와 함께 이 지역의 안정성 문제를 제기하고 있다. 중동지역의 국부펀드 현황은 〈표 6-8〉과 같다.

〈표 6-8〉 중동지역의 국부펀드 현황(단위: 달러)

국 명		펀드명	설립 연도	총자산
GCC	UAE	Abu Dhabi Investment Authority	1976	8,170억
		Dubai World	2003	80억
		Dubai Holdings	2004	120억
	사우디	Saudi Arabian Monetary Agency	1952	2,700억
	쿠웨이트	Kuwait Investment Authority	1953	2,130억
	카타르	Qatar Investment Authority	2005	600억
	바레인	Bahrain Mumtalakat Holding Company	2006	140억
	오만	State General Reserve Fund	1980	130억
비GCC	리비아	Libyan Investment Authority	2006	500억
	알제리	Revenue Regulation Fund	2000	470억
	수단	Oil Revenue Stabilization Account	2002	1억
비 아랍	이란	Oil Stabilization Fund	2000	100억

*출처: FRB, San Francisco, Working Paper, December 2008과 Sovereign Wealth Fund Institute, 2008의 바레인의 자료.

2008년 석유수출국 경상수지 흑자는 2007년보다 74%인 2,280억 달러 증가한 GDP의 25%에 해당하는 5,400억 달러에 이를 전망이다. 유가는 2007년보다 평균 50% 높게 산정되었기에 오일달러 증가분은 2008년도의 추가적인 원유수출 수령액의 추가저축을 의미한다.

중동지역의 공적인 적립금 총액은 과거 5년 전에 비해 거의 5배 증가하였으며, 2008년 말에는 전년도 2,600억 달러보다 높은 1조 1,000억 달러를 초과할 전망이다. 적립금이 모든 국가군에서 증가하였지만, 석유수출국들의 현상은 보다 현격하다. 석유수출국들의 적립금은 2008년 말까지 1조 달러에 이를 전망이다. 대부분 저소득 국가나 이머징마켓 국가들의 자본유입은 경상수지를 상쇄하고 약간의 적립금을 축적케 해줄 전망이다. 일부의 석유수출국들에 있어서 석유수입의 일정부분은 아부다비투자청(ADIA)과 카타르투자청(QIA)같은 특별한 목적이 있는 국부펀드에 의해 관리돼 왔으며, 이는 공적인 적립금에 포함되지 않는다(〈표 6-9〉 참조).

〈표 6-9〉 GCC 국가들의 공적 해외자산(단위: 백만달러)

국 명	외화보유액		BIS은행 예탁금		중앙은행	
	2002	2006	2002	2006(3월)	2002	2006
UAE	15,219	23,428(4월)	51,546	61,576	15,318	23,427(4월)
바레인	1,726	1,940	na	na	1,737	2,129(4월)
사우디아라비아	20,610	24,040(6월)	51,203	82,855	41,989	190,970(7월)
오만	3,173	4,924(5월)	5,317	10,231	3,174	4,925(5월)
카타르	1,567	4,966(4월)	4,966	12,548	1,573	4,978(4월)
쿠웨이트	9,208	10,372(6월)	22,020	34,543	9,042	10,280(6월)

* 주: 바레인 외환보유액 2006은 2005년 12월 기준임.
* 출처: The Middle East, December 2006.

국부펀드는 장기투자전략을 갖고 있으며 중앙은행의 전형적인 수익보다 그들의 포트폴리오에서 보다 높은 수익을 창출하는 데 투자의 초점을 맞추고 있다. 이렇듯 막대한 기금을 바탕으로 형성된 중동의 국부펀드는 2008년 전세계적인 금융위기를 계기로 국제금융시장에서 총아로 각광받기 시작했다.

모건 스탠리(Morgan Stanley)는 8,750억 달러의 자산을 보유한 아부다비투자청(ADIA)을 세계 최대의 국부펀드로 인정한다. 사우디 펀드는 몇 개의 펀드를 합해서 3,000억 달러의 자산가치를 갖고 있다. 쿠웨이트 투자청은 두 개의 펀드가 있는데, - 1960년 설립된 'General Reserve'와 1976년 설립된 'Future Generation Fund' - 이들의 공동 소유 자산은 2,130억 달러이다.

Delta Two로 알려진 투자수단을 통해 조업하는 카타르 투자청은 2006년 말 기준 400억 달러의 자산을 소유하고 있다. 이러한 상황은 세계적인 평가기관들에 의해 평가가 양호한 것으로 나타나 해외자 유치에 있어 더 큰 매력을 끌고 있다. 스탠다드 앤 푸어스와 무디스에 의한 GCC 국가들의 외화 장기부채 안정성 평가는 〈표 6-10〉과 같다.

〈표 6-10〉 GCC 국가들의 국부펀드 평가

국 명	Standard & Poors	Moody's
바레인	A/stable	A3
쿠웨이트	A+/stable	Aa3
오만	BBB+/stable	A3
카타르	A+/stable	Aa3
사우디아라비아	A+/stable	A2
UAE	평가되지 않음	Aa3

UAE, 사우디, 쿠웨이트 및 카타르의 펀드를 합치면 전세계 국부펀드 총자산 2조 5,000억 달러의 절반 이상이 된다. 사우디의 경제지 'Al-Iqtisadiya'에 따르면, 걸프 국부펀드에 의해 관리되는 자산은 국부펀드를 가진 국가들의 중앙은행 총자산의 1/5과 맞먹는다고 한다. 장차 석유수입과 자본증가의 결과로 인하여 2015년 전세계 국부펀드는 12조에 달할 것이라고 한다.

도이치뱅크는 GCC 소유 순 해외자산의 가치가 2004년 4,725억 달러에서 1조 달러까지, 4년 후에는 거의 3배로 증가할 것으로 추계하고 있다. 모건 스탠리는 대략 24개의 불투명한 국부펀드가 전체 헤지펀드보다 더 큰 규모인 2조 3,000억 달러를 관리한다고 평가한다.

2015년까지 걸프산유국의 국부펀드는 5-6조 달러로 증대될 것이며, 만일 중국, 러시아 및 한국의 국부펀드가 고려된다면, 전세계 총 국부펀드 가치는 현재 미국 GDP 수준과 맞먹는 12조 달러에 달할 것으로 전망한다(Middle East Quarterly, 2008: 45-53).

2) 걸프산유국 국부펀드의 활용

중동의 오일머니는 국제금융시장에서 명실 공히 페트로달러(petrodollar)로서 기축통화인 달러와 함께 국제자본의 역할을 하고 있다. 중동 산유국들은 1970년대 '오일 붐' 시대에 이미 자원고갈시 미래를 대비해왔고, 그 자금이 축적되어 이슬람 금융의 발전과 막대한 국부펀드(SWF)의 축적을 가져왔다.

국부펀드는 자본주의적 개념에서 보면 국민연기금 같은 종류이기는 하지만, 그 특성은 전혀 다르다. 국가의 재정잉여금을 미래를 위해 투자한 '이슬람적 사고'가 가져다 준 좋은 결과이다. 그렇기에 투자나 지출에 있어서도 엄격히 '이슬람적 규범'에 따른다. 단지 국가가 경영을 위탁받아 관리한다는 차원에서 국부펀드라고 불리지만 엄격한 의미에서 '수익기대 보다는 미래의 안정성을 담보하기 위한 기금'이다. 해외투자의 경우에도 철저하게 그들의 미래준비를 위한 분야에 쓰이는 게 중동 국부펀드의 활용이다. 따라서 중동의 국부펀드는 국내 경제개발에 최우선 목표를 두고 대내외적인 개발투자와 국제적인 금융시장에 자본투자를 하는 경향이 있다.

국부펀드는 우선 '장기적 투자전략'을 갖고 있다는 특성이 있다. 중동 산유국의 투자관심은 1970년대 고유가시대부터 지금까지 줄곧 '부동산과 금융' 분야였다. 이러한 아랍-이슬람적 고정관념은 '장기적 수익'에 우선적인 정책목표를 두게 만든다. 중앙은행의 일반적인 수익보다는 자신들의 포트폴리오에서 보다 높은 수익을 올리는데 초점을 맞춘다. 중동의 국부펀드는 통화당국이 소유하는 공식적인 해외 보유자산과는 근본적으로 다르다. 따라서 중동의 국부펀드는 전형적으로 장기 정부채권, 투자증권, 법인채권, 주식, 상품, 파생상품 및 해외직접투자를 포함하는 광범위한 자산형성에 투자함으로써 높은 수익을 얻고 외환자산을 다양화하려는 전략을 갖고 있다.

국부펀드의 투자대상은 크게 나누어, 부동산, 채권, 주식 및 비공개 기업투자(private equity) 등 네 분야에 집중되며, 펀드의 사용 및 목적에 따라 서로 다른 분야에 투자하는 것이 중동 국부펀드의 전략이다. 2007년부터 시작된 미국의 금융위기는 중동의 국부펀드를 국제 금융시장에서 해결의 열쇠로 생각하게 되었고, 아시아 신흥국가들에 있어서는 매력 있는 투자유치의 대상이 되었다. 이제 중동

의 국부펀드는 투자대상과 국가를 전세계적으로 넓히면서 상품도 다양화 하고 있다.[134]

[그림 6-11] GCC 국가들의 국부펀드 포트폴리오 현황

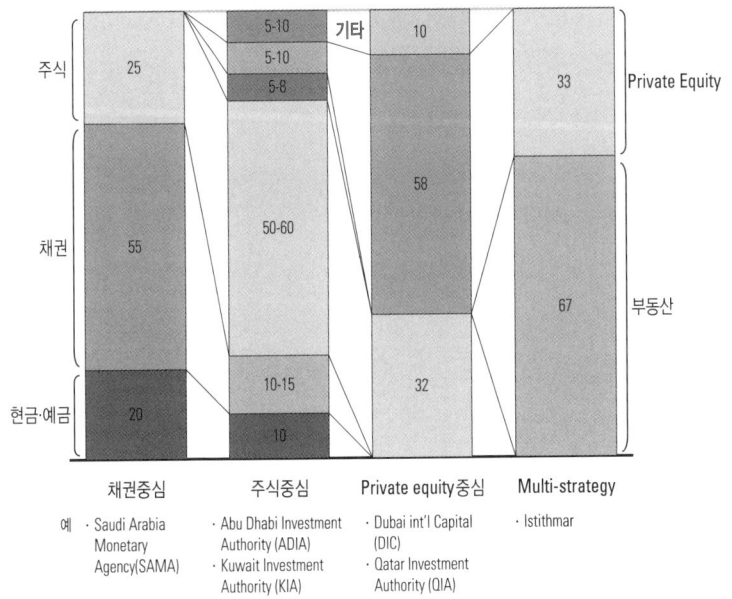

* 출처: 한국수출입은행, 2008, 「해외지역정보」

자본투자 못지않게 중요한 것이 개발투자인데, 중동의 국부펀드는 '부동산 개발'에 큰 관심을 보이면서 '자원 관련 산업'에 대규모 투자를 함으로써 미래를 대비하는 경향이 있다. 중동 국부펀드는 석유화학, 금속 및 발전소, 항공운송 분야에 집중적인 투자를 함

---
134) 중동의 국부펀드는 시티그룹과 나스닥 지분인수는 물론 카알라일 그룹의 지분인수, 백화점 인수, 일본의 소니 및 정유회사 지분인수 등 각 산업에 전방위적으로 투자하고 있다.

은 물론 에너지 자원개발, 특히 유전이나 가스전 개발에도 많은 자본을 투자하고 있다. 수자원 개발이나 미래 에너지 산업인 원자력, 태양열, 풍력 발전에도 대규모 투자계획을 마련해 놓고 있다. 이 밖에도 소득수준 향상으로 민간 소비제품의 질적 향상이 이루어져 고급 소비제품, 자동차, 관광 및 레저, 건강관련 식품 및 병원 신축과 같은 분야에도 꾸준한 투자 성장세를 보이고 있다.

하지만 국부펀드는 정부 연기금과 다르기 때문에 국가 소유의 연기금 같이 채무가 없다. 이러한 이유로 국부펀드는 전형적으로 투자와 경영에 관한 투명성 인센티브가 적다. 대부분의 국부펀드는 운용에 대한 세부사항을 잘 공개하지 않을 뿐만 아니라 자금운영도 비 민주적 방법으로 관리되는 특성이 있다.

더욱이 국부펀드의 관리 운영은 '투명성'이 확보되지 않아서 정확한 자산규모나 투자규모 및 예측치를 잘 발표하지 않는다. 따라서 발표기관이나 분석가들마다 서로 다른 통계치를 제공하거나 동일한 자료가 계속 유포되는 경향이 있다. 국부펀드 투명성 문제는 선결되어야 할 과제중 하나이다. 서방국가들은 투명성 문제를 들어 "국가기밀은 물론 핵심 산업과 특정 회사를 장악할지도 모른다."라는 우려 표명과 함께 안정성에 문제를 제기하고 있다.

이와 관련하여 국부펀드의 IWG은 2008년 10월 국부펀드의 경영, 관리 및 책임을 위한 SWF의 GAPP, 즉 '일반원칙 및 실행'을 발표하여 선진국 투자에 투명성 확보를 약속하고 있다. 자금이 필요한 미국과 유럽국가들로서는 어쩔 수 없이 조심스럽게 문호를 개방[135]하며 중동산유국의 국부펀드를 받아들이고 있다.

---

135) 미 재무부에 따르면, 국부펀드는 2007년 한 해 동안 씨티그룹과 메릴린치 등 월가에 약 590억 달러를 투자한 것으로 밝히고 있다.

6. 이슬람 금융에 대한 한국의 접근

막대한 오일머니를 소유한 GCC 국가들이 2002-06년도 벌어들인 외화는 15조억 달러였으며, 이 가운데 주로 원유수출로 벌어들인 약 5,400억 달러는 저축되었다. 그 가운데 4,600억 달러는 해외에 투자되었으며, 약 800억 달러는 국내에 투자되었다. 2008-09년 동안 걸프산유국, 특히 GCC 국가들의 석유수입은 6,000억 달러에 이를 것으로 전망된다. 이와 같은 막대한 오일머니를 국내에 유치하기 위해 한국정부도 이슬람 금융제도를 일부 받아들이는 방안을 적극 검토하고 있다.[136] 금융위 관계자는 "이슬람 금융방식은 국내법과 상충하는 부분이 많고 실물자산거래에 따른 과세와 회계처리 문제도 생긴다"며 "이를 종합적으로 검토해 어느 수준까지 허용할지의 지원 방안을 만들 계획"이라고 말했다(한국일보, 08/06/03). 또한, H투자증권이 국내 금융기관으론 처음으로 2008년내에 이슬람 채권, 수쿠크를 발행한다고 밝힘(한국일보, 08/07/26)으로써 이슬람 금융의 국내유치에 앞장섰었다. 하지만 아직 가시적인 성과가 나오지는 못하고 있는 게 현실이다.

이슬람 금융을 유치하기 위해서는 우선 이슬람 경제에 대한 이해가 필요하다. 이슬람 경제는 자본주의 경제와도 다르고 사회주의경제와는 더 더욱 다른 '제3의 경제체제'라 할 수 있다. 샤리아에 의해 규제되는 종교공동체의 경제이기는 하지만, 막대한 석유자원과 약 15억의 인구가 형성하는 경제권은 우리의 큰 관심사가 아닐 수

---

136) 금융감독원은 2009년 1월 13-14일 이틀간 서울에서 이슬람 금융서비스위원회(IFSB)와 공동으로 이슬람 금융 세미나를 개최한 바 있다.

없다. 이제 그들은 자신들의 경제학, 즉 이슬람 경제학에서 새로운 경제모형을 만들고 있으며, 그 실천적 단계로 이슬람 은행(interest-free bank)을 출범시켜 큰 성공을 거두고 있다. 1998년 아시아의 금융위기는 말레이시아를 선두로 새로운 상품을 개발하는 계기가 되었고, 2008년 전세계 금융위기는 이에 덧붙여 오일머니로 무장한 중동의 국부펀드(SWF)는 전세계의 이목을 집중시키고 있다.

1970년대 석유위기 이후 한국이 중동의 오일머니 유입에 많은 관심을 갖고 있었음에도 커다란 성과를 올리지 못하는 배경도 이슬람 경제에 대한 이해부족에 기인한다. 물론 정치, 외교적 노력이나 민간차원의 노력이 있긴 했지만, 실물부문에서는 장애요인을 극복하지 못한 점이 이유인 것 같다.

예를 들면 "세금과 이자가 없다는 자유원칙"이 있는가 하면, 그 이면에는 "봉사료, 수수료, 중개료 등과 같은 이중과세 형식의 세금"도 존재한다. 특히 에이전트 제도가 발달한 아랍산유국의 경우, 서구제도에는 없는 추가비용이 발생하는 경우가 있다. 이러한 장애요인을 극복하기 위해서는 우선 그들을 알아야 한다. 이 경우에도 문화적 접근이 상당수 이뤄지긴 했지만, 문화적 접근이 경제적 협력으로 이뤄지는 경우는 매우 드물었다. 원만한 경제협력을 달성하기 위해서는 그들을 올바로 알아야한다. 그저 술과 돼지고기를 안 먹고, 금요일 기도를 하고 등등의 외형적인 문화인식으로 접근하는 것은 큰 오류를 범할 수 있다.

중동 오일머니의 활용방안은 ① 이슬람 금융 및 국부펀드의 국내투자 유치, ② 한국기업의 중동진출 등 두 가지로 요약할 수 있다. 국내 금융시장의 여건조성으로 중동의 오일머니가 원활히 유입된다면, 국내 금융산업의 발전은 물론 개발투자에도 적극 활용되어 우리의 경제발전에도 큰 도움이 될 것이다. 반대로 오일머니를 활용하기 위해 산유국의 대형 플랜트에 적극 참여하는 방안도 국내유치 이상의 효과를 누릴 수 있다. 이같은 활용방안이 성과를 거두려면 이슬람이 강조하는 '참여 및 제휴의 협력' 관계가 형성되어야 한다.
[그림 6-12]에서처럼, 한-중동 경제협력의 토대는 '참여·제휴의 협력관계'를 기본으로 전개되어야 한다.

[그림 6-12] 한-중동 '참여·제휴' 협력관계

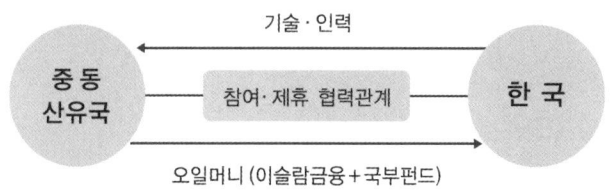

석유자원 및 오일머니의 활용은 국내에서 하고 산유국 경제개발에 한국이 적극 참여하여 경제협력의 효과를 높여야 한다. 양자 모두는 인간관계가 바탕이 되어야 하며, 여기서 가장 중요한 역할을 할 수 있는 변수는 한국의 '우수한 인간자원' 이다. 이 경우 〈고품질·고가격〉은 큰 효과를 발휘할 수 있다. 고품질·고가격의 인력자원을 양성하여 '찾아가는 접근'은 한-중동 간 교역에서 만성적인 무역적자 해소뿐만 아니라 오일머니의 유치와 활용에도 큰 도움이 될 것이다.
아울러 금융인재의 양성·발굴을 통해 산유국 정부의 금융 분야

에 적극 진출함은 물론 기업도 투명성제고와 기업공개(IPO)로 IR(Investor Relation)을 강화하여 산유국 자체의 투자자들이 찾아오게 만드는 노력해야 한다.

중동금융의 투자유치를 위한 선결조건은 '중동통상 전문가의 양성'이다. 중동지역 경제실정에 능통하고 숙련된 회계사, 법률가, 경제학자, 외환전문가, 재정 및 기업분석가 등과 같은 국가별·분야별 전문가를 양성해야 한다. 앞에서 살펴보았듯이, 샤리아의 해석은 매우 다양하며, 이슬람 은행의 운영방식 또한 국가나 은행마다 다른 다른 측면이 있다. 예를 들면, '샤리아 어드바이저'의 양성은 필수적 과제이며, 전문가 양성에는 '로펌회사'가 앞장서야 한다. 중동에는 샤리아의 해석뿐만 아니라 계약단계에서 마무리단계까지 법률적으로 해결해야 할 것이 많다. 아랍-이슬람의 충분한 지식과 경험을 축적한 통상전문가가 양성될 때 한국의 대 중동진출은 보다 큰 효과를 얻을 수 있을 것이다.

참고문헌

제1장

대한무역투자진흥공사, 2007, "주요 7개국 FTA 추진전략 비교", *Global Business Report* 07-048, 서울: 대한무역투자진흥공사.
대한무역투자진흥공사, 2008, 두바이 무역관, 서울: 대한무역투자진흥공사.
무함마드 깐수, 1992, 「신라・서역교류사」, 서울: 단국대학교출판부.
정수일, 2003, 「씰크로드학」, 서울: 창작과 비평사.
한국수출입은행, 「해외경제정보」, 2007년 11월, 서울: 한국수출입은행.
한국이슬람교중앙회, 2009, 「이슬람은?」, 서울: 한국이슬람교중앙회.
한국이슬람교중앙회, 2009, 「하나님의 속성은 무엇인가?」, 서울: 한국이슬람교중앙회.
홍성민, 1989, "GCC와 우리나라의 경제협력확대방안", 「GCC 지역경제의 통합운동과 전망에 관한 연구」, 1989, 서울: 중동문제연구소, 한국외국어대학교.
홍성민, 1990a, "페르시아만 사태가 한국경제에 미치는 영향", 「한국중동학회논총」, 제12호, 서울: 한국중동학회.

홍성민, 1991.「중동 경제론」. 서울: 명지출판사.

홍성민. 1991a, "터어키의 경제",「국가연구: 터어키」, 서울: 한국외대 중동문제연구소.

홍성민, 1996, "국제석유시장과 걸프 OPEC의 석유정책",「한국중동학회논총」, 서울: 한국중동학회.

홍성민, 1997, "중동평화질서와 경제협력".「중동연구」, 제16권 제1호, 서울: 한국외대 중동연구소.

홍성민, 2003, "이라크 전쟁 이후 중동경제질서 전망",「주간석유뉴스」, 제1130호, 안양: 한국석유공사.

홍성민, 2004, "이라크는 어디로 … ",「석유협회보」, 5-6월호, 서울: 대한석유협회.

홍성민, 2006, "이라크 안정과 미·중동자유무역지대 구상",「주간석유뉴스」, 제1267호, 안양: 한국석유공사.

홍성민, 2007, "중동, 뉴 실크로드를 꿈꾼다",「주간 석유뉴스」, 제1351호, 안양: 한국석유공사.

홍성민, 2007a, "이란 자본시장의 개방과 한국 기업의 진출",「아프로아랍연구」, 제9권, 서울: 아랍아프리카센터, 종합경제사회연구원.

홍성민, 2008, "이슬람 문명과 실크로드 무역",「아프로아랍 연구」, 제10권, 통권 13호, 서울: 아랍아프리카센터, 종합경제사회연구원.

홍성민, 2008a, "고유가 행진과 중동산유국의 오일머니",「주간 석유뉴스」, 제1389호, 안양: 한국석유공사.

BP, Statistical Review of World Energy, June 2008.

Central Asia Countries Reports. http://www.itaie.doc.gov/bisnis/country/~

CIA, World Fact Book. 2009.

Doran, Charles F, and Stephen W. Buck, 1991. The Gulf, Energy, and Global Security: Political and Economic Issues. Boulder: Lynne Rienner Publisher.

참고문헌

Dubai World, EUROSTAT.
ECO, http://www.ecosecretariat.org/
ECO, 1992-96 A Handbook
ECO, A Handbook 1992-96.
EIU, 1997, Country Report.
Encyclopedia Britannica, 1996.
European Commission External Relations, 2008, http://ec.europa.eu/external_relations.
Wood, Frances, 2002, The Silk Road: Two Thousand Years in the Heart of Asia. Berkely: University of California.
Gamble, Andrew and Payne, Anthony, 1996, Regionalism & World Order. London: Macmillan.
Huntington, Samuel P, 1996, Remaking of the World Order. New York: Simon & Schuster.
International Herald Tribune, January 18, 2007.
McCormick, B.J, 1988. The World Economy : Patterns of Growth and Change. Totowa: Barnes & Noble Books.
MEED, 2008.
Milner, Helen. 1992. "International Theories of Cooperation among Nations" World Politics. 44 Vol. No. 3. April.
"Ministry of Industry and Turkey". 1993. Turkey: Economic and Industrial Report. Turkey: Office of the Prime Minister.
OECD, http://www.oecd.org.
OIC, http://www.oic-oci.org.
Hong, Seong Min. 1996, "Economic Cooperation of Korea to the Middle East: Retrospect and Prospect." Korea and Middle East in Changing World Order. 〈The 2nd International Symposium on Korea

and Middle East in Changing World Order Institute of the Middle East, Hankuk University of Foreign Studies〉. Seoul, Korea, October.

Hong, Seong Min, 1997, "Korean Economy in the Global Context and its Relation with Turkey", The First International Conference on Cooperation of Korea-Turkey Marmara University, Istanbul May 12, 1997, Beyaz, Siyah. 11-13 Apr. 1997.

The Middle East, "Gulf Cooperation Council Goes or Growth", December 2006.

The Middle East, December 2006.

UN Information Services, http://www.undep.org/unlinks.html.

Wikipedia, 2009

Wilson, Rodney. 1994. "The Economic Relations of the Middle East: Toward Europe or within the Region?" Middle East Journal, Vol. 48, Spring.

WSJ. 9 Feb. 2004.

제2장

김성수, 1988, 「한국경제론」, 서울: 학문사.
김용선, 1983, 「성꾸란」, 서울: 박영사.
김윤환, 1988, 「경제정책론」, 서울: 박영사.
김정우 역, 1987, 「불교와 경제(Schumacher, E. F Small is Beautiful: Economics as if People Mattered)」, 서울 : 대원정사.
김정위, 1981, 「이슬람 문화사」, 서울: 문학예술사.
박 승, 1984, 「경제발전론」. 서울: 박영사.
박동섭, 1987, 「한국경제학」. 서울: 박영사.
산업경제연구원, 1985, 「월간 세계경제동향」, 3월호 및 7월호, 서울: 산업경제연구원.

서길수, 1982, "이자사상연구", 「산업경제연구」, 서울: 국제대학, 제1집.

심의섭, 홍성민, 1985, "이슬람의 무이자은행: 그 특성과 과제", 「한국중동학회논총」, 제6호, 서울: 한국중동학회.

심의섭, 홍성민, 1985, 「이슬람 경제학」, 서울: 마루.

심의섭, 홍성민, 1987, 「현대 이슬람 경제론」, 서울: 집문당.

위키백과.

조 순, 정운채, 1990, 「경제학원론」, 서울: 법문사.

조 순, 1989, 「경제학원론」, 서울: 법문사.

조지훈, 1978, 「한국문화사 서설」, 서울: 탐구당.

중동문제연구소, 「1984. 제3세계와 중동정치·경제」, 서울: 박영사.

최영길, 1980, 「이슬람에서 거래와 관습 및 형벌」, 서울: 어학사.

최영길, 1985, 「이슬람의 생활관습」, 서울: 명지대학교출판부.

홍성민, 1984, "이슬람 경제에의 무이자은행", 「외대학보」, 10/05, 서울: 한국외국어대학교.

홍성민, 1984, "이슬람의 자카트와 이자에 관한 연구", 「한국중동학회논총」, 제5호, 서울: 한국중동학회.

홍성민, 1988, "경제발전에 있어서 인가자원의 역할에 관한 연구", 「박사학위논문」, 청주대학교 대학원.

홍성민, 1991, 「중동경제론」, 서울: 명지출판사.

平松建治, 1985, 'イスラマ銀行 現狀', 「中東硏究」.

Ahamad, Fzi. 1976, Muhammad. Lahore : A Shad Press.

Ahmad, Khurshid, 1980, Studies in Islamic Economics. Leicester, U.K.: The Islamic Foundation.

Ahmad, Khurshid. 1981 Family Life Islam. London: The Islamic Foundation.

Ariff, Mohamed. 1988, "Islamic Banking." Asian-Pacific Economic

Literature. 2Vol. No. 2.

Bashir, B.A. 1981, "Successful Development of Islamic Banks", Journal of Research in Islamic Economics, 1Vol. No. 2.

Cook, M.A. 1978, Studies in the Economic History of the Middle East, Oxford: Oxford University Press.

Hazem Zaki, Nuseibeh. 1959. The Ideas of Arab Nationalism, New York: Cornell University Press.

Hershlag, Z.Y. 1964, Introduction to the Modern Economic History of the Middle East. Leiden : E.J. Brill.

Ibrahim Warde, 2000, Islamic Finance in the Global Economy, Edinburgh: Edinburgh University Press.

Kahf Monzer, 1978, The Islamic Economy, Plainfield: The Muslim Student's Association of the United States and Canada.

Keynes, J.M. 1936, The General Theory, of Employment Interest and Money. New York: Harbinger Books.

Philip Hitti, K. 1966, The Arabs: A Shory History. Chicago: Herny Regnery Company.

제3장

세계인터넷선교학회, http://bible.wisenet.co.kr/bible.htm.
심의섭, 홍성민, 1987,「현대이슬람 경제론」, 서울: 집문당.
파하드 국왕 꾸란 출판청, 1998,「성 꾸란 의미의 한국어 번역」, 메디나: 파하드 국왕 꾸란 출판청.
한국이슬람교중앙회, 2008,「라마단과 단식」, 서울: 한국이슬람교중앙회.
한메파스칼, 1997, 서울: Hamesoft Corporation.

홍성민, 1984, "이슬람의 자카트와 이자에 관한 연구", 「한국중동학회 논총」, 제5호, 서울: 한국중동학회.

홍성민, 1991, 「중동경제론」, 서울: 명지출판사.

홍성민, 1999, "이슬람 은행(Islamic Banking)과 금융", 「중동연구」, 제 18-1권, 서울: 한국외국어대학교, 중동연구소.

홍성민, 2000, "샤리아와 이슬람 경제", 「중동정치-사회연구」, 창간호. 서울: 사회과학연구소, 명지대학교.

홍성민, 2000, "이슬람 법(Shar'ah)에 관한 연구", 「아프로아랍 연구」, 창간호, 서울: 아랍아프리카센터, 명지대학교.

Ahmad, Imad A. 1996, "An Interdisciplinary Approach from an Islamic Perspective: An Islamic Perspective on the Wealth of Nations", Minaret of Freedom Preprint Series 96-4, Bethesda, Maryland: Minaret of Freedom Institute.

Ahmad, Khurshid(ed.). 1980. Studies in Islamic Economics. Leicester, U.K.: The Islamic Foundation.

Al'Alwani, Taha Jabir. Usul al-fiqh al-Islami(Source Methodology in Islamic Jurisprudence), 〈http://www.usc.edu/dept/MSA/law/alalwani_ usulalfiqh/〉

Ariff, Mohamed, 1988. "Islamic Banking", Asian-Pacific Economic Literature, 2Vol. No. 2.

Bashir, B.A. 1981. "Successful Development of Islamic Banks."Journal of Research in Islamic Economics. Vol. 1. No. 2.

CIMEL, Centre of Islamic and Middle Eastern Law. http: // www. soas. ac. uk/ Centres/ IslamicLaw/Home.html

Encyclopaedia Britannica CD-99. 1994-1999. "Muhammad and the Religion of Islam."

Esposito, John L. 1994. Special Report: Middle Eastern Affairs, Islamic Fundamentalism. Encyclopaedia Britannica.

Fairchild, Erika S. 1993. Comparative Criminal Justice Systems. Belmont, CA.: Wadsworth Publishing Co.

Institute of Islamic Banking and Insurance. 1999. http://www. islamicfinance. com.

Kahf, Monzer. 1978. The Islamic Economy. Plainfield: The Muslim Student's Association of the United States and Canada.

Khan, Muhammad Akram. 1992. Economic Teachings of Prophet Muhammad. Faraskhana, Delihi: Noor Publishing House.

Maulana Muhammad 'Ali. The Religion of Islam. UAR: National Publication & Printing House.

Maurice Bucaille. 1987. The Bible, The Our'an and Science. Tripoli: World Islamic Call Society.

Muhammad Taqi-ud-Din Al-Hiali. 1996. The Noble Our'an. Riyadh: Darussalam.

Pipes, Daniel. 1983. In the Path of God: Isalm and Political Power. New York: Basic Books, Inc.

Roberts, Robert. 1978. The Social Laws of the Qor'an. New Deli: Cosmo Publications.

Schmalleger, Frank. 1993. Criminal Justice Today. 2nd. Englewood Cliffs, NJ.: Peentice Hall.

Shariah and Fiqh. http://www. usc.edu/ dept/MSA /law/ shariahintroduction.html.

Vikor, Knut S. "The development of ijtihad and Islamic reform, 1750-1850." http://www.hf-fak.uib.no/institutter/smi/paj/Vikor.html

Wiechman and et al. Islamic law: Myths and Realities. http://www.acsp.uic.edu/

제4장

김용선, 1983, 「성꾸란」, 서울: 박영사.
김윤환, 1988, 「경제정책론」, 서울: 박영사.
김정위, 1981, 「이슬람 문화사」, 서울: 문학예술사.
서길수, 1982, "이자사상연구." 「산업경제연구」, 제1집, 서울: 국제대학.
심의섭, 홍성민, 1985, 「이슬람 경제학」, 서울: 도서출판 마루.
심의섭, 홍성민, 1985ⓐ, "이슬람의 무이자은행 : 그 특성과 과제", 한국중동학회논총」, 제6호, 서울: 한국중동학회.
심의섭, 홍성민, 1987, 「현대 이슬람 경제론」, 서울: 집문당.
이븐 할둔(김호동 옮김), 2003, 역사서설-아랍, 이슬람, 문명-」, 서울: 까치.
중동문제연구소, 1984, 「제3세계와 중동정치 · 경제」, 서울: 박영사.
최영길, 1980, 「이슬람에서 거래와 관습 및 형벌」, 서울: 어학사.
최영길, 1985, 「이슬람의 생활관습」, 서울: 명지대학교출판부.
평송건치, 1985, "イスラマ은행 현상", 「중동연구」
홍기빈, 2002, 「아리스토텔레스, 경제를 말하다」, 서울: 책세상.
홍성민, 1984ⓐ, "이슬람 경제에의 무이자은행", 「외대학보」, 10/05, 서울: 한국외국어대학교.
홍성민, 1984ⓑ, "이슬람의 자카트와 이자에 관한 연구", 「한국중동학회논총」, 제5호, 서울: 한국중동학회.
홍성민, 1987ⓐ, "이슬람 경제학 : 그 정의와 접근방법", 「연구논총」, 제6호, 서울: 한국외국어대학교 중동문제연구소.
홍성민, 1987ⓑ, "한국사회와 이슬람 공동체의 전통적 사금융에 관한 연구: 계와 자카트를 중심으로", 「1986년도 정기학술대회 논문집(II)」, 서울: 한국경제학회.
홍성민, 1988ⓐ, "경제발전에 있어서 인가자원의 역할에 관한 연구", 「박사학위논문」, 청주대학교 대학원.

홍성민. 1988ⓑ, "이슬람 경제학을 통해본 한국경제학의 인식", 「한국중동학회논총」, 제9호, 서울: 한국중동학회.

홍성민, 1991, 「중동경제론」, 서울: 명지출판사.

홍성민, 2006, 「중동경제의 이해3」, 경기 파주: 한울 아카데미.

Ahmad, Khurshid. 1980, Studies in Islamic Economics, Leicester, U.K.: The Islamic Foundation.

Ahmad, Khurshid. 1981 Family Life Islam. London: The Islamic Foundation.

Al-Khatib, Abdel Kerim. 1981. Introduction to Islam. Cairo: The Supreme Council for Islamic Affairs.

Arif, Muhammad. 1985. "Toward a Definition of Islamic Economics: Some Scientific Considerations," JRIE. 2Vol. No2.

Bashir, B.A. 1981. "Successful Development of Islamic Banks" Journal or Research in Islamic Economics, 1Vol. No.2, Winter 1404/63-71.

Choudhury, Masudul Alam. 1980. An Islamic Social Welfare Function. Indianapolis: American Trust Publications.

Hazem Zaki, Nuseibeh. 1959. The Ideas of Arab Nationalism. New York: Cornell University Press.

Ibrahim Warde. 2000. Islamic Finance in the Global Economy. Edinburgh: Edinburgh University Press.

Kahf, Monzer. 1978. The Islamic Economy. Plainfield : Muslim Students Association.

Keynes, J.M. 1936. The General Theory, of Employment Interest and Money. New York: Harbinger Books.

Khan, M. Akram. 1984. "Islamic Economics : Nature and Need" JRIE. 2Vol. No.2.

Khan, Shahruk Rafi. 1985. "Islamic Economics: A Note on

Methodology". JRlE, Vol. No.2.

Mannan, M. A. 1983. Islamic Economics: Theory and Practice. Lahore: Sh. Muhammad Ashraf.

Philip Hitti, K. 1966. The Arabs : A Shory History. Chicago: Herny Regnery Company.

Roberts, Robert. 1978. The Social Laws of the Qor'an. New Deli: Cosmo Publications.

Zaman, S. M. Hasnuz. 1984. "Defintion of Islamic Economics." JRIE. 1Vol. No.2.

Zarq, Anas. 1980. "Islamic Economics : An Approach to Human Welfare," Studies in Islamic Economics. Leicester : The Islamic Foundation.

제5장

대한무역투자진흥공사, 2008ⓑ, 「동서남아진출, 이슬람 금융으로 하라」, Global Business Report 08-035, 서울: 대한무역투자진흥공사.
미야자키 데츠야, 김종원 지음(송창규 옮김). 2008. 「이슬람 금융이 다가온다」. 경기 안양: 물푸레.
박영사, 1991, 「경제학대사전」, 서울: 박영사.
세계인터넷선교학회, http://bible.wisenet.co.kr/bible.htm.
심의섭, 홍성민, 1987, 「현대 이슬람 경제론」, 서울: 집문당.
심의섭, 2008, "한국에서의 이슬람 금융: 회고와 전망", 「한국중동학회 제17차 국제학술대회 발표논문」, 한양대학교 국제문화대학 컨퍼런스룸,
요시다 에츠아키(이진원 옮김), 2008, 「이슬람 금융이 뜬다」, 경기 고양시: 예지.
중동문제연구소, 1976, 「중동의 석유산업」, 서울: 중동문제연구소.

파하드 국왕 꾸란 출판청, 1998, 「성 꾸란 의미의 한국어 번역」, 메디나: 동소.
한국경제신문, 2007, "폭발하는 '중동 오일머니'의 힘" 09/21.
한국수출입은행, 2006, 「수은해외경제」, 8월호, 서울: 한국수출입은행.
한승수, 1977, 「중동경제」, 서울: 박영사.
홍성민, 1984, "이슬람의 자카트와 이자에 관한 연구", 「한국중동학회 논총」, 제5호, 서울: 한국중동학회.
홍성민, 1991, 「중동경제론」, 서울: 명지출판사.
홍성민, 1999ⓐ, "이슬람 은행(Islamic Banking)과 금융", 「중동연구」, 제18-1권,- 교육부, 학술진흥재단, 해외지역연구 중점연구소 지원과제- 서울: 한국외국어대학교 중동연구소.
홍성민, 1999ⓑ, "이슬람 법(Shari'ah)에 관한 연구", 「아프로아랍연구」, 창간호, 서울: 명지대학교 아랍아프리카센터.
홍성민, 2000, "샤리아와 이슬람 경제", 「중동정치-사회연구」, 창간호, 서울: 명지대학교사회과학 연구소.

Abdul Fafoor, A.L.M. 1995. Interest-free Commercial Banking.

Adam Robinson. "EIA 30th Anniversary conference: Middle East Oil Demand and Lehman Brothers Oil Price Outlook". Lehman Brothers, Aprol 7, 2008.

Ahmad, Imad A. 1996. "An Interdisciplinary Approach from an Islamic Perspective: An Islamic Perspective on the Wealth of Nations." Minaret of Freedom Preprint Series 96-4. Bethesda, Maryland: Minaret of Freedom Institute.

Ahmad, Khurshid(ed.). 1980. Studies in Islamic Economics. Leicester, U.K.: The Islamic Foundation.

Ariff, Mohamed, 1988. "Islamic Banking." Asian-Pacific Economic Literature. 2Vol. No. 2.

Bashir, B.A. 1981. "Successful Development of Islamic Banks." Journal of Research in Islamic Economics. 1Vol. No. 2.

참고문헌

Encyclopaedia Britannica CD-99. 1994-1999. "Muhammad and the Religion of Islam."

Esposito, John L. 1994. "Special Report: Middle eastern affairs, Islamic Fundamentalism". Encyclopaedia Britannica CD-99.

Fairchild, Erika S. 1993. Comparative Criminal Justice Systems. Belmont, CA.: Wadsworth Publishing Co.

Ibrahim Warde. 2000. Islamic Finance in the Global Economy. Edinburgh: Edinburgh University Press.

Institute of Islamic Banking and Insurance, 1999: http://www.islamicfinance.com.

Kahf, Monzer. 1978. The Islamic Economy. Plainfield: The Muslim Student's Association of the United States and Canada.

Khan, Muhammad Akram. 1992. Economic Teachings of Prophet Muhammad. Faraskhana, Delihi: Noor Publishing House.

Maulana Muhammad 'Ali. The Religion of Islam. UAR: National Publication & Printing House.

Maurice Bucaille. 1987. The Bible, The Our'an and Science. Tripoli: World Islamic Call Society.

MEED. 20-26 June 2008.

MEED. 9-15 May 2008.

Muhammad Taqi-ud-Din Al-Hiali. 1996. The Noble Our'an. Riyadh: Darussalam.

Pipes, Daniel. 1983. In The Path Of God: Isalm And Political Power. New York: Basic Books, Inc.

Roberts, Robert. 1978. The Social Laws of the Qor'an. New Deli: Cosmo Publications.

Shariah and Fiqh. http://www.usc.edu/dept/MSA/law/

shariahintroduction.html.
The Middle East, 2008. "Islamic Banking". Special Report. November.
The Middle East. October 2008.
Vikor, Knut S. "The development of ijtihad and Islamic reform, 1750-1850." http://www.hf-fak.uib.no/institutter/smi/paj/Vikor.html
Wiechman and et al. "Islamic law: Myths and Realities." http://www.acsp.uic.edu/

제6장

김득갑, 2007, "국제 금융시장의 큰손 국부펀드", 서울: 외환은행. http://blog.naver.com/global_keb/130020624458.
대한무역투자진흥공사, 2005, 「중동 오일머니를 잡아라④」, KOTRA 해외조사단, 12월, 서울: 대한무역투자진흥공사.
미야자키 데츠야, 김종원 지음(송창규 옮김), 2008, 「이슬람 금융이 다가온다」, 안양: 물푸레.
삼성경제연구소, 2006, 「중동 오일머니 활용방안」, Issue Paprer, 4월호, 서울: 삼성경제연구소.
위키백과.
좋은뉴스, 2008, "국부펀드(Sovereign Wealth Fund-SWFs)의 개념", 08/09/20.
주동주, 2006, "중동 오일머니 현황과 환류 방안", 「산업경제」, 서울: 산업경제연구원.
한국경제신문, 2007, "폭발하는 '중동 오일머니' 의 힘". 07/09/21
한국수출입은행, 2008, "중동 주요국(GCC)의 국부펀드 현황 및 전망", 「해외지역정보」, 8월호, 서울: 한국수출입은행.

홍성민, 1991, 「중동경제론」, 서울: 명지출판사.

Aizenman, Joshua and , Reuven Glick. 2008. "Sovereign Wealth Funds: Stylized Facts about their Determinants and Governance", Working Paper. Federal Reserve Bank of San Francisco: San Francisco. December 2008.

Al Bawaba, 2007. "GCC: Oil revenue bonanza has boosted government spending" www.albawaba.com

AME Info. 2007. "GCC bond issues aim to keep oil in the region". June 17.

Bahrain Tribune, 2008. 07/31.

Daniella Markheim. 2008. "Sovereign Wealth Funds face scrutiny". Insights: Economics. Friday, December 19.

EIA, 2008. Short Term Energy Outlook 2008.

IMF. 2008. Regional Economic Outlook: Middle East and Central Asia. Oct.

Johnson, Simon, 2007. "The Rise of Sovereign Wealth Funds". Finance & Development. 44 Vol. No. 3, September.

Lehman Brothers. 2008. Middle East Oil Demand and Lehman Brothers Oil Price Outlook. EIA 30th Anniversary Conference. April 7.

Morgan Stanley. 2007. "The Definition of Sovereign Wealth Fund". Economics. October 25.

Raphaeli, Nimrod and, Bianca Gersten. 2008. "Sovereign Wealth Funds: Investment Vehicles for the Persian Gulf Countries". Middle East Quarterly, Spring.

Sovereign Wealth Fund Institute. 2008. http://www.swfinstitute.org

Teslik, Lee Hudson. 2008. "Sovereign Wealth Funds". Council on Foreign Relations. 18 Jan.

The Middle East, Dec. 2006.

The Middle East. Oct. 2008.

WSJ, 20 June. 2008

찾아보기

ㄱ

가라르(Gharar) 156, 250n, 261, 262, 263, 264, 265

가스 OPEC 58, 59

가스수출국포럼(GECF) 58, 59

거래법(law of transactions) 132, 133

걸프산유국 36, 38, 154, 239, 241, 245, 249, 250, 304, 309, 311, 313, 314, 318, 334, 336, 339, 343

걸프전(The Gulf war) 20, 24, 35, 242, 246, 284, 287, 303, 323

걸프협력위원회(GCC) 36, 38, 39

경제발전론 65, 66, 68, 69

경제블럭 39, 44

경제적 동물 84, 87

경제적 분배 84, 87

경제적 십계명 76, 146, 147

경제적 정의 146, 147

경제질서재편 23, 25, 35

경제체제 8, 9, 43, 51, 63, 65, 70, 71, 72, 77, 78, 82, 85, 86, 88, 90, 91, 128, 147, 148, 150, 154, 155, 156, 181, 189, 190, 190n, 194, 197, 210, 221, 223, 227, 255, 256, 259, 343

경제투쟁 84

경제행위 77, 78, 82, 187, 206, 225

경제협력기구 20, 25, 36, 38, 38n, 39, 46, 52

고리대금 7, 10, 74, 112, 133, 137, 137n, 138, 139, 169, 171, 172, 173, 174, 175, 177, 178, 179, 181, 216, 230, 253, 254, 261

찾아보기

고리저축기관 276
국부펀드(Sovereign Wealth Fund) 9,
　35, 302, 304, 311, 313, 322i, 323,
　324, 325, 326, 327, 328, 329, 330,
　331t, 332, 333i, 333, 334, 336, 336t,
　337, 338, 339, 340, 341, 341i, 342,
　344, 360
국제경쟁력지수(GCI) 249, 249t
국제이슬람은행협회 251
국제통화기금(IMF) 61
그라민은행(Grameen Bank) 261,
　261n
금융거래소 280n, 251, 256, 301
금융의 하부구조 238, 241, 247,
　250, 308
금융자산 241, 278, 279, 279t,
　291n, 293, 295, 324
금융중심지 238, 239, 241, 244,
　245, 246, 247, 248, 249, 307, 320,
　323
까디 94, 95, 100, 103, 105, 119,
　122, 124, 127, 128
꾸란(Qur'an) 63, 63n, 72, 76, 77, 78,
　93, 94, 95, 99, 101, 102, 103, 107,
　108, 109, 110, 111, 113, 115, 117,
　118, 121, 121, 123, 124, 127, 128,
　129, 130, 133, 134, 135, 136, 137,
　138, 139, 140, 141, 142, 143, 149,
　150, 152, 155, 156, 157, 158, 159,
　160, 161, 162, 163, 164, 165, 167,
　168, 177, 178, 178n, 182n, 193n,
　194n, 203, 203n, 204, 206n, 223,
　253n, 255, 257n
끼라드(Qirad) 216, 256, 256n, 266
끼사스 죄(Qiṣāṣ Crimes) 108, 113,
　114, 116
끼야스(qiyas) 102, 103, 117

■ ㄴ

남북문제 19, 66
눈덩이 효과(snowball effect) 314
뉴 실크로드 54, 55, 62, 348

■ ㄷ

단일통화 39, 40
달러 페그제 307
대량살상무기(WMD) 35
동남아연합(ASA) 37
두바이국제금융센터 294, 320
두바이인터넷시티(DIC) 246
디야(Diya) 113, 113n, 115, 116

■ ㄹ

런던증권거래소(LSE) 305

로마조약(Rome Treaty) 37
리바(riba) 6, 7, 133, 133n, 137, 138, 156, 167, 176, 177, 178, 179, 180, 181, 181n, 182, 216, 225, 228, 250, 250n, 252, 253, 253n, 254, 255, 255n, 260, 262, 265, 267, 273, 276, 300, 323
리바가 금지된 이슬람은행 255
리바의 금지 177, 179, 181, 253n, 254, 260
리스백 판매(sale-lease backs) 270

ㅁ

마이시르(Maysir) 263, 263n
무까라다(Muqarada) 256n, 266n, 266, 298n
무다라바(Mudaraba) 265, 266, 268, 269, 278, 281, 296, 298, 300
무샤라카(Musharaka) 265, 267, 269, 269i, 270n, 299, 300
무슬림(Muslim) 28, 29, 33, 34i, 55, 63, 72, 72n, 73, 92, 93, 94, 95, 96, 96n, 97, 98, 99, 100, 104, 106, 108, 112, 114, 119, 120, 123, 124, 125, 127, 130, 135, 136, 145, 150, 152, 155, 159, 162, 165, 166, 167, 171, 180, 183, 189, 190, 191, 192, 193, 201, 202, 203, 204, 210, 212, 215, 222, 223, 226, 228, 233, 245, 250, 251, 254, 259, 265, 273, 277, 278, 281, 285, 288, 293, 298n, 299
무이자은행 182, 254, 255n, 255, 267, 351, 355
무즈타히드(mujtahid) 117, 118, 118n
무함마드 29, 30, 63, 63n, 72, 77n, 91, 92, 92n, 94, 94n, 96, 97, 98, 101, 102, 116, 127, 136, 137, 139, 141, 142, 143, 146n, 149, 150, 151n, 154, 156, 158, 519, 161, 164n, 179, 180, 181, 181n, 188, 189, 190, 190n, 191, 193, 202, 203, 206, 209, 211, 261
뮤추얼펀드(mutual fund) 252, 291, 295, 324, 326, 329

ㅂ

바알무와잘(Bal'Muajjal) 274
바알쌀람(Bal'Salam) 274
범이슬람경제협력 24, 53
법원(法源) 101, 102, 105, 124, 127
부(富)의 선순환(virtuous circle of wealth) 314
부의 분배 82, 220
브릭스(BRICs) 60
비공개 기업투자(private equity) 340

비아랍국가 27, 30, 247

ㅅ

사담 후세인 21, 22
사모주식펀드 324
사회보장제도 145
상속법 125, 130, 146, 202, 208, 211
샤리아(Shari'ah) 96n, 128n, 223,
 223n, 225, 227, 228, 229, 230, 251,
 252, 253, 260, 262, 262n, 280, 282,
 284, 285, 292, 293t, 293, 294i, 295,
 296, 343, 346, 353, 358
샤리아어드바이저 284, 346
서브 모기지론 310
석유무기화(oil weapon) 21
석유산업 21, 43, 357
석유수입(石油收入) 40, 241, 289,
 302, 304, 310, 310i, 311, 311i, 319,
 334, 337, 339, 343
석유위기 239, 258, 287, 302, 310,
 344
선의의 대부(al-qard al-hasan) 257,
 257n

성전(聖戰; jihad) 72, 72n, 95, 188,
 233n
세계은행(World Bank) 244t, 279,
 288, 289n, 330

세금중립성 267
소유의 개념 128
손익배분(profit and loss sharing)
 251, 252, 253, 265, 285, 266n
수익(profit) 156, 179, 240, 242, 253,
 254, 259, 260, 261, 267 269, 270,
 271, 273, 296, 299, 307, 327, 328,
 329, 330, 338, 340
수쿠크(Sukūk) 268, 270, 271, 272,
 272t, 272i, 273, 273i, 273, 279, 284,
 288, 291, 291t, 292, 292t, 293, 294,
 295, 3434
순나(Sunnah) 30, 101, 102, 103, 105,
 118, 121, 123, 167, 193, 195, 197,
 198, 220, 223, 224
순니(Sunni) 30, 32, 117, 118
쉬아(Shia) 30, 33, 118, 119
신국제경제질서(New International
 Economic Order) 255
신세계질서(New World Order) 21,
 233, 286, 287
신종속이론 68
실크로드 28, 54, 55, 57, 62, 348

ㅇ

아랍경제위원회 36
아랍경제통합위원회(CAEU) 37, 38

아랍공동시장(ACM) 24
아랍금융 302, 303, 308, 309
아랍마그레브연합(AMU) 38
아랍연맹 32, 32t, 33, 36, 37, 38, 186
아랍은행법인(Arab Banking Corp) 284
아랍협력위원회(ACC) 38
아부다비투자청(ADIA) 324, 337, 338
악의 축(axis of evil) 22, 26
알-나지라(al-Nazirah) 257
알라(Allah) 26, 29, 29n, 30, 63n, 72n, 77, 78, 91, 93, 96, 98, 107, 107n, 109, 112, 118, 124, 129, 130, 131, 133, 133n, 134, 137, 138, 155, 158, 159, 160, 161, 162, 163, 165, 178, 178n, 183, 187, 188, 192, 198, 202, 204, 206n, 208, 209, 210, 214, 216, 217, 218, 219, 223, 228, 229, 253, 263, 273, 280n
에너지 실크로드 28, 54, 55, 57, 62
역내 금융중심지 245, 247, 248
역외(offshore) 이슬람금융센터 280, 283
역외금융기관 283, 284
오일달러 40, 287, 302, 304, 308, 309, 311, 313, 315, 318, 377
오일머니 9, 28, 35, 40, 57, 62, 239, 244, 284, 295, 302, 302, 305, 307,

309, 309i, 311, 313, 314, 316, 316i, 318t, 339, 343, 344
오일자금형 339, 343, 344
오프쇼어 금융중심지 320
와끄프(waqf) 100, 125, 132, 133
외환보유고 322, 325, 327, 328, 335
외환준비형 324
요구불예금 255, 256
울라마(Ulama) 102, 151, 223
움마(Ummah) 33, 94, 100, 130, 150
원유수출국 334
유엔무역개발회의 68
이라크 전쟁(Iraqi war) 20, 21, 22, 24, 26, 35, 59, 304, 348
이란의 경제정책 248
이머징마켓 328, 337
이바다트(ibadat) 100
이스탄불 선언(Istanbul Declar-ation) 49, 52
이스티스나(Istisna) 274
이슬람 경제권 9, 19, 28, 35, 54, 62, 73, 79n
이슬람 경제체제 9, 65, 70, 72, 90, 91, 190, 190n, 194, 210, 221, 223, 255, 256
이슬람 금융서비스그룹 288
이슬람 율법 71, 90, 90n, 91, 128, 144, 145, 146, 147, 208, 210, 212,

257, 260
이슬람 일반이론 72
이슬람(Islam) 29, 63, 72
이슬람 개발은행(IsDB) 258, 279, 285, 286
이슬람 경제(Islamic Economy) 8, 63, 199
이슬람 경제기구(Organization of the Islamic economy) 276
이슬람 경제학 6, 8, 9, 10, 11, 63, 70, 71, 72, 73, 147, 149, 154, 186, 187, 188, 189, 190, 191, 192, 193, 194, 195, 196, 197, 198, 199, 200, 204, 216, 221, 222, 223, 224, 225, 226, 228, 229, 230, 231, 233, 234, 344, 351, 355, 356
이슬람 국가 27, 28, 29, 30, 33, 35, 38, 94, 95, 110, 111, 112, 143, 155, 197, 198, 220, 258, 259, 286
이슬람 국가기구(OIC) 285
이슬람 금융(Islamic finance) 4, 5, 7, 8, 11, 28, 71, 73, 176, 182, 186, 199, 216, 250, 251, 252
이슬람모기지채권(Islamic mortgage bonds) 253, 260, 261, 262, 267, 274, 280, 281, 282, 283, 284, 286, 287, 289, 291, 293, 293t
이슬람 법 92, 95, 96, 97, 98, 99, 105, 107, 108, 109, 110, 111, 113, 115,

117, 119, 125, 126, 127, 132, 133, 135, 166, 185, 213, 252
이슬람 법(shari'ah) 94, 353, 358
이슬람 보험 273, 291, 294, 295
이슬람 신용기금 276
이슬람 신용카드 278
이슬람 율법학자(Ulama) 223n, 253n
이슬람 은행(interest-free bank) 6, 9, 258, 344
이슬람 은행(Islamic bank) 71, 258
이슬람 은행의 금융형태 267
이슬람 은행의 성장요인 285
이슬람 은행의 자유화 280
이슬람의 신용 216, 255
이슬람적 해결 8, 70, 79, 89, 198
이슬람 채권 271, 277, 279, 280, 281, 284, 289, 291, 294, 343
이슬람 체제 162, 194, 203, 221, 222, 224, 235, 266
이슬람 회의기구(OIC) 34
이자가 배제된 은행업 64, 250, 253
이자라(Ijara) 254, 270, 270i, 272, 274, 281, 294, 299, 300
이자라와 이크티나(Ijara wa-Iktina) 274, 281
이자제한은행법(Usury-Free Banking Act) 276

이즈마(ijma) 102, 103, 117
이즈미르 조약(Treaty of Izmir) 48, 49
이즈티하드(ijtihad) 117, 118, 121, 123, 164
인간자원 178, 206, 219, 345
일부다처제 121, 122, 123

ㅈ

자본주의 8, 9, 10, 63, 70, 128, 144, 145i, 151, 154, 155, 164, 169, 171, 174, 190, 199, 200, 202, 206, 207, 216, 222, 224, 226, 227, 228, 229, 230, 231, 236, 254, 259, 265, 339, 343
자본축적 314
자유무역지대 23, 24, 37, 43, 249, 248, 277, 348
자유무역협정(FTA) 23, 25, 37, 42, 44
자카트(Zakhat) 7, 63, 72, 73, 77, 95, 8, 106, 107, 138, 145, 146, 155, 167, 181, 182, 183, 184, 185, 186, 198, 211, 212, 214, 216, 218, 221, 225, 251, 256, 287, 351, 353, 355, 358
자카트기금 185, 256, 267

제3세계 65, 67, 68, 69, 71, 351, 355
제휴의 원칙(principles of partnership) 265, 266
종속이론 68, 69
주류경제학 67, 68, 69
중계무역항 246
중동아프리카국가(MENA) 25
중동의 금융시장 9, 238, 240
중동지역 31m, 36, 53, 58
중심국-주변국이론 68
중앙아시아 4, 23, 28, 38, 46, 48, 50, 52, 54, 55, 56, 57, 62
지불준비금 255, 256
지역개발협력기구(RCD) 36, 37, 38, 47
지역금융 250, 320
지역무역협정(RTA) 42
지역주의 19, 20, 28, 36, 42

ㅊ

차이메리카(China+America) 61
차입(CHIME) 57, 60, 62
채무 21, 104, 116, 133, 134, 135, 136, 139, 175, 180, 212, 276, 328, 329, 335, 342

찾아보기

ㅋ
카타르투자청(QIA) 337
칼리파(Khalipha) 93, 94, 129, 232
케인즈(Keynes, J.M.) 65, 66, 174, 234
쿠웨이트 증권거래소 242
쿨(khul) 124

ㅌ
타끌리드(taqlid) 118
타지르 죄(Tazir Crimes) 108, 110, 111, 112
타카풀(Takaful) 273, 274, 280, 291, 295
탈무드 138, 142
테러와의 전쟁(war on terror) 22, 27, 28, 35, 54
통화단일화 306, 307

ㅍ
팍스아메리카나 61
페르시아-사산조 법 95
페트로달러(petrodollar) 302, 339
평화로드맵 23
포트폴리오 288, 298, 300, 338, 340, 341i

ㅎ
하드 죄(Had Crimes) 108, 109, 110, 111
하디스(Hadith) 63, 72, 101, 105, 106, 107n, 114, 117, 157, 162, 164, 164n, 178, 178n, 180, 202, 206n, 216, 218, 262, 264
합법적인 부(富) 142
헤지펀드 262, 324, 329, 339
확산이론 67
후두드(ḥudûd) 106
휘끄(fiqh) 96, 106

3극 체제(tripolar system) 19, 25
9 · 11 미테러 54, 27, 28
ACM 37, 38
ADIA 324, 330, 332, 337, 338
AMU 38
APEC 20
ASEAN 37
BOT 316
BRICs 60
CAEU 37, 38
CHIME 60, 61t, 62
CNPC 56, 57
D-8 25, 52, 53

DIFC 294, 320
ECO 38, 38n, 46, 47m, 47, 48, 48t, 49, 49n, 50, 52, 345
EIA 305t, 310i, 313, 313i, 358, 361
EU 16, 20, 20n, 23, 24, 25, 39, 43, 45n, 53, 288, 317
FTA 23, 25, 39, 42, 42n, 43, 44, 225, 347
G2 61
GAPP 325, 325n, 330, 342
GATT 19
GOPEC 304, 310, 311t
IAIB 251
IMF 41, 61, 276, 288, 295, 314, 317, 321, 321t, 324, 325, 330, 335, 361
KOTRA 41, 42, 44t, 262, 272, 273, 360
KSE 242, 243
MENA 25, 335i
NAFTA 20
NIEO 23n, 258, 333
OECD 325, 345n
OIC 34, 50, 285, 345
PEF 324
PLO 20, 25, 53, 239n
PLS 251, 265, 294n, 297
RCD 36, 38, 47, 48
Shari'ah 9, 92, 94, 99, 186, 358

SWF 9, 35, 322i, 324, 325, 327, 329, 330, 339, 342, 360
UAE 25, 30, 35, 37, 38, 39, 40, 42n, 43, 44t, 46, 55i, 239, 345, 246, 249, 259n, 283, 296, 305, 307, 308, 308n, 319, 324, 330, 332, 334, 335, 339
UN 22, 34, 46, 50, 68, 350
UNCTAD 68
WMD 35
World Bank 244t, 279, 329
WTO 20, 23, 24, 25, 28, 38, 39, 42, 42t, 43, 57